LA RHÉTORIQUE AU MIROIR DE LA PHILOSOPHIE

BIBLIOTHÈQUE D'HISTOIRE DE LA PHILOSOPHIE
Fondateur Henri GOUHIER Directeur Emmanuel CATTIN

LA RHÉTORIQUE AU MIROIR DE LA PHILOSOPHIE

DÉFINITIONS PHILOSOPHIQUES ET DÉFINITIONS RHÉTORIQUES DE LA RHÉTORIQUE

sous la direction de

Barbara CASSIN

Publié avec le concours du Centre Léon Robin (UMR 8061 CNRS Paris-Sorbonne, ENS), de l'École doctorale V « Concepts et langages » (ED 0433, Paris-Sorbonne) et du Conseil scientifique de l'Université Paris-Sorbonne

PARIS
LIBRAIRIE PHILOSOPHIQUE J. VRIN
6 place de la Sorbonne, V[e]

2015

Imprimé en France

ISSN 0249-7980
ISBN 978-2-7116-2587-1

www.vrin.fr

AVANT-PROPOS

Sous le titre *La Rhétorique au miroir de la philosophie*, cet ouvrage collectif réunit les principales contributions au Séminaire que le Centre Léon Robin a consacré entre 2007 et 2009 aux « Définitions philosophiques et définitions rhétoriques de la rhétorique », séminaire de *Classics* pour la première fois co-organisé par des philosophes et des littéraires, des hellénistes et des latinistes. L'idée-force était de faire du Centre Léon Robin, où aucune édition d'Homère ne figurait dans la bibliothèque, le lieu de cette interdisciplinarité naturelle si difficile à promouvoir en France. C'est ainsi que Paul Demont, Carlos Lévy et Pierre Chiron ont décidé avec le Centre, alors placé sous ma direction, des invitations à faire pour labourer le sujet que nous avions choisi ensemble comme le plus propre à faire jouer le statut du *logos*, avec l'enjeu politique de la sagesse et de la persuasion, à travers les controverses disciplinaires, dans la longue durée plurilingue de la première transmission des humanités. Nous avons fait travailler de concert des composantes littéraires, philosophiques ou liées à l'histoire de l'art, et tant grecques que latines, arabes ou byzantines, qui n'en avaient guère l'habitude, séparées qu'elles étaient ne serait-ce que par les escaliers de la Sorbonne.

André Laks, Monique Dixsaut, Frédérique Wœrther, Grégoire Sommer, Michel Patillon, David Blank et, l'année suivante, Marie-Pierre Noël, Marwan Rashed, Stéphane Toulouse, Ali Benmakhlouf et Dirk Obbink, ont apporté leur contribution orale à ce séminaire. Sans l'aide conjointe du Centre Léon Robin, de l'École doctorale « Concepts et langages » et du Fonds d'intervention pour la recherche de Paris-Sorbonne, ce volume n'aurait pas vu le jour. Enfin, Sophie Legrain a consacré son savoir-faire à composer l'ensemble du volume et son index.

Qu'ils en soient ici chaleureusement remerciés.

B.C.

ESQUISSE DE TYPOLOGIE DES DÉFINITIONS DE LA RHÉTORIQUE DE PLATON À ÆLIUS ARISTIDE

Barbara CASSIN

UN ENJEU DE POUVOIR

« En général », écrit Nietzsche dans son *Cours sur la rhétorique*, « tous les modernes sont imprécis dans leurs définitions, alors qu'à travers toute l'Antiquité, on ne cesse de rivaliser – et spécialement entre philosophes et orateurs – pour définir correctement la rhétorique[1] ». Il y aurait donc dans l'Antiquité une « rivalité » entre deux grandes catégories de définitions de la rhétorique. L'instruction de cette hypothèse constitue le motif de cet ouvrage. Il s'agit de comprendre non seulement comment se caractérisent les deux types de définitions, mais aussi comment ils se déploient l'un par rapport à l'autre. Les définitions des orateurs et celles des philosophes sont-elles antagonistes, irréductibles, ou bien sont-elles complémentaires, articulables et, en ce cas, comment ? Que signifie donc exactement le « et » du sous-titre de notre ouvrage ?

L'enjeu est un enjeu de pouvoir dans son rapport au savoir, *vita activa versus vita contemplativa* pour reprendre la terminologie revivifiée par Hannah Arendt et Chaïm Perelman, et implique donc le statut du politique. Comme le souligne encore Nietzsche dans son *Cours sur l'histoire de l'éloquence grecque* : « La prétention la plus illimitée de pouvoir tout, comme rhéteurs ou comme stylistes, traverse toute l'Antiquité de manière pour nous inconcevable. Ils ont en mains

1. Hiver 1872-1873 dans *Nietzsches Werke*, Leipzig, Alfred Kröner Verlag, XVIII (cours suivi, paraît-il, par deux étudiants). Traduction Philippe Lacoue-Labarthe et Jean-Luc Nancy, « Rhétorique et langage », *Poétique* 5, 1971, « Rhétorique et philosophie », p.105 ; rééd. Paris, Les Éditions de la Transparence, 2008.

"l'opinion sur les choses" et ainsi *l'effet des choses sur les hommes*, voilà ce qu'ils savent[1] ». Pouvoir tout, « comme rhéteurs ou comme stylistes » : il faut faire là un premier arrêt, pour entendre combien tout se complique immédiatement ; car si l'identification des orateurs semble aller de soi, qui ne compterait pourtant Platon, prince des philosophes, parmi les « stylistes » ? Les orateurs le réclament en tout cas comme le meilleur d'entre eux, par la bouche d'Ælius Aristide qui s'exclame, dans son *Contre Platon*, en revendiquant avec panache l'ambiguïté de son jugement : « Platon lui-même vote pour nous ! Et il y a toute chance que, quand j'ai l'air de contredire Platon, je ne parle avant tout avec lui en sa faveur [*dokôn antilegein Platôni pantos mallon sunagoreuein*]. Si je peux me permettre une plaisanterie, il me semble qu'à la façon des faiseurs de comédies, je le ramènerai vers les orateurs comme un esclave fugitif [*hôsper apodidraskonta auton helxein eis tous rhêtoras*] [2] ». De plus, à y regarder de plus près, Nietzsche mêle lui aussi les strates de langage et les niveaux d'énonciation : si « l'opinion » caractérise la sophistique du point de vue du philosophe, « l'effet » est déjà un point de vue de sophiste et d'orateur. Quant au « savoir » sur l'opinion et l'effet, c'est un comble de complication que Quintilien non moins que Platon ne manquent pas d'exploiter[3]...

Quels sont donc les jugements ou les préjugés qui motivent cette « imprécision » définitionnelle caractéristique des Modernes dont parle Nietzsche, et qui perdure très largement aujourd'hui ? Il me semble qu'elle tient, très précisément, à la confusion entre les différents types de définitions anciennes que l'on met sur un pied d'égalité, comme si la rhétorique était un objet existant et non pas un objet intégralement fabriqué et un enjeu de pouvoir. La collection « Que sais-je ? » est généralement un bon indicateur de *doxa* relevée (je ne dis pas d'« opinion droite ») ; ainsi Michel Meyer nous propose trois « grandes

1. Nietzsche, *Cours sur la rhétorique*, *op. cit.*, p. 130, souligné par Nietzsche [Kröner, XVIII].

2. Ælius Aristide, *Contre Platon, pour défendre la rhétorique*, 154 *sq.* Wilhelm Dindorf (ed.), *Aristides,* Leipzig, Reimer, 1829 ; réimpr. Hildesheim, Olms, 1964 = 463 *sq.* Charles Allison Behr, *Ælius Aristides*, London/Cambridge Mass., Heinemann/ Harvard University Press, coll. « The Loeb Classical Library », 1973, vol. 1, p. 554). Sauf indication contraire, les traductions sont de moi.

3. Socrate dans le *Phèdre* : « Celui qui se propose de faire illusion sans s'illusionner lui-même doit connaître à fond avec discernement la ressemblance et la dissemblance des étants » (262 a) et « C'est partout celui qui connaît la vérité qui sait de la plus belle manière trouver les ressemblances » (273 d). Quintilien, sur le vrai savoir du faux : « L'orateur quand il emploie le faux au lieu du vrai, sait que c'est faux et s'en sert au lieu du vrai ; il n'a donc pas lui-même une opinion fausse, mais il trompe autrui » (*Institutio oratoria*, II, XVII, 20).

définitions de la rhétorique[1] » : 1. la rhétorique est une manipulation de l'auditoire (Platon) 2. la rhétorique est l'art de bien parler (*ars bene dicendi*, Quintilien) 3. la rhétorique est l'exposé d'arguments ou de discours qui doivent, ou qui visent à, persuader (Aristote, définition correspondant au schéma de la communication en auditoire-*pathos*, orateur-*ethos* et medium-*logos*). Michel Meyer ajoute alors une « nouvelle définition », la sienne, en prise sur la « problématologie » : « Dès lors *la rhétorique est la négociation de la différence entre les individus sur une question donnée* ». Plus de ligne de fracture, de rivalité ni d'enjeu différentiel : rhétorique irénique pour une définition ô combien politiquement correcte de la rhétorique, avec une suffisance (dans tous les sens du terme) éthique caractéristique en effet d'une bonne partie de la modernité.

Mais même quand on maintient au premier plan la claire conscience de l'antagonisme essentiel entre rhétorique et philosophie, comme Chaïm Perelman dont Michel Meyer est l'élève, on ne démêle pas pour autant l'emprise de l'une sur l'autre. Comme Ælius Aristide, et peut-être comme Platon, on se retrouve en effet très vite du côté où l'on croyait ne pas être. Il en va ainsi de Perelman lui-même. Son premier geste est de prendre parti très clairement pour la rhétorique :

> En subordonnant la logique philosophique à la nouvelle rhétorique, je prends parti dans le débat séculaire qui a opposé la philosophie à la rhétorique, et ceci depuis le grand poème de Parménide. Celui-ci, et la grande tradition de la métaphysique occidentale, illustrée par les noms de Platon, de Descartes et de Kant, a toujours opposé la recherche de la vérité, objet proclamé de la philosophie, aux techniques des rhéteurs et des sophistes, se contentant de faire admettre des opinions aussi variées que trompeuses[2].

L'enjeu politique est non moins clairement explicite :

> Est-ce au rhéteur ou au philosophe, est-ce à Protagoras et à Gorgias ou à Socrate, à Isocrate ou à Platon, qu'il faut confier le soin de parachever la formation de l'homme et du citoyen, de celui qui dirigera la cité et présidera à sa destinée[3] ?

Mais l'ensemble est subsumé sous un « appel à la raison » post-platonicien ou, mieux, pré-habermassien, aimanté par l'universalité de l'auditoire :

1. Michel Meyer, *La Rhétorique*, Paris, P.U.F., coll. « Que sais-je ? », 2004, p. 5, puis p. 10.

2. Chaïm Perelman, *L'Empire rhétorique*, Paris, Vrin, 1977, p. 19.

3. *Id.*, « Rhétorique et philosophie », dans *Rhétoriques*, Bruxelles, ULB, 1989, p. 209 (texte paru en 1969 dans *Les Études philosophiques*).

> Si la philosophie permet de clarifier et de préciser les notions de base de la rhétorique et de la dialectique, la perspective rhétorique permet de mieux comprendre l'entreprise philosophique elle même, [...] l'appel à la raison étant compris comme un discours adressé à un auditoire universel[1].

L'« impératif catégorique de l'argumentation » donne la confirmation que la « nouvelle rhétorique » est *de facto* une nouvelle philosophie. Il s'énonce ainsi : « Le philosophe doit argumenter de manière à ce que son discours puisse obtenir l'adhésion de l'auditoire universel[2] ». Faisant du rhétoricien une figure du « philosophe », il inscrit l'« auditoire universel » comme un avatar kantien de cet « auditoire des dieux » qui, nous le verrons, est le critère même de la rhétorique du philosophe et du dialecticien inventée par le *Phèdre* pour faire pièce à la rhétorique de l'orateur et du sophiste inventée dans le *Gorgias*. La définition rhétorique de la rhétorique, qui aurait bien voulu être une définition rhétorique de la philosophie et assurer, pour reprendre la métaphore d'Aristide, la sujétion de la philosophie sous la rhétorique, se révèle être, bon gré mal gré, une définition philosophique de la rhétorique. Elle renoue, non sans intention ou prétention de nouveauté, avec la plus traditionnelle des sujétions de la rhétorique sous la philosophie. Je tiens que le brouillage des définitions contemporaines n'est jamais que l'effet durable de la *mêtis* du texte platonicien.

DÉFINITIONS DE PHILOSOPHES/DÉFINITIONS D'ORATEURS ? *WHO'S WHO* ?

Une contradiction pragmatique

Pour aller plus loin, il faut tenter de définir ce qu'est une définition philosophique et ce qu'est une définition rhétorique de la rhétorique.

« Définir » ? Mais n'est-ce pas là à soi seul un geste philosophique, *le* geste philosophique par excellence, comme le stipule Monique Dixsaut[3] ? Peut-on définir rhétoriquement la rhétorique sans être par

1. Chaïm Perelman, « Rhétorique et philosophie », art. cit., p. 220.

2. *Id.*, « Philosophie, rhétorique, lieux communs », *Bulletin de la classe des Lettres et de l'Académie royale de Belgique* LVIII, 1972, repris dans *The New Rhetoric and the Humanities*, Dordrecht, Reidel, 1979, ici p. 58. Je me permets de renvoyer pour une analyse plus complète de la position de Perelman à Barbara Cassin, *L'Effet sophistique*, Paris, Gallimard, 1995, p. 428-435.

3. L'article remarquable de Monique Dixsaut, « La rhétorique, une définition impossible ? », a servi de base à son intervention dans notre séminaire, et je ne cesserai de dialoguer avec lui. Il est publié dans Monique Dixsaut, « La rhétorique, une définition impossible ? », dans Francesca Alesse, Francesco Aronadio *et alii* (a cura di), *Anthropine*

là-même, d'abord et en amont, subjugué par la philosophie ? On peut certes pratiquer la rhétorique en orateur, et proposer un morceau modèle, mais la « définir » en orateur, n'est-ce pas là une contradiction dans les termes[1] ?

Je propose néanmoins qu'on y regarde à deux fois. Il me semble en effet qu'il s'agit là d'une contradiction pragmatique analogue à celle qu'on impute à ces *tines* qui refusent le principe de non-contradiction au livre *Gamma* de la *Métaphysique* d'Aristote, et qui ne devraient pouvoir ni parler ni penser – reproche qu'aujourd'hui une certaine philosophie analytique adresse communément à ces nouveaux sophistes de la *French Theory*[2]. Or, justement, ils parlent quand même, ils inventent un *logos* qui résiste à l'imposition de la norme philosophique et qui la met en jeu en la mettant en évidence – comme on sait, les sophistes parlent *logou kharin*, pour le plaisir de parler et, quoi qu'Aristote en veuille penser, de Gorgias à Lacan, cela s'entend et fait effet[3]. Autrement dit, il n'y a contradiction que du point de vue de la philosophie qui prétend, quant à elle, n'être pas un point de vue mais l'universel et la vérité mêmes. De semblable manière, à supposer qu'une *définition* de la rhétorique soit nécessairement *philosophique* pour la philosophie dans la seule mesure où il s'agit d'une définition, il appartient peut-être à une *définition rhétorique* de la rhétorique de récuser le rapport théorie-pratique impliquée par cette conception, d'en déconstruire la prétention et d'en soulever les présupposés. L'objection philosophique est en quelque sorte trop radicale pour être suspensive, trop principielle pour être opératoire.

Comment alors distinguer les deux types de définitions ? À quoi les reconnaître ?

sophia. Studi di filologia e storiografia filosofica in memoria di Gabriele Giannantoni, Napoli, Bibliopolis, 2008.

1. Monique Dixsaut, « La rhétorique, une définition impossible ? », art. cit., p. 91 : « La définition rhétorique de la rhétorique sera donc de la rhétorique et pas une définition ».

2. Voir Jacques Derrida, *Le Monolinguisme de l'autre* (Paris, Galilée, 1996, p. 18-21) où Derrida soutient simultanément les deux propositions : « On ne parle jamais une seule langue » et « On ne parle jamais qu'une seule langue ». Il commente alors la contradiction performative dont on lui fera reproche : « Certains théoriciens allemands ou anglo-américains ont cru trouver là une stratégie imparable [...]. À intervalles réguliers, on les voit poindre la même critique en direction de tel ou tel adversaire, de préférence un philosophe de langue française » ; ils lui diront : « vous êtes un sceptique, un relativiste, un nihiliste [...]. Si vous continuez, on vous enfermera dans un département de rhétorique ou de littérature [...]. Si vous insistez, on vous enfermerait dans le département de sophistique ».

3. Je me permets de renvoyer à Barbara Cassin, *La Décision du sens, le livre* Gamma *de la* Métaphysique *d'Aristote*, avec Michel Narcy, Paris, Vrin, 1998[2] et, plus récemment, à mon *Jacques le sophiste. Lacan,* logos *et psychanalyse*, Paris, Epel, 2012.

Comme il serait simple d'admettre, en première approche, que les définitions philosophiques sont les définitions faites par les philosophes et les définitions rhétoriques celles faites par les orateurs ! Mais qui sont les philosophes et qui sont les orateurs ? Faut-il, et suffit-il, de se proclamer tel ou tel pour l'être ? En particulier, les philosophes sont-ils tous ceux qui se disent philosophes ? Qui assigne le nom, et quel sens a le nom, dès lors que l'on pense en termes d'énonciation, de contexte, de stratégie, de tactique et de conjoncture, d'histoire longue ou brève ? La ligne de partage entre orateur et philosophe est toujours à retracer, du dedans comme du dehors. D'autant qu'il s'agit de valeur, de valoriser une position, la sienne, par comparaison avec, parfois, de bons autres et, toujours, de mauvais autres. Du côté de la philosophie, le meilleur serait le « sage » et le pire le « sophiste », tous deux de même *etumon* que le « philosophe », ce qui engage d'emblée la confusion. Du côté de la rhétorique, on trouvera mauvais le « sycophante », peut-être le « logographe », soit ; mais aussi tantôt le « sophiste » tantôt le « philosophe », voire les deux à la fois ; ou encore le *rhêtor* distingué de l'*orator*, *etumon* grec contre *etumon* latin ; et l'on se déclare le cas échéant soi-même « philosophe », « orateur », « sophiste », en recréant les catégories et les types. Le jeu de rôles est partout, les définitions sont mixtes, on glisse d'un genre à l'autre.

Exemplarité du cas Isocrate

Le cas d'Isocrate est exemplaire à cet égard, comme si Platon et lui jouaient à la main chaude. À la fin du *Phèdre,* Socrate dit du jeune homme si compétent en *logoi* (jeune homme qu'Isocrate n'est déjà plus, évidemment – le vrai temps ironiquement présent est un futur antérieur devenu irréel du passé) qu'il y a dans sa pensée *tis philosophia*[1], quelque chose comme de la philosophie. Isocrate de son côté, dans le *Sur l'Échange* par exemple, désigne comme « philosophie » et « philosophes », et comme « sophistes, des entités très diverses selon des modalités qui nous semblent d'autant plus difficiles à cerner qu'elles n'ont précisément rien de « philosophique » au sens platonicien[2].

1. Platon, *Phèdre*, 279 a.

2. Ainsi : « Ceux qui négligent tout ce qui est nécessaire pour s'adonner aux inventions bizarres des anciens sophistes [*scil.* Empédocle, Parménide, Mélissos, Xénophane, Ion, Acméon], on dit qu'ils philosophent [*philosophein phasin*] sans prêter attention [texte corrompu] aux gens à qui leurs études et leurs travaux feront bien conduire leurs affaires privées et les affaires publiques de la cité, but auquel il faut consacrer notre peine, notre philosophie [*philosopheteon*] et toute notre action » (285, traduction Georges Mathieu dans *Isocrate, Discours*, t. 3, Paris, Les Belles Lettres, « Collection des Universités de France », 1942, modifiée). Voir ici même la contribution de Paul Demont,

Lui-même, prince des orateurs dont l'École concurrence l'Académie, est « sophiste » en tant que professionnel, mais il considère aussi qu'il « philosophe », que la philosophie le mène à l'éloquence et, bien qu'il ne prononce pas de discours publics, il cultive les « discours politiques[1] ». Isocrate pourrait sembler donner pour de bon une, et même plusieurs, définitions rhétoriques de la philosophie. Mais, justement, il n'utilise jamais le terme *rhêtorikê*[2] : il expose seulement la nature et la puissance (*phusis* et *dunamis*) du « soin des discours », *tôn logôn melêtê,* toujours en devenir et lié à la *paideia*, refusant la pulsion philosophique qui exige une définition de la rhétorique, et sans jamais identifier nature et essence (comme le dit fortement Monique Dixsaut : « Isocrate n'est pas Nietzsche, il n'est pas Heidegger ni Sartre, mais avant eux, il a compris ceci : ne pas identifier nature et essence est la seule manière de ne pas être platonicien[3] »). Dès le *Contre les sophistes*, chaque désignation se dit en plusieurs sens, et les catégories sont sans cesse en recouvrement : *hoi philosophountes*, ceux qui philosophent (18), peuvent bien être des « sophistes » ou des élèves de sophistes, car les sophistes sont d'abord des professionnels et non des profanes (*tôn idiôtôn*, 7). Ces professionnels peuvent être bons ou mauvais. Or, il y a plusieurs plusieurs manières d'être mauvais professionnel, selon l'époque et le type d'enseignement ou d'éloquence, et on pourrait mettre là des noms comme dans un roman à clefs. Les uns sont des éristiques, « professionnels de la dispute » (*tôn peri tas eridas diatribontôn*, 1) : ceux-là présentent bien des traits communs avec les sophistes

si nette et fouillée quant au sens de « philosophie » chez Isocrate : il voit dans le § 271 de l'*Antidosis*, la clef de toute son œuvre : « Puisqu'il n'est pas dans la nature humaine d'acquérir une science dont la possession ferait savoir ce qu'il faut faire ou dire, je considère, en partant des possibilités humaines, comme savants [« je tiens pour sages », traduit M. Dixsaut, dans « Isocrate ou des sophistes sans sophistique », dans Barbara Cassin (dir.), *Le plaisir de parler, Études de sophistique comparée*, Paris, Les Éditions de Minuit, 1986, p. 77] ceux qui sont capables d'atteindre le meilleur le plus souvent au moyen de leurs opinions, et comme épris de savoir ceux qui consacrent leur temps aux entraînements à partir desquels ils acquerront le plus rapidement une telle sagesse [« et pour philosophes ceux qui s'exercent dans des études d'où il tirent au plus vite le bon sens », M. Dixsaut, *loc. cit.*] (voir *supra*, p. 85).

1. Isocrate, *Sur l'échange*, 260 : contre nos adversaires, à « nous qui cultivons l'éloquence politique [*peri tous politikous logous humeis ontes*] », « je ne fais usage que de vérités [*tais alêtheiais khrêsomai*] ».

2. Je suis ici une remarque importante de Monique Dixsaut, déjà dans « Isocrate contre des sophistes sans sophistique », art. cit., p. 63-85. Elle critique ainsi Georges Mathieu, l'éditeur des *Discours* d'Isocrate dans la collection des Universités de France, qui voit dans les § 42-50 « une première définition de la rhétorique » et dont les intrertitres attribueraient à Isocrate de telles « définitions » (*Sur l'échange*, traduction G. Mathieu, *op. cit.*).

3. Monique Dixsaut, « La rhétorique, une définition impossible », art. cit., p. 85.

platoniciens, ils mentent et font seulement semblant de chercher la vérité, ils prétendent enseigner la vertu et la sagesse et promettent le bonheur, mais ils ne savent même pas faire respecter les conventions ni se faire payer correctement (1-9) – on l'entend, ce dernier trait est ô combien isocratique : ils font du *dumping*, de la concurrence déloyale, alors qu'Isocrate, lui, comme un vrai sophiste platonicien, se fait payer, et cher. D'autres enseignent les discours politiques (*logous politikous*, 9), l'éloquence publique et non les disputes privées : leur défaut majeur est alors de « transmettre la science des discours comme si c'était celle de l'écriture » en prenant pour modèle et pour stipulation des procédures fixes et figées[1]. Il y a aussi les « sophistes qui viennent d'éclore » (on a coutume de reconnaître Alkidamas), des vantards mais qui se bonifieront[2]. Et les sophistes du passé, ceux qui ont rédigé des traités, *tekhnai*, pour enseigner l'éloquence judiciaire, sans comprendre qu'ils étaient en fait capables de bien davantage – à moins qu'ils ne fussent vraiment malhonnêtes (19). Les mots « philosopher » et philosophie » [3] sont ainsi mêlés à ceux d'éducateurs (*hoi paideuien epikheirountes*, 1), de sophistes, de professionnels de la dispute, de professeurs d'éloquence politique, judiciaire, de maîtres réels ou supposés en matière de vertu, d'honnêteté, qui perçoivent salaire. Autrement dit, la philosophie et l'éloquence vont de pair, sans discrimination, effectives ou non l'une comme l'autre, selon que les maîtres ou les élèves sont bons ou mauvais. De plus, les « sages » aussi sont, comme traditionnellement, des « sophistes » (ainsi Solon, dans le *Sur L'échange*, 235). Les jeux de rôle prolifèrent : orateurs, sages, anciens sophistes (mauvais, bons), philosophes (faux, vrais), sycophantes (nouveaux sophistes, faux orateurs). C'est le moment de rappeler que « l'art consiste à écrire des

1. Isocrate, *Contre les sophistes*, 10 ; *cf.* 12 : « ils ont donné pour modèle d'un art de création un traité figé [*poiêtikou pragmatos tetagmenên tekhnên paradeigma*] », mais « ils sont bien les seuls à ignorer que, tandis que les lettres sont dans l'immutabilité et gardent toujours la même valeur de sorte que nous utilisons toujours les mêmes pour les mêmes choses, c'est tout le contraire pour les discours ».

2. *Ibid.*, 19.

3. *Ibid.*, 11 : « Pour moi, j'aurais préféré à une grande richesse que la philosophie eût tout le pouvoir dont ils parlent » ; 14 : « je crois que beaucoup de ceux qui ont fait de la philosophie sont restés de simples profanes [*idiôtai*], et que d'autres, sans jamais avoir fréquenté de sophiste, sont devenus habiles à parler et à exercer la citoyenneté » ; 18 : si le maître est bon, et si l'élève est doué et travaille, alors les élèves ainsi formés parleront visiblement avec plus de fleur et de grâce, et, « toutes ces conditions remplies, ceux qui philosophent arriveront à la perfection [*teleiôs exousin hoi philosophountes*] » ; 21 : « ceux qui voudraient obéir aux préceptes de cette philosophie [celle des anciens sophistes qui ont écrit des traités d'éloquence judiciaire] en tireraient profit plus pour l'honnêteté que pour l'éloquence ».

discours qui ont la puissance de l'ambiguïté [*epanphôterizein dunamenous*] » (*Panathénaïque*, 240).

L'efficacité de ces torsions par rapport à la norme philosophique, c'est-à-dire platonicienne, ne trouve, je crois, d'équivalent qu'avec Ælius Aristide, au moment de la seconde sophistique – ce dernier bataillant explicitement avec le texte platonicien au lieu de se produire en concurrence sur le même théâtre. Ælius Aristide comme Isocrate sont d'ailleurs l'un et l'autre peu aimés de ceux qui se sont à l'époque moderne chargés, mais comme à regret, d'éditer leurs œuvres ; ils ne rentrent plus dans aucun cadre et sont devenus « imperceptibles », à la fois mauvais orateurs, pléthoriques et pompiers, et évidemment ne comprenant rien à la philosophie. Si la sirène sur la tombe d'Isocrate ne nous captive plus, nous devrions pourtant être alertés par la comparaison que fait Cicéron quand il dit à propos d'Isocrate que son école est semblable au cheval de Troie : « Vous voyez paraître Isocrate, le maître de tous les orateurs grecs, dont l'école, semblable au cheval de Troie, semble n'avoir enfanté que des héros[1] ». Non à cause des élèves-héros, mais à cause de l'école-cheval, embuscade creuse qui, infiltrée dans la citadelle philosophique, est à même d'y porter sinon le désastre, du moins le désordre.

Au ras des textes

C'est pourquoi l'on ne peut avancer qu'au ras des textes. En les mettant en série et en les analysant comparativement, sans jamais avoir la certitude d'aller jusqu'au bout, comme des réponses et des palimpsestes, des contradictions et des contrepoints, parfois aussi des silences, des blancs taiseux trop parlants et des ignorances volontaires, enchaînés les uns aux autres. Cet ouvrage collectif propose des points d'ancrage pour une telle reconstitution.

Le dialogue platonicien du *Gorgias*, à coupler avec le *Phèdre*, donne le coup d'envoi avec une définition philosophique de la rhétorique. Il est le premier à brouiller les pistes, à la source de toutes les séquences dans l'histoire longue, grecque, latine, et au-delà : brouillage dont les orateurs n'ont de cesse de se libérer, ou de faire prospérer à leur avantage quand ils y parviennent. Si la philosophie est une série de notes en bas de page de Platon, l'histoire de la rhétorique est bien davantage encore une série de notes en bas de page du *Gorgias*[2].

1. Cicéron, *De Oratore*, II, 22 [*cf. Brutus*, 32, cité dans la notice du *Sur l'échange*, *op. cit.*, p. 100].

2. On se reportera, pour une liste des textes qui « répondent » au *Gorgias*, à l'Index 1, p. 397 *sq.* de l'édition de E.R. Dodds, *Plato, Gorgias. A revised Text with Introduction and*

La manière dont le dialogue platonicien s'articule avec son amont *stricto sensu* pré-rhétorique et pré-philosophique est en soi un premier *topos* – en particulier avec l'*Éloge d'Hélène* de Gorgias lui-même dont la définition du *Gorgias, peithous dêmiourgos*, fait reprise et déplacement. Le *Gorgias* est généralement daté de 385. Pendant la vingtaine d'années qui précède et qui suit, dans un avant/après qui fait enjeu (le fragment d'Alkidamas où figure *rhêtorikê* date-t-il de 390 ou de 360, avant ou après le *Contre les sophistes* d'Isocrate ? et tel texte d'Antisthène, est-il écrit plutôt vers 390 ou vers 380 ?[1]), les discours et les textes se répondent les uns aux autres – mais comment exactement ? –, impliquant des philosophes et des orateurs plus ou moins autoproclamés dans une virulence polémique que la philosophie analytique aura récemment réactivée en un sens imprévu, avec le mépris réciproque entre *philosophy* et *comparative litterature* : où situer la rigueur et l'intérêt de la pensée ?

Isocrate, et lui seul parmi les rivaux en compétition (il est vrai que nous n'avons pas pris ici en considération un Aristophane qui fait sans doute de même dans un tout autre genre), effectue aux mêmes dates à quelques années près un brouillage alternatif capable de configurer les équivoques et les attributions autrement que Platon. Aristote propose ensuite de toute la force de son système un autre coup d'envoi. Autre, vraiment ? Mais n'est-il pas lui-même déterminé ou déterminable en creux et démarcation silencieuse entre Platon et Isocrate[2] ?

On verra dans cet ouvrage comment se réfléchit alors le rapport aux pratiques, en particulier judiciaires, et aux genres « littéraires », diatribe/dialogue par exemple[3]. On verra surtout les manières dont ces traditions s'affrontent et s'articulent dans la rhétorique latine – Cicéron, Quintilien, ou encore Fronton, à travers sa correspondance avec son élève l'empereur philosophe Marc Aurèle –, dans la rhétorique grecque de la seconde sophistique, dans les critiques sceptiques et, sur la longue durée, à Byzance, dans le monde arabe et chez les humanistes[4].

Commentary, New York, O.U.P., 1959. C'est dans cette perspective que peut, au moins aussi, être lue la monumentale *Histoire de la rhétorique dans l'Europe moderne, 1450-1950* dirigée par Marc Fumaroli (Paris, P.U.F., 1999).

1. Voir ici même les contributions d'Aldo Brancacci, p. 43, et de Paul Demont, p. 69.

2. Voir ici même la contribution de Pierre Chiron, au titre éloquent : « Aristote rhéteur ? », p. 111.

3. Voir ici même, avec Cristina Viano, le rapport Lysias-Aristote, p. 93, et l'analyse du genre « diatribe » par Pedro Pablo Fuentes González, p. 127.

4. Je renvoie évidemment aux contributions, ici même, de Maria Silvana Celentano, Charles Guérin, Emidio Spinelli, Henri Maguire, Maroun Aouad, Lucia Calboli Montefusco.

Je tenterai pour ma part de rendre compte de quelques grandes stratégies de la rhétorique pour échapper à la philosophie, comme elle retourne la prise platonico-aristotélicienne, et comment elle s'aide de Gorgias (ou d'un spectre romain de Gorgias) pour répliquer au *Gorgias*, via politique et temporalité, et donner ainsi des définitions, non pas peut-être « rhétoriques », mais « plus rhétoriques » de la rhétorique. Ce parcours sera un simple parcours de textes, brièvement commentés. Il ne saurait y avoir là, comme dans l'ensemble de notre recueil, que des coups de sonde, mais c'est un monde de répliques, aussi au sens tellurique du terme, qui se fait ainsi sentir[1].

UNE SÉRIE DE NOTES EN BAS DE PAGE DU *GORGIAS*...

Le double point de départ platonicien

Sur les torsions énonciatives du Gorgias

Repartons du *Gorgias*, omniprésent.

J'admets avec Schiappa[2] que c'est dans le *Gorgias* qu'apparaît pour la première fois le terme *rhêtorikê*. Monique Dixsaut a tout à fait raison de dire que le mot *dialektikê*, comme celui de *sophistikê*, et même celui de *philosophia*, sont très probablement inventés simultanément par Platon ; il n'y avait donc pas plus de « philosophie » que de « rhétorique » avant lui[3]. Soit. Mais je répondrais : peu importe. Ce qui

1. Quelques repères temporels, donnés lors du séminaire et qui vont sans dire, vont peut-être mieux en les disant : Gorgias (428-385), Alkidamas (*sc.* 390 ?), Platon (427-347), Isocrate (436-338), Aristote et Démosthène (384-322), Socrate est condamné à mort en 399 ; le *Gorgias* de Platon est écrit sans doute vers 390-385, et le *Phèdre* vers 370 ; le *Contre les sophistes* d'Isocrate vers 390, et son *Sur l'échange* en 354/353. L'école de « philosophie » d'Isocrate est fondée en 390, et l'Académie de Platon en 388/387. Puis : Virgile (70-19), Cicéron (106-43), Philodème (Ier av. J.-C.), Quintilien (35-100) ; Ælius Aristide (117-189), Sextus (IIe apr. J.-C.), Philostrate (170-244).

2. Je renvoie sur ce point à l'article vraiment convaincant à mes yeux d'Edward Schiappa, « *Rhêtorikê*, what's in a name. Toward a revised history of early greek rhetorical theory », *Quaterly Journal of Speech* 78, 1992, p. 2-15. Il l'a développé de multiples manières, notamment dans *The Beginning of rhetorical theory in Classical Greece*, New Haven/London, Yale University Press, 1999.

3. M. Dixsaut, « La rhétorique, une définition impossible ? », art. cit., p. 89. Elle en conclut : « L'allégorie d'une philosophie affirmant son pouvoir face à une sophistique qu'elle prétend n'être que de la rhétorique est une belle allégorie, mais elle ne me semble pas juste ». La suite de l'argument, selon lequel : « Ce n'est pas la philosophie qui s'affronte à la rhétorique, c'est la dialectique, et cela tout au long de l'œuvre de Platon », requiert évidemment l'articulation *Gorgias*/*Phèdre*, que j'aborderai dans un instant. Mais dans l'histoire longue de la philosophie, comme dans l'histoire longue de la rhétorique (et

compte en effet pour mon propos, c'est que *rhêtorikê* soit une invention de philosophe et la rhétorique une invention de la philosophie, alors que la réciproque n'est pas vraie : la philosophie n'est pas une invention de la rhétorique, mais derechef une invention de la philosophie, et la philosophie ne tient pas sa définition de la rhétorique, mais d'elle-même, la philosophie.

Le tour supplémentaire, et c'est la première ruse, véritable nœud coulant platonicien, consiste à mettre le mot de « rhétorique » dans la bouche de Gorgias et non dans celle de Socrate : elle se trouve ainsi définie de manière apparemment « autochtone » ou autonome. La philosophie peut alors inventer la rhétorique de manière deux fois rusée : en faisant comme si la « rhétorique » avait toujours été là, et en faisant comme s'il allait de soi qu'elle se confondît avec la « sophistique ». Mais la première ruse est évidemment décisive : le philosophe fait comme si ce n'était pas lui, mais Gorgias le sophiste, qui donnait la définition de la rhétorique. Or, un tel changement du sujet de l'énonciation est très exactement ce qu'il faut appeler, avec Michel Narcy[1], « ironie ». Chez Platon, c'est toujours l'énonciation qui donne consistance à l'ironie : « Gorgias – demande Socrate –, dis-nous toi-même comment il faut t'appeler en tant que savant en quel art [*autos hêmin eipe tina se khrê kalein hôs tinos epistemona tekhnês*]. Réponse de Gorgias : *tês rhetorikês, hô Sôkrates*, « en rhétorique, Socrate ». « Il faut donc t'appeler orateur ? [*rhêtora ara khrê se kalein ;*] » « Et bon orateur, Socrate » (449 a). Contrairement à toutes les attestations et à tous les parallèles, c'est cette fois l'art qui sert à nommer l'artiste. La rhétorique depuis Platon existe depuis toujours, et d'ailleurs sophistique et rhétorique ne font qu'un, ou sont intimement liées – c'est le sophiste en personne qui l'aura dit, le philosophe n'y est pour rien.

Cette torsion énonciative vaut pour tout le dialogue (voire : pour tout dialogue), mais il arrive que l'orateur sache la retourner à son profit. Quintilien, dont c'est tout le chapitre XV du livre II de l'*Institution oratoire* qu'il faudrait citer comme au cœur de la réplique latine à l'assemblage platonicien *Gorgias/Phèdre*, souligne comment le *Gorgias* est à la source de toutes les définitions de la rhétorique, dans tous les recueils de morceaux choisis. Il souligne aussi qu'il faut savoir le lire : « La plupart, qui se sont contentés de lire quelques extraits du *Gorgias* de Platon choisis sans habileté par les prédécesseurs au lieu de le lire en

pour cause !), la dialectique platonicienne n'est, me semble-t-il, qu'un nom très singulier, immensément équivoque et riche d'avatars, de la philosophie par excellence.

1. Michel Narcy, *Le Philosophe et son double. Un commentaire de l'*Euthydème *de Platon*, Paris, Vrin, 1984.

entier avec les autres ouvrages du même auteur, sont tombés dans la plus grande erreur : ils ont cru que Platon lui-même avait l'opinion que "la rhétorique n'est pas un art mais une certaine habileté à donner de l'agrément et du plaisir[1]" ». Ce ne sont ni Socrate ni Platon qui disent cela dans le *Gorgias*, mais seulement Gorgias, que cite Socrate, que cite Platon, si bien que l'on a grand tort de croire qu'il s'agit là de l'opinion de Platon lui-même... Et Quintilien de tordre l'énoncé à son tour, en toute habileté herméneutique, mettant en avant les économies énonciatives (Gorgias, Socrate, Platon, Calliclès) et le caractère réfutatif ou renversant du dialogue, pour qu'enfin Platon dise à peu près ce qui lui convient aujourd'hui, à lui Quintilien. Platon n'aura critiqué que la rhétorique pratiquée de son temps (*quæ tum exercebatur*, 26) : il est donc clair pour Platon « que la rhétorique n'est pas un mal, mais que la vraie rhétorique ne peut échoir qu'à l'homme juste et vertueux[2] » – si ce n'est celle de Gorgias, c'est donc celle de Quintilien, et c'est cette fois Platon qui l'aura dit.

Gorgias/Phèdre : emboîtements et gaps

Monique Dixsaut refuse l'analyse du double point de départ platonicien que, après bien d'autres (dont Quintilien ici même) et en emboîtant le pas à Ælius Aristide, je propose dans *L'Effet sophistique : Gorgias* mauvaise rhétorique/*Phèdre* bonne rhétorique[3]. Elle fait

1. Quintilien, *Institutio oratoria* (désormais cité Quint. *Inst.*), II, XV, 24. « *Plerique autem, dum pauca ex Gorgia Platoni imperite excerpta legere contenti* [...] *in maximum errorem inciderunt, creduntque eum in hac esse opinione, ut rhetoricem non artem, sed peritiam quandam gratiæ ac voluptatis exitimet* ». Le « choix sans habileté », *imperite excerpta*, des mauvais maîtres mauvais lecteurs fait écho à « l'habileté », *peritiam quandam*, définition de la rhétorique donnée dans le *Gorgias* en 462 c (*kharitos tinos kai hêdonês apergasias*), autant qu'à la caractérisation propre à Quintilien de la rhétorique par le *vir bonus dicendi peritus*. L'écho répond à l'écho – à entendeur, entendeur et demi. L'analyse qui précède sur la définition de la rhétorique comme « ouvrière de persuasion » (*opificem persuadendi/peithous dêmiourgos*) est elle aussi attentive au sujet de l'énonciation : « Cette opinion a son origine chez Isocrate... Chez Platon, Gorgias aussi dit à peu près la même chose dans le dialogue qui porte son nom, mais Platon veut que l'on reçoive cette opinion comme celle de Gorgias et non comme la sienne propre » (II, XV, 2-5).

2. Quint. *Inst.*, II, XV, 28 : « [...] *ut appareat Platoni non rhetoricen videri malum, sed eam veram nisi justo ac bono non contingere* ». L'articulation et la congruence *Gorgias/Phèdre* se trouvent désignées aux § 29-32 : pas de « vraie » rhétorique sans connaissance de la justice.

3. Dans « La rhétorique, une définition impossible », art. cit., M. Dixsaut renvoie en particulier à *L'Effet sophistique* (Gallimard, 1995, p. 411-423), où j'affirme clairement : « Si donc l'on joue *pro et contra* le *Phèdre* et le *Gorgias*, c'est bien entre deux non-rhétoriques que l'on a à choisir : entre le vice, la sophistique, et la vertu, la dialectique » (p. 419).

d'abord remarquer, à juste titre, que « c'est l'art rhétorique que la définition du *Phèdre* rend meilleur, pas la rhétorique ». Nous sommes bien d'accord : « Celui qui n'est plus nommé *rhêtôr* mais *logôn tekhnikos* doit parler non à des hommes mais à des dieux » (*Phèdre,* 273 e-274 a). Et elle conclut, s'appuyant sur *Le Politique* : « Pour le dire brutalement, je crois qu'il n'y a et n'y a jamais eu pour Platon de bonne rhétorique. Un bon usage de la rhétorique est néanmoins possible à condition qu'existe une véritable science politique. Elle n'existe que si le politique est un dialecticien-philosophe ». Or, c'est très exactement ce que j'entends par « bonne rhétorique » : une bonne rhétorique pour Platon veut dire une rhétorique soumise aux fins de la philosophie et telle que seul le philosophe-roi soit à même de la pratiquer. « Selon la sévère équation deux égale zéro », disais-je alors, ou bien la rhétorique est « mauvaise » et elle se confond avec la sophistique, ou bien elle est « bonne » et elle se confond avec la dialectique du philosophe-roi, déployée à la fin des fins pour le seul auditoire des dieux[1]. Pour le dire brutalement à mon tour, je crois quant à moi que, pour Platon, il y a une bonne rhétorique : comme un bon Indien est un Indien mort, une bonne rhétorique est une non-rhétorique, une rhétorique sans orateurs et sans auditeurs, mais avec le Philosophe et les dieux.

C'est bien en effet, comme Monique Dixsaut le souligne encore, à l'usage et la responsabilité politiques[2] que les différences reviennent. Mais je poserais moi-même la question ainsi – beaucoup trop vite, bien sûr – à Monique Dixsaut tout comme à Alain Badiou, traducteur-passeur inactuel de la *République*[3] : lequel donc des deux est le plus « irresponsable », celui qui s'auto-investit divinement de la responsabilité du Vrai, ou celui qui propose la *paideia* à remettre sur le métier d'un « meilleur pour », le divin Platon, ou bien Gorgias et Protagoras, les relativistes conséquents ?

Qu'on me permette de tresser sous forme de thèses quelques fils que j'ai tirés ailleurs avec plus de précaution[4]. Le *Gorgias* et le *Phèdre*

1. C'est précisément ce qu'écrit Monique Dixsaut dans « La rhétorique, une définition impossible », art. cit. : « Pour qu'il [*scil.* l'objet qu'est la rhétorique] change vraiment, il faut [...] substituer la dialectique à la rhétorique ». Aussi n'est-ce pas le constat qui nous sépare.

2. De Monique Dixsaut, « La rhétorique, une définition impossible », art. cit., p. 18 *sq.* : « L'usage du *logos* propre à Gorgias n'a rien de terroriste : un terroriste croit à la vérité absolue de ce qu'il dit et ce n'est évidemment pas le cas de l'auteur du *traité du non-être*. Mais son usage du *logos* est un usage irresponsable, débarassé de la responsabibilité du vrai et insoucieux des conséquences ».

3. D'Alain Badiou : *La République de Platon*, Paris, Fayard, 2012.

4. Dans *L'Effet sophistique*, ici en discussion (IIe partie, chap. 2, « Le lien rhétorique », et IIIe partie, chap. 2, « Rhétorique et fiction ») et, plus récemment, dans « La

forment ensemble à mes yeux le geste bifide de la philosophie pour domestiquer un certain type de *logos* non philosophique qu'elle constitue sous le nom de « rhétorique ».

Je ne reviens pas sur le détail de l'emboîtement explicite des deux dialogues. La place de la rhétorique/sophistique du *Gorgias* est dessinée dans le *Phèdre* : au pire *atekhnos tribê,* « usage sans art » et routinier frottement (*Phèdre* 260 e = *Gorgias*, 463 b), au mieux « préalable » (*ta pro tês tekhnês anagkaia mathêmata*, *Phèdre*, 269 b) et « voie courte » (*tis pê rhaiôn kai brakhutera… hodos*, *Phèdre*, 272 c).

La place de la rhétorique/philosophie du *Phèdre* est rétrospectivement dessinée en creux dans le *Gorgias* : c'est « cette rhétorique-là » qu'on n'a jamais encore vue (*ou pôpote su tautên eides tên rhêtorikên*, *Gorgias*, 503 b), celle de l'orateur compétent et bon (*teknikos kai agathos*, 504 d), qui requiert la connaissance du juste et du bien, capable de « faire passer d'un état moins bon à un état meilleur » comme doit opérer une psychagogie, *paideia* des âmes. Reste à savoir s'il peut s'agir là ou non de l'exacte conséquence d'un *logos-pharmakon* bien compris, à la Gorgias ou à la Protagoras, tel qu'il est en particulier décrit en son long, pour un individu comme pour une cité, dans l'« apologie de Protagoras » que prononce Socrate dans le *Théèthète*. On ne peut pas en effet ne pas rapprocher *Gorgias*, 503 b-c : « Peux-tu nommer un orateur dont la parole […] ait fait passer les Athéniens d'un état moins bon à un état meilleur ? [*Athênaioi beltious gegonenai* […] *en tôi prosthen khronôi kheirous ontes*] » (c'est Socrate qui pose la question) ; et *Thééthète,* 167 a : « Dans la *paideia*, il faut opérer le changement d'un état moins bon à un état meilleur, ce que le médecin fait par des remèdes et le sophiste par des discours [*en têi paideiai apo heteras hexeôs epi tên ameinô metablêteon*] ».

La difficulté d'une réponse simple à cette question du *logos-pharmakon* tient aussi, me semble-t-il, à ce qu'un même *gap* demeure – et c'est une forte parenté de plus –, dans le *Gorgias* d'une part, lu entre les lignes par Ælius Aristide, entre un « bon usage » de la rhétorique et une « autre » rhétorique qui ne flatte ni ne triomphe[1], et

performance avant le performatif ou la troisième dimension du langage », *Genèses de l'acte de parole dans le monde grec, romain et médiéval,* dir. Barbara Cassin et Carlos Lévy, Turnhout, Brépols, 2011 (paru en 2012), p. 113-147. Sur la question du relativisme conséquent, voir par exemple « Relativité de la traduction et relativisme », dans *La pluralité interprétative, fondements historiques et cognitifs de la notion de point de vue*, sous la direction de Alain Berthoz, Carlo Ossola et Brian Stock, 2009, en ligne [http://conferences-cdf.revues.org/147].

1. Ælius s'appuie sur Platon, *Gorgias* 517 a, où Socrate, parlant de Cimon, Thémistocle, Miltiade et Périclès, dit que : « s'ils ont été des orateurs, ils n'usaient ni de

dans le *Phèdre* d'autre part, entre la voie longue de la psychagogie, âme par âme et discours par discours, et cette dialectique à laquelle on ne s'appliquerait jamais sans un divin auditoire. Il y va à chaque fois d'un passage à la limite et/ou d'un changement de registre dont on a du mal à savoir s'il peut jamais être autre chose qu'un idéal inatteignable.

La résilience du Gorgias *: le semblant*

Mais tout part du *Gorgias*, qui lance à jamais la thématique de l'imitation comme étant l'aune philosophique pour mesurer la rhétorique : non seulement la parole et les mots, *logos, onomata*, sont les mimes des choses (c'est l'enjeu du *Cratyle*), mais la rhétorique est une « image » (*eidôlon*, *Gorgias*, 463 d) et un semblant qui « se glisse sous » (*hupodusa*, 464 c) et « contrefait » (*prospoieitai*, 464 d). Il n'est sans doute pas un texte sur la rhétorique qui n'ait désormais en vue le *Gorgias* et l'accusation de semblant – jusqu'au très lacanien : *D'un discours qui ne serait pas du semblant*[1].

La définition première mise dans la bouche de Gorgias dans le *Gorgias* : *peithous dêmiourgos estin hê rhetorikê,* énoncée par Socrate en tant qu'énoncée par Gorgias (« *si je te suis bien, tu dis que* la rhétorique est une ouvrière de persuasion », 453 a), retient de fait les éléments, persuasion, démiurgie, qui servent à définir la souveraineté du *logos* dans l'*Éloge d'Hélène* du « vrai » Gorgias. Mais leur sens est désormais philosophiquement assuré, c'est-à-dire onto-éthiquement démis, par la célèbre analogie, que je reproduis ici pour qu'elle figure dans cet ouvrage dont la thématique même ne se conçoit pas sans elle[2] :

eidos	législation	=	gymnastique	=	justice	=	médecine
eidôlon	sophistique		toilette		rhétorique		cuisine

l'authentique rhétorique (car ils n'auraient pas été renversés), ni ce celle qui flatte [*oute têi alêtinêi rhêtorikêi... oute têi kolakikêi*] », pour demander de quelle troisième rhétorique il s'agit (*Contre Platon sur les Quatre,* Discours III, 513). Je renvoie pour sa lecture très subtile de l'emboîtement *Gorgias-Phèdre* à l'*Effet sophistique*, *op. cit.*, p. 419-423 (et p. 323 n. 4).

1. Jacques Lacan, *Le Séminaire*, livre XVIII, *D'un discours qui ne serait pas du semblant*, Paris, Seuil, 2006.

2. « Pour ne pas faire un discours long, je veux te parler comme les géomètres, et peut-être ainsi me suivras-tu [...] : la sophistique est à la législation ce que la toilette est à la gymnastique, et la rhétorique est à la justice ce que la cuisine est à la médecine », Platon, *Gorgias*, 465 c. Cette analogie ne se conçoit pas sans celle du *pharmakon*, le *logos* étant à l'âme ce que le *pharmakon* est au corps, mise en place par Gorgias lui-même dans *L'Éloge d'Hélène*, 14 (= 82 B 11 dans Hermann Diels, Walther Kranz (éds.), *Die Fragmente der Vorsokratiker*, Berlin, Weidmannsche buchhandlung, 1903, t. II, p. 292).

La rhétorique n'est que la cuisine de l'âme, inférieure même à la sophistique proprement dite, puisqu'elle est de l'ordre du correctif comme la justice ou la médecine, et non de la structuration comme la législation ou la gymnastique. C'est, selon son habitude, au moyen de la mimétique que Platon opère une négation ontologique, de la rhétorique en l'occurrence. Ce chef d'accusation majeur, ressemblance et imposture, est le ressort des deux questions qui ne cesseront de faire résurgence dans toute l'histoire des définitions de la rhétorique : celle de la finalité, à savoir la persuasion, liée à ce qui paraît et n'est pas, la *doxa* au lieu de la vérité, le plaisir au lieu du bien ; et celle du statut ou de la consistance épistémologique : routine, empirie, flatterie et j'en passe, au lieu de l'art et de la science dont elle prend l'apparence. Les deux questions sont évidemment liées, et c'est finalement le substantif à sous-entendre ou à prédiquer de *rhêtorikê* qui fait critère.

La philosophie, quant à elle, est, il faut le constater, absente de l'analogie. La rhétorique n'est pas en rivalité avec la philosophie, mais avec la politique et, plus exactement, avec cette partie de la politique qu'est la justice (*politikês moriou eidôlon, Gorgias,* 463 c). Il faut tout le *Phèdre* pour assurer l'*Aufhebung* de l'orateur en dialecticien, avec conflagration de la politique et de la philosophie dans le philosophe-roi. Simplement du coup, entre sophistique et dialectique, il n'y a plus de rhétorique.

Ajoutons que l'histoire de la rhétorique, comme *logos* différent de celui de la philosophie, est à penser non seulement dans son rapport à la philosophie et à l'histoire de la philosophie, mais évidemment aussi dans son rapport à la poésie et à l'histoire philosophique de la poésie. La « poésie », dont la définition varie d'une amplitude maximale (« faire passer du non-être à l'être ») à une singularité littéraire normée en sous-genres (épique, lyrique, tragique...), est l'autre enjeu de *logos* crucial pour Platon. Cette dernière sera, tout comme la rhétorique, assignée à sa place à l'intérieur du système de la philosophie construit par Aristote. Le geste de prédation philosophique qui, en ce qui concerne la poésie, brouille les limites et ingère avant de rejeter (Platon), puis d'assigner à résidence (la *Poétique* d'Aristote), et, en ce qui concerne la rhétorique, discrimine et fabrique l'entité pour l'expulser ou l'assimiler (Platon), puis l'assujettir (la *Rhétorique* d'Aristote), me paraît mériter un difficile travail de triple comparaison. Un ouvrage qui porterait sur « Philosophie, poésie et rhétorique en conflit » serait le très bienvenu[1].

1. Je paraphrase le titre de l'excellent livre de Samuel Ijsseling, *Rhetoric and Philosophy in conflict, an historical survey*, The Hague, Nijhoff, 1976, que l'on

Aristote ou la localisation philosophique de la rhétorique

Déplacement du Gorgias-Phèdre : la rhétorique comme antistrophê *de la dialectique*

Poursuivons donc l'histoire. Je soulignais dans *L'Effet sophistique* la violence extrême d'Aristote à l'égard de Platon[1]. La définition qui ouvre la *Tekhnê rhêtorikê* (ce titre à lui seul est un démenti à l'égard de la mise en place platonicienne) : *Hê rhêtorikê esti antistrophos têi dialektikêi*[2] constitue un réemploi ravageur de la terminologie signalétique du *Gorgias* et du *Phèdre*. *Antistrophos* est l'index tendu vers le *Gorgias* : « la rhétorique est l'*antistrophe* de la cuisine » selon Socrate[3]. *Dialektikê* est l'index tendu vers le *Phèdre*[4] . La définition qu'Aristote donne de la rhétorique à la première ligne de la *Rhétorique,* s'il est vrai comme je crois qu'un texte ancien est de manière constitutive tissé de palimpsestes et d'échos, est d'une violence (ou d'une surdité !) qui ne peut passer inaperçue : voilà que l'analogue de la cuisine devient l'analogue de la dialectique. Bien sûr, un aristotélicien conclura légitimement que la rhétorique est l'analogue dans le champ du persuasif de la dialectique dans le champ du démonstratif, car bien sûr « dialectique » n'a pas le même sens chez Aristote et chez Platon, mais cela même fait partie de la violence – et relève de la belle et bonne histoire de la philosophie.

Aristote ne remplit pas le programme du *Phèdre*, comme le pense par exemple Perelman, il déplace bien plutôt les termes du *Gorgias* et du *Phèdre*. Il fait en effet, dans une seconde définition qu'il présente comme celle propre à sa *Rhétorique*, exister la rhétorique non seulement comme art, *tekhnê*, mais même comme savoir ou comme science puisque sa tâche ou son pouvoir est de *theôrein* : « Posons que la rhétorique est le pouvoir à chaque fois de *faire la théorie* du persuasif qui convient [*Estô dê rhêtorikê dunamis peri hekaston* tou theôrêsai *to endekhomenon pithanon*[5]] ». La rhétorique se trouve ainsi, par un pas en arrière théorique, décollée d'avec sa définition socratico-gorgianesque

complètera par celui de Brian Vickers, *In Defense of Rhetoric*, Oxford, Clarendon Press, 1988.

1. B. Cassin, *L'Effet sophistique*, *op. cit.*, p. 423-428 (j'en profite pour signaler la faute de frappe des premières éditions, p. 425, qui inverse « démonstratif » et « persuasif » et rend incompréhensible le premier tableau).

2. Aristote, *Rhétorique,* I, 1, 1354 a.

3. Platon, *Gorgias*, 465 e : *Ho men oun egô phêmi tên rhêtorikên einai akêkoas ; antistrophon opsopoais en psukhê, hôs ekeino en sômati*. Ce que moi je dis qu'est la rhétorique, tu l'as entendu : c'est dans l'âme l'analogue de la cuisine, dans le corps.

4. Ainsi *dialektikos*, *Phèdre*, 266 b-c ; *dialegesthai*, 269 b.

5. Aristote, *Rhétorique* : ce sont les premières lignes de I, 2, 1355 b 25 *sq*. (je souligne).

comme *peithous dêmiourgos*, « ouvrière de persuasion » (*Gorgias*, 453 a) : Aristote le répète, « sa tâche [*ergon*] n'est pas de persuader, mais de *voir* ce qui est propre à persuader à chaque fois[1] ». On mesure la distance, tant par rapport au *logos* « grand dynaste[2] » de Gorgias, que par rapport à l'« ouvrière de persuasion » du *Gorgias*. Le pas en arrière spéculatif : *theôrêsai*, non plus persuader mais voir comment persuader, constitue le point de détachement entre sophistique, au moins telle que scénarisée par Platon, et rhétorique. Et la détermination de l'objet théorique : *pithanon*, non pas le vrai, mais le probable, barre toute assimilation à la philosophie. Loin alors de pouvoir fusionner avec la « dialectique » comme dans le *Phèdre*, elle a tout bonnement sa place, bien précise, à l'intérieur du système aristotélicien, au même titre que par ailleurs la poétique. Et tant qu'elle s'y tient, elle échappe à l'accusation de semblant qui ne cesse de la menacer depuis le *Gorgias*.

- *Assignation à résidence : la rhétorique comme* dunamis

Tant qu'elle s'y tient. La difficulté se cristallise cette fois, en une reprise de la terminologie caractéristique de Gorgias et d'Isocrate, dans le terme de *dunamis*[3]. Car une *dunamis* est et n'est pas une *epistêmê*, comme elle est et n'est pas une *tekhnê*. Le rapport entre les trois termes se laisse lire par exemple dans l'index de Bonitz : *dunamis* est rendu d'une part par *possibilitas* (qui s'oppose à *entelekheia*, mais aussi à *energeia* et *ergon* – nous retrouverons *effectus* et *actus* chez Quintilien), d'autre part par *potentia* ; et la rhétorique est répertoriée plutôt comme une *dunamis* au sens de *potenti*[4]. Il faut bien comprendre comment le statut de *dunamis* réglemente pour la rhétorique l'accès à la *tekhnê* et à l'*epistêmê* : la rhétorique doit rester une *dunamis*, c'est-à-dire non pas une *tekhnê* ni une *epistêmê* d'objets, mais simplement une *tekhnê* et une *epistêmê* de discours. *Dunamis logôn*, « puissance de discours » : c'est ainsi qu'Aristote réinterprète la *dunamis* de manière asophistique,

1. Aristote, *Rhétorique*, I, 1, 1355 b 10 *sq.* : *Ou to peisai ergon autês, alla to* idein *ta huparkhonta pithana peri hekaston* (je souligne).

2. Gorgias, *Éloge d'Hélène*, 8 = 82 B 11 DK (*op. cit.*, t. 2, p. 290).

3. Monique Dixsaut souligne l'importance de la *dunamis* pour Isocrate, la capacité créative, « poétique », de cette rhétorique qu'il faut ne pas définir pour ne pas la figer. De même pour Gorgias, c'est le statut de la performance et son rapport au performatif qui se trouve ainsi en jeu (on pourra se reporter à mon article « Sophistique, performance, performatif », *Bulletin de la Société Française de Philosophie* 2006/4, paru en 2007).

4. *Dunamis* est alors joint souvent, non seulement à *tekhnê*, mais même à *epistêmê* : *tekhnas kai dunameis* (*Rhétorique*, I, 2, 1358 a 7), *epistêmai kai dunameis* (*Éthique à Nicomaque*, X, 9, 1180 b 32), et leur sert même de synonyme (« toutes les *tekhnai* et les *epistêmai poiêtikai* sont des *dunameis* – peut-on lire en *Métaphysique*, IX, 2, 1046 b 3 –, car les principes du changement sont dans un autre en tant qu'autre »).

bloquant le flux entre les discours et les choses, comme tout à l'heure il réinterprétait l'antistrophe de manière aplatonicienne. Et si la rhétorique quitte son statut de *dunamis*, alors elle encourt le risque du masque et du semblant, dans une reprise littérale des condamnations du *Gorgias*.

Deux textes, difficiles et controversés, du livre I de la *Rhétorique* permettent de comprendre comment Aristote se sert du *Gorgias* contre la sophistique, mais, du même coup, de la sophistique contre le *Phèdre*. Le premier décrit la « scientificité » propre à la rhétorique et ré-analyse son rapport à la dialectique, jointe alors à la politique. La rhétorique n'est pas simplement un analogue ou un pendant, mais un « rejeton [*paraphues*] » de la dialectique : en fait, un « gourmand » qui pousse sous la greffe éthique, sans la capacité de discernement et de « critique » qui caractérise la dialectique et la rapproche de la politique.

> Puisque les preuves dépendent de ces facteurs [le caractère de l'orateur, les passions de l'auditeur et le discours même par ce qu'il démontre ou paraît démontrer], il est clair que les administrer relève de celui qui est capable de raisonner par syllogismes [*tou sullogisasthai dunamenou*], d'avoir une connaissance spéculative [*tou theôrêsai*] des personnes et des vertus et, troisièmement, une connaissance spéculative des passions (ce qu'est chaque passion, quelle est sa qualité, d'où provient-elle et comment). Il en résulte que la rhétorique est comme un *rejeton* [*paraphues*] de la dialectique, ainsi que de la discipline qui traite des personnes [*tês peri ta êthê pragmateias*], à laquelle il est juste de donner le nom de « politique » – c'est d'ailleurs pourquoi la rhétorique *se glisse sous le masque* [*hupoduetai to skhêma*] qui est celui de la politique, et pourquoi l'on *contrefait* [*hoi antipoioumenoi*] la politique, soit par inculture, soit par prétention, soit encore pour d'autres motifs bien humains[1].

Le second texte, un peu plus loin, analyse le rapport entre dialectique et rhétorique, cette fois prises ensemble, face à la politique : elles courent le même risque si elles se prennent, non pas pour des savoirs ou des sciences (ce qu'en un sens elles sont ou peuvent effectivement être), mais pour les sciences qu'elles ne sont pas, en oubliant que leur seul objet est le discours et qu'elles sont pour cette raison même subordonnées toutes les deux à la science architectonique qu'est la politique :

> Plus on s'efforce d'équiper la dialectique et la rhétorique non pas comme des pouvoirs mais comme des sciences [*mê kathaper an dunameis*

1. Aristote, *Rhétorique*, I, 2, 1356 a 20-30, puis I, 4, 1359 b 12-16 (je souligne). Pour une analyse de ces deux textes, et de leurs parallèles qui mettent en jeu, outre la *dunamis*, la *proairêsis* ou « intention », je me permets de renvoyer à mon article « *Logos* et politique. Politique, rhétorique et sophistique chez Aristote », dans *Aristote politique*, sous la direction de Pierre Aubenque, Paris, P.U.F., 1993, p. 367-398.

> *all'epistêmas*], plus on va *faire disparaître* [*aphanisas*] sans s'en apercevoir leur nature propre, par une transformation qui en assurera la réfection sous forme de sciences portant sur des objets bien réels [*epistêmas hupokeiménôn tinôn pragmatôn*], et non pas simplement sur des discours [*alla mê monon logôn*].

Dans le cas de la rhétorique, l'articulation entre *dunamis* et *epistêmê* se fait ainsi : la *dunamis* est une *epistêmê logôn*, et c'est *logôn* qu'il faut souligner. C'est une science, au sens où elle syllogise, elle théorise, elle a un objet propre, mais seulement dans la mesure où elle reste un pouvoir, c'est-à-dire dans la mesure où elle s'occupe exclusivement de son objet propre, à savoir les discours. Quant à la science qui s'occupe des objets dont traitent ces discours, qui sont cette fois les « objets bien réels », les choses présentes et subsistantes, *hupokeimenôn tôn pragmatôn*, c'est la politique. La politique est une méta-rhétorique, seule habilitée à traiter des choses dont la rhétorique parle. Et quand la rhétorique (ou la dialectique) se prend pour la politique, elle disparaît – le masque et l'*aphanisis* sont ainsi redistribués.

J'insiste : ce statut de *dunamis* conditionne toutes les règles de la *tekhnê rhetorikê*. C'est ainsi seulement que devient par exemple intelligible l'importance fondamentale du « lieu commun » :

> Le lieu commun ne rend avisé sur aucun genre, puisqu'il ne porte sur aucun objet [*peri ouden gar hupokeimenon estin*]. Quant aux lieux propres, mieux on les choisit comme prémisses, plus on crée sans s'en apercevoir une science autre [*allên epistêmên*] que la dialectique et la rhétorique ; car si par hasard on rencontre des principes, il n'y aura plus alors ni dialectique ni rhétorique, mais la science même à laquelle appartiennent ces principes[1].

Pour Aristote, qui veut faire l'ange fait la bête : c'est quand on veut faire *Phèdre* qu'on fait *Gorgias*. À vouloir faire équivaloir rhétorique, qu'on l'appelle politique ou philosophie (ou « dialectique » au sens du *Phèdre*), et saisie des choses mêmes, on tombe dans la mascarade sophistique. Si Platon et les sophistes lus par Platon sont atteints en même temps par Aristote, c'est à cause de la nouvelle régulation territoriale liée à la constitution de la rhétorique comme science : faire la théorie du persuasif implique qu'il s'agisse d'une science des discours et non des choses. La rhétorique, qui inexiste chez Platon sous forme de sophistique ou de dialectique, est assignée à résidence chez Aristote. Dans un cas comme dans l'autre, c'est la politique qui l'exige.

1. Aristote, *Rhétorique*, I, 2, 1358 a 21-26.

Répliques

Les réponses et les répliques telluriques à cette main-mise philosophique sur la rhétorique rentrent sous plusieurs chefs, qui sont autant de soulèvements définitionnels. Les rhétoriques triomphantes de la latinité et de la seconde sophistique grecque accomplissent un certain nombre de manœuvres antiphilosophiques, dont certaines tiennent plus du retournement simple et d'autres plus du déplacement – mais de tout retournement bien fait, sans doute faut-il dire qu'il déplace, ou qu'il aura déplacé.

J'en prendrai deux *exempla* au sens rhétorique du terme.

Cicéron : une définition rhétorique de la philosophie

Dès sa plus ou moins fictive origine – les procès de Corax et Tisias pour récupérer les champs dont les tyrans Gélon et Hiéron avaient dépossédés les Siciliens pour lotir leurs mercenaires –, la rhétorique opère, au sens propre, sur le terrain. Aristote a délimité sans ambiguïté les territoires respectifs de la philosophie, dont relève la politique comme science architectonique, et de la rhétorique, qui doit se borner sous peine d'extension illégitime et hypocrite aux *discours* sur les objets de la science politique.

Cette querelle de bornage entre philosophie et rhétorique, dont l'enjeu est en effet la politique, est rouverte par Cicéron pour qui l'extension illégitime et l'expropriation arbitraire sont le fait de la philosophie : c'est le philosophe qui a volé et usurpé le domaine de la morale et de la politique, et qui, paresseux entre les paresseux et incapable d'action, ne fait que parler.

> Il est nôtre – si du moins nous sommes des orateurs [...] –, il est nôtre, dis-je, tout ce domaine de philosophie et de science [*omnis ista prudentiæ doctrinæque possessio*], sur lequel des gens, regorgeant de loisirs et profitant de nos occupations, se sont abattus comme sur une terre abandonnée et sans maître [...]. C'est tout ce champ immense que l'orateur a le droit de parcourir librement, et [...] partout où il s'arrête, c'est sur un terrain qui lui appartient[1].

La fraude, le masque, la mauvaise intention sont cette fois du côté du philosophe. Mais ce retour à l'envoyeur, d'une logique apparemment enfantine (c'est celui qui dit qui est...), conditionne un profond

1. Cicéron, *De Oratore*, III, XXXI, 122-124 (je suis en la modifiant parfois la traduction de Edmond Courbaud et Henri Bornecque, Paris, Les Belles Lettres, 1930). C'est Crassus qui parle.

déplacement, et toute une réécriture de l'histoire. Car si la justice consiste à « rétablir l'orateur dans le royaume de ses ancêtres » (*De oratore,* III, XXXI, 126), c'est en vertu du droit du premier occupant, qui fait de l'orateur le seul et véritable philosophe. À condition, bien sûr, que l'on sache ce qu'est la sagesse, c'est-à-dire que l'on sache penser la conjonction de la *vita activa* et de la *vita contemplativa*. C'est ainsi que dans le *De oratore*, Cicéron refait la tradition autrement que Platon, écrivant le plus magnifique, justement célèbre et infiniment commenté, des textes réflexifs sur l'histoire de la différence entre philosophie et rhétorique. La différence et la séparation y sont appelées par leur nom : Socrate.

Voici toute l'histoire : il était une fois, présocratiquement, sophistiquement, une unité (*cogitandi pronuntiandique rationem vimque dicendi* [III, XV, 56] avec, car c'est cela qui fait réécriture et nous y reviendrons, de la parole de part et d'autre du « et ») que les anciens Grecs nommaient, ou auraient nommé en latin, *sapientia*. Puis Socrate *princeps* vint :

> Avant lui, ceux qui traitaient, discutaient, enseignaient ce dont nous nous occupons aujourd'hui [...] s'appelaient tous d'un même nom, parce que la connaissance et la pratique [*cognitio atque... exercitatio*] des meilleures choses n'avait aussi qu'un seul nom: philosophie. Ce fut lui qui leur enleva ce nom porté en commun et qui, par sa dialectique [*disputationibus suis*], sépara deux choses liées au fond l'une à l'autre [*re cohærentes*], la science de penser avec sagesse et celle de parler avec élégance [*sapienterque sentiendi et ornate dicendi*]. C'est d'alors que date cette séparation si importante entre, pour ainsi dire, la langue et le cœur [*quasi linguæ atque cordis*], séparation vraiment choquante, inutile, condamnable, qui imposa deux maîtres différents pour apprécier et pour dire [*alii sapere, alii dicere*[1]].

Texte d'abord violemment limpide : voilà que dans le retour amont du latin au grec, du Romain au Grec, le sens du mot « philosophie » se ressource dans la *sophia*. Contre l'isolement et le privilège socratique de la *theôria* (« penser avec sagesse », c'est là tout le *khôris* platonicien), le modèle du miracle grec, d'Homère à Thémistocle, Périclès et Théramène, mais aussi à Gorgias, Thrasymaque et Isocrate, a consisté d'abord à conjoindre penser et parler, bien penser et bien parler, et c'est ce légitime paradis perdu que Cicéron fait revenir.

1. Cicéron, *De Oratore*, III, XVI, 60 *sq*. C'est évidemment le *sapere* latin, du goût à la sagesse (« pour bien vivre et bien dire », traduisent Courbaud et Bornecque), que le français « avoir du goût » ne suffit pas à rendre, même si Hannah Arendt fait du goût la faculté politique par excellence.

Cependant la réécriture est, je crois, beaucoup plus efficace et plus sournoise. Car, dans ce texte, la scission entre philosophie et rhétorique (« penser avec sagesse »/« parler avec élégance »), que Cicéron présente comme une scission dommeageable au sein de la philosophie, est en fait, à la mieux lire, une scission au sein de la *vita activa*, et d'elle seule. La sagesse grecque ne renvoie finalement jamais qu'au syntagme homérique *legein te kai prattein*, celui qui définit pour Hannah Arendt la vie du héros engagé dans les affaires du monde. Cicéron ne cesse d'insister : « La même vieille doctrine enseignait et à bien faire et à bien dire [*et recte faciendi et bene dicendi*] ; les docteurs n'en étaient pas distincts, mais les mêmes étaient professeurs de vie et de parole [*uiuendi præceptores atque dicendi*[1]] ». Il est proprement sidérant, pour un lecteur formé au platonisme, de voir la force avec laquelle Cicéron assigne comme propre à la science de bien penser, c'est-à-dire à la philosophie philosophante soi-disant indûment séparée de la rhétorique par Socrate, les traits les plus caractéristiques de la *vita activa* et non de la *vita contemplativa* : le *cor* (le *thumos*, et non le *nous*, par opposition à la « langue »), le *sapere* (« goûter », « avoir du goût », traduit d'ordinaire par « bien vivre », et non le connaître, par opposition au « bien dire »), le *recte facere*, le *vivere*. Le rapport *vita activa/vita contemplativa* a délocalisé et vraiment démis la *vita contemplativa* en s'inversant. C'est pourquoi la philosophie du prince des philosophes a d'abord et avant tout les caractéristiques de la rhétorique : « En réalité, ou Gorgias ne fut jamais vaincu par Socrate et le dialogue de Platon n'est qu'une invention, ou, si Gorgias fut vaincu, c'est que Socrate, n'en doutons pas, se montra plus éloquent, plus disert, et [...] plus abondant et plus habile orateur[2] ».

Cicéron fait ainsi quitter la catastrophe balancée (c'est la philosophie qui vole et qui est hypocrite, et non la rhétorique) au moyen d'une redistribution des termes, d'une redéfinition de la philosophie contraire à l'usage platonico-aristotélicien, à laquelle il donne l'estampille immémoriale de l'origine. Il s'agit bien pour la rhétorique, rentrant dans ses droits, de connaître les notions dont le philosophe a dépouillé l'orateur, mais la connaissance elle-même bouge, dans sa méthode et dans son action, ouvrant sur un autre usage du temps, qu'on aurait tort de confondre avec l'intuition du *nous* et l'immédiateté de la *theôria* : « Ce qu'on ne connaît pas vite, on ne le connaît pas du tout[3] ».

1. Cicéron, *De Oratore,* III, XV, 57.
2. *Ibid.*, III, XXXII, 129. Voir aussi III, XVI, 60.
3. Cicéron, *De Oratore,* III, XXXVI, 146 : *qui non cito quid diddicisset, umquam omnino posse perdiscere.*

La définition cicéronienne de la rhétorique ouvre ainsi sur une réécriture de l'histoire de la philosophie, et donc de l'histoire de ce que la philosophie aura nommé rhétorique.

Quintilien : la performance inimitable

Nous avons vu Quintilien manier la stratégie énonciative, liée à la mise en ironie de l'ironie du *dialegesthai,* sophistiquant la sophistication platonicienne et surpassant la prise. Cette stratégie est liée au retournement engagé par la *mimêsis*, représentation-imitation[1]. Avec Quintilien, le retournement-déplacement le plus efficace porte sur la notion de modèle. Au tour des philosophes d'imiter désespérement les orateurs comme, chez Platon et Aristote, les sophistes et les orateurs se glissaient sous le masque de la philosophie ou de la politique. Dans une argumentation strictement inverse à celle du *Phèdre,* Quintilien présente la philosophie – tout comme le droit, nous sommes à Rome – comme un chemin court. Si bien que, dans une argumentation cette fois contraire au *Gorgias*, le philosophe, arrogant et paresseux, se fabrique le visage de l'orateur :

> [...] On a connu bien des gens qui, lassés de l'effort qu'il faut faire pour parvenir à l'éloquence, se sont réfugiés dans ces asiles d'indolence : parmi eux, les uns ont porté leur attention vers l'étude de l'édit du prêteur ou des rubriques de droit civil, et ils ont préféré devenir des spécialistes de la formule ou, comme dit Cicéron, des procéduriers ; ils ont choisi, sous prétexte d'utilité supérieure, ce qui les attirait seulement par la facilité. Les autres, plus arrogants en leur paresse, ayant subitement fabriqué un visage [*subito fronte conficta*] et laissé pousser leur barbe, se sont donné l'air de mépriser les préceptes de l'art oratoire ; ils ont été s'asseoir quelque temps dans les écoles des philosophes, de sorte que, par la suite, austères en public, débauchés en privé, ils se donnent de l'autorité en méprisant les autres. La philosophie en effet peut se contrefaire, non l'éloquence [*Philosophia enim simulari potest, eloquentia non potest*[2]].

Mais je dois aussitôt rectifier ma présentation. Car celui qui n'a pas le courage de devenir orateur, qu'il s'adonne au droit ou à la philosophie, ne peut pas non plus l'imiter. Avec sa barbe, son visage sévère et méprisant, « austère en public, débauché en privé », c'est du philosophe seulement qu'il réussit à emprunter les traits. C'est encore et

1. Sur le sens de *mimêsis*, je recommande la lecture de l'article de Jacqueline Lichtenstein, dans le *Vocabulaire européen des philosophies, dictionnaire des intraduisibles* (dir. Barbara Cassin, Seuil/Le Robert, Paris, 2004), *ad loc*.

2. Quint. *Inst.*, XII, 3, 11 *sq.* (j'utilise en la modifiant la traduction de Henri Bornecque, *Institution oratoire*, Paris, Garnier, coll. « Classiques Garnier », 1933).

toujours la philosophie qui constitue l'objet d'imitation. Mais cette fois, ce n'est pas parce qu'elle est la valeur suprême, c'est seulement parce qu'elle, au moins, il est possible de l'imiter.

Trois plans viennent ainsi s'écraser : celui du pseudo-orateur, qui n'est jamais qu'un pseudo-philosophe ; et celui du pseudo-philosophe, qui ne diffère pas aujourd'hui (c'est Quintilien qui parle) du philosophe lui-même. La distinction entre philosophe et pseudo-philosophe est impraticable pour deux raisons complémentaires : parce que la philosophie n'est plus qu'un paravent (« À notre époque, dans la plupart des cas, sous ce nom [de philosophe] se sont cachés [*latuerunt*] les plus grands vices[1] ») ; et parce que, comme l'a diagnostiqué Cicéron, la soi-disant vraie philosophie, la philosophie morale, n'est encore et toujours qu'un squatter qui a occupé l'art oratoire (« Il faut la [*scil.* la meilleure partie de l'art oratoire : la morale] leur réclamer comme nôtre, non pour nous approprier leurs découvertes, mais pour montrer qu'ils se sont appropriés, eux, celles d'autrui[2] »).

Philosophia enim simulari potest, eloquentia non potest, « La philosophie admet des contrefaçons, pas l'éloquence ». La rhétorique se définit, par différence avec la philosophie, de n'admettre aucun semblant. Le secret de la victoire romaine de la rhétorique, c'est de réinterpréter en sa faveur le leitmotiv critique de la philosophie contre ses mauvais autres, renversant ainsi la problématique profondément platonicienne de l'imitation : ce qui est à imiter est bon, soit, mais l'inimitable est encore meilleur. La rhétorique devient l'unique modèle pour la bonne raison qu'elle seule est inimitable : telle est l'ultime transformation, le passage à la limite, que Quintilien fait subir à la problématique du modèle[3].

Mais en quoi la rhétorique est-elle inimitable ? Ce qui constitue la rhétorique comme inimitable, c'est, pour Quintilien, d'être non pas une *dunamis* mais une *energeia*, non pas une « puissance » mais indissolublement un « effet » et un « acte ». Cette caractérisation suffit à

1. Quint. *Inst.*, I, *Præmium*, 15.

2. *Ibid.*, I, 17.

3. Je laisse ici de côté l'ultime renversement de l'équation platonico-aristotélicienne issue du *Gorgias*, tel qu'il est opéré par Philostrate dans l'introduction de *Vies des sophistes* (I, 484, signalé ici même par P. Chiron p. 125, et cité par P.P. Fuentes González p. 138 et p. 170), par où ce sont les « philosophes » qui, « sans être des sophistes mais en le paraissant », gagnent le droit à s'appeler sophistes. Je me permets de renvoyer derechef à *L'Effet sophistique* pour un commentaire de cette définition explosive donnée par Philostrate de la sophistique comme *rhêtorikê philosophousa* (*op. cit.*, p. 448-460). C'est en effet une définition de la sophistique, ancienne et seconde, qui est alors en jeu, et non pas une définition de la rhétorique, même si l'intimité entre les deux est au cœur de notre sujet.

invalider Platon, *Gorgias* et *Phèdre*, avec Aristote, car elle contredit toute la problématique de l'intention qui donne consistance à celle de modèle, le mime étant au modèle ce que la mauvaise intention est à la bonne – question, disait Aristote, de *prohairêsis*, de « choix existentiel », toujours livrable au soupçon. L'effet au contraire, surtout quand on l'entend comme Quintilien, non seulement en termes d'efficacité sur l'auditeur (il y a ou non persuasion), mais aussi en terme d'effectivité pour l'orateur (l'acte de bien parler), est toujours *index sui*. Considérer l'*energeia* et non plus la *dunamis* ni l'intention, voilà qui bouleverse le rapport possible à la simulation : le philosophe cherche, l'orateur trouve, et sans doute peut-on faire semblant de chercher, mais non pas de trouver.

Pour comprendre l'opération, il suffit de lire la réponse à double détente que Quintilien oppose, au chapitre XXVII du livre III, à ceux qui prétendent que la rhétorique n'a pas de « fin » : « Celui qui parle tend bien, certes, à la victoire, mais quand il a bien parlé, même s'il est battu, il a réalisé [*efficit*] ce qui est impliqué dans son art[1] ». La rhétorique a donc une fin en deux sens bien distincts. Il va de soi, et le thème court tout au long de l'*Institution Oratoire*, que l'orateur vise à « persuader » : comme, depuis Gorgias et le *Gorgias*, le pilote veut parvenir au port et le médecin guérir ses malades, l'orateur veut gagner ses procès. En ce sens, premier et essentiel, la finalité est évidemment *in eventu* « dans le résultat », *in effectu*, « dans l'effet[2] ». Mais dans un autre sens, qui vient à point nommé pour relayer le premier en cas d'échec, l'orateur vise à « bien dire » : lorsque le navire est drossé par la tempête, que le malade meurt, que l'accusé est condamné, la fin peut être encore et toujours remplie. Il suffit que le pilote ait tenu la barre droite, que le médecin ait agi selon les règles de l'art, que l'orateur ait bien parlé. Car la fin ne réside pas alors dans l'efficacité sur le réel, dans l'effet sur l'auditeur, mais purement et simplement dans l'effectivité pour l'auteur, dans l'« acte » lui-même, *in actu posita, non in effectu*[3]. Voilà pourquoi la rhétorique a nécessairement toujours le bonheur d'atteindre sa fin : si par définition l'orateur est *vir bonus dicendi peritus*, alors *semper bene dicet*.

Cette réponse a de quoi laisser l'adversaire sans voix. La rhétorique gagne en effet sur tous les tableaux. La philosophie, imitable et imitée, la soupçonnait de mauvaise intention. Elle déplace le problème et

1. Quint. *Inst.*, II, XVII, 23.

2. *Ibid.*, II, XVII, 23 et 25. Je reprends ici une analyse esquissée dans *L'Effet sophistique*.

3. *Ibid.*, II, XVII, 25, puis 23.

réplique d'une part par l'évidence de l'effet, d'autre part par la conscience de l'acte.

Évidence de l'effet : l'issue du procès, la persuasion, le plaisir de l'auditeur, ce sont là autant de faits qui, à la différence de l'intention, bonne ou mauvaise, ne laissent objectivement aucune place au doute quant à leur réalité. Car même si pour produire l'effet, l'orateur a menti, reste que l'effet quant à lui est vraiment produit. Mais le plaisir, reprend le philosophe, est lui-même suspect, les procès se perdent aussi, et la persuasion peut tout simplement n'avoir pas lieu.

À quoi la rhétorique réplique par la conscience de l'acte : « Car chacun saura s'il parle bien », *nam se quisque bene dicere intelliget*[1]. Parler d'acte ici, c'est justement ne pas en rester à l'intention. L'acte, comme dirait Aristote, *energei* : c'est toujours déjà un passer à l'acte, bref, il *est*. Quand l'orateur « agit », son discours, prononcé et entendu, quelle qu'en soit l'issue, est à soi seul vertu. La sagesse stoïcienne, poing fermé, toute et toujours en acte, réélaborant le modèle de la philosophie pratique aristotélicienne, donne à Quintilien de quoi concurrencer victorieusement la philosophie platonicienne et sa mauvaise image de la rhétorique : la rhétorique cumule ainsi la finalité externe de la *poiesis* et de la *tekhnê,* avec la finalité interne de la *praxis,* bref, l'hétéronomie avec l'autonomie. Mais il y va simultanément, beaucoup plus largement, de l'idée même de performance, distincte de la persuasion. C'est de ce côté-là, loin de ce qui court le risque d'être un simple renversement à nouveau susceptible de se renverser, qu'il soit lié à la propriété et à l'expropriation ou au modèle et à l'usurpation, que je proposerais de chercher quelque chose comme une définition plus rhétorique de la rhétorique.

DES DÉFINITIONS PLUS RHÉTORIQUES DE LA RHÉTORIQUE ? UN ART DU TEMPS

En guise de conclusion et sous forme d'ouverture, je voudrais simplement rappeler ce qui ne cesse de caractériser la rhétorique des orateurs, telle qu'ils la pratiquent et la pensent : c'est un art du temps, le temps fait *tekhnê*.

Martin Heidegger est sans doute celui qui nous a le plus irréductiblement instruits de la manière dont la philosophie, c'est-à-dire la métaphysique, c'est-à-dire en premier lieu la physique d'Aristote, en

1. Quint. *Inst.*, II, XVII, 26.

use avec le temps. La rhétorique, pensée non sur fonds de philosophie mais sur fonds de sophistique, est le nom d'une manière d'en user autrement. Non pas en fonction de l'être, de l'ontologie, de la phénoménologie, fût ce en leurs vacillements ek-sistentiaux, mais du côté sophistique ou logologique de la force pour parler comme dans la Guerre des Étoiles. Il y aurait finalement deux manières de regagner le temps sur l'espace, de déspatialiser le temps : la grandiose et pensive, à la Heidegger ; l'ironique ou la critique, « seconde » en tout cas, liée à un autre type d'usage de la parole, non pas *Sprache* ou Dite, mais discursivité, pointée d'emblée par Gorgias dans l'*Éloge d'Hélène*[1]. Non pas *Sein und Zeit*, mais performance et temps, avec des minuscules.

Pour tenter de me faire pardonner ces considérations trop violemment générales, j'en appellerai à quelques concepts et quelques pratiques des orateurs « plus » orateurs que philosophes. En proposant d'y lire l'alternative d'un comparatif, plutôt qu'une décision impeccable entre des espèces essentialisables ou naturalisables. D'un côté les rhétoriques de l'espace, plan et parties bien découpées du discours, discours-figures, tropes et arts de la mémoire, ce qu'on tient et ce qu'on retient ; de l'autre les rhétoriques du temps, *kairos*, performance, suite des sons, signifiants et équivoques – d'un mot : « aristotéliser »/ « gorgianiser »[2].

De ces deux séries, je ne soulignerai ici que deux traits principaux liés à la pensée et à l'usage du temps.

Kairos, *momentum*, pour commencer. Il est clair que Platon et Aristote, chacun à leur manière, ont élaboré ou ré-élaboré la manière « appropriée » de parler, appropriée non seulement à l'auditoire et à la finalité mais, aussi et par là-même, au moment. Non moins clair que la rhétorique « des orateurs » comme enseignement et apprentissage n'a cessé de perfectionner la *tekhnê* aristotélicienne, son plan, son organisation, ses articulations, ses trajets, ses taxinomies. Mais la lignée rhétorique, avec sa base poético-sophistique comme en ses refontes tardives si attentives aux cas – jusqu'à la paranoïa logique –, est à coup

1. Gorgias, *Éloge d'Hélène*, 82 B 11 DK, § 11, texte difficile à établir : « Si tous sur tout gardaient mémoire de ce qui est passé et prévoyaient présent et futur, le discours, tout en restant le même, ne ferait pas illusion de la même façon. Mais en réalité, il n'y a pas moyen de se souvenir du passé, ni d'examiner avec soin le présent, ni d'être l'oracle du futur ».

2. C'est le mot inventé par Philostrate, *Lettres*, 73, et *Vies des sophistes*, 493, 501, 604 ; il renvoie aux mal nommées « figures », car précisément d'abord sonores et temporelles (à la différence des tropes d'abord spatiaux comme la métaphore et la métonymie), qui caractérisent le style et le rythme du sophiste : *anadiplôseis, epanalêpseis, apostrophai, parisôseis, antithêta, isokola, isothêta, homoioteleuta* (*cf.* les témoignages de la *Souda* et de Diodore, 82 A 2 et 4 DK).

sûr directement en prise, « plus » directement en prise faut-il dire, sur la trouée-rupture et sur l'irruption des singularités les plus extrêmes dans le continuum du temps spatialisé. Alkidamas, Gorgias, Isocrate, Euripide, Cicéron, Quintilien, Aristide, viendraient en témoigner, avec Philostrate pour thématiser le lien entre Gorgias et le courage d'improviser[1] – *epi tôi kairôi, ex tempore* comme on dit en latin. Face à la réserve des *topoi*, la trouée du *kairos*.

Le suivi du temps, ensuite. Du côté de la rhétorique philosophiquement appropriée, dont le corps est l'*apodeixis* : la structuration et l'articulation des arguments telles que la démonstration s'ensuive nécessairement de l'agencement des preuves, avec tous les *sun* et les *hama* constitutifs des syllogismes, fussent-ils élidés en enthymèmes – bref la possibilité d'un *tota simul* conclusif et persuasif. Du côté de la rhétorique rhétorique, qui culmine en *epideixis,* éloge et performance : le suivi du temps en son flux non cumulable, lié au sujet de l'énonciation et à sa prestation, tel qu'un instant chasse l'autre selon le *dis-* de la discursivité ; la coulée du discours use ainsi du cours du temps pour laisser vivre le paradoxe et la contradiction, comme dans le *Traité du non-être*, le différend Protagoras/Euathle, les *Tétralogies* d'Antiphon ou les arguments renversants.

La phrase qui fait emblème est alors pour moi celle d'Ælius Aristide : « Les discours marchent du même pas que le temps[2] ».

À suivre, donc.

1. Philostrate, *Vies des sophistes*, 482 : « C'est Gorgias qui fut à l'origine de l'improvisation : s'avançant dans le théâtre à Athènes, il eut l'audace de dire "Proposez !" ; c'est le premier à avoir pris haut et fort un tel risque, faisant monter par là qu'il savait tout et qu'il parlerait sur tout en se laissant aller à l'opportunité ». Sur le *kairos*, je renvoie aux classiques Bernard Gallet, *Recherches sur l'ambiguïté dans la poésie de Pindare* (Presses Universitaires de Bordeaux, Talence, 1990), Monique Trédé, *Kairos : l'à-propos et l'occasion. Le mot et la notion d'Homère à la fin du* IVe *s. av. J.-C.* (Paris, Klincksieck, 1992) et Richard Broxton Onians, *Les Origines de la pensée européenne* (traduction française : Paris, Seuil, 1999 [Cambridge, Cambridge University Press, 1951]).

2. *Hoi logoi tôi khronôi sumprobainousin* (*Contre Platon, pour défendre la rhétorique*, 408. *Cf.* B. Cassin, *L'Effet sophistique*, *op. cit.*, p. 308-324 et 460-470).

PHILOSOPHIE ET RHÉTORIQUE CHEZ ANTISTHÈNE ET DANS LE *PHÈDRE* DE PLATON

Aldo BRANCACCI

Quand on parle de rhétorique en se référant à la phase initiale de la pensée grecque, il est nécessaire de distinguer clairement les deux réalités différentes, théorique et historique, que ce terme recouvre. Il s'agit de deux réalités qui peuvent, bien sûr, s'entrelacer, et même se composer l'une avec l'autre, mais qui restent en elles-mêmes bien distinctes : la rhétorique comme τέχνη, c'est-à-dire essentiellement la rhétorique comme *praxis*, ou éventuellement comme théorie de cette *praxis*, et la réflexion sur la rhétorique, qui prend pied dans le milieu philosophique à partir de la fin de la première décennie du IVe siècle, et qui peut évidemment conduire elle-même à l'élaboration d'une théorie rhétorique.

La première eut historiquement le nom de τέχνη τοῦ λόγου, ou fut désignée par d'autres expressions toutes centrées sur le terme λόγος, puis, à partir du *Gorgias* de Platon, celui de ῥητορικὴ τέχνη. Cette expression est toujours liée à la seconde, c'est-à-dire à la réflexion sur la rhétorique, que la philosophie aura déterminée comme une division interne à elle-même, tout en continuant d'indiquer, avec une référence plus précise à la τέχνη, la discipline fondée sur un système de règles, réflexions et prescriptions d'ordre linguistique et métalinguistique. Dans une phase initiale, où se livrait encore la bataille pour la *Jugendbildung*[1], existait une terminologie définitionnelle provisoire, flottante, mais qui n'en est pas moins indicative. Ce qui la caractérise, et d'une

1. *Cf.* Hans von Arnim, *Leben und Werke des Dio von Prusa. Mit einer Einleitung : Sophistik, Rhetorik, Philosophie in ihrem Kampf um die Jugendbildung*, Weidmann, Berlin, 1898, réimpr. Hildesheim, 2004, p. 4-114.

certaine façon l'unifie, est précisément le fait que le terme ῥητορική en est absent. Isocrate appelait son art, qui pour nous est, pour ainsi dire, le paradigme de la rhétorique, φιλοσοφία[1], et nommait éristique la philosophie d'Antisthène et celle de Platon. Antisthène, qui faisait référence à sa propre philosophie au moyen du mot σοφία, du verbe φιλοσοφεῖν, ou encore d'autres expressions plus élaborées et centrées sur l'emploi du terme παιδεία (terme qu'utilise également Isocrate pour signifier la formation oratoire[2]), désignait par ailleurs sa théorie rhétorique au moyen du terme πολυτροπία. Platon, qui utilisa dans le *Gorgias* l'expression ῥητορικὴ τέχνη pour définir l'art de Gorgias, soit qu'il eût forgé lui-même cette expression[3], soit qu'il la tirât d'un lexique rhétorique tout récemment constitué[4], détermina ensuite pour son

1. Les occurrences sont trop nombreuses pour qu'on puisse les citer toutes ; d'ailleurs, elles ont souvent été examinées : *cf.* par exemple Hans Wersdörfer, *Die φιλοσοφία des Isokrates im Spiegel ihrer Terminologie*, Leipzig, Otto Harrassowitz, 1940 ; Christoph Eucken, *Isokrates. Seine Position in der Auseinandersetzung mit den zeitgenössischen Philosophen*, Berlin/New York, W. de Gruyter, 1983, p. 6 *sqq.* Pour nous limiter ici au discours *Sur l'échange*, qui constitue une sorte de récapitulation de la rhétorique d'Isocrate, *cf.* Isocrate, *Sur l'échange* [*Antidosis*], 270 (où Isocrate déclare que cette discipline, que certains sophistes appellent φιλοσοφία, n'a rien à voir avec celle-ci), 271 (où Isocrate explique qui sont les vrais φιλόσοφοι), 277 (pour l'identification de la φιλοσοφία à la rhétorique d'Isocrate), 292 (pour φιλοσοφία au sens de « culture »), 304 (pour φιλοσοφία au sens d'ἐπιμέλεια τῆς ψυχῆς). Voir également le § 304, pour παιδεία au sens de « formation oratoire ».

2. *Cf.* Aldo Brancacci, *Antisthène. Le discours propre*, Paris, Vrin, 2005, p. 93-101, pour la notion de δαιμόνιος παιδεία, qui indique la *paideia* philosophique : Antisthène l'oppose à la ἀνθρωπίνη παιδεία, qui indique l'instruction traditionnelle et l'instruction sophistique, dépourvues, elles, de valeur éthique comme de fondement rationnel adéquat. Pour φιλοσοφεῖν, *cf.* Dion Chrysostome, XIII, 28 (= Gabriele Giannantoni, *Socratis et Socraticorum Reliquiae*, Napoli, C.N.R., Centro di studio del pensiero antico, 1990 (désormais cité *SSR*), V A 208) ; pour φιλόσοφος, *cf.* P. Köln 55 II 2 (= Antisthenes 1 T dans Francesco Adorno (dir.), *Corpus dei papiri filosofici greci e latini* (désormais cité *CPF*), Firenze, Olschki, 1989-).

3. Comme le pense Edward Schiappa, « Did Plato Coin *Rhêtorikê*? », *American Journal of Philology* 111, 1992, p. 457-470.

4. Le terme ῥητορική est attesté deux fois chez le rhéteur Alkidamas : *cf.* Alkidamas, *Sur les auteurs de discours écrits ou Sur les sophistes*, 1 : [...] καὶ πολλοστὸν μέρος τῆς ῥητορικῆς κεκτημένοι δυνάμεως ὅλης τῆς τέχνης ἀμφισβητοῦσι (« tout en ayant acquis seulement dans une moindre mesure la compétence dans la rhétorique, ils [*scil.* certains sophistes] revendiquent la possession de l'art entière » ; *ibid.* 2 : « je considère défectueux, aussi bien dans la rhétorique que dans la philosophie [καὶ ῥητορικῆς καὶ φιλοσοφίας], ceux qui perdent leur vie dans cette activité [*scil.* la composition de discours écrits] ». Le discours *Sur les sophistes* est daté, approximativement, de 390, parce qu'on le considère postérieur au *Contre les sophistes* d'Isocrate : *cf.* Guido Avezzù (Testo, introduzione, traduzione e note a cura di), *Alcidamante. Orazioni e frammenti*, Roma, L'Erma di Bretschneider, 1982, p. IX et p. 71, auquel je renvoie pour d'autres indications bibliographiques. Le *Gorgias*, qu'il faut dater aux environs de 385, serait en ce cas postérieur à l'ouvrage d'Alkidamas. D'autre part, même en faisant abstraction de la question de la datation, qui est probablement destinée à

compte dans le *Phèdre* la véritable λόγου δύναμις comme ψυχαγωγία, alors que dans le *Sophiste*, il parlera de γενναία σοφιστική en opposition à la δοξοσοφία[1]. Mais précisément dans le *Phèdre*, quand il introduisit la prosopopée de la rhétorique, entendue comme *ars rhetorica* traditionnelle, il l'appella par son nom historique et propre de τέχνη τῶν λόγων[2].

Plusieurs raisons nous incitent à mettre en relation les noms d'Antisthène, d'Isocrate et de Platon quand on souhaite parler des positions de chacun d'eux à propos de la rhétorique ; et à considérer comme importante, sinon essentielle, la question de la terminologie. Il est évident que le mot ῥητορική a été formé, ou en tout cas défini, par Platon, dans un cadre théorique qui ne saurait être présupposé dans l'examen et l'évaluation d'autres théories rhétoriques ne connaissant ou n'utilisant pas ce terme. Dans ces théories, à ῥητορική correspond une terminologie bien différente, elle aussi porteuse d'un sens et d'une perspective théorique déterminée, qu'il ne faut pas refouler et qu'il est même nécessaire de porter à la lumière. En ce qui concerne Antisthène, les documents utiles pour reconstruire sa vision de la rhétorique sont au nombre de trois : les deux déclamations qui nous ont été transmises, les témoignages concernant la polémique contre Isocrate, et un long fragment compris dans les *Questions homériques* de Porphyre[3].

Je laisserai ici de côté les déclamations, qui requièrent une étude autonome. Je tracerai d'abord les thèmes majeurs des différences qui opposèrent Antisthène et Isocrate, pour examiner, ensuite, le long fragment *SSR* V A 187 relatif au statut, à la fonction et à la théorie du *logos*, c'est-à-dire à ce que je continuerai d'appeler dans ce qui suit : la conception de la rhétorique d'Antisthène (sans qu'il y ait même besoin

demeurer conjecturale, il me semble peu probable qu'Alkidamas dérive le mot ῥητορική de cette attaque contre la rhétorique qu'est le *Gorgias* de Platon ; il est à mon avis plus probable qu'il le trouve dans la tradition rhétorique, à laquelle il appartient (comme on le sait, Alkidamas fut élève de Gorgias). Pour soutenir sa thèse, E. Schiappa est obligé de dater tardivement la composition du discours *Sur les sophistes* d'Alkidamas aux environs de 360, ce qui ne me semble pas entièrement convaincant.

1. Pour ψυχαγωγία, *cf.* Platon, *Phèdre* 261 e 8 ; 271 c 1. Pour le verbe ψυχαγωγεῖν, *cf. Timée* 71 a 6 ; *Lois* 909 b 2, b 3. Pour γενναία σοφιστική, *cf. sophiste* 231 b 8. Pour δοξοσοφία, *cf. ibid.*, 231 b 6 ; *Philèbe* 49 a 2 ; 49 d 11. Pour δοξόσοφοι, *cf. Phèdre*, 275 b 2.

2. *Id.*, *Phèdre*, 260 d 4.

3. Porphyre, *Quaestionum Homericarum ad Odysseam pertinentium reliquiae* (désormais cité *Questions homériques*) α 1 ; il s'agit du fr. *SSR* V A 187, sur lequel je me permets de renvoyer à A. Brancacci, *Antisthène. Le discours propre*, *op. cit.*, p. 42-56. Voir aussi mon article « *Tropos* e *polytropia* in Antistene », dans Maria Silvana Celentano, Pierre Chiron et Marie-Pierre Noël (éd.), *Skhèma/Figura. Formes et figures chez les Anciens. Rhétorique, philosophie, littérature*, Éditions Rue d'Ulm, Paris, 2004, p. 65-75.

d'écrire ce terme entre guillemets). L'étude de ce fragment, enfin, appellera une extension de la recherche à certains passages du *Phèdre* de Platon, qui, à ma connaissance, n'ont jamais jusqu'à maintenant été mis en relation avec la conception qu'Antisthène a de la rhétorique.

Le témoignage le plus important des intérêts rhétoriques d'Antisthène est représenté par le catalogue des écrits transmis par Diogène Laërce. Le premier tome du catalogue comprend sept ouvrages de contenu ou de genre rhétorique :

> On transmet ses ouvrages recueillis en dix tomes. Le premier comprend : *Sur le style* ou *Sur les différentes sortes de style ; Ajax* ou *Le Discours d'Ajax ; Ulysse* ou *Le Discours d'Ulysse ; Apologie d'Oreste* ; *Sur les auteurs de plaidoyers judiciaires ; Isographe et Désias* ou *Isocrate ; Contre le discours* Sans témoin *d'Isocrate*[1].

Les trois derniers ouvrages s'insèrent dans la polémique qui opposa Isocrate et Antisthène : si le premier attaque régulièrement ce dernier dans bon nombre de ses ouvrages, le socratique répond avec un nombre considérable d'écrits dirigés contre Isocrate et contre les logographes. Le problème de déterminer la leçon exacte du titre – et par conséquent le nombre précis des ouvrages d'Antisthène consacrés à la polémique contre Isocrate – a suscité de longues discussions parmi les philologues, tout comme l'établissement du texte incertain des principaux manuscrits de Diogène Laërce a donné lieu à de nombreuses tentatives de correction[2]. Pour ma part, je pense que les écrits en question étaient au nombre de trois. Le premier était le Περὶ τῶν δικογράφων, qui indique un ouvrage autonome et n'a rien à voir avec l'*Apologie d'Oreste* qui précède. Le deuxième est l' 'Ισογράφης καὶ Δεσίας, qui, par l'extrême particularité de son titre, témoignant du goût d'Antisthène pour la déformation satirique des noms, doit être considéré comme authentique (de même, et pour la même raison, le Σάθων). Mais, s'il en est ainsi, l'expression ἢ 'Ισοκράτης, qui suit immédiatement dans certains manuscrits, ne peut être interprétée que de deux manières : ou bien

1. Diogène Laërce, VI, 15 : φέρονται δ' ἀυτοῦ συγγράμματα τόμοι δέκα· πρῶτος ἐν ᾧ Περὶ λέξεως ἢ περὶ χαρακτήρων, Αἴας ἢ Αἴαντος λόγος,'Οδυσσεὺς ἢ [περὶ] 'Οδυσσέως <λόγος>, 'Ορέστου ἀπολογία, Περὶ τῶν δικογράφων,'Ισογράφης καὶ Δεσίας ἢ 'Ισοκράτης, Πρὸς τὸν 'Ισοκράτους 'Αμάρτυρον. Sauf mention contraire, les traductions sont de moi.

2. Pour une analyse complète des différentes interventions critiques, voir Andreas Patzer, *Antisthenes der Sokratiker. Das literarische Werk und die Philosophie dargestellt am Katalog der Schriften*, *diss.* Heidelberg 1970, p. 218-226, ainsi que Gabriele Giannantoni, *Socratis et Socraticorum reliquiae* [*SSR*], Bibliopolis, vol. IV, Napoli, 1990, p. 265-270.

comme une glose, à éliminer, ou bien, plus probablement, comme sous-titre ajouté par le compilateur du catalogue pour éclaircir le sens du titre original, qui, sans cela, n'aurait pas été suffisamment intelligible. Enfin, le troisième est le Πρὸς τὸν Ἰσοκράτους Ἀμάρτυρον.

Nous ne savons rien du genre littéraire auquel appartenaient ces ouvrages, mais nous pouvons supposer qu'il s'agissait de dialogues socratiques, comme la presque totalité des écrits d'Antisthène. Même le thème du Περὶ τῶν δικογράφων pouvait parfaitement être développé dans le cadre d'un dialogue, éventuellement au moyen d'une série d'interventions plus ou moins consistantes de Socrate ; cette hypothèse est en accord avec le fait que les dialogues socratiques d'Antisthène devaient comprendre des discours assez longs de Socrate, comme le suggère l'affirmation de Diogène Laërce selon laquelle Antisthène introduisit dans les dialogues la forme rhétorique [ῥητορικὸν γένος] des discours, puisée chez son maître Gorgias[1]. Leur chronologie ne peut être déterminée qu'indirectement, en se référant aux ouvrages dans lesquels Isocrate répond à Antisthène pour l'attaquer. Le plus ancien est le *Contre les sophistes*, que l'on peut dater de 392-391 ; l'*Éloge d'Hélène*, qui se situe autour de 385, est postérieur à cet ouvrage, alors que le *Panégyrique* a été publié en 380. Les ouvrages d'Antisthène devraient donc avoir été rédigés entre les dernières années de la première décennie du IVᵉ siècle et 380. Cette période est précisément celle de la querelle autour de la rhétorique et sur les relations entre rhétorique et philosophie. Outre les écrits mentionnés d'Isocrate et les ouvrages perdus d'Antisthène, d'autres documents attestent de l'importance de ce débat : le *Contre les sophistes* d'Alkidamas, le *Gorgias* de Platon, rédigé très probablement en 385, ainsi que le *Phèdre*.

Patzer considère comme particulièrement grave la perte du Περὶ τῶν δικογράφων parce que cet écrit augmenterait considérablement notre connaissance de la phase plus ancienne de l'art oratoire attique[2]. Il était sûrement dirigé contre les représentants de l'éloquence du barreau, qu'Antisthène devait juger avec sévérité puisque leur activité professionnelle était exactement le contraire de sa vision d'une rhétorique fondée sur des principes éthiques et rationnels. Cela me semble indiqué aussi par le terme très rare de δικόγραφος, dont on ne trouve qu'une seule occurrence après Antisthène, dans un fragment

1. Diogène Laërce, VI, 1 (= *SSR* V A 11) : Οὗτος κατ' ἀρχὰς μὲν ἤκουσε Γοργίου τοῦ ῥήτορος· ὅθεν τὸ ῥητορικὸν γένος ἐν τοῖς διαλόγοις ἐπιφέρει καὶ μάλιστα ἐν τῇ' Αληθέᾳ καὶ τοῖς Προτρεπτικοῖς.

2. A. Patzer, *Antisthenes der Sokratiker*, *op. cit.*, p. 228.

d'Hypéride[1], et qui n'est plus utilisé après eux ; un terme qui connote un certain mépris pour une activité et une production judiciaires exercées pour le compte de tiers et moyennant paiement[2]. Nous savons que ce genre d'activité rhétorique avait été initié à Athènes par Antiphon dans les années de la guerre du Péloponnèse, et Antisthène devait en offrir une sorte d'histoire essentielle comme le suggère aussi le Περί du titre ; dans cet historique, Antisthène incluait sûrement Isocrate, qui, au début de sa carrière, avait été, on le sait, un logographe. Ce point est confirmé par un passage de l'*Antidosis* d'Isocrate, qui a échappé jusqu'ici à l'attention des érudits, et se réfère certainement au Περὶ τῶν δικογράφων d'Antisthène, non seulement en raison de son contenu, mais aussi parce qu'on y retrouve le terme tout aussi rare de δικογραφία, lui aussi presque un *hapax* dans la littérature grecque : il n'est attesté que dans ce texte d'Isocrate et dans les *Vies des sophistes* de Philostrate[3]. Nous sommes au début de l'*Antidosis*. Isocrate, désireux qu'il est d'invalider les accusations dont il avait été l'objet et d'affirmer l'originalité de son art oratoire panhéllénique, oubliant l'existence de ses prédécesseurs Gorgias, auteur d'un *Discours Olympique*, et Lysias, auteur d'un *Discours Olympique* et d'un *Discours Pythique* – quitte à s'en rappeler au § 61 pour vanter son originalité par rapport à eux –, affirme :

> Je connais bien les calomnies répandues contre mon activité par certains sophistes, pour qui je m'occupe de plaideries judiciaires [περὶ δικογραφίας] : c'est comme si l'on osait appeler Phidias, l'auteur de la statue d'Athéna, un fabricant de figurines, ou prétendre que Zeuxis et Parrhasios exercent le même métier que les peintres d'*ex-voto*. Cependant je ne me suis jamais défendu contre leur esprit pointilleux, pensant que leurs sottises n'avaient aucune importance et que, pour ma part, j'avais bien montré à tous que mon but est de parler et d'écrire non pas sur des conventions privées, mais sur des questions d'une telle importance et d'une telle nature que personne n'oserait les traiter, excepté les gens de mon école et leurs imitateurs[4].

1. Pollux, 8, 24 : δικογράφος ὡς Ὑπ. (= Hypéride, fr. 234 Jensen dans Christianus Jensen, *Hyperidis Orationes sex cum ceterarum fragmentis*, Stutgardiae, B.G. Teubner, coll. « Bibliotheca scriptorum graecum et romanorum teubneriana », 1917).

2. A. Patzer, *Antisthenes der Sokratiker*, *op. cit.*, p. 227.

3. Philostrate, *Vies des sophistes*, I, 497, 13.

4. Isocrate, *Sur l'échange*, 2 *sq.* (*novum testimonium*) : ἐγὼ γὰρ εἰδὼς ἐνίους τῶν σοφιστῶν βλασφημοῦντας περὶ τῆς ἐμῆς διατριβῆς καὶ λέγοντας, ὡς ἔστι περὶ δικογραφίαν, καὶ παραπλήσιον ποιοῦντας, ὥσπερ ἂν εἴ τις Φειδίαν τὸν τὸ τῆς Ἀθηνᾶς ἕδος ἐργασάμενον τολμῴη τέχνην τοῖς τὰ πινάκια γράφουσιν, ὅμως οὐδὲ πώποτε τὴν μικρολογίαν ταύτην ἠμυνάμην αὐτῶν, ἡγούμενος τὰς μὲν ἐκείνων φλυαρίας οὐδεμίαν δύναμιν ἔχειν, αὐτὸς δὲ πᾶσι τοῦτο πεποιηκέναι φανερόν, ὅτι προῄρημαι καὶ λέγειν καὶ γράφειν οὐ περὶ τῶν ἰδίων συμβολαίων ἀλλ' ὑπὲρ

Il faut remarquer qu'à partir du *Contre les sophistes* jusqu'à l'*Antidosis*, le début du discours est régulièrement réservée à l'attaque ou à la réplique contre Antisthène. En outre, Isocrate cite toujours Antisthène en premier, même si les personnages ou rivaux mentionnés sont nombreux[1]. Cela prouve l'importance d'Antisthène à cette époque et aux yeux d'Isocrate, et son influence dans le débat sur la rhétorique et la *paideia*. Si, comme tout semble l'indiquer, le Περὶ τῶν δικογράφων précède le *Contre les sophistes*, on comprend encore mieux les raisons de l'aigre attaque d'Isocrate contre Antisthène dans les premiers paragraphes de son écrit, car le socratique, rappelant l'activité de logographe d'Isocrate, attirait l'attention sur une période de l'activité d'Isocrate que ce dernier considérait, et souhaitait que l'on considérât, comme définitivement close. Le *Contre les sophistes*, comme son auteur lui-même nous l'apprend[2], était le manifeste de la pensée d'Isocrate, qui avait ouvert en 393-392 son école à Athènes et avait conçu son écrit tant pour attirer sur lui l'attention du public athénien que pour attaquer ses rivaux – et d'abord Antisthène, qui se présentait, même aux yeux d'Isocrate, comme un socratique d'envergure, le seul à avoir ouvert une école à Athènes, revendiquant ainsi l'héritage de Socrate.

Dans son pamphlet, Isocrate développe sa polémique en distinguant trois catégories d'adversaires : avant tout, les philosophes qu'il dénomme éristiques (§ 1-8), dans lesquels on a depuis longtemps reconnu Antisthène[3], puis ceux qui s'occupent d'éloquence politique (§ 9-14), auxquels il oppose ses propres principes en la matière, enfin les auteurs de τέχναι (§ 19-21), c'est-à-dire de manuels ou de traités de rhétorique.

τηλικούτων τὸ μέγεθος τὸ μέγεθος καὶ τοιούτων πραγμάτων, ὑπὲρ ὧν οὐδεὶς ἂν ἄλλος ἐπιχειρήσειε πλὴν τῶν ἐμοὶ πεπλησιακότων ἢ τῶν τούτους μιμεῖσθαι βουλομένων.

1. Isocrate, *Contre les sophistes*, 1-6 (= *SSR* V A 170) ; *Éloge d'Hélène*, 1 (= *SSR* V A 156).

2. *Id.*, *Sur l'échange*, 193.

3. *Cf.* par exemple Hermann Usener, *Quaestiones Anaximeneae*, *diss.* Göttingen 1856, p. 12 [= *Kleine Schriften*, Erster Band, Leipzig, B.G. Teubner, 1912, p. 10] ; Friedrich Überweg, *Untersuchungen über die Echtheit und Zeitfolge Platonischer Schriften und über die Hauptmomente aus Plato's Leben*, Wien, Gerold, 1861, p. 257 ; Karl Reinhardt, *De Isocratis aemulis*, *diss.* Bonn 1873, p. 24-28 ; Paul Natorp, *s.v.* « Antisthenes », dans *RE* I, 1894, col. 2538-2545, en particulier 2540 ; Hans Raeder, *Platons philosophische Entwicklung*, Leipzig, B.G. Teubner, 1905, p. 138 ; Karl Münscher, *s.v.* « Isokrates » (n° 2), dans *RE* IX 2, 1916, col. 2172 *sq.* ; Ulrich von Wilamowitz-Moellendorff, *Platon, II : Beilagen und Textkritik*, Berlin, Weidmann, 1919, p. 108 *sq.* ; August Burk, *Die Pädagogik des Isokrates*, Würzburg, Drerup, 1923, p. 33 *sq.* et 51. Pour d'autres précisions sur le témoignage d'Isocrate, *cf.* Aldo Brancacci, « Introduzione all'etica di Antistene », Φιλοσοφία. *Yearbook of the Research Center for Greek Philosophy at the Academy of Athens* 39, 2009, p. 203-219.

Pour retracer la position d'Antisthène, Isocrate se réfère à un écrit du socratique, qui devait avoir un caractère analogue de manifeste de sa pensée, la *Vérité* [᾿Αλήθεια], dont il permet de reconstituer quelques énoncés. Tout l'exorde de l'écrit d'Isocrate se présente, non comme une véritable critique, mais, plus précisément, comme une attaque contre le concept antisthénien de science [ἐπιστήμη] et contre la distinction entre opinion [δόξα] et vérité [ἀλήθεια] qui en précisait le sens. Cette distinction était à l'œuvre aussi bien sur le plan logico-dialectique, en tant qu'elle est liée à la recherche des contradictions dans les discours, que sur le plan éthique, où elle conduit à l'identification de la vérité avec la « science de ce qu'il faut faire [ἃ πρακτέον ἐστίν] ». La vérité est considérée elle-même comme condition du bonheur [εὐδαιμονία], de même que l'acquisition de l'ἐπιστήμη garantit la possibilité de τὰ μέλλοντα προγιγνώσκειν, expression qui fait allusion au rôle d'orientation de la science dans le domaine de « ce qu'il faut faire » ; d'où cette idée que la vertu peut être enseignée, ce qui explique la promesse de « rendre immortels [ἀθανάτους ποιεῖν] » ceux qui auront reçu cet enseignement, sur le peu de prix duquel ironise Isocrate[1].

La stratégie de ce dernier est donc d'attaquer Antisthène sur son propre terrain, et il le fait à son habitude, de manière dispersive et en éventail, ce qui, d'une part, correspond au concept qu'Isocrate se fait de ce qu'il nomme φιλοσοφία et qui, d'autre part, se fonde sur le refus du concept de science et sur le renversement de l'opposition entre vérité et opinion au profit de cette dernière. Pour lui, le seul résultat qu'ont obtenu les éristiques est « que l'on croit trouver de plus sages résolutions chez ceux qui préfèrent demeurer dans l'oisiveté que chez ceux qui s'occupent de philosophie[2] » ; ceux qui font de si hautes promesses ne sont en fait capables « ni de dire ni de conseiller quoi que ce soit de ce qui est nécessaire pour le présent[3] » ; leur enseignement n'est que « pur bavardage et chicanes sophistiques, et non pas, assurément, soin de l'âme[4] ». Le fondement de cette position est donné par la déclaration que l'on trouve dans l'*Antidosis*, postérieure certes au

1. Antisthène désignait par l'adjectif ἀθάνατοι (« immortels ») les hommes qui se trouvent dans une condition morale indéfectible. *Cf.* Diogène Laërce, VI, 5 (= *SSR* V A 176) : τοὺς βουλομένους ἀθανάτους εἶναι ἔφη [*scil.* Antisthenes] δεῖν εὐσεβῶς καὶ δικαίως ζῆν (« Ceux qui souhaitent être immortels doivent vivre de façon pieuse et juste »). Sur le réquisitoire d'Isocrate, *cf.* en particulier *Contre les sophistes,* 1, 3, 7 (= *SSR* V A 170), et mon *Antisthène. Le discours propre*, *op. cit.*, p. 87-93.

2. Isocrate, *Contre les sophistes*, 1 : δοκεῖν ἄμεινον βουλεύεσθαι τοὺς ῥᾳθυμεῖν αἱρουμένους τῶν περὶ τὴν φιλοσοφίαν διατριβόντων.

3. *Ibid.*, 8 : περὶ δὲ τῶν παρόντων μηδὲν τῶν δεόντων μητ' εἰπεῖν μήτε συμβουλεῦσαι δυναμένους κτλ.

4. *Loc. cit.* : ἀδολεσχίαν καὶ μικρολογίαν ἀλλ' οὐ τῆς ψυχῆς ἐπιμέλειαν κτλ.

Contre les sophistes, mais qui est valable pour toute l'activité d'Isocrate : « la nature humaine ne peut acquérir une science dont la possession nous ferait savoir ce que l'on devrait faire ou dire[1] ».

Antisthène répliquera à cette attaque avec son ouvrage Ἰσογράφης καὶ Δεσίας, dans lequel était convoqué également Lysias, mais qui devait traiter principalement d'Isocrate, comme nous le fait comprendre le sous-titre explicatif ἢ Ἰσοκράτης. Nous ne possédons pas de fragments de cet écrit, et tout ce que nous pouvons conjecturer sur son contenu nous vient du titre, qui est le titre original donné par Antisthène. Il existe deux interprétations de ce titre. La plus ancienne, qui remonte à Pohlenz[2], entend les deux termes du titre comme une déformation caricaturale des noms d'Isocrate et de Lysias, dont le sens est renversé dans le cas de ce dernier, qui devient « Celui qui noue » (correspondant à Λυσίας, « celui qui dénoue »), avec allusion ironique au fait que Lysias ne savait pas tirer ses clients de leurs embarras judiciaires. Ἰσογράφης ferait allusion en revanche au goût bien connu d'Isocrate pour les parisoses, un trait de style dont le rhéteur se fait gloire dans le *Panaténaïque*, et pour lequel Platon réserve peut-être une allusion polémique dans la *République*[3]. Le titre signifierait alors « Celui qui écrit des périodes équilibrées et Celui qui noue ». Une interprétation alternative a été plus récemment formulée par Patzer, qui entend au sens judiciaire, et non plus stylistique, la déformation du nom d'Isocrate. Patzer fait remarquer avant tout qu'une telle allusion à un aspect stylistique particulier de la prose littéraire, qu'Isocrate n'a pas inventé ni même utilisé le premier, n'est pas entièrement convaincante. Selon lui, pour comprendre Ἰσογράφης, il faut partir de l'adjectif ἰσόγραφος, qui a été forgé en analogie avec des adjectifs comme πολύγραφος en particulier ; ἰσόγραφος est utilisé par Timon dans le fr. 30 Diels pour exprimer son jugement sur Platon[4]. Ce fragment prouve que l'adjectif n'était guère utilisé pour désigner un style isocolique dans la prose littéraire, mais signifiait que quelqu'un écrivait les mêmes choses ou de la même manière qu'un autre (à ce propos Patzer note que les ἰσόγραφα sont les copies d'un traité rédigées par un copiste), concept qui peut

1. Isocrate, *Sur l'échange*, 271 : [...] οὐκ ἔνεστιν ἐν τῇ φύσει τῇ ἀνθρώπων ἐπιστήμην λαβεῖν, ἣν ἔχοντες ἂν εἰδεῖμεν ὅ τι πρακτέον ἢ λεκτέον ἐστιν κτλ.

2. Max Pohlenz, « Antisthenicum », *Hermes* XLII, 1907, p. 157-159.

3. Platon, *République*, 498 e 2.

4. Diogène Laërce, III, 7 (= Timon, fr. 30 Diels dans Hermann Alexander Diels (ed.), *Poetarum philosophorum fragmenta*, Berlin, Weidmann, 1901, réimpr. Hildesheim, 2000) : ἀλλὰ καὶ ὁ Τίμων εἰς τὸν Πλάτωνα λέγων φησί· τῶν πάντων δ' ἡγεῖτο πλατίστακος, ἀλλ' ἀγορητὴς ἡδυεπής, τέττιξιν ἰσογράφος, οἵ θ' Ἑκαδήμου δένδρει ἐφεζόμενοι ὄπα λειριόεσσαν ἱεῖσιν.

conduire non sans ambiguïté de « copiste » à « plagiaire ». Antisthène aurait dans ce cas frappé, avec un remarquable talent polémique, l'orgueilleux Isocrate, qui se vantait de l'originalité et de la qualité formelle et intellectuelle particulières à ses écrits[1]. De même, puisque λύειν dans le langage juridique indique la libération d'un condamné[2], de sorte que le nom de Λυσίας comporte déjà en lui-même une allusion d'un grand effet publicitaire, Antisthène renverse délibérément ce sens, et, pour comprendre Δεσίας, il faudra le rapporter à δεῖν qui, dans le langage judiciaire, indique que l'on arrête un accusé ou un condamné[3], si bien que « celui qui libère » devient « celui qui arrête ». Dans les deux cas, remarque Patzer, « *auch dies ein Einfall, dem man Witz und polemische Wirsamkeit nicht absprechen kann*[4] ». Quelle que soit l'interprétation du titre que l'on préfère, nous devons conclure que, dans cet ouvrage, Antisthène exprimait son jugement sur toute la rhétorique de son temps, en soumettant à l'examen et en attaquant ses deux principaux courants : le courant pratique et judiciaire représenté par Lysias, et le courant épidictique, délibératif et pédagogique représenté par Isocrate.

Or, en 385, Isocrate réserve encore une fois le début d'un de ses ouvrages, l'*Éloge d'Hélène*, à une attaque contre Antisthène. Sa stratégie est une fois encore de ne pas répondre aux critiques qu'on lui a adressées. Quand il lui arrive de le faire, à d'autres endroits de ses œuvres, Isocrate s'en explique *in modo indiretto* et à titre personnel ; il éclaircit alors, d'un ton calme, le sens qu'il attache à son activité intellectuelle. Cette fois-ci, il préfère attaquer les doctrines logiques d'Antisthène, à savoir sa théorie de l'οἰκεῖος λόγος, qui était selon toute vraisemblance exposée dans le traité Περὶ δόξης καὶ ἐπιστήμης [*Sur l'opinion et la science*][5]. Son attaque est dirigée également contre Platon, qu'il associe à Antisthène. Aussi bien Antisthène que Platon sont devenus vieux [καταγεγηράκασιν] et soutiennent ὑπόθεσιν ἄτοπον καὶ παράδοξον, « une thèse absurde et paradoxale » : Antisthène (désigné par οἱ μέν) soutient sa théorie de la définition, avec les corollaires bien connus, l'impossibilité de contredire et de dire le faux ; Platon (désigné par οἱ δέ), qui est rapproché des déclamateurs qui dissertent sur des thèmes analogues et non moins étranges soutient la

1. *Cf.* A. Patzer, *Antisthenes der Sokratiker*, *op. cit.*, p. 228-231.
2. *Cf.* Platon, *République*, 360 c 2.
3. *Cf.* Platon, *Lois*, 864 c.
4. A. Patzer, *Antisthenes der Sokratiker*, *op. cit.*, p. 231.
5. Sur ce traité d'Antisthène, *cf.* A. Brancacci, *Antisthène. Le discours propre*, *op. cit.*, p. 31-33.

thèse de l'unité de la vertu. Isocrate revendique, en polémique avec ces sujets, la supériorité et l'utilité bien plus grande de son propre art.

Le troisième document attestant de ce long rapport polémique est représenté par l'ouvrage d'Antisthène *Contre le discours* Sans témoin *d'Isocrate*, qui peut avoir été écrit à n'importe quelle date entre 403/402, au moment où Isocrate écrit son discours, et 380, date de la publication du *Panégyrique* où Isocrate répond à Antisthène, mais plus probablement à une date assez proche du procès. Le discours dit *Sans témoin* est le Πρὸς Εὐθύνουν ἀμάρτυρον, le premier des six plaidoyers judiciaires d'Isocrate parvenus jusqu'à nous. Ce plaidoyer fut écrit pour une cause célèbre dans laquelle les deux plus fameux logographes de cette époque, Isocrate et Lysias, s'affrontèrent en rédigeant tous les deux une δευτερολογία pour ce procès, relatif à un cas d'abus de confiance concernant un dépôt. La célébrité de cette cause, qui a sans nul doute poussé Antisthène à écrire contre le plaidoyer d'Isocrate, est prouvée aussi par le fait qu'une génération après Antisthène le philosophe Speusippe écrira à son tour un Πρὸς τὸν 'Αμάρτυρον, ouvrage dans lequel il rendait publics, semble-t-il, les ἀπόρρητα d'Isocrate[1]. La difficulté particulière de ce cas résidait dans un détail : aussi bien le placement que la restitution du dépôt s'étaient déroulées sans témoin, de sorte que tant Isocrate que Lysias durent mener leur cause à bien exclusivement sur la base d'indices [ἐκ τεκμηρίων][2], sans pouvoir recourir à des preuves directes, si bien que le résultat devait paraître entièrement fondé sur le critère du vraisemblable.

Antisthène, qui dans l'*Ulysse* ne réserve qu'une citation circonspecte à εἰκός[3], ne pouvait pas apprécier cette position, qui finissait par exalter la capacité rhétorique comme une fin en soi. Il est par ailleurs fort probable que cet ouvrage comprenait, comme le pense Patzer[4], une étude du texte du plaidoyer d'Isocrate, à l'instar de ce que fera Platon dans le *Phèdre* avec l'ἐρωτικός de Lysias. Ce qui est sûr, c'est

1. Pour l'ouvrage de Speusippe, *cf.* Diogène Laërce, IV 5 (= Speusippe, fr. 2 Isnardi Parente) et le commentaire de Margherita Isnardi Parente (Edizione, traduzione e commento a cura di) : *Speusippo Testimonianze e Frammenti* (cité Isnardi Parente), Bibliopolis, Napoli, 1980, p. 215. *Cf.* aussi Marcello Gigante, « *Aphareus* in Diogene Laerzio IV 2? », *La Parola del Passato* XXIV, 1969, p. 47-49. Pour le titre de l'ouvrage d'Isocrate, *cf.* G. Mathieu et E. Brémond, *Isocrate. Discours*, *op. cit.*, t. II, p. 63 n. 4. Pour les ἀπόρρητα d'Isocrate, *cf.* Diogène Laërce, IV 2 (= Speusippe, fr. 2 Isnardi Parente).

2. Isocrate, *Contre Euthynous. Plaidoyer sans témoignages*, 5. Sur ce plaidoyer, voir la Notice de G. Mathieu dans Georges Mathieu et Émile Brémond (texte et traduction), *Isocrate. Discours*, *op. cit.*, t. I, p. 3-5.

3. Antisthène, *Ulysse*, 5 (= *SSR* V A 54).

4. A. Patzer, *Antisthenes der Sokratiker*, *op. cit.*, p. 23.

qu'Isocrate fut impressionné par cet écrit d'Antisthène, puisqu'à la fin du *Panégyrique*, de nombreuses années plus tard, il écrivit :

> Ceux qui contestent l'éloquence doivent cesser d'écrire contre le *Dépôt* et sur les autres sujets sur lesquels à présent ils ne font que ragoter ; ils devraient au contraire rivaliser avec le présent discours et aviser aux moyens de parler mieux que moi sur le même sujet, en considérant qu'il convient aux auteurs de grandes promesses de ne point passer leur temps sur de petits objets et de parler, non pas de ce qui n'améliorera nullement la vie des gens qu'ils persuaderont, mais de choses dont la réalisation les délivrera eux-mêmes de leurs embarras présents et les fera passer aux yeux des autres pour avoir procuré d'immenses biens[1].

Si nous essayons maintenant d'embrasser dans une vision d'ensemble les raisons du contraste entre Antisthène et Isocrate, il n'est pas difficile de formuler un jugement récapitulatif. Se tenant au principe de la validité exclusive de l'expérience, Isocrate ne pouvait accepter ni la recherche de l'ἀλήθεια ni la dévaluation de la sphère de l'opinion qui étaient au fondement de toutes les doctrines d'Antisthène. À celles-ci s'opposait de façon radicale la primauté absolue qu'il revendiquait de façon tout à fait consciente pour la δόξα. Par ailleurs, dans la mesure où il soutenait la valeur non rationnelle mais instrumentale du *logos* qu'il célébrait comme « le guide de toutes les actions et de toutes les pensées » (καὶ τῶν ἔργων καὶ τῶν διανοημάτων ἁπάντων ἡγεμόνα λόγον)[2], Isocrate s'insurgeait aussi bien contre la dialectique socratique

1. Isocrate, *Panégyrique*, 188 *sq.* : τοὺς δὲ τῶν λόγων ἀμφισβητοῦντας πρὸς μὲν τὴν παρακαταθήκην καὶ περὶ τῶν ἄλλων ὧν νῦν φλυαροῦσι παύεσθαι γράφοντας, πρὸς δὲ τοῦτον τὸν λόγον ποιείσθαι τὴν ἅμιλλαν καὶ σκοπεῖν, ὅπως ἄμεινον ἐμοῦ περὶ τῶν αὐτῶν πραγμάτων ἐροῦσιν, ἐνθυμουμένους, ὅτι τοῖς μεγάλ' ὑπισχουμένοις οὐ πρέπει περὶ μικρὰ διατρίβειν, οὐδὲ τοιαῦτα λέγειν, ἐξ ὧν ἐπιτελεσθέντων αὐτοί τ' ἀπαλλαγήσονται τῆς παρούσης ἀπορίας καὶ τοῖς ἄλλοις μεγάλων ἀγαθῶν αἴτιοι δόξουσιν εἶναι.
Reviennent dans ce passage tous les chefs d'accusation et toutes les expressions ironiques qu'Isocrate a régulièrement réservés à Antisthène, en particulier dans le *Contre les sophistes* : faire de grandes promesses à ses élèves quant aux bénéfices que ceux-ci tireront du fait de se mettre à son école, une école de sagesse et de vertu ; consacrer son temps à écrire contre le *Dépôt*, à savoir sur un sujet bien petit par rapport aux grands thèmes dont il prétend s'occuper ; entrer par là en contradiction avec son propre ἐπάγγελμα n'écrire rien d'important ni d'utile pour la vie des gens ; se débattre dans des difficultés économiques évidentes (*cf.* Isocrate, *Contre les sophistes*, 3-8).

2. Isocrate, *Nicoclès*, 9, repris dans *Sur l'échange*, 257 ; *cf.* aussi *Panégyrique* 47-50. Pour Isocrate je renvoie, outre la monographie de C. Eucken (citée *supra*, p. 40 n. 1), à Monique Dixsaut, « Isocrate contre des sophistes sans sophistique », dans Barbara Cassin (dir.), *Le Plaisir de parler*, Paris, Les Éditions de Minuit, 1986, p. 63-85, ainsi qu'à l'introduction et à la notice bibliographique de Mario Marzi (a cura di), *Isocrate. Opere*, vol. I, Torino, UTET, 1991, p. 33-51. Plus particulièrement à propos du *Sur l'échange* comme manifeste de la *paideia* d'Isocrate, *cf.* Roberto Nicolai, *Studi su Isocrate. La*

cultivée par Antisthène que contre sa théorie de l'οἰκεῖος λόγος à tout cela, il opposait, d'une part, la formation oratoire, et d'autre part, la valeur du καιρός, de l'avantageux, du bon sens garantissant le succès[1]. Le *logos* auquel Antisthène s'intéressait était, en revanche, un *logos* capable de découvrir des structures rationnelles là où le langage commun ne dépasse pas le niveau de l'équivoque ou de l'impropre, et qui, en ce sens, se conforme à la règle de l'οἰκεῖον ; cette dernière étant entendue, en partant des études sémantiques pour s'élever peu à peu jusqu'à la logique et à l'éthique, comme assignation aux noms d'une signification univoque et déterminée, comme définition visant à identifier la qualité propre de l'objet proposé, comme détermination rigoureuse et restrictive des concepts moraux, à l'exclusion de tous les traits qui contredisent la cohérence logique de la notion considérée[2]. Nous allons voir que, dans un horizon différent, ces mêmes exigences agissent également au niveau de la conception antisthénienne de la rhétorique.

Le fragment *SSR* V A 187, transmis par Porphyre, expose la conception antisthénienne de la πολυτροπία. Celle-ci renvoie à l'imbrication entre méthode dialectique et instrument rhétorique posée par Antisthène lorsqu'il élabore son interprétation du διαλέγεσθαι de Socrate. Le lien entre dialectique et rhétorique sera établi à nouveau par Platon dans le *Phèdre* ; il devient structurel dans la philosophie ancienne dans la perspective énoncée par Aristote dans la *Rhétorique*, qu'ouvre la célèbre déclaration selon laquelle la rhétorique est ἀντίστροφος τῇ διαλεκτικῇ. Le fragment en question se divise en deux parties. Porphyre a eu devant lui un texte de longueur remarquable tiré d'un dialogue socratique d'Antisthène, qu'il a condensé dans la structure propre aux λύσεις homériques de l'Antiquité tardive. La première partie est l'ἀπορία où, après un bref résumé de la thèse que soutenait dans le dialogue le personnage de Socrate, Porphyre mentionne l'objection d'un interlocuteur anonyme qui devait fournir le prétexte de la discussion. La deuxième partie est la λύσις, qui déroule de manière continue les trois points principaux de l'argumentation qu'expose le Socrate d'Antisthène : Socrate offre d'abord une analyse du terme τρόπος

comunicazione letteraria nel IV sec. a.C. e i nuovi generi della prosa, Roma, Quasar, coll. « SRCG/Quaderni » 7, 2004. Voir aussi, *infra*, p. 67 n. 1.

1. Pour les thèmes propres à Isocrate et pour sa position générale, voir Isocrate, *Sur l'échange*, 217 et 271 ; *Contre les sophistes*, 7 *sq.* ; *Panégyrique*, 189.

2. Pour tout cela, *cf.* A. Brancacci, *Antisthène. Le discours propre*, *op. cit.*, p. 69-75 ; en particulier sur la notion de *logos*, voir p. 189-191 ; pour la reconstruction de la théorie de l'οἰκεῖος λόγος, que je présuppose ici, *cf.* p. 195-223.

illustrant la méthode antisthénienne de l'usage des noms [χρῆσις τῶν ὀνομάτων] ; puis, en lien avec celle-ci, il détermine le sens revenant en propre au terme πολύτροπος, d'où procédera sa définition du διαλέγεσθαι καὶ ἀνθρώποις συνεῖναι ; enfin, il éclaircit les implications rhétoriques et éthiques de tous ces thèmes en s'appuyant sur l'examen de la notion de πολυτροπία[1]. Voici le texte :

> — Homère, dit Antisthène, ne loue pas plus Ulysse qu'il ne le blâme, en l'appelant πολύτροπος.
> — Mais Homère n'a nullement fait d'Achille et d'Ajax des πολυτρόποι, mais bien des hommes francs et généreux, et même le sage Nestor, par Zeus, il ne l'a pas représenté comme trompeur et de caractère [τὸ ἦθος] changeant, mais franc dans sa conversation avec Agamemnon et avec tous sans exception, et enclin à manifester, non à dissimuler, ses bons conseils à l'armée. Et Achille était si loin d'abriter en lui un caractère [τρόπον] de cette nature qu'il estimait odieux à l'égal de la mort « celui qui dissimule une chose dans son cœur et en déclare une autre [Homère, *Iliade*, IX 313] »[2].

Comme je viens de le dire, Porphyre rapporte d'abord la thèse générale du Socrate d'Antisthène quant à l'épithète πολύτροπος : Homère ne loue pas plus Ulysse qu'il ne le blâme, en l'appelant πολύτροπος, parce que l'évaluation de cette épithète doit être comprise sur la base de l'opposition entre σοφία et ἀμαθία, c'est-à-dire en considérant l'usage qu'on peut faire de l'instrument rhétorique, ce qui par ailleurs implique une référence au concept socratique de ὀρθὴ χρῆσις, concept qui est également propre à Antisthène[3]. Porphyre poursuit en mentionnant la longue objection d'un interlocuteur anonyme

1. Pour cette interprétation de la structure du fragment d'Antisthène, voir mon *Antisthène. Le discours propre*, *op. cit.*, p. 43 *sq.* Mon interprétation est approuvée par G. Giannantoni, *Socratis et Socraticorum reliquiae* [*SSR*], *op. cit.*, p. 346 n. 52.

2. *Questions homériques* (= *SSR* V A 187 p. 209 *sq.*, 9) : - οὐκ ἐπαινεῖν φησιν Ἀντισθένης Ὅμηρον τὸν Ὀδυσσέα μᾶλλον ἢ ψέγειν λέγοντα αὐτὸν πολύτροπον. - οὔκουν τὸν Ἀχιλλέα καὶ τὸν Αἴαντα πολυτρόπους πεποιηκέναι, ἀλλ' ἁπλοῦς καὶ γεννάδας, οὐδὲ τὸν Νέστορα τὸν σοφὸν οὐ μὰ Δία δόλιον καὶ παλίμβολον τὸ ἦθος, ἀλλ' ἁπλῶς τῷ Ἀγαμέμνονι συνόντα καὶ τοῖς ἄλλοις ἅπασι καὶ εἰς τὸ στρατόπεδον, εἴ τι ἀγαθὸν εἶχε, συμβουλεύοντα καὶ οὐκ ἀποκρυπτόμενον. Καὶ τοσοῦτον ἀπεῖχε τοῦ τὸν τοιοῦτον τρόπον ἀποδέχεσθαι ὁ Ἀχιλλεύς, ὡς ἐχθρὸν ἡγεῖσθαι ὁμοίως τῷ θανάτῳ ἐκεῖνον, ὅς χ' ἕτερον μὲν κεύθῃ ἐνὶ φρεσί, ἄλλο δὲ εἴπε.
Pour le texte grec de ce fragment, je me conforme à l'édition critique établie par A. Patzer, *Antisthenes der Sokratiker*, *op. cit.*, p. 169 *sq.* Voir cependant *infra*, p. 58 n. 1.

3. Sur ce point, je renvoie aux textes que j'ai cités dans mon *Antisthène. Le discours propre*, *op. cit.*, p. 42 *sq.* et p. 43 n. 6. Gabriele Giannantoni, *Socratis et Socraticorum reliquiae* [*SSR*], *op. cit.*, p. 249, approuve mes remarques. Sur la notion d'« usage » dans le stoïcisme, voir la belle étude de Thomas Bénatouïl, *Faire usage : la pratique du stoïcisme*, Vrin, Paris, 2007.

que les érudits ont depuis longtemps identifié à Hippias[1]. Ce dernier donnait au terme πολύτροπος un sens négatif, comme le confirme une confrontation entre ce passage et l'*Hippias mineur*, confrontation que j'ai déjà établie ailleurs et sur laquelle je ne peux revenir ici[2]. Enfin, Porphyre termine en rapportant la réplique du Socrate d'Antisthène, qui explique à Hippias le sens à attribuer à l'épithète homérique, en s'appuyant avant tout sur le terme τρόπος dont il éclaircit la signification très dense et complexe. C'est précisément ce qui constitue la λύσις :

> — Eh quoi ? Faut-il conclure qu'Ulysse est mauvais, du fait que le poète l'appelle πολύτροπος et non, plutôt, qu'il est ainsi dénommé précisément parce qu'il est sage ? N'est-il pas vrai que le terme τρόπος signifie, d'une part, le caractère moral et signifie, d'autre part, l'usage du discours ? Il est en effet εὔτροπος, l'homme dont le caractère est tourné vers le bien ; et ce sont des τρόποι des discours que les différentes figures. Et Homère applique également le terme τρόπος à la voix et à la variation des mélodies, comme dans le cas du rossignol, « qui, dans ses fréquentes roulades, fait entendre des sons aux modulations variées [Homère, *Odyssée* XIX 521] »[3].

Il est utile de préciser que l'analyse sémantique faite dans ce fragment donne un exemple de la méthode de la χρῆσις τῶν ὀνομάτων d'Antisthène, méthode visant à distinguer la signification exacte des noms en en déterminant la sphère légitime d'application. Une telle analyse de leur contenu sémantique permettait de déterminer soigneusement des notions et de concepts touchant à des domaines divers[4]. L'examen, qui est conduit (l. 1-7) sur le terme τρόπος, est au fondement des considérations qu'Antisthène développera par la suite à propos du διαλέγεσθαι, et qui lui permettront de déterminer les σοφοί

1. *Cf.* Hermann Ludwig Schrader, *Porphyrii Quaestionum Homericarum ad Odysseam pertinentium reliquias*, Lipsiae, B.G. Teubner, 1890, p. 175 ; Augusto Rostagni, « Un nuovo capitolo nella storia della retorica e della sofistica », *Studi Italiani di Filologia Classica* LII, 1922, p. 148-201, repris dans A. Rostagni, *Scritti minori*, I, *Aesthetica*, Torino, Bottega d'Erasmo, 1953, vol. I, p. 7 ; A. Patzer, *Antisthenes der Sokratiker*, *op. cit.*, p. 172 ; A. Brancacci, *Antisthène. Le discours propre*, *op. cit.*, p. 43-49.

2. *Cf.* Aldo Brancacci, « Dialettica e retorica in Antistene », *Elenchos* XVII, 1996, p. 359-406, en particulier p. 379-382.

3. *Questions homériques* (= *SSR* V A 187 p. 210, 10-16) : λύων οὖν ὁ Ἀντισθένης φησί · τί οὖν; ἆρά γε πονηρὸς ὁ Ὀδυσσεύς, ὅτι πολύτροπος ἐρρέθη, καὶ μὴ, διότι σοφός, οὕτως αὐτὸν προσείρηκε; μήποτε οὖν τρόπος τὸ μέν τι σημαίνει τὸ ἦθος, τὸ δέ τι τὴν τοῦ λόγου χρῆσιν. εὔτροπος γὰρ ἀνὴρ ὁ τὸ ἦθος ἔχων εἰς τὸ εὖ τετραμμένον, τρόποι δὲ λόγων αἱ ποιαὶ πλάσεις. καὶ χρῆται τῷ τρόπῳ καὶ ἐπὶ φωνῆς καὶ ἐπὶ μελῶν ἐξαλλαγῆς, ὡς ἐπὶ τῆς ἀηδόνος, ἥ τε θαμὰ τρωπῶσα χέει πολυήχεα φωνήν (τ 521).

4. Pour cette méthode, *cf.* A. Brancacci, *Antisthène. Le discours propre*, *op. cit.*, p. 51-59.

comme πολύτροποι (l. 8-12). Le Socrate d'Antisthène déclare tout d'abord qu'Ulysse est σοφός et que l'épithète πολύτροπος le qualifiant, non seulement ne fait pas contraste, mais au contraire lui a été donnée par Homère précisément parce qu'il est σοφός. Ensuite, il analyse la signification du mot τρόπος en ayant recours aux procédures de la χρῆσις τῶν ὀνομάτων, ce qui lui permet de dégager trois sens différents de ce même terme. Nous pouvons distinguer un sens éthique, pour lequel τρόπος signifie ἦθος, et un sens linguistique et rhétorique, pour lequel il signifie ἡ τοῦ λόγου χρῆσις. L'adjectif εὔτροπος est rattaché à l'acception éthique, alors que πλάσις documente le sens de τρόπος comme ἡ τοῦ λόγου χρῆσις. Avec les l. 5-7 (= p. 1, 14-6 Schrader) nous en venons au sens musical de τρόπος· bien que lui aussi propre à l'usage linguistique courant, il appartient au lexique cultivé et indique une notion fondamentale dans la théorie musicale grecque[1].

Dans cette première partie du fragment figure le terme τρόπος qui est central dans la rhétorique d'Antisthène, lequel nous en offre l'attestation rhétorique la plus ancienne. Quelle est sa signification précise ? Au paragraphe 46 de l'*Antidosis* d'Isocrate, ouvrage sans aucun doute postérieur à la rédaction du dialogue d'Antisthène, l'expression τρόποι τῶν λόγων a un sens très proche de celui de « genres de proses », puisqu'elle est opposée à l'expression [τρόποι] τῶν μετὰ μέτρου ποιημάτων, cette dernière indiquant « les genres des poèmes conçus en mètre », c'est-à-dire en vers. Ajoutons que, du même contexte, et plus généralement de toute l'œuvre d'Isocrate, il résulte que de tels λόγοι sont les discours écrits, puisque, comme on le sait, c'est sur le γράφειν que portent l'attention et les soins rhétoriques d'Isocrate. Chez Antisthène, τρόπος est équivalent à ἡ τοῦ λόγου χρῆσις, qui désigne « l'usage du discours » dans son sens le plus vaste, et semble n'être qu'une autre expression pour indiquer cet art du discours que nomme originairement la rhétorique : l'expression τρόποι τῶν λόγων, les « modes des discours », désignerait un usage réfléchi de l'élocution, une certaine manière tout d'abord de parler, puis de façonner le discours, de s'en servir et de le rendre efficace. Et ce discours est le

1. Pour τρόπος pris dans son sens musical, *cf.* Pindare, *Olympiques*, III 4 ; X 77 ; XIV 17 ; Damon, 37 B 10 dans Hermann Alexander Diels, Walther Kranz (ed.), *Die Fragmente der Vorsokratiker*, Berlin, Weidmannsche buchhandlung, 1903, *ex* Platon, *République*, 424 c ; Rosetta Da Rios (ed.), *Aristoxeni Elementa harmonica*, Roma, Typis Publicae Officinae Polygraphicae, 1954, II 40 p. 50, 16. Sur cette notion, voir mon article « Les *tropoi* de Damon (37 B 2 et B 10 DK) », dans John Dillon, Monique Dixsaut (ed.), *Agonistes. Essays in Honour of Denis O'Brien*, Aldershot, Ashgate, 2005, p. 13-21, repris en italien sous une forme plus ample dans Aldo Brancacci, *Musica e filosofia da Damone a Filodemo. Sette Studi*, Firenze, Olschki, 2008, p. 7-19.

discours que l'on prononce, comme le confirme de la façon la plus claire toute la suite du fragment. Le terme πλάσεις, qui glose l'expression ἡ τοῦ λόγου χρῆσις, représente à son tour l'attestation la plus ancienne de πλάσις pris au sens rhétorique. Ce terme est voisin de πλάσμα, mais non équivalent à celui-ci : il est plus rare, bien qu'il ait eu toute une carrière rhétorique qui va d'Antisthène jusque, au moins, à l'Anonyme du *Sublime ;* et il peut signifier, conformément à sa dérivation à partir de πλάσσειν [« façonner, modeler », mais aussi « feindre »], aussi bien l'« action de façonner, de modeler », la « création » que l'« invention ». Ici le sens à préférer, qui est aussi le sens le plus ancien, est celui de « formes », donc de « figures du discours », même si ces figures contiennent implicitement aussi une idée de *fictio ;* des figures qui, comme le dit le texte, spécifient les différentes façons de tourner les discours.

Parvenus à ce point, nous pouvons mieux comprendre la signification qu'Antisthène donne à τρόπος, rappelant aussi l'acception éthique et surtout l'acception musicale de ce terme. Dans le lexique musical plus ancien, τρόπος a un sens intermédiaire entre « style » et « mode », et, dans ce dernier sens, il désigne les cinq ἁρμονίαι fondamentales : éolienne, dorienne, lydienne, phrygienne et ionienne[1]. Τρόπος permettait d'exprimer le même concept que ἁρμονία – celui de différentes organisations de gammes (du moins à partir d'Aristoxène), et donc de mélodies – mais dans un sens plus large, en désignant en même temps une certaine manière de composer, un certain aspect de la mélopée. Dans le passage en question, non seulement τρόπος est rapproché de la φωνή, mais plus précisément de cette μελῶν ἐξαλλαγή dénotant les variations et donc les différences caractéristiques des mélodies, différences qui déterminent le caractère moral différent des mélodies elles-mêmes ; or on a vu qu'Antisthène parle de façon explicite de caractère moral en dégageant le deuxième sens du terme τρόπος. Tout cela nous fait comprendre que les modes du discours, en parfaite analogie avec les modes musicaux, comportent des différences caractéristiques qui sont exprimées par les πλάσεις ; celles-ci façonnent de manière différente les discours et les dotent de fonctions diverses, en rapport avec l'ἦθος de chaque homme.

Socrate tire maintenant les conséquences de son analyse du terme τρόπος relativement à l'interprétation de l'épithète πολύτροπος :

1. Voir là-dessus Giovanni Comotti, *La musica nella cultura greca e romana*, Torino, EDT, 1991, p. 25-32.

> Si donc les sages sont habiles dans la discussion dialectique, et savent exprimer la même pensée selon de nombreux τρόποι, alors, en connaissant une pluralité de τρόποι de discours relatifs à la même chose, ils seront πολύτροποι. Par suite, les sages sont aussi hommes de bien. C'est la raison pour laquelle Homère dit qu'Ulysse, étant sage, est πολύτροπος, en ceci précisément qu'il connaissait l'art de converser avec les hommes selon de multiples τρόποι[1].

Avant d'analyser ce texte, il me faut rappeler que lorsque nous parlons de dialectique chez Antisthène, nous nous référons à sa doctrine de l'examen des noms [ἐπίσκεψις τῶν ὀνομάτων[2]]. Cette doctrine n'est rien d'autre que l'interprétation proposée par Antisthène de l'ἐξετάζειν socratique, assimilé à un examen des termes visant à déterminer la signification propre de chacun d'eux ; au terme du processus dialectique, on parvenait à l'οἰκεῖος λόγος, ce discours qui identifie la qualité propre de chaque réalité et qui, en ce sens, la définit. Le discours propre constitue le fondement du savoir moral, que présuppose la possession d'ἀνάλωτοι λογισμοί, de notions et de valeurs morales rigoureusement déterminées, grâce auxquelles la vertu, une fois acquise, ne peut plus être perdue[3]. Il s'ensuit que l'ἐξετάζειν est pour Antisthène une véritable méthode dialectique, alors que le διαλέγεσθαι ou, plus précisément, la capacité de discuter et de converser avec les hommes [διαλέγεσθαι καὶ ἀνθρώποις συνεῖναι] est l'instrument grâce auquel se réalise la communication des connaissances gagnées au moyen de l'examen des noms [ἐπίσκεψις τῶν ὀνομάτων]. C'est ici donc que se situe le point de contact entre dialectique et rhétorique : la rhétorique se détermine comme une ouverture et un développement de la dialectique, motivés par des exigences éthiques. En effet, la méthode dialectique est entendue comme une habileté, puisque c'est l'apanage des σοφοί qui savent exprimer la même pensée [τὸ αὐτὸ νόημα] selon une multiplicité de modes et de styles de discours différents. Le style de parole qu'Antisthène exige du sage répond donc avant tout à une fin éthique et

1. *Questions homériques* (= *SSR* V A 187, p. 210, 17 – p. 211, 22) : εἰ δὲ οἱ σοφοὶ δεινοί εἰσι διαλέγεσθαι, καὶ ἐπίστανται τὸ αὐτὸ νόημα κατὰ πολλοὺς τρόπους λέγειν· ἐπιστάμενοι δὲ πολλοὺς τρόπους λόγων περὶ τοῦ αὐτοῦ πολύτροποι ἂν εἶεν. εἰ δὲ οἱ σοφοὶ καὶ ἀγαθοί εἰσι, διὰ τοῦτό φησι τὸν Ὀδυσσέα Ὅμηρος σοφὸν ὄντα πολύτροπον εἶναι, ὅτι δὴ τοῖς ἀνθρώποις ἠπίστατο πολλοῖς τρόποις συνεῖναι.

2. Sur cette doctrine, voir A. Brancacci, *Antisthène. Le discours propre*, *op. cit.*, p. 105-127. Pour le rapport, très étroit chez Antisthène, entre dialectique et rhétorique, voir *ibid.*, p. 129-149.

3. *Cf.* Aristote, *Métaphysique*, Δ, 29. 1024 b 26-34 (= *SSR* V A 152) ; Diogène Laërce, VI, 12 (= *SSR* V A 134).

« paideutique » – dans son argumentation, le Socrate d'Antisthène précise que les sages sont aussi vertueux [καὶ ἀγαθοί εἰσι]. Il répond aussi à une série de conditions formelles présentées dans la suite du texte ; ce point ressort déjà dans la partie du fragment que j'ai citée, dans l'affirmation que les sages sont pourvus de la connaissance de nombreuses formes de discours [πολλοὶ τρόποι λόγων], donc sont πολύτροποι et peuvent satisfaire au principe selon lequel le sage est capable de ἀνθρώποις συνεῖναι, « converser avec les hommes ». Voilà pourquoi le σοφός d'Antisthène est aussi bien habile dialecticien qu'habile rhéteur. Il est dialecticien en tant qu'il pratique l'ἐπίσκεψις τῶν ὀνομάτων, et il est rhéteur parce que, possédant un savoir et étant homme de bien, il souhaite le communiquer aux autres hommes, utilisant à cette fin plusieurs τρόποι de discours. La partie finale du fragment précise la perspective théorique dans laquelle doit s'inscrire ce genre de communication :

> οὕτω καὶ Πυθαγόρας λέγεται πρὸς παῖδας ἀξιωθεὶς ποιήσασθαι λόγους διαθεῖναι πρὸς αὐτοὺς λόγους παιδικούς, καὶ πρὸς γυναῖκας γυναιξὶν ἁρμοδίους καὶ πρὸς ἄρχοντας ἀρχοντικοὺς καὶ πρὸς ἐφήβους ἐφηβικούς. τὸν γὰρ ἑκάστοις πρόσφορον τρόπον τῆς σοφίας ἐξευρίσκειν, ἀμαθίας δὲ εἶναι πρὸς τοὺς ἀνομοίως ἔχοντας τῷ τοῦ λόγου χρῆσθαι μονο-τρόπῳ. ἔχειν δὲ τοῦτο καὶ τὴν ἰατρικὴν ἐν τῇ τῆς τέχνης κατορθώσει, ἠσκηκυίας τῆς θεραπείας τὸ πολύτροπον διὰ τὴν τῶν θεραπευομένων ποικίλην σύστασιν. τρόπος μὲν οὖν τὸ παλίμβολον τὸ τοῦ ἤθους, τὸ πολυμετάβολον καὶ ἄστατον. λόγου δὲ πολυτροπία καὶ χρῆσις ποικίλη λόγου εἰς ποικίλας ἀκοὰς μονοτροπία γινεται· ἓν γὰρ τὸ ἑκάστῳ οἰκεῖον. διὸ καὶ τὸ ἁρμόδιον ἑκάστῳ τὴν ποικιλίαν τοῦ λόγου εἰς ἓν συναγείρει· τὸ ἑκάστῳ πρόσφορον. τὸ δ' αὖ μονοειδές, ἀνάρμοστον ὂν πρὸς ἀκοὰς διαφόρους, πολύτροπον ποιεῖ τὸν ὑπὸ πολλῶν ἀπόβλητον ὡς αὐτοῖς ἀπόβλητον λόγον.

Ainsi on raconte que Pythagore, ayant été invité à prononcer des discours adressés à des enfants, composa pour eux des discours enfantins, et pour les femmes des discours adaptés aux femmes, et pour les archontes des discours archontiques, et pour les éphèbes des discours éphébiques. C'est en effet le propre de la *sophia* que de savoir trouver le *tropos* convenable pour chacun. En revanche, c'est un signe d'ignorance que de se servir d'un discours modelé de façon univoque envers ceux qui sont différemment disposés. La médecine, quand l'art en est exercé avec succès, possède également cette caractéristique : en effet, la cure applique une variété de méthodes à cause de la constitution bigarrée de ceux qui sont soignés. *Tropos* est donc ce qui est changeant dans le caractère humain, ce qui se transmue en de multiples formes et qui est instable. La multiplicité des modes du discours et l'usage bigarré du discours s'adressant des oreilles variées devient unité de mode : un, en effet, est ce qui est propre à chacun. C'est pourquoi ce qui est harmonieux pour chaque sujet réduit la variété du

> discours à l'unité, à cette unité qui convient à chacun. Inversement, ce qui a une seule et même forme, s'avérant discordant par rapport à des oreilles différentes, rend confus le discours qui est alors refusé par plusieurs comme méprisable[1].

La première remarque que je voudrais faire sur ce texte est d'ordre linguistique : il révèle l'emploi d'un lexique précieux, de termes rares ou fort rares tirés du langage des poètes et d'Homère, la présence d'une figure rhétorique particulièrement étudiée[2]. Cela me semble indiquer non seulement qu'Antisthène entend par ces moyens signaler l'importance qu'il attribue à la doctrine qu'il expose, mais également qu'il est parvenu à la concevoir aussi grâce à l'étude des contextes poétiques et rhétoriques dont sont tirés certains termes-clés – tels par exemple πρόσφορον, qui renvoie à Pindare, ἀπόβλητον, tiré d'Homère, ποικίλος, qui à nouveau renvoie à Pindare, mais aussi à Empédocle et à la tradition pythagoricienne. Chez Pindare, l'adjectif ποικίλος indique la variété et la multiplicité des éléments – thèmes, mots, idées – que le poète choisit sur la base de la loi du καιρός et qui concourent à former l'unité de la poésie, ou, mieux, de ce que nous appelons poésie, et que Pindare nomme par son nom historique de σοφία. Antisthène semble reprendre cette idée en en offrant une transposition élaborée sur le plan philosophique. Toujours chez Pindare, καιρός est le moment juste où quelque chose doit se produire pour atteindre son but : pour le poète, ce moment est la loi sur la base de laquelle il doit exposer les choses qu'il sait à leur juste place et de façon conforme à leur importance[3]. Le terme πρόσφορος indique cette conformité du sujet à son objet ; il adapte ce qui dans l'événement est digne d'être dit à la parole juste qui l'exprime ; il est enfin un attribut du poète, inventif et doué d'un talent [δύναμις] hardi, comme la poésie et le chant le requièrent.

Antisthène établit, pour sa part, que l'habileté du σόφος réside dans la capacité d'identifier le moyen expressif πρόσφορον, adapté à chacun,

1. *Questions homériques* (= *SSR* V A 187, p. 211, 35). À la dernière ligne, A. Patzer édite ἀπρόσφορον, qui est une correction de Ludwig, au lieu de ἀπόβλητον, qui résulte des mss, que je garde. Voir aussi la note suivante.

2. Il s'agit de la figure de l'ἀνάκλασις, qui est présente à la fin du fragment entre les deux occurrences, très proches l'une de l'autre, de ἀπόβλητον, où ce même terme est pris dans un sens légèrement différent : pour ce dernier point, *cf.* A. Brancacci, « Dialettica e retorica in Antistene », *op. cit.*, p. 405 n. 92.

3. *Cf.* Hermann Gundert, *Pindar und sein Dichterberuf*, Frankfurt am Main, Klostermann, 1935, p. 63 ; Mario Untersteiner, *La formazione poetica di Pindaro*, Messina/Firenze, D'Anna, 1951, p. 43 *sq.* ; Giuliana Lanata, *Poetica pre-platonica. Testimonianze e frammenti*, Firenze, La Nuova Italia, 1963, p. 93 n. 9 ; Bernard Gallet, *Recherches sur* kairos *et l'ambiguïté dans la poésie de Pindare,* Talence, Presses Universitaires de Bordeaux, 1990.

rejetant l'usage d'un mode univoque de discours à l'égard des hommes qui, dans leurs singularités, sont disposés différemment, et ont besoin d'un discours capable de se disposer de diverses manières, non, me semble-t-il, selon les circonstances, mais selon les caractères humains et leur irréductible diversité. Antisthène retrouve le modèle de cette σοφία et de cette capacité avisée chez Pythagore, dont il rappelle les célèbres quatre discours adressés à quatre catégories différentes du peuple de Crotone, et il est par ailleurs le plus ancien témoin de cette tradition. Ce passage s'ajoute à d'autres éléments doctrinaux qui révèlent une influence sensible de la tradition pythagoricienne sur Antisthène : il suffit de penser au paradigme d'Héraclès, qui n'a pas été créé *ex novo* par le socratique mais est déjà pythagoricien, et à l'importance que revêt la musique chez Anthistène (il fut l'auteur d'un Περὶ μουσικῆς). *Tropos* et *poikilia* sont également des termes techniques du vocabulaire musical, ce dernier désignant un procédé de variation de type « pointilliste » de l'émission d'un son ou de plusieurs sons. Et, à vrai dire, tout le fragment est riche en terminologie musicale, en partie dérivée de la tradition pythagoricienne, bien qu'il ne soit pas sans intérêt de remarquer que la terminologie pindarique qu'on vient de rappeler s'applique aussi bien aux ἔπη qu'aux μέλη. Certes, ce n'est pas un hasard si Antisthène l'utilise après avoir expressément dégagé, dès le début, la dimension musicale du *tropos*, pour établir sa thèse : ce qui est harmonieux et en harmonie avec chacun a la capacité de ramener la variété à l'unité, de sorte que la πολυτροπία devient μονοτροπία, tandis que ce qui est μονοειδές s'avère ἀνάρμοστον par rapport à une multiplicité d'auditeurs, et rend le discours si compliqué et confus qu'on le rejettera[1].

L'opposition entre σοφία et ἀμαθία est elle aussi commune au pythagorisme et à Antisthène : mais chez ce dernier, l'opposition est remodelée dans un sens socratique parce qu'elle est analogue à celle entre vérité et opinion, science et opinion. De même, le parallèle entre le sage et le médecin, qu'Antisthène transmet au Cynisme, se trouve aussi chez Gorgias[2] : même le choix de la cure adaptée est un exemple

1. Il faut remarquer que πολύτροπος a aussi un sens négatif : « inconstant, compliqué, confus », qui d'ailleurs est parallèle au sens de « trompeur » *vs* « multiforme » : *cf.* par exemple Thucydide, II 44 ; Pseudo-Phocylide de Milet, 95 ; Plutarque, *Numa*, 22, 12 (ὑπὸ νόσου χαλεπῆς καὶ πολυτρόπου).

2. Gorgias, *Éloge d'Hélène*, 14 (= 82 B 11 dans Hermann Diels, Walther Kranz (éds.), *Die Fragmente der Vorsokratiker*, Berlin, Weidmannsche buchhandlung, 1903, t. II, p. 292).

typique de la nécessité du καιρός[1]. Cependant, ce mot n'apparaît pas chez Antisthène, bien que tous les thèmes présents dans ce passage puissent être considérés comme participant de l'élaboration de ce concept. De même, on remarque la manière dont Antisthène se tient à distance de Gorgias, dans la mesure où il n'en retient ni le concept de πειθώ, ni la conception simple de la rhétorique comme créatrice de persuasion. Il est certain qu'Antisthène hérite de Gorgias et de la sophistique le thème central de la puissance du *logos :* mais chez lui, le *logos* est porteur du vrai, et le problème qu'il aborde est celui de la transmission du vrai. D'autre part, il remplace la capacité du *logos* de susciter des émotions et de façonner l'âme, dont Gorgias avait parlé dans l'*Hélène*[2], par une théorie plus complexe et connotée différemment. Le nouveau concept qu'Antisthène introduit est celui de πολυτροπία, avec celui de χρῆσις ποικίλη λόγου tous deux désignent une capacité d'unification et de synthèse par rapport à des éléments multiples et variables. La conceptualisation du *tropos* qui figure dans la dernière partie du fragment est au fondement de cette vision du *logos*. Cette conceptualisation unifie le sens rhétorique et le sens éthique, clairement dégagés par ailleurs, et toujours synthétiquement unifiés dans ce terme-clé de la rhétorique. Nous avons vu que *tropos* est ce qui est mobile et changeant dans l'âme de l'homme, ce qui, de par sa nature propre, est destiné à ne jamais demeurer stable : il signifie le devenir, la mobilité et la métamorphose de nos émotions, attitudes, volitions, bref tout ce qui précède une détermination stable de la nature humaine, que présupposent l'éthique et le discours de la raison. Mais *tropos* est aussi le moyen que la σοφία sait trouver pour arriver à parler à cet élément variable, moyen qui requiert une détermination linguistique aussi souple et variée que cet élément variable auquel la parole s'adresse. Enfin *tropos* est le style bien adapté, le style de parole et de discours qui marque la rencontre du sage avec les hommes qui tous offrent un visage différent et ne sont aucunement réductibles à une masse. Or le point décisif, ici, c'est qu'une telle variété inhérente aux hommes et aux caractères humains implique l'assomption de cette même variété au sein du *logos* ; toutefois, la capacité à manipuler savamment le *logos* suppose aussi la capacité de ramener à l'unité la diversité des articulations formelles des discours, précisément parce qu'à chaque fois, repérant le

1. Sur la notion de καιρός, sur laquelle la littérature est très vaste, *cf.* Monique Trédé, Kairos, *L'à-propos et l'occasion*, Paris, Klincksieck, 1992, auquel je renvoie pour des indications bibliographiques détaillées ; sur la valeur philosophique de καιρός, *cf.* Evanghelos Moutsopoulos, *Kairicité et liberté*, Athènes, Éditions de l'Académie, 2007.

2. Gorgias, *Éloge d'Hélène*, 8 (= 82 B 11 DK).

mode harmonique et adapté à chacun, elle réalise ce qui est οἰκεῖον : et ce qui est οἰκεῖον est un.

Le concept d'οἰκεῖον exprimé dans ce texte rappelle immédiatement la notion d'οἰκεῖος λόγος, caractéristique de la logique d'Antisthène, que j'ai déjà évoquée, mais ne lui est pas directement lié : il est plutôt le postulat fondamental de la pensée d'Antisthène (« un est ce qui est propre <à chaque chose et à chacun> »), il est donc comme le genre par rapport à l'espèce, qui comprend les οἰκεῖοι λόγοι de la dialectique et de la logique ; ces derniers sont le point de départ de la formation des ποικίλοι λόγοι de la rhétorique. En somme, au fondement de la réalité existe une pluralité d'éléments entre lesquels il n'y a pas, et il ne peut y avoir, de contradiction – précisément parce qu'ils constituent une multiplicité originaire d'entités singulières et déterminées. La tâche de la philosophie est d'assurer l'intelligibilité de chacune d'entre elles, qui s'appréhende en saisissant ce qui est propre à chacune. Dans le domaine de la dialectique (de l'ἐπίσκεψις τῶν ὀνομάτων), l'instrument utile est la définition, qui consiste pour chacune dans l'οἰκεῖος λόγος qui lui correspond ; en effet, l'*oikeios logos* est ἓν ἐφ' ἑνός [un seul discours propre pour chaque chose singulière], de sorte qu'il n'est pas possible, et même qu'il n'est pas besoin, de le contredire. Dans le domaine rhétorique (à savoir de la capacité de discuter et de converser entre les hommes [διαλέγεσθαι καὶ ἀνθρώποις συνεῖναι]), il est requis en revanche d'articuler et de façonner les οἰκεῖοι λόγοι selon une pluralité de modèles et de formes expressives, créant des discours bigarrés et différemment élaborés, mais exprimant toujours, comme on le disait au début du fragment, la même pensée [τὸ αὐτὸ νόημα], ce qui est οἰκεῖον, et partant, un.

Dans cette perspective, la πολυτροπία avisée et savante devient μονοτροπία ; à l'inverse, même le discours vrai, même le discours définitoire de la logique, s'il est maintenu inaltéré et immuable malgré la variété des rencontres avec les différents ἤθη et τρόποι humains, devient μονοτροπία négative, sotte fixité. Ici, c'est la musique qui influence la rhétorique, et de façon décisive : la dialectique entre πολυτροπία avisée et μονοτροπία positive n'est rien d'autre qu'une application au domaine de la parole du concept musical de modulation, un concept qui dans la théorie musicale postérieure à Antisthène sera désigné par le terme μεταβολή, et que le socratique avait évoqué dès le début de son discours par l'expression, par ailleurs assez claire, de la variation des mélodies [μελῶν ἐξαλλαγή]. Quand on module, on varie toujours la même mélodie, mais dans une tonalité et dans une harmonie (ou dans un *tropos*) différentes, avec une résonance éthico-esthétique différente ; ce caractère et cette résonance, dit Antisthène, sont individuels, au sens où ils sont propres à chaque individu et s'adaptent véritablement aux caractères différents de chacun.

Or, nous pouvons bien appeler rhétorique cette dimension de la pensée d'Antisthène, πολυτροπία et χρῆσις ποικίλη λόγου, tout en la distinguant de la dialectique et, en même temps, en la conjuguant à celle-ci. Le fait est qu'Antisthène comprend la πολυτροπία dans la σοφία, et qu'il appelle Ulysse, qui en est le modèle exemplaire, σοφός. Ces deux termes indiquent chez lui, me semble-t-il, respectivement la connaissance qui a pour objet la réalité en général, dans tous ses aspects, et une habileté caractérisée de manière fortement subjective, symbolisée, et non par hasard, par une figure de héros. La πολυτροπία représente en revanche le thème de la séparation et de la scission des éléments, ainsi que le thème de la singularité et de la pluralité des hommes, parmi lesquels se meut le discours ; elle implique ultérieurement la conscience que la concorde et l'harmonie peuvent naître seulement de l'emploi de signifiants différents, parfois opposés. La différence apparaît comme l'élément nécessaire à la forme possible de la communication, et le σοφός comme l'artisan qui vise sa concrétisation en s'appuyant sur la forme même du langage et en accédant pleinement à la relation ainsi ouverte.

Venons-en maintenant au *Phèdre*. On sait que, dans la dernière partie du dialogue, Platon expose les conditions de possibilité de la ῥητορική entendue comme τέχνη. Celle-ci est considérée comme telle parce que, ou plutôt pourvu que, elle se conforme aux mêmes procédés que la dialectique, ces deux procédés « dont il ne serait pas désagréable, supposé qu'on puisse, d'acquérir le pouvoir avec art » (265 d 17). Il s'agit évidemment des divisions et des rassemblements qui, Platon le met tout de suite au clair, permettent à ceux qui les pratiquent – les dialecticiens – « d'être capables de parler et de penser [λέγειν τε καὶ φρονεῖν] » (266 b 4-5). Nous avons vu que l'intégration de la rhétorique dans la σοφία et dans la dialectique était aussi présente chez Antisthène : bien sûr, ce dernier entend la dialectique comme pratique du διαλέγεσθαι socratique, alors que Platon a là-dessus une position beaucoup plus riche et complexe. Platon a recours au parallèle entre médecine et rhétorique en se référant non pas à la tradition pythagoricienne, mais à Hippocrate[1], et il en déduit une méthode définie

1. Platon, *Phèdre*, 270 b - 271 b. On sait que ce passage a été beaucoup étudié, et que certains commentateurs estiment que la méthode d'analyse de l'âme qui suit la référence à Hippocrate est inspirée d'une méthode hippocratique d'analyse de la nature du corps. Sur

avec précision. Cette méthode se déploie en trois moments visant, dans leur ensemble, à déterminer la nature de l'âme, à définir quelle puissance d'agir et de pâtir elle a par nature, et enfin, après avoir classé les genres des discours et les genres de l'âme, à poser les uns et les autres dans un rapport de correspondance[1]. De nouveau, Platon propose une distinction beaucoup plus élaborée si on la compare au pur et simple rapport qu'Antisthène posait entre les différents styles de discours et les différents caractères humains ; pourtant, ce rapport constitue l'élément conceptuel commun aux deux doctrines. Puis, dans le discours que Socrate imagine adresser à Tisias par l'intermédiaire de Phèdre, on lit :

> Faute d'avoir dénombré les naturels de ceux qui seront nos auditeurs, de diviser les êtres selon les espèces, et d'être capable de rassembler chacun en le menant à l'unité grâce à un caractère essentiel unique, on ne sera jamais expert en discours, pour autant qu'un homme peut l'être. [...] Ce n'est pas pour parler aux hommes ni pour agir avec eux que le sage se donnera toute cette peine, mais pour être capable de dire des choses qui soient agréables aux dieux [...] [2].

Il est difficile ici de ne pas penser à Antisthène, vu la présence, dans ce texte, de deux thèmes précis et très importants qui sont au fondement de sa conception : le thème du reconduire à l'unité, et le thème général du συνεῖναι ἀνθρώποις ; deux thèmes qui semblent intégrés ou transfigurés par Platon au niveau de sa propre philosophie, comme le montre aussi bien le vocabulaire employé, εἶδος, ἰδέα, τὰ ὄντα, que la conception de la dialectique sous-jacente. Il ne me semble pas arbitraire de penser que, en exposant sa conception de la rhétorique pour ainsi dire philosophique, Platon tient compte aussi de la conception antisthénienne

cette hypothèse, qui n'a pas de fondement textuel adéquat, je partage l'avis négatif de Laurent Ayache, « Hippocrate, l'ultime recours contre Socrate (*Phèdre*, 270 c) », dans Monique Dixsaut et Aldo Brancacci, *Platon, source des Présocratiques. Exploration*, Paris, Vrin, 2002, p. 151-167 et p. 155 *sq*.

1. Platon, *Phèdre*, 270 d - 271 c. Sur dialectique et rhétorique dans le *Phèdre* de Platon, *cf.* Monique Dixsaut, *Métamorphoses de la dialectiques dans les Dialogues de Platon*, Paris, Vrin, 2001, p. 102-132 ; Luc Brisson, « L'unité du *Phèdre* de Platon. Rhétorique et philosophie dans le *Phèdre* », dans Livio Rossetti (ed.), *Understanding the Phaedrus, Proceedings of the II Symposium Platonicum*, Sankt Augustin, Akademia Verlag, 1992, p. 61-76 ; Christopher Rowe, *Plato*. Phaedrus, *with translation and Commentary*, Warminster, Aris & Phillips, 1986, p. 200-214 ; Ernst Heitsch, *Platon*. Phaidros, *Übersetzung und Kommentar*, Göttingen, Vandenhoeck & Ruprecht, 1993, p. 188-212, auquel je renvoie pour d'autres indications bibliographiques.

2. *Ibid.*, 273 d 8 - e 7 : ἐὰν μή τις τῶν τε ἀκουσομένων τὰς φύσεις διαιθμήσηται, καὶ κατ' εἴδη τε διαιρεῖσθαι τὰ ὄντα καὶ μιᾷ ἰδέᾳ δυνατὸς ᾖ καθ' ἓν ἕκαστον περιλαμβάνειν, οὔ ποτ' ἔσται τεχνικὸς λόγων πέρι καθ' ὅσον δυνατὸς ἀνθρώπῳ [...] ἣν οὐχ ἕνεκα τοῦ λέγειν καὶ πράττειν πρὸς ἀνθρώπους δεῖ διαπονεῖσθαι τὸν σώφρονα, ἀλλὰ τοῦ θεοῖς κεχαρισμένα μὲν λέγειν δύνασθαι [...].

et la corrige, de façon allusive, indiquant, toujours de manière implicite, ce qui lui fait selon lui défaut : la perspective eidétique. Cette supposition me semble confirmée par un autre passage contenu dans la dernière partie de cette section conclusive du dialogue, un passage qui fournit presque une synthèse du discours que Platon a développé jusqu'alors. Socrate y affirme :

> Jusqu'à ce qu'on connaisse la vérité de chaque objet dont on parle ou dont on écrit, jusqu'à ce qu'on se soit rendu capable de définir toute la chose pour elle-même et qu'on sache en outre, après l'avoir définie, la subdiviser en retour selon ses espèces, en ne s'arrêtant qu'à l'espèce indivisible[1], jusqu'à ce qu'ensuite, grâce à une analyse, fondée sur la même méthode, de la nature de l'âme, on découvre l'espèce de discours qui correspond à chaque nature ; que, de la sorte, on établisse et organise le discours, en adressant des discours bigarrés et de toutes gammes de sons à une âme bigarrée, ou, au contraire, des discours simples et francs à une âme de la même nature, non, jusqu'à ce moment-là, il n'y aura pas possibilité de manier le genre des discours avec autant d'art qu'il est dans sa nature de l'être[2].

La mention des λόγοι ποικίλοι me semble clairement renvoyer à la χρῆσις ποικίλη λόγου d'Antisthène, et tout le contexte de ce passage, si riche en terminologie musicale, comme le fragment d'Antisthène que nous avons examiné, renforce cette hypothèse. Il me paraît donc difficile de nier que les deux passages évoqués, si on les considère ensemble, produisent une critique implicite mais assez claire de la conception antisthénienne, qui tombe elle aussi sous la critique générale adressée par la conception platonicienne de la dialectique à toute conception de la rhétorique qui ferait abstraction de cette dialectique et n'en tiendrait pas compte. Autrement dit, puisqu'Antisthène était abondamment intervenu dans la querelle sur la rhétorique, Platon, lorsqu'il développe son propre discours en se référant d'abord à Lysias puis à tous les représentants de la τέχνη, se réfère également à la conception antisthénienne et lui répond de manière indirecte. Cette supposition me semble confirmée par un dernier passage, compris dans ce qu'on appelle l'éloge d'Isocrate. La

1. Platon, *Phèdre*, 277 b 5-8 : πρὶν ἄν τις τό τε ἀληθὸς ἑκάστων εἰδῇ περὶ ὧν λέγει ἢ γράφει· κατ' αὐτό τε πᾶν ὁρίζεσθαι δυνατὸς γένηται· ὁρισάμενός τε, πάλιν κατ' εἴδη μέχρι τοῦ ἀτμήτου τέμνειν ἐπιστηθῇ [...]. Traduction : Léon Robin (éd.), *Platon, Œuvres complètes*, tome IV, troisième partie, *Phèdre*, Paris, Les Belles Lettres, « Collection des Universités de France », 1983, légèrement modifiée.

2. *Ibid.*, 277 b 8 - c 5 : περί τε ψυχῆς φύσεως διιδὼν κατὰ ταὐτά, τὸ προσαρμόττον ἑκάστῃ φύσει εἶδος ἀνευρίσκων, οὕτω τιθῇ καὶ διακοσμῇ τὸν λόγον, ποικίλῃ μὲν ποικίλους ψυχῇ καὶ παναρμονίους διδοὺς λόγους, ἁπλοῦς δὲ ἁπλῇ, οὐ πρότερον δυνατὸν τέχνῃ ἔσεσθαι καθ' ὅσον πέφυκε μεταχειρισθῆναι τὸ λόγων γένος [...] (traduction L. Robin modifiée).

mention finale d'Isocrate, tout à fait inattendue si l'on s'en tient à ce qui précède, devient plus claire et prend davantage de sens si l'on se rappelle qu'Antisthène avait, dans son Ἰσογράφης καὶ Δεσίας, rapproché Isocrate et Lysias, en termes polémiques et probablement non dépourvus d'accents mordants : à cette polémique, et bien qu'Isocrate lui-même se fût déjà exprimé avec dureté contre Platon dans l'*Hélène* en le rapprochant d'Antisthène, correspond le ton calme et ironique de Platon, qui n'en est pas pour autant moins ferme dans son jugement. Tout le monde connaît la prédiction fictive du Socrate de Platon, laquelle, si brève soit-elle, est construite de façon structurée et précise[1]. Elle se clôt par la remarque selon laquelle τις φιλοσοφία est inhérente à la pensée d'Isocrate[2], ce qu'il faut comprendre, à mon sens, comme une observation ironique, encore plus si l'on admet, comme le τις le suggère, que le mot φιλοσοφία est prélevé dans Isocrate : il est donc assumé dans son sens isocratique, avec un effet ironique redoublé. Mais, tout au début de l'éloge, une phrase, me semble-t-il, fait clairement référence à l'ouvrage polémique d'Antisthène, lorsque Socrate remarque : « M'est avis que, en ce qui touche aux dons de nature, il [*scil.* le discours d'Isocrate] a trop de supériorité pour souffrir d'être comparé avec l'éloquence de Lysias » [3] : Platon prend ici d'un geste ses distances avec le parallèle qu'Antisthène avait fait, quant à lui, dans son Ἰσογράφης καὶ Δεσίας.

Venons-en maintenant au contexte des deux passages que nous avons cités, à vrai dire essentiels dans l'économie du *Phèdre*. Dans le premier, l'opposition que Platon établit entre le fait de parler aux hommes et d'agir avec eux, et le fait de dire des choses qui soient agréables aux dieux, est très importante. Il est indéniable que le premier niveau est celui propre à la rhétorique, selon le plan qu'on pourrait nommer de l'agir communicationnel, et que c'est de ce plan que Platon efface l'autonomie. Le second, que Perelman reconceptualise comme plan de l'auditoire universel[4], désigne plus précisément le niveau de la

1. *Cf.* là-dessus la Notice de L. Robin (éd.), *Platon, Phèdre*, *op. cit.*, p. CLXXIII-CLXXV.

2. Platon, *Phèdre*, 279 a 3 *sq.* : φύσει γάρ, ὦ φίλε, ἔνεστί τις φιλοσοφία τῇ τοῦ ἀνδρὸς διανοίᾳ. « C'est que la nature, mon cher, a mis en la pensée de cet homme-là je ne sais quelle "philosophie" » (traduction L. Robin).

3. *Ibid.*, 279 a 3 *sq.* : δοκεῖ μοι ἀμείνων ἢ κατὰ τοὺς περὶ Λυσίαν εἶναι λόγους τὰ τῆς φύσεως [...]. Platon renforce son point de vue en ajoutant : « il me semble, en outre, que son tempérament moral a plus de noblesse [ἔτι τε ἤθει γεννικωτέρῳ κεκρᾶσθαι] ».

4. Chaïm Perelman, *L'Empire rhétorique. Rhétorique et argumentation*, Paris, Vrin, 1977, p. 18 *sq.* ; *id.*, « Philosophie, rhétorique, lieux communs », *Bulletin de la Classe de lettres et des sciences morales et politiques de l'Académie royale de Belgique* LVIII, 1972, repris en anglais dans *The New Rhetoric and the Humanities*, Dordrecht, Reidel, 1979,

dialectique, qui se meut parmi les idées qui sont « divines ». Nous sommes ainsi naturellement conduits au deuxième passage, qui offre une synthèse finale de tout ce que Platon a dit jusqu'ici. Y sont exposées les cinq conditions que Platon exige pour que le discours soit traité avec art et soit donc capable d'enseigner et persuader. On peut lire dans ce passage, comme on le fait d'habitude, simplement la subordination, désormais entérinée, de la rhétorique à la philosophie, qu'il s'agisse de la disparition, en quelque sorte, de la première à l'intérieur de la seconde, ou bien de la définition d'une rhétorique philosophique qui serait représentée par les deux dernières thèses. Mais cette interprétation me semble encore trop liée à une lecture générale du dialogue comme entièrement fondé sur le contraste entre rhétorique et philosophie. D'autre part, cette compréhension ne semble pas entièrement consciente du point d'arrivée de toute l'analyse développée par Platon. En réalité, ce que Platon dessine ici, c'est la forme même de la philosophie, entendue comme cette connaissance qui implique de façon structurelle une relation entre *logos* et être, et qui, sur cette relation, édifie sa propre forme. Cette forme est définie par une tension processuelle, comme cela ressort clairement du passage, et comme l'exprime en outre avec insistance la suite « jusqu'à ce que [...] ». La philosophie est cette même tension dynamique, ouverte et chaque fois à réaliser, qui a cependant une forme définie ; cette tension, née de l'*eros*, a une articulation précise qui se projette sur celle du *logos* qui l'exprime, si toutefois ce *logos* est, comme doit l'être la pensée, germinatif (« quand, par l'usage de l'art dialectique et une fois prise en main l'âme qui y est appropriée, on y plante et sème des discours que le savoir accompagne ; discours qui sont en mesure de se donner assistance à eux-mêmes ainsi qu'à celui qui les a plantés, et qui, au lieu d'être stériles, ont en eux une semence de laquelle, en d'autres naturels, pousseront d'autres discours ; en mesure de procurer toujours, impérissablement, ce même effet et de réaliser en celui qui les possède le plus haut degré de félicité possible pour un homme[1] »).

p. 52-61, *cf.* en particulier p. 58. Voir sur la notion d'« auditoire universel », sur Perelman, sur le *Phèdre*, et en général sur la question de la valeur de la rhétorique et du rapport entre rhétorique et philosophie, l'analyse de Barbara Cassin dans *L'Effet sophistique*, Paris, Gallimard, 1995, p. 428-435.

1. Platon, *Phèdre*, 276 e 5 - 277 a 4 : [...] ὅταν τις, τῇ διαλεκτικῇ τέχνῃ χρώμενος, λαβὼν ψυχὴν προσήκουσαν, φυτεύῃ τε καὶ σπείρῃ μετ' ἐπιστήμης λόγους, οἳ ἑαυτοῖς τῷ τε φυτεύσαντι βοηθεῖν ἱκανοὶ καὶ οὐχὶ ἄκαρποι, ἀλλὰ ἔχοντες σπέρμα ὅθεν ἄλλοι, ἐν ἄλλοις ἤθεσι φυόμενοι, τοῦτ' ἀεὶ ἀθάνατον παρέχειν ἱκανοί, καὶ τὸν ἔχοντα εὐδαιμονεῖν ποιοῦντες εἰς ὅσον ἀνθρώπῳ δυνατὸν μάλιστα. Traduction L. Robin.

Gardant présente à l'esprit l'analyse que fait le *Phèdre* de la relation entre dialectique et rhétorique, nous pouvons conclure que cinq concepts au moins sont communs à Antisthène et à Platon :

1. l'intégration de la rhétorique à la philosophie ;

2. le rapport entre le *logos* et le caractère humain, chez Antisthène, entre le *logos* et l'âme, chez Platon ;

3. le concept de connaissance du vrai, chez Platon, auquel correspond plus précisément chez Antisthène celui de la communication du vrai ;

4. le parallèle entre médecine et rhétorique ;

5. la capacité de réduire la multiplicité à l'unité.

Il est certain que ces correspondances se donnent en deux registres de pensée et en deux contextes théoriques différents. Platon semble avoir repris la structure de la conception rhétorique d'Antisthène, mais en lui donnant un fondement eidétique, ce qui change complètement le statut et la visée de celle-ci. La rhétorique devient rhétorique philosophique dans un autre sens que pour Antisthène : non pas dans le sens, propre au socratique, d'une rhétorique ayant un contenu philosophique ou servant un projet philosophique ; mais dans le sens d'une rhétorique pliée à la méthode philosophique qui, pour Platon, s'identifie à la dialectique, si bien que cette rhétorique ne se distingue pas de la dialectique ou, plutôt, est résorbée en elle. La rhétorique du *Phèdre* est finalement celle qui est agréable aux dieux : Platon s'adresse à un auditoire « divin » ; la rhétorique se confond avec la dialectique et celui qui la manie, le λόγων τεχνικός, avec le dialecticien[1]. Pour Antisthène, en revanche, il s'agit de σοφία, et l'auditoire n'est pas universel, au sens de Perelman, mais humain, au sens de Socrate. Antisthène valorise donc le plan de la rencontre avec les hommes, tout en introduisant la figure d'un σοφός capable d'instituer et en quelque manière de normer le canal communicationnel. C'est pourquoi il valorise la discursivité qui, si elle est traitée de manière adéquate, possède en elle-même la capacité de se plier aux caractères et aux tempéraments des êtres parlants. Il valorise aussi les différences, qui sont données, constitutives du plan de la communication. Il pose enfin un mouvement dialectique entre différences et unité, qui s'exprime et se réalise toujours, au moyen du langage, sur le plan de la réalité effective.

1. *Cf* Monique Dixsaut, « La rhétorique, une définition impossible ? », dans Francesca Alesse, Francesco Aronadio *et alii* (a cura di), *Anthropine sophia. Studi di filologia e storiografia filosofica in memoria di Gabriele Giannantoni*, Napoli, Bibliopolis, 2008, p. 79-103, en particulier p. 101.

Un petit fragment d'Antisthène, qu'il vaut la peine de citer à la fin de cette étude, confirme notre conclusion : « Antisthène, quand on lui demanda de dire ce qu'il aurait enseigné à son fils, repondit : "s'il désire vivre en compagnie des dieux, [je lui apprendrai] à être philosophe ; s'il désire vivre en compagnie des hommes, à être rhéteur" [1] ». Cette *chrie* semble être tirée de bonnes sources et restituer une pensée authentique d'Antisthène, même si elle n'en reproduit pas exactement les mots (ainsi, le terme « rhéteur », qui n'est probablement pas antisthénien). En témoignent le thème de la « compagnie des hommes [*suneinai anthrôpois*] », qui apparaît ici et que nous avons vu déjà dans le long fragment rapporté par Porphyre, et la distinction entre un enseignement dont l'objectif est apprendre à vivre au milieu des hommes et un enseignement dont l'objectif est apprendre à vivre avec les dieux – à savoir parmi les sages et les philosophes. Cette distinction est modelée sur la distinction qu'Antisthène établit, au sein de la *paideia*, entre une *paideia* démonique ou divine, à identifier à la philosophie, et une *paideia* humaine, qui coïncide avec la *paideia* sophistique ou rhétorique[2]. On notera que cette distinction est parfaitement superposable à l'opposition entre philosophe et rhéteur qui régit et structure la réponse finale d'Antisthène. Philosophie et rhétorique sont donc en tous points deux formes distinctes de savoir, et, s'il est vrai que la philosophie a une prééminence et une plus grande valeur par rapport à la rhétorique, il demeure que chacune des deux dispose d'un domaine d'expression singulier et reste définie par une fonction qui lui appartient en propre. Cela suffit pour confirmer que, dans la mesure où la rhétorique se meut dans la pluralité, dans l'effectivité, dans la vie et dans les discours, elle n'est pas réductible à la philosophie, pas même au moment où l'artisan habile, Ulysse *polutropos* et *sophos*, lui en confie ou lui en transmet les contenus.

1. Stobée, II, 31, 76 (= *SSR* V A 173).

2. Pour cette distinction, voir A. Brancacci, *Antisthène. Le discours propre*, *op. cit.*, p. 93-101.

LA THÉORIE DU *LOGOS* DANS LE *SUR L'ÉCHANGE* D'ISOCRATE

Paul DEMONT

DISPUTES AUTOUR DE LA « PHILOSOPHIE »

Les débats, voire les polémiques, entre les spécialistes d'un art ou d'une science [τέχνη], sont fréquents dans la Grèce classique. Chacun, qu'il soit médecin, architecte, ou qu'il se flatte de posséder un savoir plus universel comme la politique ou l'art d'administrer en général, veut prouver la nécessité d'avoir recours à ses services. La « philosophie » est devenue au IVe siècle l'une des spécialités dont on se disputait la maîtrise. Isocrate, né en 436, avait en effet fondé vers 390 une école de « philosophie ». Platon, de son côté, a fondé une autre école de « philosophie » à l'Académie en 388/387. Les deux projets se sont trouvés en situation de concurrence, dans des perspectives et selon des pratiques fort éloignées de ce que nous entendons par « philosophie » : auprès d'Isocrate, les jeunes gens s'entraînaient pendant trois ou quatre ans[1] à parler et à écrire sur de grands sujets d'ordre politique[2]. L'Académie platonicienne, si du moins l'élève suivait le programme lourd exposé dans la *République*[3], proposait un apprentissage beaucoup plus long, allant dans l'idéal jusqu'à quarante ou cinquante ans, comportant arithmétique, géométrie plane, géométrie dans l'espace, astronomie, harmonie et dialectique, avant le retour à la politique. La séparation entre une « philosophie » ancienne excluant Isocrate – comme, par exemple, dans les *Vies des philosophes illustres* de Diogène

1. Isocrate, *Sur l'échange*, 87 *sq*.
2. *Ibid.*, 270-292.
3. Platon, *République*, VII, 522 c - 540 a.

Laërce, où Isocrate n'a pas de notice –, et d'un autre côté une « rhétorique » séparée de la philosophie, dont Isocrate serait le maître[1], est postérieure. Dans toute son œuvre, Isocrate n'emploie jamais le mot « rhétorique », et revendique en revanche l'appellation de « philosophie » (par exemple déjà dans le *Contre les sophistes*, 21, passage où figure aussi le mot très rare ῥητορεία, *rhêtoreia*, qui signifie « pratique de l'éloquence »). L'autonomie de la rhétorique, comme d'ailleurs celle de la philosophie au sens pré-moderne, s'est construite peu à peu au cours du IVe siècle et à la période hellénistique. C'est cette évolution qui a fini par enfermer Isocrate parmi les modèles de l'éloquence, au nombre des « orateurs attiques », bien que, pour la plupart, ses œuvres aient seulement été écrites, et qu'il n'en ait jamais prononcé aucune en public[2].

La concurrence entre les deux penseurs et autour du slogan de la « philosophie » se lit aisément entre les lignes de leurs œuvres. Platon veut distinguer la « philosophie correcte », « la vraie philosophie », la philosophie « authentique » (expressions fréquentes dans le *Phédon*, qu'on trouve aussi dans la *République*, le *sophiste* et le *Philèbe*). Cela suppose qu'il existe de fausses conceptions de la « philosophie ». Parmi ces fausses conceptions, sont attestées chez lui la confusion entre « philosophie » et « amour des spectacles » ou simple « curiosité » [3], attitude qui est ensuite qualifiée, de façon plus générale encore, d'« amour de l'opinion[4] ». Sont condamnés plus sévèrement encore, dans la digression centrale du *Théétète*, avec un verbe qui évoque un enseignement d'école, « ceux qui consacrent leur temps [*diatribein*] de façon médiocre à la philosophie », ce qui sous-entend qu'ils fréquentent des maîtres de philosophie médiocres[5] : cette philosophie médiocre, comme le contexte le montre, s'occupe en fait de l'éloquence politico-judiciaire, qui est appelée « rhétorique » explicitement à la fin de la

1. *Cf.* Cicéron, *Brutus*, VIII, 30.

2. *Cf.* par exemple Andrea Wilson Nightingale, *Genres in Dialogue. Plato and the Construct of Philosophy*, Cambridge, Cambridge University Press, 1995, réimpr. 1997, 1999, notamment le chapitre « Plato, Isocrates and the property of philosophy » (p. 13-59). Sur les premiers emplois du mot, *cf.* en particulier les p. 14-16. Mais Isocrate ne se contente pas d'une « *polemical response to Plato's appropriation of this title* » ; il y a plutôt entre eux une « *rhetoric of negociation and exchange* » (p. 20). Voir aussi Christoph Eucken, *Isokrates. Seine Position in der Auseinandersetzung mit den zeitgenössischen Philosophen*, Berlin/New York, W. de Gruyter, 1983.

3. Platon, *République*, 475 d.

4. *Ibid.*, 480 a 7.

5. *Id*, *Théétète*, 173 c 8.

digression[1], et Platon caricature notamment l'absence de « loisir » qu'elle suppose. La médiocrité de ce choix, du point de vue platonicien, apparaît aussi dans la page finale de l'*Euthydème*. Dans ce dialogue, les deux éristiques caricaturés revendiquent explicitement l'enseignement de la « philosophie », comme le sait bien Socrate lui-même[2]. Après les critiques de Socrate à l'égard de cette première fausse philosophie qu'est l'éristique, d'une façon inattendue, à la fin du dialogue, Criton se met à évoquer un sage qui, comme Socrate, condamne l'éristique, et trouve ridicule que Socrate consacre du temps, en général, à « la philosophie ». « Pourtant [ajoute Criton], c'est une chose fort plaisante que la philosophie. — Plaisante ? dit-il, en quoi ? Elle ne vaut rien ». L'individu anonyme est plus sévère même que le Calliclès du *Gorgias*, qui reconnaît du moins à la philosophie, en tout cas pour la jeunesse, ce caractère « plaisant[3] » qui est ici contesté (mais Calliclès peut entendre sous le nom de « philosophie » autre chose que l'éristique). Socrate explique que cet individu anonyme est un homme frontière, entre la philosophie et la politique. Il est à la fois philosophe et politique. Il prétend modérément à la « philosophie » en même temps qu'à la « politique » [4], sans s'engager ni d'un côté ni de l'autre puisque, d'un côté, il ne prend pas la parole au tribunal mais écrit des discours judiciaires pour les autres, et que, de l'autre, il vitupère les philosophes (éristiques) avec véhémence. Se trouvant pour ainsi dire entre deux chaises, il ne maîtrise, dit Socrate, ni la philosophie ni la politique et, alors qu'il brigue la première place, il est en réalité à la troisième.

Ainsi les revendications de « philosophie » que n'accepte pas Platon peuvent signifier, de façon vague la curiosité et l'amour du savoir, de façon technique l'éristique, ou encore la compétence rhétorique, que cette compétence soit effective en politique et au tribunal ou qu'elle soit seulement enseignée. Chaque revendication de « philosophie » est susceptible, par amalgame, d'être victime des critiques adressées à telle ou telle autre revendication : la critique de l'éristique, la critique de la rhétorique, ou bien sûr aussi la critique de l'inutilité des savoirs scientifiques peuvent valoir comme critique de toute la philosophie. Platon le signale expressément dans l'*Euthydème*, à propos des philosophes modérés que sont les spécialistes de l'éloquence, et qui risquent de perdre leur réputation de sagesse devant les attaques des éristiques, et

1. Platon, *Théétète*, 177 b 6.
2. *Id.*, *Euthydème*, 275 a 1.
3. *Ibid.*, 484 c 6.
4. *Ibid.*, 305 d 8.

doivent donc contre-attaquer pour sauver leur réputation. Dans la *République*, Socrate déclare que la « philosophie » est jugée ou bien nocive ou bien inutile en raison de « ceux qui prétendent avoir ce type d'occupation [c'est-à-dire être philosophes] [1] » ; le jugement de nocivité porte sur ceux qui revendiquent l'appellation de philosophes tout en se laissant en fait éduquer par la foule seule, ou par des maîtres qui ont fait leurs les principes et les valeurs de la foule et dont le savoir se limite à la connaissance des habitudes de ce gros animal : il est clair qu'il s'agit à nouveau de ceux qui appellent philosophie l'éducation à l'éloquence politique.

C'est ce contexte d'âpre rivalité autour de la « philosophie » qu'il faut avoir présent à l'esprit pour apprécier le jugement porté par Platon sur Isocrate dans le *Phèdre*. Tout à fait à la fin du dialogue, et de façon inattendue, Platon attribue en effet à Socrate un jugement, souvent discuté, sur son « camarade » le tout jeune Isocrate : Socrate, dit Platon, sent chez Isocrate une meilleure « nature » que dans l'éloquence de Lysias, et un « caractère » plus noble, qui devrait produire d'excellents résultats et l'amener, par « une impulsion plus divine », à des œuvres « plus grandes » que celles qu'il écrit pour le moment : « Car, mon cher, dit Socrate, il y a naturellement dans l'esprit de cet homme une certaine forme de philosophie [φύσει [;] ἔνεστί τις φιλοσοφία τῇ τοῦ ἀνδρὸς διανοίᾳ] [2] ». Ainsi, Platon, vers 370, alors qu'Isocrate est âgé d'environ soixante-dix ans, se place fictivement à l'époque où Isocrate avait une vingtaine d'années, peu après 416, et il fait prononcer à Socrate un jugement élogieux sur les promesses, en matière de « philosophie », de ce jeune homme en fleur, « compagnon » de Socrate, qu'il veut distinguer de Lysias et de sa conception frelatée de la rhétorique, si âprement ridiculisée au début du dialogue. « *Haec de adulescente Socrates auguratur, at ea de seniore scribit Plato* », écrit Cicéron [« Socrate fait ces prédictions à propos du jeune homme, mais Platon écrit ceci à propos du vieillard[3] »] : il considère donc que l'éloge vaut, de la part de Platon, pour l'Isocrate contemporain de Platon. Est-ce vrai ? Et si Cicéron a raison, cet éloge doit-il être pris au sérieux, ou est-il ironique ? Implique-t-il alors, à la date de publication du *Phèdre*, quand Isocrate a cessé de pratiquer la logographie pour fonder son école et rédiger des traités de « philosophie », que les fruits sont loin d'avoir passé la promesse des fleurs ? On en

1. Platon, *République*, VI, 489 d 1-5.
2. *Id.*, *Phèdre*, 279 a 9 - b 1.
3. Cicéron, *Orator*, XIII, 42.

débat[1]. Ce qui est sûr, c'est que l'expression « une certaine forme, une sorte de philosophie », tout en établissant une manière de proximité entre les deux écoles, cristallise la conscience d'une compétition autour de ce mot, dont chacun fait, bien plus tard, à l'époque du *Phèdre*, c'est-à-dire à un moment où l'école isocratique et l'école platonicienne sont en plein essor, un usage bien différent. Tout se passe comme si Platon reportait ici à l'époque socratique et à la fin de leur adolescence les prémisses de cette compétition.

Isocrate se situe lui aussi explicitement, jusqu'à la fin de sa vie, dans cette atmosphère. Ainsi, vingt ans après le *Phèdre*, dans le *Panathénaïque*, qu'il a rédigé de 94 à 97 ans. S'il en a entrepris la rédaction, dit-il, c'est parce qu'il a appris certaines calomnies le concernant : « Je critique les philosophies de tous les autres et tous leurs systèmes éducatifs, et je prétends que tous ne disent que des sottises à l'exception de ceux qui participent à mon école[2] ». C'est en réalité dès la fondation de son école, à l'époque du *Contre les sophistes*, vers 390, qu'il avait critiqué par exemple très vivement l'éristique. Les spécialistes des disputes[3], dit-il, « tentent de persuader la jeunesse qu'en les fréquen-tant, elle saura ce qu'il faut faire et que grâce à cette science, elle sera heureuse[4] » ; or, ajoute Isocrate ironiquement, tout en prétendant « inculquer la vertu et la sagesse[5] » et « posséder la science[6] », ils ne sont même pas sûrs que leurs élèves les paieront. Isocrate donnait ici à l'éristique un sens plus large que le sens que lui accorde Platon : elle impliquait, selon lui, tout un programme d'éducation morale qui se fonde sur une prétendue « connaissance » des vertus, dont il estimait qu'elle est illusoire et impossible. L'éristique qu'il critiquait en ce sens comprenait donc à la fois les dialogues socratiques et l'enseignement de certains disciples de Socrate, plus dogmatiques que leur maître. La « philosophie » qu'il prônait, en revanche, ressemble beaucoup à ce que nous entendons par rhétorique, mais ce n'est pas exactement la rhétorique.

1. Un aperçu bibliographique utile figure dans Roberto Nicolai, *Studi su Isocrate. La communicazione letteraria nel IV sec. a.C. e i nuovi generi della prosa*, Rome, 2004, p. 111 n. 187.

2. Isocrate, *Panathénaïque*, 19. Pour tous les textes d'Isocrate, je donne une traduction personnelle, sur le texte édité par G. Mathieu et E. Brémond, *Isocrate. Discours*, t. I-IV, Paris, Les Belles Lettres, « Collection des Universités de France », 1928-1962.

3. *Id.*, *Contre les sophistes*, 1.

4. *Ibid.*, 3.

5. *Ibid.*, 6.

6. *Ibid.*, 8.

Isocrate insiste beaucoup sur sa non-participation aux activités de la démocratie athénienne – que ce soient les assemblées, les conseils ou les tribunaux – qu'il attribue pour la plus grande part à une incapacité naturelle à parler en public [1]. Il eut pourtant, malgré ses dénégations, une compétence politico-judiciaire, de deux façons successives et à certains égards contradictoires. D'abord, il a été, selon la formule de l'*Euthydème* qui attaque l'éristique, « fabricant des discours dont usent les orateurs dans les débats[2] », c'est-à-dire logographe — son activité principale jusqu'à l'époque du *Contre les sophistes*, et cela, que ces discours aient été prononcés au tribunal ou non. Ensuite, à partir des années 390, il revendiqua un rôle politique nouveau, une activité poli-tique sans participation politique, par le biais de discours politiques liés au contexte du moment, et donc utiles dans ce contexte, mais non prononcés en public, seulement diffusés par écrit, pour influer sur la politique de son temps, non seulement dans sa cité, Athènes, mais dans toute la Grèce. C'est là sa « philosophie » des « discours politiques » vraiment utiles[3]. L'*êthos* de lui-même qu'il construit alors est celui d'un homme « tranquille », vivant dans le « loisir » studieux, ce qui lui permet de se distinguer de la démocratie et de ses valeurs de participation active et généralisée[4], et, écrit-il à plusieurs reprises, de ne pas suivre les techniques usuelles de l'éloquence publique. Cet *êthos* le rapproche, bien sûr, de l'interlocuteur anonyme de l'*Euthydème*, mais il ressemble aussi à l'*êthos* de Socrate selon Platon et Xénophon, et même, plus généralement, au portrait des philosophes dont Platon, lui aussi, met en scène l'ignorance des lieux de la sociabilité politique, judiciaire et théâtrale, notamment dans le *Théétète*[5].

Je voudrais ici examiner le principal traité théorique d'Isocrate, l'*Antidosis* [*Sur l'Échange*], du point de vue de cette interaction entre platonisme et isocratisme, en rapport notamment avec le *Gorgias* platonicien[6].

1. Isocrate, *Panathénaïque*, 10.
2. Platon, *Euthydème*, 305 b 7 *sq*.
3. Isocrate, *Sur l'échange*, 46-48, *cf.* 260.
4. *Ibid.*, 4, 23 *sq*.
5. Sur cette construction, *cf.* Yun Lee Too, *The Rhetoric of Identity in Isocrates : Text, Power, Pedagogy*, Cambridge, Cambridge University Press, 1995 (qui insiste sur le caractère fabriqué de cette *persona*), et « Isocrate et l'ambition de la tranquillité », dans mon étude : *La Cité grecque archaïque et classique et l'idéal de tranquillité*, Paris, Les Belles Lettres, coll. « Études anciennes », 1990², p. 329-342 (plus centré sur le contexte idéologique athénien).
6. *Cf.* en dernier lieu Yun Lee Too, *A Commentary on Isocrates' Antidosis*, Oxford, Oxford University Press, 2008 (principalement consacré à l'étude de la construction de

LA FICTION DU *SUR L' ÉCHANGE*

Dans le *Sur l'Échange*, Isocrate, en nouveau Socrate, imagine qu'il a été accusé de corrompre la jeunesse par un sycophante, alors qu'il se croyait protégé par la tranquillité de sa vie, si bien qu'il se trouve obligé, à son tour, de se livrer à une apologie dans laquelle il feint de risquer la mort. Voici un bref résumé du début de ce discours fictif, dont l'*Apologie de Socrate* platonicienne semble bien être l'un des nombreux sous-textes[1].

Prologue

1-13. L'école d'Isocrate (qui n'examine que les grands sujets, pas ceux des tribunaux) est critiquée par des « sophistes ». Un procès perdu (en « échange de biens ») lui montre qu'il lui faut, malgré la tranquillité de sa vie, se défendre. Il suppose donc qu'il a été victime d'un sycophante, et qu'il lui répond dans un discours fictif, « mixte », avec des éléments du genre judiciaire et des éléments philosophiques, qu'il faut lire en plusieurs fois.

Exorde de l'apologie fictive

14-28. La tranquillité de la vie ne protège plus personne, pas même Isocrate, des sycophantes.

Exposé de l'accusation fictive

29-32. Thèse : Isocrate est accusé publiquement de corrompre la jeunesse en lui apprenant l'éloquence et l'ambition. Et d'avoir eu ou d'avoir encore, à titre payant, parmi ses disciples, des hommes politiques, des stratèges, des rois et des tyrans.

La première partie du *Sur l'Échange*, sur laquelle porte principalement le chapitre déjà cité du beau livre d'Andrea Nightingale, est consacrée à trois argumentations destinées à ruiner la thèse de son adversaire fictif. La citation d'échantillons de ses discours prouve qu'il est utile, et non nuisible, à sa cité, à la Grèce et à l'exercice du commandement selon la justice et la vertu dans un État. La liste de ses disciples prouve qu'il ne les a pas corrompus, et le cas de Timothée est particulièrement instructif à cet égard. Enfin, l'examen de sa richesse prouve sa valeur et son utilité toute matérielle à sa cité.

l'identité fictive d'Isocrate). Voir aussi, sur le genre « mixte » du traité, R. Nicolai, *Studi su Isocrate…*, *op. cit.*, p. 96-107.

1. *Cf.* A. Nightingale, *Genres in dialogue*, *op. cit.*, p. 29 et Y.L. Too, *A Commentary…*, *op. cit.*, p. 24 (avec bibliographie).

Premier moyen de preuve : les logoi *isocratiques*

42-50. Isocrate va exposer franchement de quels *logoi* il est spécialiste : - « ceux qui concernent la Grèce, les cités, les assemblées ». Plus proches de la poésie que du tribunal, par la *lexis*, les modes de raisonnements [*enthymêmata*] et les formes [*ideai*] éclatantes et nombreuses, procurant du plaisir, attirant les disciples à ce « choix » et à cette éducation, car ils jugent cette « philosophie » utile.

51-56. À l'appui de ses dires, Isocrate cite ses discours passés.

- 57-61. Le *Panégyrique* (51-99). Cet « éloge » d'Athènes a surpassé tous les précédents.

- 62-66. Le *Sur la Paix* (25-56 et 133-135). Ce discours destiné à la décision politique était plus directement « utile ».

- 67-74. Enfin, un troisième discours, parénétique, pour conseiller à un roi la façon dont le pouvoir [*arkhê*] doit être exercé : *À Nicoclès* (citation partielle de 14-39).

75-83. Rien n'est plus beau que de célébrer l'entente entre Grecs et la lutte contre le Barbare. Ses discours sont plus utiles que la rédaction de lois.

84-86. Il n'incite pas seulement les individus, mais la cité, à la sagesse et à la justice véritables.

Second moyen : les disciples d'Isocrate

87-88. Nombre et fidélité des disciples d'Isocrate.

89-92. Bien sûr qu'il ne faut pas corrompre les jeunes !

93-97. Disciples et amis-témoins à décharge.

98-100. Ceux qui se sont engagés dans les tribunaux ? Les autres doivent suffire à le défendre.

101-139. Cas particulier du stratège Timothée. Tâche d'un bon stratège. L'issue de son procès pour trahison est due à sa grandeur d'âme, au peu de souci qu'il prenait de flatter, ou même de chercher pour lui les faveurs.

Il faut répondre aussi par avance aux critiques portant sur sa richesse :

140. Isocrate ne sait quoi ajouter.

141-149. Sa façon de vivre et sa richesse risquent d'être interprétées avec malveillance.

150-153. Il explique pourquoi il a choisi une vie de tranquillité.

154-158. Sa fortune : mais Isocrate a donc plus dépensé pour l'État que pour lui-même.

159-166. Les riches, autrefois bien vus, sont maintenant accusés par tous.

Arrivé au § 167, Isocrate veut élargir l'apologie qu'il présente au-delà de son cas personnel et défendre en général « la philosophie » contre les accusations injustes[1]. C'est à deux aspects de cet imposant ensemble, souvent plutôt négligés, que je voudrais m'intéresser surtout.

Réponses aux calomnies qu'on fait courir et défense de la « philosophie » (ou paideia*)*

167-175. Confiance d'Isocrate, malgré ses craintes. Il s'agit de la formation de la jeunesse toute entière.

176-179. Nouvel exorde. Isocrate est bien vieux. Il va exposer la « nature » et la « capacité » de sa philosophie, ses rapports avec les autres arts, son utilité et ses engagements.

180-185. Généalogie et organisation de l'éducation aux *logoi* au moyen d'une comparaison âme/corps, « idées »/« figures » pour la lutte. Il faut savoir saisir les « occasions » par la *doxa*, faute de pouvoir en avoir une connaissance [*epistêmê*].

186-198. Importance de la nature de l'âme (capacités intellectuelles, qualité de la voix, confiance) et de l'entraînement. La *paideia* est moins importante. Citation du *Contre les sophistes*, 14-18. Mais il faut la défendre néanmoins contre deux critiques : elle ne serait que bavardage, ou bien elle corromprait ceux qu'elle prétend éduquer.

199-215. Réponse à la première critique. Aucune éducation ne réussit à tout coup et chez tous. Tout le monde ne devient pas champion. Mais chacun progresse après être allé chez les « sophistes » expérimentés et inventifs. Et l'on reconnaît ceux qui ont eu le même maître. On éduque même les bêtes, et on n'éduquerait pas les hommes ?

216-242. Réponse à la seconde critique. Corrompre ne rapporterait ni plaisir, ni honneur, ni gain. Les gens vils n'ont pas besoin de leçons. On ne viendrait pas du Pont ou de Sicile à Athènes pour se faire corrompre. Chacun connaît la tranquillité des disciples étrangers qui viennent à Athènes. Les bons orateurs ont toujours été utiles à la cité : Solon, Clisthène, Thémistocle, Périclès. Isocrate ne figure sur aucune liste de citoyens nuisibles. Les familles de ses élèves sont loin de se plaindre. Ce sont les sycophantes qui ont peur des sages, non sans raison.

243-250. Ambivalence des sentiments des Athéniens à l'égard de l'éloquence : ils l'aiment chez ceux qui la possèdent et voudraient la posséder eux-mêmes, et la condamnent à la fois chez ceux qui l'apprennent. Pourtant, elle est sous le patronage de la Persuasion [*Peithô*] et concerne l'âme.

1. Isocrate, *Sur l'échange*, 170.

251-257. Les maîtres ne sont pas responsables du mauvais usage de la parole, qui nous distingue des animaux et fait de nous des hommes[1].

258-269. Jugement d'Isocrate sur les « éristiques », auxquels sont adjoints les spécialistes des astres, de la géométrie et de ce genre de savoirs, acceptables seulement comme entraînement de l'âme et propédeutique aux savoirs utiles.

270-292. Ce que sont le vrai savoir et la vraie philosophie, en l'absence de toute possibilité pour quelqu'un de peu doué d'apprendre « sagesse » et « justice ». En s'entraînant à parler et à écrire sur de grands sujets, on apprend la grandeur. Vouloir persuader impose d'avoir bonne réputation, pour s'acquérir la bienveillance, donc d'être vertueux. Les élèves en philosophie sont plus vertueux que les autres jeunes et que beaucoup de moins jeunes. Les reproches qu'on leur fait sont absurdes. Mieux vaut leur entraînement que des dons dus au hasard.

293-303. Et la *paideia* athénienne fait la vraie supériorité d'Athènes, dont tous les grands orateurs sont les disciples. Éloge d'Athènes, notamment par les non-Athéniens.

La philosophie d'Isocrate

Le mot « philosophie » désigne le système d'enseignement qu'Isocrate propose : cela est particulièrement net dans la reprise en composition annulaire de 180 (« Je veux vous exposer l'éducation aux *logoi*... ») à 186 (« Voilà donc la forme générale [*tupos*] de la philosophie »), qui isole un premier passage souvent comparé, avec raison, au *Gorgias* de Platon et qui permet une première série de remarques sur ce système d'enseignement (voir l'extrait d'Isocrate, *Sur l'échange*, 180-186 : texte I, p. 88).

Dans le *Gorgias*, Socrate distingue les *tekhnai* se rapportant à l'âme (la politique, divisée en nomothétique et justice ou dicastique) et les *tekhnai* se rapportant au corps (la gymnastique et la médecine) de leurs contrefaçons flatteuses, qui ne sont que des *empeiriai*, des habitudes acquises par l'expérience, des « routines » (sophistique et rhétorique pour l'âme, toilette et cuisine pour le corps). Le parallélisme entre le corps et l'âme y est décrit dans les termes de la composition strophique, d'une façon plus ou moins appuyée selon le texte qu'on adopte[2]. Ce parallélisme du corps et de l'âme se retrouve dans le *Sur l'échange*. Bien sûr, il n'est pas propre aux deux auteurs. Mais Isocrate aussi emploie à son propos l'image musicale de l'écho assuré par la

1. Citation, non indiquée explicitement, de *Nicoclès*, 5-9.

2. Platon, *Gorgias*, 464 b 8 *sq*. Voir à ce propos l'article de Barbara Cassin, *infra*, p. 25 *sq*.

composition strophique [*antistrophous*[1]] et cette image est chez lui unique. Cela suggère un écho délibéré[2]. Un autre écho peut être relevé. Gorgias, dans le *Gorgias* de Platon[3], avait comparé la rhétorique à toutes les formes de « lutte » [*agônia*] : le mot est repris par Isocrate, et à mon avis avec ce sens, malgré Mathieu (qui, corrigeant ici à tort, selon moi, Cartelier-Havet, traduit : « l'exercice physique »). Mais, chez Isocrate, l'art du pédotribe est seulement pour le corps ce que la « philosophie » est pour l'âme, et la comparaison, sans les contreparties illusoires dessinées par Platon, prend un sens tout à fait différent. La philosophie, comme l'art du pédotribe pour le corps, est une *tekhnê* concernant le *logos*, bien qu'Isocrate évite le plus possible le mot : il y a enseignement, découvertes par des spécialistes, enseignement théorique des « formes » ou « idées » correspondant aux « positions » de la lutte, et exercices pour les élèves. Le but de la « philosophie » isocratique est l'adéquation, la rencontre des « opinions » avec ce qui arrive. Le point essentiel est le suivant : le vocabulaire de l'exercice, de l'entraînement, de l'habitude, exclut de façon de plus en plus explicite le vocabulaire de la « science » et revendique celui de « l'expérience », cette *empeiria* qui n'était que routine pour Platon. Ni du côté des élèves ni du côté des professeurs, il n'y a *epistêmê* : c'est parce que la réalité visée par la « philosophie » est rebelle à une mise en forme « scientifique », tout en étant de nature quasi-technique. Le raisonnement d'Isocrate interdit absolument toute possibilité de condamner l'*empeiria*, et donc invalide la division à laquelle procédait Platon.

Progressons maintenant dans le texte d'Isocrate jusqu'à la réfutation de deux critiques faites, selon lui, à la philosophie : elle ne serait que bavardage, ou bien elle corromprait ceux qu'elle prétend éduquer.

Résumons d'abord une analyse antérieure[4] des très longues périodes réfutant la première critique. J'ai observé un usage « philosophique », au sens d'Isocrate, du style périodique, dont il est le premier utilisateur aussi averti, c'est-à-dire un usage consciemment organisé pour la persuasion. Ce dont Isocrate veut persuader le lecteur est assez clair et

1. Isocrate, *Sur l'échange*, 182.

2. « *Apparently in answer to our passage* », écrit E.R. Dodds ad *Gorgias* 463 e 5 - 466 a 3, sans analyser plus avant le rapprochement dans *Plato, Gorgias. A Revised Text wih Introduction and Commentary*, Oxford, Clarendon Press, 1959, p. 227.

3. Platon, *Gorgias*, 456 c 8 *sq*.

4. « Théorie et pratique du style périodique chez Isocrate », dans Maria Silvana Celentano, Pierre Chiron et Marie-Pierre Noël (éd.), *Skhèma/Figura. Formes et figures chez les Anciens*, Paris, Éditions Rue d'Ulm, coll. « Études de littérature ancienne », 2004, p. 77-87.

peut évoquer la conclusion du mythe de Protagoras dans le *Protagoras* de Platon. Nier la nécessité de l'apprentissage de la vertu politique et de la participation à cette vertu par un apprentissage, c'est être un monstre : les adversaires d'Isocrate refusent de reconnaître ce qui fait la spécificité et la supériorité de l'âme humaine, et s'excluent ainsi de l'humanité. Le développement avait commencé par un étonnement général[1], aboutissant à ce qui est le plus scandaleux[2], puis à un dernier étonnement[3], mais situé, du point de vue de l'énonciation, dans une « aporie » exprimée cette fois à la première personne pour en souligner la pointe. Si les étonnements initiaux avaient pour motif la contradiction entre l'opinion des adversaires de la philosophie et la réalité des différences entre âme et corps, puis hommes et animaux, l'aporie finale oppose les prodiges du dressage des animaux et la sauvagerie de l'âme de ces gens-là ! La fonction du style périodique est ici d'imposer l'évidence d'un rythme antithétique par deux comparaisons auxquelles on ne peut qu'acquiescer, afin de faciliter ensuite l'acquiescement au brutal changement de point de vue de la dernière antithèse, dans la conclusion, par lequel les animaux progressent jusqu'à être des quasi-humains, tandis que les adversaires de la « philosophie » apparaissent, eux, irrémédiablement sauvages.

Je voudrais en revanche m'attacher d'un peu plus près à la réfutation de la seconde critique, qui conduit au passage le plus célèbre du discours, le fameux éloge du *logos*, car le lien entre cette critique et ce passage mérite, je crois, plus d'attention qu'il n'en a recueilli à ma connaissance. Isocrate mentionne d'abord des arguments de fait, fondés en particulier sur la personnalité de ses disciples. Puis il élargit le débat à l'ambivalence des sentiments des Athéniens à l'égard de l'éloquence : ils l'aiment chez ceux qui la possèdent et voudraient la posséder eux-mêmes, et pourtant ils la condamnent chez ceux qui l'apprennent. Pourtant, elle est, dit-il après Gorgias, sous le patronage de Peithô, « Persuasion » (qu'on « considère comme une déesse » : de fait, elle est une des suivantes d'Aphrodite) et concerne l'âme. Les adversaires d'Isocrate sont donc, suggère-t-il, dans une situation de dépit amoureux[4]. À mon avis, Isocrate prépare ainsi l'éloge du *logos* qui va

1. Isocrate, *Sur l'échange*, 209.
2. *Ibid.*, 213.
3. *Ibid.*, 214.
4. *Ibid.*, 244-246.

suivre, qui est vraiment un éloge de l'objet aimé[1]. Mais la façon dont il l'introduit est curieuse. Il commence par ajouter, sans transition bien claire, une sorte de point supplémentaire, choisi parmi beaucoup d'autres qu'il aurait pu développer, et qu'il présente sous la forme de deux comparaisons. La première semble faite pour Bourdieu : quand un héritier fait un mauvais usage de son héritage, on ne doit pas s'en prendre à ceux qui ont fait fortune avant lui, mais à l'héritier criminel ! Voici la seconde, qui reprend l'analogie entre techniques de combat et éloquence :

> Si après avoir appris à combattre en armes, au lieu d'utiliser son savoir contre les ennemis, on faisait la révolution et on supprimait un grand nombre de concitoyens, ou si des gens parfaitement instruits du pugilat et du pancrace ne se souciaient plus des concours, mais frappaient les passants, qui donc, tout en louant leurs maîtres, ne mettraient pas à mort ceux qui utilisent mal ce qu'ils ont appris[2] ?

On ne peut manquer, à nouveau, de penser au *Gorgias*, où Gorgias lui-même réfute de la même façon ceux qui condamnent les professeurs de lutte au lieu de condamner leurs mauvais élèves : « Ce ne sont donc pas les enseignants qui sont pervers, et leur *tekhnê* n'est ni responsable ni perverse pour ce motif, mais seulement, à mon avis, ses mauvais utilisateurs[3] ». Dans le *Gorgias*, il est notable que Socrate ne réplique pas directement à cet argument. Dans le *Sur l'Échange*, Isocrate, avec un déplacement rhétorique qui mérite l'attention, en tire la conclusion : il ne faut donc pas condamner les *logoi*. Et c'est ainsi qu'il introduit le fameux éloge du *logos*, qu'il reprend à son *Nicoclès*.

Juste après cet éloge, que lit-on ?

> À quoi bon s'étonner [*scil.* des attaques contre l'éloquence] quand, même parmi les spécialistes de l'éristique, certains calomnient les discours portant sur la communauté et visant à l'utilité comme le font aussi les plus médiocres des hommes[4] ?

Isocrate se livre alors à une reprise des polémiques du *Contre les sophistes* qui visaient les éristiques, c'est-à-dire, pour lui, notamment les socratiques. Mais ensuite, il pratique un amalgame qui étend la critique à « ceux qui se consacrent à l'astronomie, à la géométrie et à ce genre de sciences mathématiques [οἱ περὶ τὴν ἀστρολογίαν καὶ γεωμετρίαν

1. Le vocabulaire de l'éloge est d'ailleurs explicite au § 250.
2. Isocrate, *Sur l'échange*, 252.
3. Platon, *Gorgias*, 456 d - 457 c 4.
4. Isocrate, *Sur l'échange*, 258.

καὶ τὰ τοιαῦτα τῶν μαθημάτων] [1] » et la polémique vise alors Platon lui-même, bien sûr.

L'éloge du *logos* – par ce qui le précède et ce qui le suit – ne peut donc manquer d'être compris dans le cadre de la concurrence entre les « philosophies » de Platon et d'Isocrate (voir l'extrait de *Sur l'Échange*, 213-217 : texte II, p. 90).

Revenons sur l'introduction de l'éloge. La comparaison, empruntée au *Gorgias* ou à Gorgias lui-même, entre la lutte et la rhétorique devrait conduire à la conclusion suivante. Si on ne condamne pas la lutte quand des lutteurs sont criminels, quand des orateurs sont criminels, on ne doit pas condamner… l'éloquence. C'est en tout cas la conclusion que tirait le Gorgias platonicien. Isocrate introduit une modification décisive, en remplaçant l'apologie de la rhétorique – auquel le Gorgias de Platon se livrait – par l'éloge du *logos*. Il revient ainsi au Gorgias historique et à l'éloge du *logos* qu'il insère dans son *Éloge d'Hélène*, et, en même temps, c'est ainsi qu'il réduit immédiatement à néant l'analyse platonicienne de la rhétorique comme routine, non-science et même ἄλογον πρᾶγμα, une « pratique privée de *logos* » dans le *Gorgias* [2], analyse qui était, il est vrai, particulièrement paradoxale en contexte grec. La rhétorique disparaît chez Isocrate en s'identifiant aux *logoi* au pluriel, puis au *logos* au singulier, dont le polyptote décline l'infinie fertilité. Dans le *Sur l'Échange*, la rhétorique, les discours, la faculté de persuasion, la parole, le langage, la raison et la pensée ne font plus qu'un. Platon lui aussi analyse certes la pensée comme un dialogue de l'âme avec elle-même [3]. Mais la perspective d'Isocrate est bien différente. C'est la notion de persuasion qui est au centre de l'analyse de la pensée et du discours : il faut se convaincre soi-même comme on convainc les autres. Contre Platon, les différents usages du langage, public et réflexif, ne sont pas hiérarchisés ni séparés, ils se soutiennent l'un l'autre, sont équivalents.

Ajoutons une remarque sur la complexité de la situation d'énonciation. Ce passage est une citation du *Nicoclès*, discours lui aussi fictif dans lequel Isocrate fait parler le roi de Salamine de Chypre, Nicoclès, à ses sujets. Isocrate dit ici qu'il fait une citation, mais, contrairement à son usage dans la première partie du discours, il ne dit pas à quel discours il emprunte le propos. Il y a une question de convenance, dans la situation fictive d'énonciation : il pourrait difficilement se mettre explicitement dans la position d'un roi admonestant ses sujets quand il

1. Isocrate, *Sur l'échange*, 261.
2. Platon, *Gorgias*, 465 a 6.
3. *Id.*, *Théétète*, 189 e 4, 206 c.

fait semblant de plaider dans un discours de défense devant un jury populaire. Mais les lecteurs, qui sont les seuls véritables destinataires du texte, peuvent identifier, eux, la citation, s'ils ont lu le *Nicoclès* auparavant, et identifier le locuteur Nicoclès et le locuteur Isocrate. Voici donc, pour qui réfléchit, Isocrate en philosophe-roi, qui fait l'éloge de la philosophie en la confondant avec la rhétorique... et en attaquant les platoniciens.

Venons-en en effet à ce qui suit immédiatement ce passage, c'est-à-dire la riposte d'Isocrate aux critiques que les « éristiques » adressent aux gens qui, comme Isocrate, pratiquent les « discours politiques » [1]. Il est difficile ici de ne pas penser au texte de l'*Euthydème*. L'atmosphère de compétition entre écoles rivales est particulièrement sensible :

> Je pourrais parler d'eux avec beaucoup plus d'âpreté qu'ils ne le font pour nous [...] je dirai quelques mots à leur sujet, principalement parce qu'ils l'ont fait au mien [...] pour faire voir que nous, qui cultivons l'éloquence politique qui, disent-ils, ne vise qu'à la haine, nous sommes bien plus doux qu'ils ne le sont[2].

De qui s'agit-il ? Isocrate mentionne à la fois les spécialistes de l'éristique, de l'astronomie et de la géométrie, en une association curieuse, qui évoque l'école platonicienne avec d'un côté les dialogues socratiques, et de l'autre le programme des études philosophiques de la *République*, mais il se réfère ensuite aussi, en pratiquant un non moins étonnant amalgame, aux « anciens savants » ou « sophistes » Ion, Alcméon, Parménide et Mélissos, et Gorgias lui-même[3]. Contre ces anciens savants, la « douceur » d'Isocrate est peu visible : c'est en fait une diatribe (sur un air connu, qu'on trouve de la comédie au traité hippocratique de la *Nature de l'homme*, et à Calliclès), avec une gradation inverse très ironique :

> Je conseillerais donc aux jeunes gens de consacrer un peu de leur éducation à ces matières, sans toutefois laisser leur nature se dessécher ou dériver vers les *logoi* des anciens sophistes, dont l'un a dit que les êtres sont en nombre infini, mais Empédocle au nombre de quatre, avec la discorde et l'amitié entre eux, Ion pas plus de trois, Alcméon seulement deux, Parménide et Mélissos un, et Gorgias, lui, absolument aucun. Je pense en effet que de telles absurdités ressem-blent aux spectacles des illusionnistes, qui ne servent à rien et attirent cependant un cercle de sots ; que les gens qui veulent faire quelque chose d'utile doivent supprimer de

1. Isocrate, *Sur l'échange*, 260.
2. *Ibid.*, 260.
3. *Ibid.*, 268.

toutes leurs occupations les *logoi* vains et les activités qui n'apportent rien à la conduite de la vie [1].

Est-ce vraiment à ces « anciens sophistes » qu'en veut Isocrate ? La liste lui permet d'abord de se distinguer d'un Gorgias auquel il doit pourtant beaucoup, mais qu'il rejette dans un ancien temps plutôt ridicule – encore un héritier infidèle ! Je me demande surtout s'il ne vise pas à travers eux, selon le procédé qui consiste à mettre en scène des morts pour attaquer des vivants, des spéculations plus contemporaines. Quatre, trois, deux, un : cela a des relents pythagoriciens, et pourquoi ne pas penser à Archytas, ou même aux spéculations surtout orales de l'école platonicienne ? Il donne sur un ton sarcastique la conclusion, qu'on appellerait « zéro » si les Grecs avaient connu ce nombre…

Douceur il y a cependant aussi à l'égard de ces spéculations, par rapport aux accusations de la foule contre l'inutilité totale de tous ces savoirs. Isocrate, avant cette envolée finale, détaille en effet, beaucoup plus que dans la concession de Calliclès dans le *Gorgias*, les bienfaits intellectuels, apprentissage de la concentration intellectuelle, sur des sujets difficiles, refus de la dispersion, que l'on peut tirer, à l'adolescence du moins, des subtilités et de la précision de l'astronomie et de la géométrie, malgré leur totale inutilité pour la vie morale et l'action politique[2]. Cette prétendue philosophie n'est donc utile que comme apprentissage et non comme connaissance spécialisée, mais elle est utile pour cela. Isocrate réécrit la fameuse tirade de Calliclès contre la philosophie, mais en la nuançant encore et supprimant tout son fondement immoraliste.

En effet, cette partie critique propose en même temps une première définition, en creux, de la philosophie, qui doit être utile « pour l'action[3] ». Entériner le reproche d'inutilité pour la vie adressé à ce que l'on croit souvent être la philosophie revient à affirmer déjà que la philosophie isocratique a pour but premier l'utilité pratique, privée et publique[4].

La définition positive de la *sophia* et de la *philosophia* isocratiques (les deux étant associées et distinguées) vient ensuite. L'impossibilité, dans la « nature » humaine, de la « science » [*epistêmê*] concernant le

1. Isocrate, *Sur l'échange*, 268 *sq*.

2. *Ibid*., 265. Voir mon étude « Y a-t-il une science du politique ? Les débats athéniens de l'époque classique » dans J. Jouanna, M. Fatzoff, B. Bakhouche (éd.), *L'homme et la Science* [Actes du XVIe Congrès de l'Association G. Budé], Paris, Les Belles Lettres, 2011, p. 183-193.

3. *Ibid*., 262, 263, 266 *sq*.

4. *Ibid*., 262.

domaine de l'action et de l'éloquence, laisse accessible, ἐκ τῶν λοιπῶν c'est-à-dire à partir de ce qui est accessible à l'homme, c'est-à-dire encore par les *doxai*, de trouver « ce qui est le mieux », à la suite d'études rigoureuses donnant accès à la φρόνησις ou « sagesse pratique », entendue en un sens quasi-aristotélicien :

> Puisqu'il n'est pas dans la nature humaine d'acquérir une science dont la possession ferait savoir ce qu'il faut faire ou dire, je considère, en partant des possibilités humaines, comme savants ceux qui sont capables d'atteindre le meilleur le plus souvent au moyen de leurs opinions, et comme épris du savoir ceux qui consacrent leur temps aux entraînements à partir desquels ils acquerront le plus rapidement une telle sagesse [*phronêsis*] [1].

L'affirmation contrebalance l'éloge précédent du *logos* inscrit dans la nature humaine et source de tous les bienfaits, y compris des arts et des lois. La nature humaine se trouve maintenant dévaluée par rapport à l'étude qui permet aux « philosophes » d'accéder à une « sagesse pratique ». Isocrate semble ainsi soutenir à la fois trois positions différentes sur la question de la nature : il n'y a pas de « savoir » accessible à la nature humaine pour l'action[2], il n'y a pas d'art accessible à ceux qui ne sont pas doués[3], il y a la possibilité, dans la nature des hommes, de progrès à force d'entraînement[4].

L'une des justifications apportées par Isocrate à la possibilité du progrès tient au ressort humain de l'ambition. Sur ce point aussi, par lequel je terminerai, l'argumentation prend tout son sens par rapport au *Gorgias*. Il faut avoir de la φιλοτιμία pour l'éloquence[5]. Désir de l'honneur et désir du savoir moral doivent marcher ensemble, puisqu'on n'honore que les discours nobles et d'intérêt général. Le choix des « sujets » et des « actions » conditionne la réussite de l'éloquence et de la moralité ou de la « sagesse ». « Philosophie » et *philotimia* marchent de pair. Vouloir persuader implique qu'on soit bien vu, en vertu du règne de la *doxa*, cette fois, comme plus tard chez Hannah Arendt, au sens de « réputation[6] » et qu'on puisse tirer de sa vie les πίστεις convaincantes : gagner la « bienveillance » implique qu'on soit quelqu'un de bien. La place considérable des arguments « de moralité » dans les orateurs attiques est ici mise en valeur, notamment par rapport

1. Isocrate, *Sur l'échange*, 271 : paragraphe-clef de toute l'œuvre d'Isocrate.
2. *Ibid.*, 271.
3. *Ibid.*, 274.
4. *Ibid.*, 275.
5. *Ibid.*, 276 *sq*.
6. *Ibid.*, 278.

aux arguments de « vraisemblance » et aux « preuves » [1]. J'ai dit qu'Isocrate reprenait, en les atténuant, les critiques adressées par Calliclès à la philosophie, entendue au sens de la philosophie platonicienne, et qu'il laissait de côté l'immoralisme de Calliclès et sa volonté d'avoir toujours plus [*pleonexia*] en vertu de sa naissance supérieure. Cela n'est pas tout à fait exact. À la fin de son discours, Isocrate se livre à un éloge très remarquable de l'une des revendications de Calliclès, le droit à la *pleonexia*, le droit d'avoir plus que les autres et de leur être supérieur. Mais il s'efforce de la moraliser, en distinguant ce qu'il appelle la « vraie » forme de *pleonexia*[2]. Ainsi philosophie et *pleonexia* ou *philotimia* ne sont pas incompatibles, loin de là. C'est l'inverse de la critique platonicienne de l'éducation désastreuse de l'orateur par la foule. Isocrate remonte aussi, comme le faisait Calliclès, à l'éducation initiale et brosse le tableau contrasté de deux jeunesses, la jeunesse dissolue, la jeunesse studieuse, soucieuse de « l'éducation de soi ». Il insiste alors sur l'éducation de l'âme par elle-même, sur le souci de soi. La *pleonexia* comme ambition *pour soi-même* devient la caractéristique des plus sages : ceux qui sont maîtres d'eux-mêmes avant d'être maîtres des autres.

Cette transposition isocratique des valeurs aristocratiques dans le domaine de l'intériorité, qui annonce la naissance de l'éthique comme formation du caractère, n'est pas propre à Isocrate, on la trouve aussi chez un Xénophon. Peut-être explique-t-elle que Platon ait malgré tout représenté dans le *Phèdre* Isocrate en camarade de Socrate, et qu'Isocrate dans le *Sur l'Échange* se soit peint en nouveau Socrate. Malgré tout : malgré l'amalgame qu'il propose entre éristiques et platoniciens, malgré son éloge de l'*empeiria*, malgré sa dénégation de la science morale et politique.

1. Isocrate, *Sur l'échange*, 280.
2. ὡς ἀλήθως (Isocrate, *Sur l'échange*, 275), *cf.* ταῖς ἀληθείαις (*ibid.*, 283).

TEXTES

I. Isocrate, Περι Ἀντιδοσεως, 180-186

Βούλομαι δὲ περὶ τῆς τῶν λόγων παιδείας ὥσπερ οἱ γενεαλογοῦντες πρῶτον διελθεῖν πρὸς ὑμᾶς. Ὁμολογεῖται μὲν γὰρ τὴν φύσιν ἡμῶν ἔκ τε τοῦ σώματος συγκεῖσθαι καὶ τῆς ψυχῆς· αὐτοῖν δὲ τούτοιν οὐδεὶς ἔστιν ὅστις οὐκ ἂν φήσειεν ἡγεμονικωτέραν πεφυκέναι τὴν ψυχὴν καὶ πλείονος ἀξίαν· τῆς μὲν γὰρ ἔργον εἶναι βουλεύσασθαι καὶ περὶ τῶν ἰδίων καὶ περὶ τῶν κοινῶν, τοῦ δὲ σώματος ὑπηρετῆσαι τοῖς ὑπὸ τῆς ψυχῆς γνωσθεῖσιν. Οὕτω δὲ τούτων ἐχόντων, ὁρῶντές τινες τῶν πολὺ πρὸ ἡμῶν γεγονότων περὶ μὲν τῶν ἄλλων πολλὰς τέχνας συνεστηκυίας, περὶ δὲ τὸ σῶμα καὶ τὴν ψυχὴν οὐδὲν τοιοῦτον συντεταγμένον, εὑρόντες διττὰς ἐπιμελείας κατέλιπον ἡμῖν, περὶ μὲν τὰ σώματα τὴν παιδοτριβικήν, ἧς ἡ γυμναστικὴ μέρος ἐστίν, περὶ δὲ τὰς ψυχὰς τὴν φιλοσοφίαν, περὶ ἧς ἐγὼ μέλλω ποιεῖσθαι τοὺς λόγους, ἀντιστρόφους καὶ σύζυγας καὶ σφίσιν αὐταῖς ὁμολογουμένας, δι' ὧν οἱ προεστῶτες αὐτῶν τάς τε ψυχὰς φρονιμωτέρας καὶ τὰ σώματα χρησιμώτερα παρασκευάζουσιν, οὐ πολὺ διαστησάμενοι τὰς παιδείας ἀπ' ἀλλήλων, ἀλλὰ παραπλησίαις χρώμενοι καὶ ταῖς διδασκαλίαις καὶ ταῖς γυμνασίαις καὶ ταῖς ἄλλαις ἐπιμελείαις. Ἐπειδὰν γὰρ λάβωσι μαθητάς, οἱ μὲν παιδοτρίβαι τὰ σχήματα τὰ πρὸς τὴν ἀγωνίαν εὑρημένα τοὺς φοιτῶντας διδάσκουσιν, οἱ δὲ περὶ τὴν φιλοσοφίαν ὄντες τὰς ἰδέας ἁπάσας, αἷς ὁ λόγος τυγχάνει χρώμενος, διεξέρχονται τοῖς μαθηταῖς. Ἐμπείρους δὲ τούτων ποιήσαντες καὶ διακριβώσαντες ἐν τούτοις πάλιν γυμνάζουσιν αὐτοὺς καὶ πονεῖν ἐθίζουσι καὶ συνείρειν καθ' ἓν ἕκαστον ὧν ἔμαθον ἀναγκάζουσιν, ἵνα ταῦτα βεβαιότερον κατάσχωσιν καὶ τῶν καιρῶν ἐγγυτέρω ταῖς δόξαις γένωνται. Τῷ μὲν γὰρ εἰδέναι περιλαβεῖν αὐτοὺς οὐχ οἷόν τ' ἐστιν· ἐπὶ γὰρ ἁπάντων τῶν πραγμάτων διαφεύγουσιν τὰς ἐπιστήμας· οἱ δὲ μάλιστα προσέχοντες τὸν νοῦν καὶ δυνάμενοι θεωρεῖν τὸ συμβαῖνον ὡς ἐπὶ τὸ πολὺ πλειστάκις αὐτῶν τυγχάνουσιν. Τοῦτον δὲ τὸν τρόπον ἐπιμελούμενοι καὶ παιδεύοντες μέχρι μὲν τοῦ γενέσθαι βελτίους αὐτοὺς αὑτῶν τοὺς μαθητάς, καὶ σχεῖν ἄμεινον τοὺς μὲν τὰς διανοίας, τοὺς δὲ τὰς τῶν σωμάτων ἕξεις, ἀμφότεροι δύνανται προαγαγεῖν· ἐκείνην δὲ τὴν ἐπιστήμην οὐδέτεροι τυγχάνουσιν ἔχοντες, δι' ἧς ἂν οἱ μὲν ἀθλητὰς οὓς βουληθεῖεν, οἱ δὲ ῥήτορας ἱκανοὺς ποιήσαιεν, ἀλλὰ μέρος μὲν ἄν τι συμβάλοιντο, τὸ δ' ὅλον αἱ δυνάμεις αὗται παραγίγνονται τοῖς καὶ τῇ φύσει καὶ ταῖς ἐπιμελείαις διενεγκοῦσιν. Ὁ μὲν οὖν τύπος τῆς φιλοσοφίας τοιοῦτός τίς ἐστιν.

I. ISOCRATE, *SUR L'ÉCHANGE*, 180-186

Je veux tout d'abord vous faire un exposé sur l'éducation aux *logoi* à la façon des auteurs de généalogie. On s'accorde à dire que notre nature est composée du corps et de l'âme ; et de ces deux parties, il n'est personne qui soutienne que l'âme n'est pas naturellement le guide et la partie la plus précieuse : car sa tâche est de délibérer sur les affaires privées et sur les affaires publiques, celle du corps est de se mettre au service des décisions de l'âme. Cela étant, des gens, bien avant notre époque, voyant que de nombreux arts [*tekhnai*] avaient été mis en place pour tout le reste, mais que rien de tel n'était organisé concernant le corps et l'âme, découvrirent deux types d'entraînement, qu'ils nous léguèrent, l'art du pédotribe, dont fait partie la gymnastique, pour le corps, et pour l'âme la philosophie, dont je vais parler, arts qui se font écho [*antistrophous*], qui sont appariés et accordés l'un avec l'autre, grâce auxquels leurs maîtres rendent les âmes plus sages et les corps plus efficaces ; leurs méthodes d'éducation ne sont pas très éloignées l'une de l'autre, et ils utilisent des enseignements, des exercices et un entraînement très proches. En effet, quand ils ont pris en charge des élèves, les pédotribes enseignent à ceux qui les fréquentent les positions [*skhêmata*] qui ont été découvertes pour le combat [*agônia*], et les maîtres de philosophie exposent à leurs disciples tous les éléments [*ideai*] qu'utilise le *logos*. Quand ils leur en ont donné l'expérience [*empeirous*] et les leur ont expliqués en détail, ils recommencent à les y entraîner, les habituent à l'effort et les contraignent à réunir un par un chaque élément appris, afin de les posséder plus solidement et d'approcher de plus près les moments opportuns [*kairoi*] par leurs opinions [*doxai*]. Les saisir par le savoir, ce n'est pas possible, car, dans tous les cas, ils échappent à la science. Mais les plus attentifs, les mieux capables d'observer ce qui se produit en règle générale, sont ceux qui les trouvent le plus souvent. Avec ce genre d'instruction et d'éducation, les deux groupes de maîtres peuvent faire progresser leurs élèves jusqu'à ce qu'ils s'améliorent et qu'ils aient les uns une intelligence, les autres des dispositions du corps supérieures, mais aucun des deux ne se trouve en possession d'une science qui donnerait à ceux qu'ils voudraient une compétence en athlétisme ou en éloquence : ils peuvent certes y contribuer pour une part, mais ces capacités n'appartiennent dans leur ensemble qu'à ceux qui se distinguent par leur naturel et par leur entraînement. Voilà donc la forme générale de la philosophie[1] ».

1. Isocrate, *Sur l'échange*, 180-186, texte établi par G. Mathieu, dans Georges Mathieu et Émile Brémond, *Isocrate. Discours*, t. IV, Paris, Les Belles Lettres, « Collection des Universités de France », 1928-1962. Traduction personnelle.

II. Isocrate, Περι Ἀντιδοσεως, 253-257

Οὐκοῦν χρὴ καὶ περὶ τῶν λόγων τὴν αὐτὴν ἔχειν διάνοιαν ἥνπερ καὶ περὶ τῶν ἄλλων, καὶ μὴ περὶ τῶν ὁμοίων τἀναντία γιγνώσκειν, μηδὲ πρὸς τοιοῦτον πρᾶγμα δυσμενῶς φαίνεσθαι διακειμένους, ὃ πάντων τῶν ἐνόντων ἐν τῇ τῶν ἀνθρώπων φύσει πλείστων ἀγαθῶν αἴτιόν ἐστιν. Τοῖς μὲν γὰρ ἄλλοις οἷς ἔχομεν, ἅπερ ἤδη καὶ πρότερον εἶπον, οὐδὲν τῶν ζῴων διαφέρομεν, ἀλλὰ πολλῶν καὶ τῷ τάχει καὶ τῇ ῥώμῃ καὶ ταῖς ἄλλαις εὐπορίαις καταδεέστεροι τυγχάνομεν ὄντες· ἐγγενομένου δ' ἡμῖν τοῦ πείθειν ἀλλήλους καὶ δηλοῦν πρὸς ἡμᾶς αὐτοὺς περὶ ὧν ἂν βουληθῶμεν, οὐ μόνον τοῦ θηριωδῶς ζῆν ἀπηλλάγημεν, ἀλλὰ καὶ συνελθόντες πόλεις ᾠκίσαμεν καὶ νόμους ἐθέμεθα καὶ τέχνας εὕρομεν, καὶ σχεδὸν ἅπαντα τὰ δι' ἡμῶν μεμηχανημένα λόγος ἡμῖν ἐστιν ὁ συγκατασκευάσας. Οὗτος γὰρ περὶ τῶν δικαίων καὶ τῶν ἀδίκων καὶ τῶν καλῶν καὶ τῶν αἰσχρῶν ἐνομοθέτησεν, ὧν μὴ διαταχθέντων οὐκ ἂν οἷοί τ' ἦμεν οἰκεῖν μετ' ἀλλήλων. Τούτῳ καὶ τοὺς κακοὺς ἐξελέγχομεν καὶ τοὺς ἀγαθοὺς ἐγκωμιάζομεν. Διὰ τούτου τούς τ' ἀνοήτους παιδεύομεν καὶ τοὺς φρονίμους δοκιμάζομεν· τὸ γὰρ λέγειν ὡς δεῖ τοῦ φρονεῖν εὖ μέγιστον σημεῖον ποιούμεθα, καὶ λόγος ἀληθὴς καὶ νόμιμος καὶ δίκαιος ψυχῆς ἀγαθῆς καὶ πιστῆς εἴδωλόν ἐστιν. Μετὰ τούτου καὶ περὶ τῶν ἀμφισβητησίμων ἀγωνιζόμεθα καὶ περὶ τῶν ἀγνοουμένων σκοπούμεθα· ταῖς γὰρ πίστεσιν, αἷς τοὺς ἄλλους λέγοντες πείθομεν, ταῖς αὐταῖς ταύταις βουλευόμενοι χρώμεθα, καὶ ῥητορικοὺς μὲν καλοῦμεν τοὺς ἐν τῷ πλήθει λέγειν δυναμένους, εὐβούλους δὲ νομίζομεν, οἵτινες ἂν αὐτοὶ πρὸς αὑτοὺς ἄριστα περὶ τῶν πραγμάτων διαλεχθῶσιν. Εἰ δὲ δεῖ συλλήβδην περὶ τῆς δυνάμεως ταύτης εἰπεῖν, οὐδὲν τῶν φρονίμως πραττομένων εὑρήσομεν ἀλόγως γιγνόμενον, ἀλλὰ καὶ τῶν ἔργων καὶ τῶν διανοημάτων ἁπάντων ἡγεμόνα λόγον ὄντα, καὶ μάλιστα χρωμένους αὐτῷ τοὺς πλεῖστον νοῦν ἔχοντας.

II. ISOCRATE, *SUR L'ÉCHANGE*, 253-257

Il faut donc raisonner de la même façon sur les *logoi* et sur les autres activités, sans porter des jugements opposés sur les sujets identiques ni se montrer hostile à une réalité si considérable que, de toutes les facultés naturelles de l'homme, elle est la cause des plus grands bienfaits. Comme je l'ai déjà dit auparavant, par toutes nos autres capacités, nous ne différons en rien des autres êtres vivants : nous nous trouvons même inférieurs à beaucoup en vitesse, en force et du point de vue des autres facultés. Mais comme est apparu en nous le pouvoir de nous persuader les uns les autres, de nous expliquer entre nous les desseins de notre volonté, non seulement nous nous sommes débarrassés de la sauvagerie, mais nous nous sommes réunis pour fonder des cités, établir des lois et découvrir des arts, et pratiquement tout ce qui a été inventé par notre entremise, c'est le *logos* qui l'a constitué pour nous. C'est lui qui a fixé les lois délimitant le juste et l'injuste, le beau et le laid : s'ils n'avaient pas été distingués, nous ne serions pas capables de vivre les uns avec les autres. C'est par lui que nous confondons les méchants et que nous célébrons les bons. C'est grâce à lui que nous éduquons les insensés et que nous éprouvons les hommes réfléchis : car nous considérons que parler comme il faut est le meilleur signe d'une bonne réflexion ; un *logos* véridique, conforme à la loi et juste est l'image d'une âme bonne et digne de confiance. C'est avec lui que nous nous opposons dans les contestations et que nous menons nos examens dans les incertitudes : les moyens de convaincre les autres par la parole, ce sont eux que nous utilisons dans nos propres délibérations et, si nous appelons aptes à l'éloquence [*rhètorikous*] les hommes capables de parler devant la foule, nous considérons comme de bon conseil ceux qui sur les difficultés dialoguent avec eux-mêmes de la meilleure façon. S'il faut définir ce pouvoir en un mot, nous constaterons qu'aucune activité réfléchie n'advient *sans logos*, que le *logos* est le guide de tous les actes et de toutes les pensées et que ceux qui ont le plus recours à lui, ce sont ceux qui ont le plus d'esprit[1].

1. Isocrate, *Sur l'échange*, 253-257, texte établi par G. Mathieu, dans G. Mathieu et E. Brémond, *Isocrate. Discours*, t. IV, *op. cit.* Traduction personnelle.

LYSIAS, ARISTOTE ET LA RHÉTORIQUE JUDICIAIRE : PRINCIPES PHILOSOPHIQUES ET RHÉTORIQUES EN ACTE

Cristina VIANO

LYSIAS LE LOGOGRAPHE

On chercherait en vain chez Lysias des définitions rhétoriques ou des définitions philosophiques au sujet de la *tekhnê rhêtorikê*. En effet, bien que les sources anciennes lui attribuent la composition de traités théoriques sur cet art[1], de Lysias il nous reste un corpus d'une trentaine de discours, appartenant presque tous au genre judiciaire, où il n'y a pas d'espace pour une réflexion systématique sur les rapports entre philosophie et rhétorique.

Lysias était en fait un « logographe », à savoir un expert qui écrivait des discours d'accusation ou de défense pour des clients qui devaient les apprendre et les prononcer eux-mêmes devant les juges lors d'un procès. Le rôle fondamental de consultant du logographe a été comparé à celui d'un avocat de nos jours[2], à cette différence près que le logographe ne prononçait jamais le discours *in propria persona*, sauf s'il était lui-même l'une des deux parties[3]. En effet, il n'avait pas seulement la tâche de bâtir un discours persuasif à partir des faits, mais il devait aussi repérer les lois, les interpréter, se procurer les documents et les témoignages nécessaires ; autrement dit, il devait constituer un dossier

1. *Cf.* Pseudo-Plutarque, *Vitae X Oratorum*, III, 836 b 4, qui lui attribue des *tekhnai rhêtorikai*, *cf.* aussi *Souda*, Λ, 858, 8.

2. *Cf.* Simonetta Feraboli, *Lisia avvocato*, Padova, Antenore, 1980 ; *cf.* aussi Cicéron, *Orator*, IX, 30 (mais à propos du style) : « Celui qui imite Lysias imite un avocat [*causidicum quendam sequuntur*] ».

3. C'est le cas de *Contre Ératosthène*, le seul discours que Lysias prononce *in propria persona*. Pour les discours de Lysias, j'utilise ici la traduction de Louis Gernet et Marcel Bizot, *Lysias, Discours*, Paris, Les Belles Lettres, « Collection des Universités de France », 1924-1926.

complet pour son client, puisque les juges, lors du procès, se limitaient à écouter les parties adverses et à voter. On peut imaginer qu'entre le logographe et son client se créait naturellement un rapport de collaboration dans la production du discours à prononcer devant le tribunal. C'est justement dans l'analyse de ces rapports que Kenneth Dover cherchera les critères pour établir l'authenticité du corpus lysien[1].

Les anciens qui ont écrit sur Lysias, comme Cicéron, Denys d'Halicarnasse (Ier s. av. J.-C.) et Quintilien (Ier s. apr J.-C.), se référant surtout à son activité de « logographe[2] », insistent sur sa technique oratoire et son habileté persuasive. Ils le présentent comme un modèle de style équilibré, concis et élégant.

Le témoignage le plus étendu que nous possédions sur Lysias est celui de Denys d'Halicarnasse, qui souligne surtout les qualités de l'expression lysienne[3] : la pureté de l'expression, la clarté, la brièveté, la densité de la phrase, le don de vie qui vient de la peinture des caractères [*ethopoiia*] [4], la convenance qui renforce la vraisemblance et enfin la grâce [*kharis*], cette qualité merveilleuse et difficile à exprimer de manière rationnelle, qui donne du plaisir et peut être comparée à la beauté physique. Quant à la matière, Denys reconnaît le bon agencement des éléments du discours et indique sa supériorité dans le genre judiciaire. Bien qu'il considère Lysias comme faisant partie de cette « rhétorique ancienne fondée sur la philosophie [*arkhaia kai philosophos rhêtorikê*] [5] », opposée à la rhétorique de l'asianisme, Denys ne nous dit rien des positions théoriques de Lysias sur la philosophie ni des rapports de celle-ci avec la rhétorique. Quant à la personnalité morale de Lysias, Denys manifeste une position ambiguë. En effet, d'une part, les vertus du style qu'il décrit seraient le reflet d'un caractère *phronimos*, qui associe des vertus humaines à la recherche de la vérité. D'autre part, Denys attribue une telle force persuasive à ses paroles que du coup

1. Kenneth James Dover, *Lysias and the* Corpus Lysiacum, Berkeley/Los Angeles, University of California Press, 1968. Voir aussi Stephen Usher, « Lysias and his clients », *Greek, Roman, and Byzantine Studies* 17 (1976), p. 31-40, maintenant dans Edwin Carawan (ed.), *Oxford readings in the attic Orators,* Oxford, University Press, 2007, p. 27-36, qui offre une interprétation plus modérée des rapports entre logographe et client.

2. Cicéron, *Brutus*, 48, rapporte que Lysias, à un certain moment, ayant fait le constat que Théodore était meilleur que lui, avait abandonné l'enseignement [*artem removisse*] et s'était consacré à la composition des discours pour les autres [*orationes eum scribere aliis coepisse*].

3. Germaine Aujac (texte et traduction), *Denys d'Halicarnasse, Opuscules rhétoriques*, Paris, Les Belles Lettres, « Collection des Universités de France », 1978-1981, t. I : *Les orateurs antiques, Lysias*, II, 2-13, p. 76-88.

4. *Ibid.*, II, 7 *sq.*, p. 81.

5. *Ibid.*, II, 15, p. 70.

l'auditeur n'est plus en mesure de distinguer la vérité [*alêthê*] de ce qui est fabriqué [*peplasmena*] [1]. Il le compare à Ulysse qui « disait bien des mensonges tout pareils à des vérités[2] ».

Denys nous présente ainsi Lysias comme un modèle d'expression, de technique oratoire et d'habileté persuasive, mais avec de faibles contenus de philosophie morale. Le modèle opposé est celui d'Isocrate, que Denys présente dans la suite[3] comme un « maître à penser », un théoricien et un homme d'action engagé dans la politique, dont il souligne la portée éducative des sujets traités et la grandeur morale. De même, Platon et Cicéron (citant le *Phèdre*) opposent explicitement à Lysias, Isocrate comme un modèle de supériorité morale et philosophique[4].

Principes rhétoriques et philosophiques en acte

De fait, les discours de Lysias ne sont pas dépourvus de contenus philosophiques ni d'indications théoriques sur l'art. Et si nous ne pouvons pas trouver dans le corpus de Lysias d'exposés systématiques sur les principes de la rhétorique et de la philosophie ni de propos moraux intentionnels – et à juste titre, car un plaidoyer n'est pas proprement le lieu de la théorie –, nous pouvons néanmoins saisir certains de ces principes en acte.

En effet, dans les discours, nous pouvons voir aisément la mise en œuvre de la plupart des principes de la *tekhnê rhêtorikê* et, en particulier, de la rhétorique judiciaire décrits par Aristote dans la *Rhétorique*, tels que l'appel aux passions, la construction de l'*êthos* des personnages [*ethopoiia*], et, comme nous le verrons, dans un sens très proche de la théorisation aristotélicienne.

De même, on peut voir une terminologie technique en évolution : par exemple, Lysias est le premier, parmi les orateurs, qui semble employer

1. Denys d'Halicarnasse, *Les orateurs antiques, Lysias*, *op. cit.*, II, 18, 3, p. 94.

2. *Ibid.*, II, 8, 7, où Denys dit que le mode de composition de Lysias est conforme à la vérité dans le sens d'exercice à reproduire la vérité et l'imitation de la nature. Et à propos de son manque de force émotive : « c'est un style plus sûr qu'aventureux, mais susceptible de déployer toutes les possibilités du métier que de reproduire la nature avec sincérité » (*ibid.*, II, 13, 5).

3. *Ibid.*, III.

4. *Cf.* Cicéron, *Orator*, XIII, 41 : *ad virtutem maior indoles* [...] *inest enim natura philosophia in huius viri mente quaedam.*

le mot *tekmêrion* pour désigner une preuve décisive, un signe infaillible, comme le fera Aristote qui distinguera entre *tekmêrion* et *sêmeion* [1].

Un autre exemple intéressant concerne l'usage du verbe *enthumeomai* : il est souvent employé sous la forme d'une exhortation adressée aux juges [*enthumeisthe*] à prendre en considération, à réfléchir sur les faits exposés et à en tirer des conclusions ; par exemple, dans *Sur les biens d'Aristophane*, nous lisons :

> Vous avez entendu les témoins. Maintenant, réfléchissez sur le fait qu'un homme peut se composer un caractère qu'il n'a pas pour peu de temps, mais qu'en soixante-dix ans, un méchant homme ne peut dissimuler sa nature[2].

Ou encore, dans *Contre Alcibiade pour abandon de poste* :

> Il faut bien réfléchir sur le fait que si on laisse chacun agir à sa guise, il ne sert de rien qu'il y ait des lois, que vous teniez des assemblées et qu'on élise des stratèges[3].

Le terme n'est pas employé au hasard, il indique un raisonnement, un enchaînement d'arguments qui part de prémisses présentées comme partagées. Dans cette élaboration intérieure (*cf.* l'étymologie d'*entumeisthai : en-thumô*[4]) on peut voir la forme et le fonctionnement du raisonnement déductif qu'Aristote définira comme *enthymème* dans la *Rhétorique*.

Quant aux contenus philosophiques, les choses deviennent, à mon avis, encore plus intéressantes. Si Lysias n'exprime pas une prise de position morale personnelle ni des théories philosophiques présentées comme telles, il est pour nous un témoin précieux et attitré quant à la morale *endoxale* et populaire et à la réflexion éthico-juridique de son époque[5]. En effet, il emploie, de manière très articulée, des notions

1. Aristote, *Rhétorique* (désormais cité *Rhét.*), I, 2, 1357 b 1-21 ; *cf.* Stephen Charles Todd, *A commentary on Lysias*, *Speeches* 1-11, Oxford, Oxford University Press, 2007, p. 378, qui repère 99 occurrences de ce terme.

2. Lysias, *Sur les biens d'Aristophane,* 60 dans L. Gernet et M. Bizot, *Lysias, Discours*, *op. cit.*, t. 2, XIX, p. 53.

3. *Id*, *Contre Alcibiade pour abandon de poste*, 11 dans L. Gernet et M. Bizot, *Lysias, Discours*, *op. cit.*, t. 1, XIV, p. 225.

4. *Cf.* David C. Mirhady, « Aristotle's enthymeme, *thumos* and Plato », dans *id.*, *Influences on Peripatetic Rhetoric*, *Essays in Honor of William W. Fortenbaugh*, Leiden, Brill, 2007, p. 53-64, qui voit dans *enthumêma* une *dead etymology*, dérivée de *thumos*, révélatrice du rôle fondamental des passions dans la rhétorique qui est justement l'*antistrophos* de la *dispassionate dialectic*. Le verbe *enthumeomai* est fréquent chez les orateurs, mais c'est chez Lysias qu'il apparaît le plus fréquemment (*cf. ibid.*, p. 54).

5. Kenneth James Dover, dans la Préface de son célèbre ouvrage *Greek Popular Morality in the Time of Plato and Aristotle,* Oxford, Blackwell, 1974, p. XI, souligne le rôle fondamental de l'art oratoire judiciaire attique comme source des valeurs morales

comme celles de responsabilité [*aitia*], d'acte volontaire [*hekôn*], de préméditation [*pronoia*], d'intention [*boulêsis*], propres au domaine légal et judiciaire, notions qui seront fondamentales dans la « construction » de la discipline éthique aristotélicienne, et en particulier, de ce qu'on appelle de nos jours « la théorie aristotélicienne de l'action ». En effet, non seulement dans la *Rhétorique*, là où Aristote analyse le genre judiciaire, mais aussi dans les *Éthiques*, on peut repérer souvent des éléments appartenant à la pratique judiciaire, qui évoquent des situations décrites dans les discours de Lysias. Mais il y a plus. En effet, outre l'emploi « pratique » de ces notions, on trouve dans les discours de Lysias des réflexions d'ordre général, des considérations sur la loi, la politique, la nature humaine. En particulier, ces réflexions prennent la forme d'interprétations de l'« esprit des lois » existantes, du rôle des législateurs et des juges[1]. Lysias fait appel à des principes éthiques généraux comme à la loi non écrite[2], à certaines coutumes naturelles, ce qui témoigne d'une réflexion en cours sur la matière de la juridiction pénale, et donc de la rhétorique judiciaire.

Il serait trop long d'analyser ici en détail tous ces éléments chez Lysias. Je me limiterai à examiner deux exemples significatifs de l'emploi en acte de « principes » rhétorico-philosophiques chez Lysias. Le premier concerne l'appel aux passions, le deuxième, la notion juridique et éthique de responsabilité et les notions annexes d'acte volontaire, de préméditation et d'intention.

partagées par les citoyens athéniens et fait justement remonter les origines de son enquête à ses études sur Lysias et sur la comédie grecque.

1. *Cf.* par exemple Lysias, *Contre Théomnestos I* [*dikê katêgorias*], dans L. Gernet et M. Bizot, *Lysias, Discours*, *op. cit.*, t. 1, X, p. 145, 148 : l'accusateur anonyme accuse Théomnestos de l'avoir appelé assassin ; Théomnestos se défend en disant qu'il n'a pas employé le mot interdit [*androphonos*] pour le désigner comme assassin de son propre père. L'accusation riposte que les termes ne sont pas des termes différents mais qu'ils ont la même signification. Nous avons ici une sorte d'exégèse juridique : le législateur a employé un seul mot pour tous les termes qui ont la même signification (principe d'économie : cela aurait été un travail immense de les trouver tous) : 7. « Quant à moi, juges, je pense que le débat ne doit pas porter sur les mots, mais sur leur sens [*peri* [...] *tês toutôn dianoias*] : tout le monde sait que ceux qui ont tué sont meurtriers et que ceux qui sont meurtriers ont tué » ; 20 : « les choses [*ta pragmata*] n'ont pas changé depuis le vieux temps, mais parfois les termes [*onomata*] en usage ont changé ».

2. Lysias, *Contre Philon. Examen devant le conseil*, 11 dans L. Gernet et M. Bizot, *Lysias*, *Discours*, *op. cit.*, t. 2, XXXI, p. 176 où est évoquée « une coutume équitable et universelle [*ti ethos dikaios pasin*] ».

L'APPEL AUX PASSIONS

Nous retrouvons *en acte* chez Lysias, de manière assez évidente, la double position d'Aristote quant à l'appel aux passions de la *Rhétorique*.

On sait que, dans les premières pages de la *Rhétorique*[1], Aristote critique l'intérêt exclusif que les technographes de son temps consacraient à l'appel aux passions en négligeant le vrai « corps de la persuasion », à savoir la démonstration (l'enthymème). Il considère ici le *pathos* comme une preuve [*pistis*] accessoire. Mais ensuite il réintègre l'appel aux passions dans les « preuves techniques[2] » et leur consacre une analyse extrêmement détaillée, qui occupe la presque totalité du livre II. De nombreuses interprétations ont été données pour expliquer cette évaluation contradictoire des passions. En particulier, Jacques Brunschwig[3] considère la contradiction comme apparente : si I, 1 exprime une vision puriste et hautement intellectuelle de la rhétorique, en I, 2 se produit une légitimation du *pathos hupo tou logou*[4] : il s'agit de passions produites par le discours et non plus donc en opposition avec l'enthymème. Fortenbaugh[5] opte, de son côté, pour une *developmental explanation* selon laquelle Aristote serait passé d'une position

1. *Rhét.*, I, 1, 1354 a 11-26 : « Mais en fait ceux qui ont composé des traités d'art oratoire n'ont produit pour ainsi dire qu'une petite partie de cette technique, car les moyens de persuasion constituent le seul élément technique [*pisteis entekhnon*], tout le reste n'est qu'accessoires. Or ils ne disent rien des enthymèmes, ce qui précisément constitue le corps de la persuasion [*sôma tês pisteôs*], et ils traitent pour l'essentiel de ce qui est extérieur au fait [*exô tou pragmatos*] : car la calomnie, la pitié, la colère et autres semblables passions de l'âme, ne concernent pas le fait mais sont destinées au juré. [...] car il ne faut pas dévoyer le juré en l'amenant à éprouver de la colère, de l'envie ou de la pitié. Cela revient à tordre la règle dont on va se servir ». Pour les citations de la *Rhétorique* d'Aristote, j'utilise ici la traduction de P. Chiron (Paris, Flammarion, coll. « Garnier Flammarion », 2007), parfois légèrement modifiée.

2. *Ibid.*, I, 2, 1356 a 1 *sq.* ; *cf.* aussi I, 2, 1356 a 14-18 : « Il y a persuasion à travers les auditeurs quand ces derniers sont amenés, par le discours, à éprouver une passion. Car nous ne rendons pas les jugements de la même façon selon que nous sommes remplis de tristesse ou de gaieté, d'amitié ou de haine. C'est justement à ce seul effet que, d'après nous, tend l'étude des techniciens d'aujourd'hui. Nous éclaircirons cette question point par point quand nous parlerons des passions ».

3. Jacques Brunschwig, « Aristotle's Rhetoric as a *counterpart* to Dialectic », dans Amélie Oksenberg-Rorty (ed.), *Essays on Aristotle's* Rhetorics, Berkeley, University of California Press, 1996, p. 34-55 ; la version française est parue sous le titre « Rhétorique et dialectique, *Rhétorique* et *Topiques* », dans David J. Furley, Alexander Nehamas (ed.), *Aristotle's* Rhetoric : *Philosophical Essays*, Princeton, Princeton University Press, 1994, p. 57-96.

4. *Rhét.*, I, 2, 1356 a 14.

5. William W. Fortenbaugh, « On the Composition of Aristotle's *Rhetoric* » (1996), dans *Aristotle's Practical Side. On his Psychology, Ethics, Politics and Rhetoric*, Boston/Leiden, Brill, 2006, p. 399-412.

« puriste », idéaliste et platonicienne, à une conception plus « pratique » de la rhétorique, qui emploie les passions comme *remedial mesures*, adaptées à la sensibilité et à la médiocrité des auditeurs[1].

De fait, selon Fortenbaugh, Aristote reflète une duplicité d'évaluation concernant l'usage de l'appel aux passions déjà présente dans la rhétorique de son époque[2] et, à ce propos, il apporte justement l'exemple de deux discours de Lysias où l'on peut saisir cette double attitude *en acte*.

Le premier est l'un des plus célèbres discours de Lysias, *Sur le meurtre d'Ératosthène*, où Euphiletos oppose à l'accusation de meurtre avec préméditation [*phonos ek pronoias*] la légitimité de son acte en se référant à une loi de Dracon sur l'adultère qui permet au mari outragé de tuer le coupable pris en flagrant délit.

On peut constater, dès les premières lignes de l'exorde, qu'Euphilétos vise indéniablement à produire chez les juges les effets émotionnels de compassion (il n'y a pas le mot, mais c'est sous-entendu) à son égard et d'indignation à l'égard de sa victime :

> Je donnerais beaucoup, Athéniens, pour que vous me jugiez, dans cette affaire, avec les sentiments que vous auriez pour vous-mêmes à ma place. Je suis sûr que si vous regardiez les maux d'autrui du même œil que les vôtres, il n'est personne d'entre vous qui ne s'indignât [ἀγανακτοίη] de l'injure qu'on m'a faite[3].

Mais, plus loin, il oppose le texte de la loi aux mensonges et aux artifices de ceux qui cherchent à susciter la colère des juges :

> Mais, vous le savez, n'est-ce pas, juges, les gens qui n'ont pas le bon droit pour eux ne veulent pas reconnaître que leurs ennemis disent la vérité. En

1. *Cf.* par exemple, *Rhét.*, III, 14, 1415 a 22-35 : « La fonction la plus nécessaire de l'exorde, celle qui lui est propre, est donc de faire savoir à quoi tend le discours [...]. Tous les autres procédés dont on use, ne sont que des remèdes et sont communs à tous [*iatreumata kai koina*]. Les sources dont on les tire sont l'orateur, l'auditeur, l'affaire et l'adversaire. [...] Les procédés visant l'auditeur font appel à divers ressorts : le rendre bienveillant ou le mettre en colère et, quelquefois, le rendre attentif ou l'inverse » ; I, 2, 1357 a 11 : « [...] car le juge est *a priori* un homme simple » ; II, 21, 1395 b 1 : « Si les maximes sont d'une grande aide pour les discours, c'est premièrement parce que les auditeurs sont mal dégrossis ».

2. W.W. Fortenbaugh, « On the Composition of Aristotle's *Rhetoric* », *op. cit.*, p. 392 : « *Apparently the position Aristotle adopts in Rhetoric I, 1 is not only ideal and Platonic ; it is also a reflection of both actual judicial procedure and the artful pratice of the* logographos ».

3. Lysias, *Sur le meurtre d'Ératosthène*, 1 dans L. Gernet et M. Bizot, *Lysias, Discours*, *op. cit.*, t. 1, I, p. 30 ; *cf.* W.W. Fortenbaugh, « On the Composition of Aristotle's *Rhetoric* », *op. cit.*, p. 402 : « *That too is Aristotelian. It illustrates in a single passage what Aristotle has in mind when he speaks of a remedial proem derived from an attempt to create goodwill and to arouse anger* ».

revanche, ils recourent, eux, aux mensonges et aux artifices de ce genre pour susciter la colère de l'auditoire contre ceux qui ont pour eux le droit [ἀλλ' αὐτοὶ ψευδόμενοι καὶ τὰ τοιαῦτα μηχανώμενοι ὀργὰς τοῖς ἀκούουσι κατὰ τῶν τὰ δίκαια πραττόντων παρασκευάζουσι]. Lis d'abord la loi[1].

Par ailleurs, toujours dans l'exorde, Euphilétos exprime son intention de s'en tenir uniquement aux faits :

> Maintenant, juges, j'ai à prouver [ἐπιδεῖξαι] qu'Ératosthène était bien l'amant de ma femme, qu'il l'avait séduite et qu'il déshonorait mes enfants, qu'il s'est introduit dans ma maison pour m'outrager, qu'il n'existait jusque-là, entre lui et moi, aucune inimitié, que je n'ai pas agi pour l'argent, en vue de m'enrichir, et que je n'avais d'autre intérêt que de me faire justice, conformément aux lois. Je vais donc reprendre depuis ses débuts toute mon affaire ; je n'omettrai rien et je dirai la vérité : ma seule chance de salut est de vous dire tout ce qui s'est passé, si je le puis [ἐγὼ τοίνυν ἐξ ἀρχῆς ὑμῖν ἅπαντα ἐπιδείξω τὰ ἐμαυτοῦ πράγματα, οὐδὲν παραλείπων, ἀλλὰ λέγων τἀληθῆ· ταύτην γὰρ ἐμαυτῷ μόνην ἡγοῦμαι σωτηρίαν, ἐὰν ὑμῖν εἰπεῖν ἅπαντα δυνηθῶ τὰ πεπραγμένα][2].

L'autre discours est le *Contre Simon*, qui concerne un cas de blessure avec préméditation avec intention homicide [*dikê traumatos ek pronoias*].

Ici aussi nous trouvons, en étroite succession, le souci de rester dans le *pragma* et l'appel à la compassion.

> J'en aurais long encore à vous dire sur son compte, si la loi ne défendait, à votre tribunal, de sortir de l'affaire [ἀλλ' ἐπειδὴ παρ' ὑμιν οὐ νόμιμόν ἐστιν ἔξω τοῦ πράγματος]. Songez-y au moins : ce sont mes adversaires qui ont pénétré de force dans ma maison, eux qui nous ont poursuivis, eux qui nous ont entraînés brutalement hors de notre route.
> [...] J'aurais donc droit à votre pitié [ἂν ὑφ' ὑμων καὶ ὑπὸ τῶν ἄλλων ἐλεηθείεν] et à celle de tous mes concitoyens, si j'étais frappé comme le veut Simon. Je la mérite déjà, rien que pour avoir été entraîné, à la suite d'incidents de cette nature, dans de pareils procès[3].

Les émotions des juges que l'on trouve évoquées chez Lysias ne sont pas nombreuses : elles se réduisent en fait, pour la plupart des cas, au couple compassion/indignation : la pitié [*eleos*] à l'égard des victimes/la colère et l'indignation [*aganaktein*, *orgê*], parfois la haine [*misein*] à

1. Lysias, *Sur le meurtre d'Ératosthène*, 28 dans L. Gernet et M. Bizot, *Lysias, Discours*, *op. cit.*, t. 1, I, p. 35.

2. *Ibid.*, I, 4 *sq.*

3. *Id.*, *Contre Simon*, 46 et 48 dans L. Gernet et M. Bizot, *Lysias, Discours*, *op. cit.*, t. 1, III, p. 77.

l'égard des oppresseurs, des *hubrizontes*, des ennemis, parfois la honte [*aiskhunê*] à l'égard des victimes de l'*hubris*.

On remarquera que le sentiment fondamental au nom duquel Euphilétos en appelle aux juges est l'indignation pour ce qui lui est arrivé personnellement. Bien que dans le langage oratoire, on considère *aganaktein* comme un synonyme de *orgê* et de *thumos*[1], cette forme d'indignation/colère assume ici une coloration particulière, par rapport à la définition aristotélicienne de la *Rhétorique*, où elle apparaît comme un *pathos* essentiellement individuel, provoqué par une injustice qui atteint notre identité personnelle ou celle de nos proches, de nos amis ou familiers, considérés comme un prolongement de nous-mêmes[2]. L'indignation des juges, en revanche, concerne une injustice qui est arrivée à une autre personne, à un autre citoyen égal à nous, et qui nous concerne dans la mesure où cela aurait pu également nous arriver. La colère des juges doit donc être d'une espèce différente de la colère personnelle, une sorte d'émotion au deuxième degré, indirecte. On pourrait dire que, par rapport à la classification aristotélicienne, elle se rapproche plutôt – sans pourtant s'identifier à aucune d'elles – du trio d'émotions *eleos* [pitié]/*nemesis* [indignation]/*phthonos* [envie][3], qui justement concernent les échecs et les succès immérités qui arrivent aux autres.

Par ailleurs, la stratégie principale de ce discours consiste à transformer un cas privé d'adultère en un cas public d'offense à la communauté ; par conséquent, le meurtre d'Ératosthène n'est pas une vengeance privée [*idia timôria*], mais un acte accompli dans l'intérêt de toute la cité [*huper tês poleôs hapasês*][4]. Dans ce cas, la colère suscitée chez les juges apparaît comme une sorte d'extension et de

1. *Cf.* Danielle S. Allen, *The World of Prometheus. The Politics of Punishing in Democratic Athens*, Princeton, Princeton University Press, 2000, p. 52 et p. 349 n. 6.

2. *Rhét.*, II, 2, 1378 a 31 - b 1 : « Définissons la *colère* comme un désir pénible de vengeance manifeste provoqué par un dédain manifeste en ce qui regarde notre personne ou celle des nôtres, ce dédain n'étant pas mérité. Si c'est bien en cela que consiste la colère, il s'ensuit nécessairement, d'abord que l'on se met toujours en colère contre un individu déterminé, par exemple Cléon, et non pas contre l'homme en général ; ensuite que l'on a fait ou voulu faire contre nous-mêmes ou l'un des nôtres une action déterminée ; en troisième lieu, qu'à tout mouvement de colère est consécutif un plaisir dû à l'espoir de se venger ».

3. *Ibid.*, II, 8-10.

4. Lysias, *Sur le meurtre d'Ératosthène*, 47 *sq.* dans L. Gernet et M. Bizot, *Lysias, Discours*, *op. cit.*, t. 1, I, p. 39.

métamorphose de la colère individuelle en une « colère civique » dirigée contre l'injustice[1].

On peut donc voir ici, dans un plaidoyer exemplaire concernant un délit qu'on pourrait appeler « d'honneur », que l'appel à la colère des juges apparaît comme une procédure déclarée et parfaitement légitime dans la pratique judiciaire en opérant la légitimation publique d'une passion individuelle[2] et la transfiguration d'un cas privé en un cas politique intéressant toute la cité.

Denys d'Halicarnasse souligne cette technique de Lysias[3] : « Tantôt il fait l'éloge des juges, tantôt il dit que l'affaire est d'ordre public, concerne tout le monde et fait partie des affaires dont l'auditoire ne doit pas se désintéresser ». On peut considérer cette technique comme une application du bon usage de l'appel aux passions, dans le sens aristotélicien, c'est-à-dire un appel aux passions maîtrisées par le *logos*. Je n'ai pas trouvé dans la *Rhétorique* d'Aristote de théorisation exacte de cette pratique, mais elle semble relever de la technique d'« amplification » [*auxêsis*] pour montrer l'importance de ce dont on parle, et qu'Aristote insère parmi les éléments de l'épilogue[4] ainsi que dans l'exorde (« ce qui rend les auditeurs attentifs, ce sont les affaires d'importance, celles qui les concernent personnellement, les choses extraordinaires et celles qui leur procurent du plaisir[5] »).

Denys d'Halicarnasse disait que Lysias manquait de force émotive [*peri ta pathê malakôteros*] [6], mais qu'il était imbattable dans les preuves venant des faits [*ta men ek tou pragmatos*], qu'il était capable de les découvrir et de les exprimer mieux que quiconque[7].

Ces caractéristiques stylistiques de Lysias, à savoir la priorité donnée à la présentation et à l'agencement des *pragmata*, d'une part, et l'usage

1. *Cf.* David Konstan, *The Emotions of ancient Greeks*, Toronto/Buffalo/London, University of Toronto Press, 2006, p. 68.

2. Danielle S. Allen, « Angry bees, wasps, and jurors: the symbolic politics of *orgê* in Athens », dans Susanna Braund, Glenn W. Most, *Ancient anger: perspectives from Homer to Galen*, University Press, Cambridge, 2003, p. 76-98, explique l'importance fondamentale de l'appel à la colère des juges par le fait que cette émotion était en réalité une valeur hautement morale, intégrée de manière indissoluble dans les définitions de la loi et de la justice. Allen synthétise bien cette situation dans *The World of Prometheus*, *op. cit.*, p. 62 : « *The practice of punishing transformed a moment of anger into a moment of justice. The mouvement from the anger to justice or from the personal to the political occurred as a negotiation of honor and of status roles within the community* ».

3. Denys d'Halicarnasse, *Les orateurs antiques, Lysias*, II, 17, 3, *op. cit.*, p. 92.

4. *Rhét.*, III, 19, 1419 b 10 *sqq.*

5. *Ibid.*, III, 14, 1415 b 1.

6. Denys d'Halicarnasse, *Les orateurs antiques, Lysias*, II, 19, 5, *op. cit.* ; *cf.* aussi II, 13, 4.

7. *Ibid.*, II, 19, 1.

modéré et rationnel de l'appel aux passions, de l'autre, sont indéniablement très « aristotéliciennes » et suggèrent que Lysias aurait pu constituer aux yeux d'Aristote l'un des modèles privilégiés duquel s'inspirer pour élaborer les principes de sa *tekhnê rhêtorikê*.

La responsabilité de l'acte injuste : préméditation, intention, décision volontaire

Contrairement à la plupart des anciens, le byzantin Photios (IXe s.) dit que Lysias dans beaucoup de discours est *êthikos*, à savoir qu'il a une intention « moralisante » [1]. Pour ce faire, il ne faut pas simplement énoncer les faits [*ta prakhthenta legein*] mais aussi ajouter l'intention [*gnômên*] selon laquelle une action a été accomplie. Le fait d'indiquer la cause de l'action, que ce soit nécessité [*anagkhê*] ou volonté [*proairesis*], est éminemment persuasif. De même, Denys d'Halicarnasse fait rentrer les actions et leurs causes dans les éléments fondamentaux du discours dont aucun n'est négligé par Lysias : « Il ne néglige aucun des éléments du discours : personnages, situations [...] actions elles-mêmes, modalités et causes des actions [*tas praxeis* [...] *tropous te kai aitias autôn*] [2] ».

Or, dans le domaine juridique, la cause de l'action est centrale puisqu'elle s'identifie à la notion de responsabilité qui se dit justement *aitia*.

La définition de la responsabilité dans une action injuste [*adikia*] est étroitement liée aux notions de préméditation [*pronoia*], d'intention [*gnômê, boulêsis, bouleomai*] et décision volontaire [*hekôn, hekousion*]. À ce sujet, deux discours sont particulièrement intéressants : *Contre Simon* (III), que nous avons déjà évoqué, et *Au sujet d'une accusation pour blessure avec préméditation de meurtre. Client et adversaire inconnus* (IV). Ils sont précieux pour nous car ils sont les seules sources que nous possédions sur l'accusation de tentative d'homicide. Il s'agit de cas d'« actions ordinaires pour coups et blessures avec intention de tuer » [*dikê traumatos ek pronoias*]. *Pronoia* est un terme juridique qui a en effet ici un sens très fort : intention de tuer. La peine prévue pour ces cas était sévère, elle comportait le bannissement et la confiscation des biens. L'action relevait de la compétence de l'Aréopage, comme les actions de meurtre volontaire ou prémédité.

1. Photios, *Bibliothèque,* VIII, 262, 488 b 25.
2. Denys d'Halicarnasse, *Les orateurs antiques, Lysias*, II, 15, 2.

Dans ces deux discours, la préoccupation principale de la défense est de chercher à écarter la préméditation [*pronoia*], composante essentielle de la responsabilité d'une action criminelle. Nous lisons dans *Contre Simon* :

> Ainsi donc, citoyens du conseil, je ne suis nullement responsable [*aitios*] de ce qui s'est passé : la preuve en est faite, je crois, suffisamment. [...] Avec cela, je ne voyais pas du tout où était la préméditation [πρόνοιαν] de coups et blessures dans le fait de blesser quelqu'un sans intention de le tuer [μὴ ἀποκτεῖναι βουλόμενος]. Quel est en effet l'homme assez simple pour méditer longtemps [ἐκ πολλοῦ προνοεῖται] à l'avance sur le moyen de blesser un de ses ennemis[1] ?

On voit ici le lien étroit entre préméditation et intention. La première est le terme juridique, que l'on peut démontrer par des faits, elle apparaît comme un calcul où joue le facteur temps. L'intention exprime l'état psychologique qui accompagne l'acte et qui le détermine en tant que crime. Lysias explique justement que la loi ne punit pas l'acte, mais l'intention :

> Évidemment, dans l'esprit de nos législateurs, ce ne sont pas ceux qui, au hasard d'une rixe, se portent des coups à la tête qui méritent l'exil (que de gens alors il aurait fallu bannir !). C'est contre ceux qui, se proposant de tuer, n'ont fait que blesser parce qu'ils n'ont pas pu tuer, c'est contre ceux-là qu'ils ont établi des peines aussi rigou-reuses ; à leurs yeux, c'étaient l'intention et la préméditation qui méritaient un châtiment [ὑπὲρ ὧν ἐβούλευσαν καὶ προὐνοήθησαν, ὑπὲρ τούτων προσήκειν αὐτοῖς δίκην δοῦναι] : si les agresseurs n'ont pas réussi, ils n'en ont pas moins fait tout ce qu'ils pouvaient.
>
> C'est dans ce sens que vous-mêmes avez déjà souvent tranché cette question de la préméditation [περὶ τῆς προνοίας]. Il serait inadmis-sible en effet, que pour avoir blessé quelqu'un dans une de ces rixes causées par l'ivresse, par une querelle, par des insultes, par une rivalité pour un enfant ou une femme, toutes choses que l'on regrette [ὑπὲρ τούτων ὧν, ἐπειδὰν βέλτιον φρονήσωσιν ἅπασι μετα-μέλει] dès qu'on revient à la raison, des citoyens se vissent infliger par vous des châtiments aussi rigoureux, aussi terribles que l'exil[2].

Ce passage montre de manière très claire que, du point de vue juridique, c'est l'intention qui définit la responsabilité, à savoir la culpabilité d'un délit. En revanche, il y a déresponsabilisation quand l'intention manque, comme dans le cas de l'ivresse ou des rixes provoquées par des offenses ou des rivalités. Lysias relie tous ces cas à

1. Lysias, *Contre Simon*, 40 *sq.* dans L. Gernet et M. Bizot, *Lysias*, *Discours*, *op. cit.*, t. 1, III, p. 75 *sq.*

2. *Ibid.*, 42 *sq.* dans L. Gernet et M. Bizot, *Lysias*, *Discours*, *op. cit.*, t. 1, III, p. 75 *sq.*

une sorte d'aveuglement provisoire de la raison. Ce sont pourtant des actions que l'on regrette[1] quand on revient à soi. Cela exclut la préméditation. De même dans le deuxième discours, *Au sujet d'une accusation pour blessure*, nous lisons :

> De fait, on reconnaît que nous allâmes chez des garçons et des joueuses de flûte, étant pris de vin. Cela annonce-t-il de la préméditation ? Pas le moins du monde, à mon sens[2].

Dans un autre discours, *Contre Philon. Examen devant le conseil*, concernant une accusation de ne pas avoir pris part aux luttes politiques dans un moment de malheur pour la cité, Lysias fait appel à la loi non écrite, à une « coutume équitable et universelle » pour expliquer la distinction entre crimes volontaires et involontaires :

> À coup sûr, ceux qui furent empêchés par une infortune personnelle de prendre leur part des dangers que courait alors la cité ont droit à l'indulgence : le malheur n'est jamais volontaire [οὐδενὶ γὰρ οὐδὲν ἑκούσιον δυστύχημα γίγνεται] ; mais ceux qui ont agi de manière délibérée sont inexcusables [οὐδενὶ γὰρ οὐδὲν ἑκούσιον δυστύ-χημα γίγνεται· ὅσοι δε γνώμῃ τοῦτο ἔπραξαν, οὐδεμιᾶς συγγνώμης ἄξιοί εἰσιν] : leur conduite ne fut pas accidentelle mais préméditée. C'est une coutume équitable et universelle [καθέστηκε δέ τι ἔθος δίκαιον πᾶσιν ἀνθρώποις] qui veut que, pour les mêmes crimes, nous nous mettons le plus en colère contre ceux qui avaient le plus la possibilité de ne pas les commettre, tandis que nous pardonnons aux pauvres et aux infirmes parce que nous jugeons leurs fautes involontaires[3].

Dans ce passage, Lysias distingue, pour les mêmes crimes [*adikêmata*], les volontaires des involontaires [*hekousion/akon*]. Sont involontaires, donc sans intention [*gnômê, epiboulê*], ceux qui sont dus à l'infortune. Nous avons vu que dans le passage précédent, étaient considérées non intentionnelles et non préméditées les actions accomplies dans l'ivresse ou dans un conflit. On remarquera qu'ici la *dustukhia* [infortune] est prise en considération comme un empêchement à l'action. Ces passages nous offrent une conception de l'acte injuste et de ses causes qui rappelle de très près les considérations d'Aristote, dans la *Rhétorique,* I, 10-15, où il traite le genre judiciaire et développe

1. Pour le facteur du regret dans les actions involontaires, *cf.* Aristote, *Éthique à Nicomaque,* III, 2, 1110 b 18 [*akousion… en metameleia*].

2. Lysias, *Au sujet d'une accusation pour blessure*, 7 dans L. Gernet et M. Bizot, Lysias, Discours, *op. cit.*, t. 1, IV, p. 80.

3. Lysias, *Contre Philon. Examen devant le conseil*, 10 *sq.* dans L. Gernet et M. Bizot, *Lysias, Discours*, *op. cit.* t. 2, XXXI, p. 176.

justement ces notions à la lumière de leurs conséquences juridiques. Aristote définit ainsi l'acte injuste :

> Mais au préalable, définissons l'acte injuste. Admettons qu'il consiste à nuire volontairement en violation de la loi [ἔστω δὴ τὸ ἀδικεῖν τὸ βλάπτειν ἑκόντα παρὰ τὸν νόμον]. La loi est soit particulière, soit commune. Par loi particulière, j'entends la loi écrite qui régit chaque cité ; par lois communes, celles qui, sans être écrites, semblent être reconnues par le consentement universel.
> Les actions volontaires sont celles que l'on accomplit en sachant ce qu'on fait et sans y être forcé. Toutes les actions volontaires ne proviennent pas d'un choix délibéré, mais tout ce qu'on fait selon un choix délibéré, on le fait en connaissance de cause, car personne n'ignore ce qu'il choisit délibérément [ἑκόντες δὲ ποιοῦσιν ὅσα εἰδότες καὶ μὴ ἀναγκαζόμενοι. ὅσα μὲν οὖν εἰδότες, οὐ πάντα προαιρούμενοι, ὅσα δὲ προαιρούμενοι, εἰδότες ἅπαντα· οὐδεὶς γὰρ ὃ προαιρεῖται ἀγνοεῖ][1].

Plus loin[2], il distingue sept causes de l'acte injuste : (a) les unes sont extérieures à l'agent, et dans ce cas, ce n'est pas lui la cause : il s'agit de la fortune (a.1) [*tukhê*] et de la nécessité [*anagkhê*], qui est tantôt constriction (a.2) [*bia*] tantôt nature (a.3) [*phusei*] ; (b) les autres, internes à l'agent et dont l'agent est responsable [*aitios*], sont : (b.1) l'habitude [*êthos*], (b.2) le désir [*horexis*] rationnel, à savoir le raisonnement [*logismos*], et les deux formes de désir irrationnel, (b.3) l'emportement [*thumos*], (b.4) le désir [*epithumia*].

Aristote montre, plus loin, que la qualification [*epigramma*] [3] d'un délit est déterminée par l'intention. Il donne l'exemple d'un délit de *hubris*[4] :

> En effet, la méchanceté et l'injustice de l'acte résident dans l'intention [ἐν γὰρ τῇ προαιρέσει ἡ μοχθηρία καὶ τὸ ἀδικεῖν] ; et les termes de ce genre signifient l'intention, par exemple les termes « outrage » et « vol » ; car outrager n'est pas dans tous les cas frapper, mais frapper pour une fin déterminée, par exemple le déshonneur de celui que l'on frappe ou sa propre jouissance[5].

1. *Rhét.*, I, 10, 1368 b 6-12.
2. *Ibid.*, I, 10, 1368 b 32.
3. *Ibid.*, I, 10, 1374 a 1.
4. Selon Nicolas Ralph Edmund Fisher, *Hybris. A Study in the Value of Honor and Shame in ancient Greece,* Warminster, Aris & Philips, 1988, le *focal meaning* de la notion grecque de *hubris* – à la fois légal, politique et moral – est justement exprimé par la définition aristotélicienne de la *Rhétorique* d'insulte délibérée (II, 2, 1378 b 23-25).
5. *Rhét.*, I, 10, 1374 a 11.

Aristote offre évidemment dans la *Rhétorique* des définitions systématiques, plus précises et structurées que les notions que nous avons vues chez Lysias dont les distinctions terminologiques et conceptuelles sont naturellement plus souples et plus floues. Aristote emploie ici la notion définie de *proairesis*, de choix délibéré, qui est le pendant, en termes de philosophie morale, de la notion strictement juridique de préméditation [*pronoia*]. En outre, Aristote montre qu'entre action volontaire et choix délibéré, il n'y a pas de correspondance réciproque : si toutes les actions qui proviennent d'un choix délibéré sont volontaires, cela ne signifie pas que toutes les actions volontaires proviennent d'un choix délibéré. Aristote élabore de manière encore plus approfondie et détaillée ces distinctions à l'intérieur de la catégorie des actes volontaires dans l'*Éthique à Nicomaque* III et V, 10, où il analyse les notions de juste et de volontaire. Aristote détaille les actes dommageables [*blabai*] à la lumière de cette distinction entre actes volontaires avec intention et sans intention[1]. Il distingue ainsi : (a) les actes involontaires [*akousia*] qui ont comme cause l'ignorance (le principe peut résider en nous ou venir du dehors), ce sont les torts (fautes, méprises) ; (b) les actes volontaires [*hekousia*], ce sont les actes injustes. Mais (b.1) « Quand l'acte est fait en pleine connaissance, mais sans délibération préalable [ὅταν δε εἰδὼς μὲν μὴ προβουλεύσας δέ], c'est un acte injuste, par exemple tout ce qu'on fait par colère, ou par quelques autres de ces passions qui sont irrésistibles ou qui sont la conséquence de l'humaine nature (car en commettant ces torts et ces fautes les hommes agissent injustement, et leurs actions sont des actions injustes, bien qu'ils ne soient pas pour autant des êtres injustes ni pervers, le tort n'étant pas causé par méchanceté[2]) ». (b.2) « Mais quand l'acte procède d'un choix délibéré, c'est alors que l'homme est injuste et méchant [ὅταν δ' ἐκ προαιρέσεως, ἄδικος καὶ μοχθηρός] [3] ».

On remarquera que dans cette description, l'individu qui commet une injustice sous l'emprise de la colère n'est pas lui-même injuste. Aristote accentue ultérieurement cet aspect de la colère de manière paradoxale :

> De là vient que les actes accomplis par colère sont jugés à bon droit comme faits sans préméditation [*ouk ek pronoias*], car ce n'est pas celui qui agit par colère qui est le véritable auteur du dommage, mais bien celui qui a provoqué sa colère. En outre, le débat ne porte pas sur la question de savoir s'il s'est produit ou non un fait dommageable, mais s'il a été causé justement [*peri tou dikaiou*] (puisque c'est l'image d'une injustice qui déclenche la colère) [4].

1. Aristote, *Éthique à Nicomaque* (désormais cité *Éth. Nic.*), V, 10, 1135 b 8 *sqq*.
2. *Éth. Nic.*, V, 10, 1135 b 19-24.
3. *Ibid.*, V, 10, 1135 b 25.
4. *Ibid.*, V, 10, 1135 b 25-29.

Ce passage est étonnant puisqu'il semble contredire le caractère volontaire de l'action accomplie sous l'effet de la colère. Du point de vue éthique, on pourrait comprendre ce déplacement du principe de l'action injuste faite sous l'emprise de la colère au sens métaphorique : on peut dire seulement du point de vue de la délibération que l'*arkhê* de l'action est dans celui qui a provoqué la colère chez quelqu'un, lequel a réagi en commettant, lui, une action injuste volontairement mais sans intention délibérée. Mais l'on peut aussi interpréter ce passage comme un problème juridique et supposer qu'Aristote fait ici allusion à un contexte de droit pénal, et notamment au jugement (*cf. krinetai*) d'une agression (voire d'un meurtre) commise sous l'effet de la colère en réaction à une injustice infligée délibérément[1]. Aristote explique ici en termes éthiques et psychologiques, c'est-à-dire philosophiques, la « déresponsabilisation » légale de la colère provoquée par une injustice.

CONCLUSIONS : LYSIAS ET ARISTOTE

M. Bizot écrit que les plaidoyers de Lysias, tout comme les comédies d'Aristophane et les dialogues de Platon, offrent à l'historien des mœurs un tableau pittoresque de la vie d'Athènes car ils font défiler sous ses yeux les types les plus divers de la société d'alors et, en particulier, permettent de se représenter, en rassemblant les traits avantageux que l'orateur prête à ses clients, le type de l'Athénien idéal [*kalos kagathos*] tel qu'on le concevait à cette époque[2].

Il me semble que les discours de Lysias nous offrent beaucoup plus : ils ne sont pas seulement une source précieuse pour l'anthropologue ou l'historien des mœurs, mais aussi pour l'historien de la philosophie morale.

Nous avons vu qu'il y a beaucoup de convergences entre Lysias et Aristote, non seulement en ce qui concerne la *tekhnê rhêtorikê* (la double évaluation de l'appel aux passions, l'emploi de *tekhmêrion,* le grand nombre d'occurrences chez Lysias du verbe *enthumeomai*), mais aussi, et surtout, dans les présupposés éthiques : ce qui montre qu'Aristote puisa beaucoup dans le langage judiciaire et dans les valeurs de la morale légale et non écrite, non seulement pour bâtir la *Rhétorique*, qui d'ailleurs n'était pas une nouveauté absolue comme il le dit lui-même, mais aussi, la discipline

1. *Cf.* par exemple Trevor J. Saunders, *Plato's Penal Code, Tradition, Controversy, and Reform in Greek Penology*, Oxford, Oxford University Press, 1991, p. 225 n. 24 : « *Is a report of jurisprudential opinion, common opinion, or legal practice, and what relevance it has to homicide law in particular* ».

2. L. Gernet et M. Bizot, *Lysias, Discours*, *op. cit.*, t. 1, Introduction, p. 9.

éthique, qui, elle, était une discipline totalement nouvelle et en construction. En effet, il est tout à fait naturel qu'Aristote cherche à exprimer ses concepts en employant différents registres de langages, et notamment ceux appartenant à des domaines « proches » et apparentés. Par ailleurs, la législation, selon l'archi-tectonique aristotélicienne, est une fonction de la politique, qui implique l'éthique et est, en un certain sens, identique à elle. Il est significatif que, tout au début du livre III de l'*Éthique à Nicomaque*, en abordant la notion d'acte volontaire, Aristote montre le lien étroit qui subsiste entre réflexion morale et juridiction pénale :

> Puisque la vertu concerne à la fois des passions et des actions [περὶ πάθη τε καὶ πράξεις], et que l'éloge ou le blâme sont attribués pour les passions et les actions volontaires, alors que celles involontaires provoquent l'indulgence et parfois même la pitié [ἐπὶ μὲν τοῖς ἑκουσίοις ἐπαίνων καὶ ψόγων γινομένων, ἐπὶ δὲ τοῖς ἀκουσίοις συγγνώμης], il est sans doute indispensable, pour ceux qui font porter leur examen sur la vertu, de distinguer le volontaire de l'involontaire ; et cela est également utile aux législateurs pour établir les récompenses et les châtiments[1].

Il est à présent légitime de se demander quelle connaissance pouvait avoir Aristote de Lysias.

De fait, Aristote ne nomme jamais Lysias. Il cite dans la *Rhétorique*[2] la *Défense d'Iphicrate* que Denys attribue à Lysias[3] et mentionne un passage de l'*Oraison funèbre* pour les morts en défendant les Corinthiens provenant du corpus de Lysias, mais sans le citer[4]. En outre, les derniers mots de la *Rhétorique :* « J'ai parlé, vous avez écouté, vous connaissez les faits, jugez [εἴρηκα, ἀκηκόατε, ἔχετε, κρίνατε] [5] » semblent un écho de la fin de *Contre Ératosthène* : « Vous avez écouté, vu, souffert, vous connaissez les faits, jugez [ἀκηκόατε, ἑωρακάτε, πεπόνθατε, ἔχετε, δικάζετε] [6] ». Aristote (384-322) connaissait sans doute les discours prononcés par Lysias (440-360) : celui-ci appartenait à la génération immédiatement précédente et, si l'on s'en tient à Denys d'Halicarnasse, il était considéré comme le meilleur auteur de logographie judiciaire. On peut donc imaginer qu'à l'époque où Aristote rédigeait la *Rhétorique*, les discours judiciaires de Lysias formaient déjà une tradition bien attestée. Mais alors pourquoi Aristote ne le nomme-t-il jamais ? Selon Dover, cela n'est pas étonnant. Aristote a l'habitude de nommer le personnage qui parle, comme

1. *Éth. Nic.*, III, 1, 1109 b 33-35.
2. *Rhét.*, II, 23, 1398 a 9.
3. Denys d'Halicarnasse, *Les orateurs antiques, Lysias,* II, 12, 6.
4. *Rhét.*, III, 10, 1411 a 31.
5. *Ibid.*, III, 19, 1420 a 8.
6. Lysias, *Contre Ératosthène*, 100 dans L. Gernet et M. Bizot, *Lysias*, *Discours*, *op. cit.*, t. 1, XII, p. 186.

« Socrate » ou « Achille », sans mentionner ni Platon ni Homère. Il n'a donc pas de raison de citer Lysias dont les écrits étaient connus de tous[1].

En effet, il est rare qu'Aristote nomme des auteurs de discours judiciaires ou bien délibératifs dans la *Rhétorique*, alors qu'il cite des auteurs de discours épidictiques[2]. En tout cas, mis à part le fait de savoir pourquoi Aristote ne le nomme pas tout en faisant allusion à lui, Lysias constitue, à mon avis, un modèle privilégié, un chaînon, une étape fondamentale de la réflexion et de la constitution des principes éthiques et juridiques auxquels Aristote donnera une systématisation définitive dans son éthique[3].

À ma connaissance, une enquête systématique sur Lysias comme source de l'éthique d'Aristote n'a jamais été faite jusqu'à présent. Les interprètes se sont contentés de relever des convergences ponctuelles et, naturellement, dans la *Rhétorique*. En revanche, une enquête sur la contribution de la rhétorique judiciaire à la constitution de l'éthique aristotélicienne pourrait être du plus grand intérêt, et nous aider peut-être à mieux comprendre la constitution du corpus d'Aristote et les rapports entre l'éthique et la *tekhnê rhêtorikê*[4].

1. K. Dover, *Lysias and the* Corpus Lysiacum, *op. cit.* p. 25.

2. Selon Jeremy C. Trevett, « Aristotle's Knowledge of Athenian Oratory », *Classical Quarterly* 46, 1992, p. 371-379, la raison de ce silence sur la rhétorique judiciaire réside dans le fait qu'elle était considérée par Aristote comme marginale et méprisable et ne rentrait pas dans le bagage culturel de l'homme cultivé. Donc ses élèves n'étaient pas censés connaître ces ouvrages. Cela me semble en contradiction avec la place qu'Aristote consacre au genre judiciaire dans la *Rhétorique* et avec l'importance que les notions issues du judiciaire ont dans l'éthique aristotélicienne. D'autre part, l'homme cultivé, le citoyen, auquel s'adresse l'enseignement d'Aristote dans la *Rhétorique*, pouvait très facilement se retrouver dans un tribunal populaire, ou bien engagé dans une accusation ou une défense, ce qui rendait très utile la connaissance des discours de rhétorique judiciaire.

3. Je ne partage pas sur ce point la position de Carl Joachim Classen, « Principi e concetti morali nella *Retorica* di Aristotele », *Elenchos* 1, 1989, p. 3-22, selon laquelle Aristote, dans la *Rhétorique*, tout en utilisant des arguments éthiques – de manière bien sûr finalisée par la persuasion – ne fait pas appel à ses recherches et à ses réflexions systématiques sur l'éthique, mais à la morale populaire, à l'éthique des *polloi*. À mon avis, Aristote construit l'éthique en s'appuyant justement sur la morale populaire, en puisant en grande partie dans la rhétorique judiciaire. Il n'y a donc pas une véritable séparation entre les valeurs morales postulées dans la *Rhétorique* et les théorisations de l'éthique. La différence sera plutôt formelle : dans la *Rhétorique,* Aristote s'exprime de manière plus simple, sans développer les aspects ontologiques, en employant des notions qui ne sont, comme il le déclare lui-même, « ni obscures, ni exactes » [*mête asapheis, mête akribeis*, I, 11, 1369 b 31 *sq*.].

4. De fait, il s'agit du programme de recherche indiqué par Dover lui-même dans son *Greek Popular Morality*, *op. cit*., *Preface,* p. XI-XII, quand il explique qu'il s'est limité volontairement à présenter les données relatives à la morale populaire issues essentiellement de l'oratoire judiciaire et de la comédie afin de laisser aux philosophes la tâche d'étudier le lien entre ces données et la philosophie morale proprement dite, à savoir celle de Platon et d'Aristote.

ARISTOTE RHÉTEUR ?

Pierre CHIRON

Aristote rhéteur[1] ? La question est peut-être encore sacrilège pour certains, mais elle se pose bel et bien, tant est décisive l'influence du philosophe sur la rhétorique postérieure[2], et tant sont ambivalents les rapports qu'il entretient avec la tradition technique antérieure à sa *Rhétorique*. Il a reconnu l'existence de prédécesseurs dans ce domaine – et non en dialectique[3] –, il a compilé leurs manuels – dans un recueil hélas perdu[4] –, et s'ils les critique souvent sans indulgence, il reprend bon nombre de leurs préceptes.

La comparaison avec la *Rhétorique à Alexandre*[5], traité contemporain entièrement centré sur l'obtention d'un résultat et particulièrement

1. Précisons d'emblée que nous utilisons ce terme dans son acception initiale, antérieure à la distinction entre métadiscours technique et pratique de l'éloquence (*cf.* Laurent Pernot, *La Rhétorique dans l'Antiquité*, Paris, Le Livre de Poche, 2000, p. 8). Par la question « Aristote rhéteur ? », nous suggérons qu'Aristote s'est intéressé de très près à l'enseignement de la pratique de l'art oratoire. Précisons aussi qu'en employant le mot « pratique », nous n'entendons pas « professionnel », ce que personne ne revendiquait à l'époque classique, la démocratie, par principe, condamnant la professionnalisation des fonctions d'intérêt collectif, d'où la piètre opinion réservée aux synégores, logographes et autres activistes, *cf.* Pseudo-Aristote, *Rhétorique à Alexandre*, 1437 a 34 *sqq.* ; 1442 b 12 *sqq.* ; 1444 a 18 *sqq.*

2. Sur cette place de la *Rhétorique* dans l'ensemble de la tradition rhétorique, voir par exemple William W. Fortenbaugh, chap. 9 « Aristotle's Art of Rhetoric », dans Ian Worthington (ed.), *The Blackwell Companion to Greek Rhetoric*, Malden/Oxford/Carlton, Blackwell, 2007, p. 107-123.

3. Dans le chapitre 34 et dernier des *Réfutations sophistiques*.

4. Voir la notice « Aristote de Stagire » dans Richard Goulet (dir.), *Dictionnaire des Philosophes Antiques* (désormais cité *DPhA*), Paris, CNRS Éditions, 1994, I, p. 427.

5. Pierre Chiron (texte et traduction), Pseudo-Aristote, *Rhétorique à Alexandre*, Paris, Les Belles Lettres, « Collection des Universités de France », 2002. Sur le souci d'efficacité, peu regardant sur le choix des moyens, qui caractérise ce traité, voir Antoine

peu spéculatif[1], montre l'existence d'un important corpus commun de procédés, de termes techniques, voire de propositions pouvant servir de prémisses dans les domaines judiciaire ou délibératif.

On pourrait être tenté de réduire cet intérêt d'Aristote pour la réalité trop humaine de la persuasion à une tolérance condescendante. Il faudrait considérer comme de faible portée les nombreuses formules où il concède à la médiocrité du public la prise en compte des moyens de persuasion les plus éloignés de la démonstration du fait[2], ou le corpus de propositions constitué par les *endoxa*, opinions validées provisoirement ou faute de mieux – la matière traitée ne disposant pas de propositions nécessaires – par un consensus large ou l'autorité de quelques sages[3], ou encore certaines considérations moralement contestables[4], legs d'une discipline constituée indépendamment des sciences architectoniques (éthique, politique) et donc incapable de se réguler sans elles.

Mais en rester là serait ignorer un fait capital : la refonte du projet initial de la *Rhétorique*, opérée en cours de travail, qui a occasionné un véritable « redémarrage » du propos au chapitre 2 du Livre premier, sur des bases beaucoup plus larges, incluant, à côté de la persuasion par le *logos* (l'enthymème), celle qui procède de moyens naguère condamnés sans appel, la persuasion par l'image du locuteur (*êthos*) et par les émotions du public (*pathos*). De là une superstructure entièrement renouvelée : l'addition de la plus grande partie du Livre II et, finalement, une théorie générale qui recouvre tous les aspects de la pratique sans exclusive, jusqu'à la « mise en voix » du discours (en grec *hupokrisis*), dont l'effet – pourtant contestable dans son principe – est reconnu comme décisif[5], en passant par la « mise en mots », ou étude du

C. Braet, « On the Origin of Normative Argumentation Theory: The Paradoxical Case of the *Rhetoric to Alexander* », *Argumentation* 10, 1996, p. 347-359, en particulier p. 348 : « *Even a superficial inspection of this book discloses a great many techniques designed to arouse emotions and a variety of other fallacies. Nor does it attempt to disguise its opportunism : the important thing is to win the case, at whatever cost and by whatever means* ».

1. La rhétorique, par exemple, n'y est pas définie, et le mot même n'apparaît que dans le titre qui, selon toute probabilité, est apocryphe. Cela dit, il n'est pas impossible que l'auteur de ce traité, profondément influencé par Isocrate, se soit voulu « philosophe », au sens isocratique du terme. Le chap. 37 du traité, visant à faire de la formation technique l'armature d'un programme complet de formation, va dans ce sens. Mais il faut bien dire que, partout ailleurs, le souci d'efficacité immédiate est omniprésent.

2. Voir par exemple Aristote, *Rhétorique* (désormais cité *Rhét.*), I, 1, 1355 a 27 *sq.* ; I, 9, 1367 b 4 ; III, 1, 1403 b 35, 1404 a 8.

3. *Id.*, *Topiques*, I, 1, 100 b 21.

4. Voir notre article, « La *Rhétorique* d'Aristote est-elle un traité de rhétorique ? » dans Lucia Calboli Montefusco (ed.), *Papers on Rhetoric* IX, 2008, p. 77-90.

5. *Rhét.*, III, 1, 1403 b 21 *sqq.*

style [*lexis*], qui – elle aussi illusoire *a priori*[1] – occupe pourtant plus de la moitié du Livre III (chap. 2-12). Il n'est jusqu'à la seconde partie de ce dernier livre, consacrée aux parties du discours (III, chap. 13-19), qui ne soit elle aussi difficilement compatible avec certains jugements radicaux du chapitre initial[2].

Bref, on a le sentiment que le projet même d'Aristote a été profondément repensé en cours de route[3], éloigné d'un certain « puritanisme » platonicien, rapproché tant de la théorie que de la pratique contemporaines de l'art oratoire, et que la majeure partie de la substance définitive du traité dérive de ce changement.

Certaines raisons de cette refonte sont assez obvies : comme l'écrit Michel Patillon, « Aristote constate le fait rhétorique et son importance dans les rapports sociaux[4] » et l'on ne saurait exagérer le rôle de la maîtrise de la parole dans l'Athènes classique, tant comme instrument du pouvoir que comme moyen de défense.

De façon plus triviale, la lecture d'un manifeste comme le *Contre les sophistes* d'Isocrate ouvre des perspectives sur la compétition entre écoles, exacerbée depuis le début du IVe siècle par l'augmentation de leur nombre, d'où une baisse des tarifs pratiqués. Qui dit concurrence économique dit certainement souci de « *marketing* ». La *Rhétorique*, on le sait, a été composée sur plusieurs décennies et pour des publics différents, par le niveau et par les motivations. On a de bonnes raisons de penser que, sur ce marché de la formation des élites, Aristote a dû pour s'imposer s'attacher à l'enseignement de la pratique la plus décisive dans ce domaine, celle de l'éloquence. La chose est attestée dans le cadre de l'Académie[5], et probable lors du second séjour à Athènes.

À cela s'ajoute sans doute une urgence dérivée du contexte immédiat : lorsque Aristote en disgrâce revient dans la cité en 335, il est en délicatesse avec l'un et l'autre camp, tant les démocrates que les amis d'Alexandre. Athènes vibre encore de la querelle au sommet, ranimée par l'affaire de la couronne, entre Démosthène et Eschine et des débats plus feutrés autour du panhellénisme isocratique. On interprète souvent cette période comme l'agonie de la liberté des cités. C'est une réalité,

1. L'effet du travail du style relève de la *phantasia* (*ibid.*, 1404 a 11).

2. *Rhét.*, III, 1, 1354 b 16-20.

3. Précisons que, sans en contester la légitimité, nous n'entrons pas ici dans des considérations génétiques. La façon dont est rédigée la transition entre les chapitres 1 et 2 laisse ouverte la possibilité d'un changement d'algèbre volontaire, un « faisons comme si… » conforme à l'usage des dialecticiens, *cf. infra*.

4. *DPhA* I, art. cit., p. 451.

5. *Cf.* Anton-Hermann Chroust, « Aristotle's earliest *Course of lectures on rhetoric* », *L'Antiquité classique* 33, p. 58-72.

mais la prise de conscience de cette mutation ne fut pas immédiate : Athènes sera prête bientôt, à la mort d'Alexandre, à prendre les armes lors de la « guerre lamiaque » pour recouvrer son autonomie.

À cette époque, l'art oratoire, récemment illustré par Démosthène tant dans son versant délibératif (harangues) que polémique (plaidoyers politiques), dans une Athènes plus menacée encore dans son existence que déchirée par des querelles intestines, ne pouvait plus être caricaturé sous les traits d'un Polos. Une fusion aussi dramatique entre destin individuel et destin commun, avec la parole comme ressort principal de la décision collective, contribuait à renforcer la place et le rôle de la rhétorique d'action[1] et conduisait à l'aborder non pas seulement en théoricien, attentif à promouvoir la pratique au rang de technique au sens philosophique du terme (c'est-à-dire soumise à un *telos*, dotée d'une méthode et d'un ensemble de définitions et de divisions dûment hiérarchisées), mais aussi en praticien, aspirant à maîtriser lui-même cette technique et à communiquer cette maîtrise à des aspirants-politiciens.

Cela fait de la *Rhétorique* un ouvrage « atypique[2] », tantôt purement théorique, tantôt plus pragmatique. Le chaotique début du Livre III est particulièrement représentatif de cette attitude complexe[3] : devant servir d'articulation entre deux premiers livres dépendant eux-mêmes d'options largement contradictoires et un troisième qui n'est légitime que selon une seule de ces options, il oscille entre un puritanisme fidèle à l'*incipit* de l'ouvrage et des compromissions assumées.

Car, dans ces oscillations mêmes, Aristote reste un philosophe. Ces options qui s'affrontent à propos du principal *medium* socio-politique sont des options réfléchies et les adaptations qui en dérivent ne sont ni ponctuelles ni de circonstance. Ce que nous voudrions mettre en relief ici est la richesse et la profondeur de la refonte opérée en réexaminant[4]

1. On notera que les deux grands traités du milieu du IVe siècle, les premiers traités systématiques conservés, la *Rhétorique* d'Aristote (I, I, 1354 b 23 *sqq*.) et la *Rhétorique à Alexandre* (1421 b 7 *sqq*.), s'accordent pour donner la priorité à l'éloquence d'assemblée sur le judiciaire, contrairement aux usages antérieurs.

2. *Cf.* A.C. Braet, « On the Origin… », art. cit.

3. Nous n'abordons pas ici le problème posé par la liste des œuvres d'Aristote fournie par Diogène Laërce : elle mentionne séparément (n° 78 et 87) les trois livres comme des œuvres distinctes (un *Art rhétorique* en deux livres, un traité *Du Style* en deux livres), *cf. DPhA* I, art. cit., p. 452 *sq*. Certains ont pensé que les sutures seraient l'œuvre d'un « assembleur » et non d'Aristote, mais il s'avère qu'elles n'offrent aucun trait linguistique ou stylistique qui les rende suspectes.

4. Pour une vue d'ensemble des débats sur cette question, voir notamment Christoph Rapp (übersetzt und erlaütert von), *Aristoteles, Rhetorik*, Berlin, Akademie Verlag, 2002, I, p. 172 *sqq*. ; II, p. 107 *sqq*.

les tensions qui opposent les deux premiers chapitres de l'ouvrage et qui fournissent à nos yeux l'une des clefs les meilleures pour l'interprétation de l'ensemble de l'œuvre : on y assiste, croyons-nous, non à un exposé dogmatique figé sur des contradictions insolubles, mais à la mise en scène, à l'*epideixis* d'un débat contradictoire élaboré avec tout le recul nécessaire, sur une question d'actualité, avec le lecteur comme témoin, sinon comme juge.

Le premier chapitre de la *Rhétorique* distingue très strictement trois paramètres de la relation rhétorique : le fait, l'orateur, le juge. Même si cette relation vaut en droit[1] pour tous les genres oratoires (le fait est passé ou futur – donc d'ordre judiciaire ou délibératif –, l'orateur est ou bien politicien, ou bien plaideur, le mot juge [*kritês*] est pris au sens large, réunissant le citoyen appelé à voter lors d'une réunion de l'assemblée et le juré [*dikastês*], membre d'un tribunal populaire), plusieurs indices attestent la prégnance du paradigme judiciaire, à commencer par l'homologie initiale entre la rhétorique et la dialectique, où la première est représentée par l'accusation et la défense[2].

Ainsi s'explique la tonalité très critique de ce premier chapitre : la rhétorique contemporaine, théorie et pratique, y est condamnée tout entière au nom d'un modèle qui n'a encore aucune existence ou presque et auquel Aristote semble donner naissance sous nos yeux. Le rôle de l'orateur s'y borne à l'établissement du fait à l'aide de l'enthymème. Le juge est chargé de qualifier ce fait en fonction de la loi, tâche rendue nécessaire par l'impossibilité où se trouve le législateur de prévoir tous les cas possibles[3]. Il est de la plus haute importance de ne pas mélanger les fonctions de l'orateur et du juge sauf à « tordre la règle dont on va se servir[4] ». Hélas, constate Aristote, tous les auteurs de *tekhnai* se détournent de l'enthymème pour enseigner à l'orateur une tâche qui n'est pas la sienne : exciter les passions des juges afin d'interférer dans leur jugement. La tendance naturelle qui mène les hommes jusqu'à la vérité[5] est ainsi dévoyée. Non contente de viser à côté de la cible, la rhétorique contemporaine exerce une influence perverse.

1. *Rhét.*, I, 1, 1354 b 22 *sq*.

2. *Ibid.*, I, 1, 1354 a 5 *sq*.

3. D'où le caractère général de la loi. Voir déjà Platon, *Politique*, 294 a 10 *sqq*.

4. *Rhét.*, I, 1, 1354 a 25 *sq*. Nous nous référons au texte grec de l'édition Rudolf Kassel (Berlin/New York, W. de Gruyter, 1976). Les traductions sont nôtres : Pierre Chiron (présentation et traduction), *Aristote, Rhétorique*, Paris, Flammarion, coll. « Garnier Flammarion », 2007.

5. *Ibid.*, I, 1, 1355 a 15-17.

Ce qui est remarquable dans ce chapitre, outre la place prise par le contre-modèle judiciaire et la constatation corollaire d'un vide dans le domaine délibératif où la rhétorique pourrait véritablement s'illustrer[1], est le point de vue adopté : intellectualiste, dépendant en dernière analyse d'une instance extérieure intemporelle, incarnée dans l'idéal par le législateur, et à défaut par un juge de circonstance[2]. Celui-ci procède – ou devrait procéder – par juxtaposition de la règle et du fait. Sa tâche se résume à établir la conformité ou la déviance de l'un par rapport à l'autre puis, mécaniquement en quelque sorte, à acquitter le prévenu ou mettre en œuvre la sanction prévue par la loi. Aristote constate la difficulté de se conformer réellement à ce modèle, mais fait état de précédents qui attestent sa faisabilité : dans certaines cités par exemple, il est interdit au plaideur de « parler en dehors du fait », et à Athènes même, à l'Aréopage, tribunal prestigieux où se jugent les affaires de meurtre, ce principe est réellement appliqué[3].

L'intellectualisme se double d'une sorte d'optimisme ou de candeur sur le plan moral : la rhétorique – comme la dialectique – peut déduire les contraires, mais il ne faut pas persuader de ce qui est mal[4], l'homme est doué naturellement pour la vérité et y parvient la plupart du temps, le vrai et le juste ont naturellement plus de force que leurs contraires[5], etc.

Les innovations du chapitre suivant sont tout sauf anodines. On a signalé cette spectaculaire extension du domaine de la technique rhétorique de plein droit à l'*êthos* et au *pathos*, mais d'autres changements plus discrets sont tout aussi révélateurs d'un changement radical de point de vue. Le premier chapitre commençait par une assertion (« La rhétorique est... »), le second par un postulat (« Posons que la rhétorique est... ») annoncé comme un changement de règle du jeu (« Enchaînons sur la suite après avoir, comme si nous reprenions du début, redéfini ce qu'est la rhétorique ») [6]. Tout se passe comme si Aristote, avec des pincettes peut-être, mais en dialecticien honnête, se faisait l'avocat du diable.

Autre fait marquant, Aristote rétablit l'équilibre entre les genres et tend même, quand il est le plus spécifique, à privilégier le délibératif sur le judiciaire. Fait plus notable encore, il introduit une seconde image,

1. *Rhét.*, I, 1, 1354 b 22 *sqq*.

2. La doctrine est la même que dans l'*Éthique à Nicomaque*, V 14, 1137 a 22 *sqq*. Le juge ne doit dire que ce que dirait le législateur s'il était là ou ce qu'il aurait dit s'il avait connu le cas.

3. *Rhét.*, I, 1, 1354 a 18 *sqq*.

4. *Ibid.*, I, 1, 1355 a 31.

5. *Ibid.*, I, 1, 1355 a 21 *sq*.

6. *Ibid.*, I, 1, 1355 b 23-25.

toute différente, pour rendre compte de la relation entre la rhétorique et la dialectique. À la relation initiale d'homologie, de symétrie parfaite (*cf. antistrophos*, 1354 a 1[1]), entre les deux disciplines, il substitue l'image d'une sorte de rejeton [*paraphues*] [2], d'origine identique ou proche, mais se développant clairement *para-*, c'est-à-dire à côté de la dialectique, et éventuellement – selon un usage de la langue grecque qui nous est familier grâce au mot paradoxe – contre elle. Aristote semble assumer ainsi le fait que la rhétorique soit sinon un dévoiement de la dialectique, du moins une méthode distincte de cette dernière dans ses buts et dans ses moyens.

D'autre part, le premier chapitre était marqué par une certaine impersonnalité. Au chapitre 2, le « je » apparaît en plus du « nous » et, dans un passage où Aristote adopte un point de vue interne, celui du récepteur dans la relation de persuasion, ce qui est assez rare, on trouve cette phrase qu'on ne concevrait pas dans le chapitre précédent et qui contribue à donner tout leur sens aux changements apportés ici. Il s'agit de l'*êthos*, au moment de la première apparition de ce terme – important s'il en est – dans le traité, le premier chapitre n'utilisant, d'une manière assez floue, que le terme *pathos*. Son effet est ainsi commenté : « Il y a persuasion par le caractère [*êthos*] quand le discours est ainsi fait qu'il rend celui qui parle digne de foi. Car nous faisons confiance plus volontiers et plus vite aux gens honnêtes [*epieikeis*] [3], sur tous les sujets tout bonnement, et même résolument sur les sujets qui n'autorisent pas un savoir exact et laissent quelque place au doute[4] ».

On se souvient que, dans le chapitre précédent, Aristote déplorait que le législateur ne puisse prévoir tous les cas possibles et doive laisser un espace d'initiative au juge forcément moins éclairé et plus pressé. Il faut rappeler ici la définition de l'*epieikeia* donnée dans *l'Éthique à Nicomaque* : c'est la « correction du juste légal », ou du « juste tel que défini par la loi » [5]. L'espace, sinon la contradiction – que l'on songe à l'histoire d'Antigone –, entre ce que dictent dans le cas présent la loi

1. *Rhét.*, I, 1, 1354 a 1.
2. *Ibid.*, I, 2, 1356 a 25.
3. La traduction de *epieikês, epieikeia* par « honnête », « honnêteté », n'est guère satisfaisante eu égard à la richesse des acceptions de l'original (voir, ici et *infra*, nos oscillations pour l'adjectif entre « honnête », « normal », compréhensif »...), mais elle est préférable au traditionnel « équitable », « équité » qui introduit un sème d'égalité absent du grec (*cf.* Michel Narcy « L'équité chez Aristote : suspendre ou interpréter la loi ? », *Mélanges de l'Université Saint-Joseph* 61, 2008, p. 359-372, en particulier p. 360).
4. *Rhét.*, I, 2, 1356 a 5-8.
5. Aristote, *Éthique à Nicomaque* (désormais cité *Éth. Nic.*), V, 14, 1137 b 12 *sq.* Texte Ingram Bywater, Oxford, Clarendon Press, 1894 [1962] ; traduction Richard Bodéüs, Paris, Flammarion, coll. « Garnier Flammarion », 2004.

écrite ou particulière et une justice plus universelle, devient l'objet d'une compétence reconnue, qui joue un rôle essentiel dans la relation de persuasion. Dans notre formule « compétence reconnue », le deuxième terme est aussi important que le premier. Celui qui veut persuader par l'*êthos* doit *se faire reconnaître comme* ayant compétence, *donner l'impression* qu'il a le talent de combler les vides de la loi, sinon de produire un jugement qui sera meilleur que la justice elle-même, et c'est cette impression, correspondant ou non à une réalité, qui produira la persuasion par le biais de la confiance. Dans la suite du passage, Aristote précise que « cela aussi [doit être] obtenu par l'entremise du discours et non en raison d'une opinion préconçue sur le caractère de celui qui parle » et enchaîne sur l'importance de l'honnêteté [*epieikeia*] de l'orateur *au regard de la technique*, si bien que : « le caractère constitue, pourrait-on presque dire, un *moyen de persuasion* tout à fait décisif ».

Il y a là un coup de force spectaculaire : l'*êthos*, comme moyen de persuasion technique décisif, en vient à occuper la place qu'occupait l'enthymème dans le chapitre précédent, et, surtout, l'« étanchéité » qui devait marquer le rapport entre l'orateur et le juge cesse d'être un principe, l'orateur devant s'attacher à créer chez le juge, par des techniques discursives[1], la confiance en sa capacité à lui, l'orateur, non pas seulement d'établir le fait, mais de produire un jugement distinct de, sinon contraire à, l'application stricte de la loi. En tout bien tout honneur, naturellement, la loi écrite comportant effectivement des lacunes à combler. Mais, en tournant les choses au pire et en choisissant comme champ d'application le domaine judiciaire, on pourrait dire que l'orateur, en quelque sorte, se substitue au juge – et donc au législateur[2], et s'arroge le pouvoir d'inspirer une décision éventuellement illégale, pourvu que la confiance qu'il parvient à inspirer au juge le lui permette. Il s'agit si bien d'un argument de circonstance qu'au chap. 15 de la *Rhétorique*, Aristote spécifie qu'on en appelle à l'application souple –

1. Et non par la construction patiente, dans la vie réelle, d'une bonne réputation, comme le disait Isocrate, ici visé. *Cf.* Isocrate, *Sur l'échange*, 276-280 et Pseudo-Aristote, *Rhétorique à Alexandre*, 1445 a 32 (où la préparation morale, calquée sur la formation rhétorique, vise à la fois à l'efficacité persuasive et à l'obtention d'une *doxa epieikês*).

2. *Cf. supra*, p. 116 n. 2. L'orateur – et non plus seulement le juge – en vient à empiéter sur le domaine réservé chez Platon à « l'homme royal », domaine que l'Étranger du *Politique* (300 e 7 *sqq.*) interdit aussi bien aux notables en régime aristocratique qu'au peuple souverain en démocratie. Dans les *Lois* (VI 757 d 8 *sqq.*), Platon récuse d'un bloc tant l'*epieikês* que toute application compréhensive, indulgente, de la loi.

selon l'*epieikeia* – ou rigide de la loi selon que l'une ou l'autre interprétation est favorable à notre cause[1].

Mais la question qui se pose ici est celle de la source réelle de cette confiance. S'agit-il d'une autorité du même type que celle qui fonde les *endoxa* ? Certes non, la confiance en l'orateur *epieikês* est discursive alors que les *endoxa* s'appuient sur un consensus extérieur devenu impersonnel. Alors qu'est-ce qui, précisément, permet à l'orateur d'acquérir par son discours un crédit plus fort que l'autorité de la loi ?

Il y a ici un certain nombre d'éclaircissements à donner, car si l'adjectif *epieikês* et le substantif *epieikeia* ont depuis longtemps retenu l'attention des exégètes[2] et si leur sens est aujourd'hui assez sûrement établi, au moins sur le plan philosophique, leur rôle de symptômes dans cette nouvelle approche de la rhétorique initiée par Aristote au chapitre 2 du Livre I doit encore être précisé.

Un bon guide pour la compréhension de cet « intraduisible » subtil, s'il est vrai qu'Aristote ancre sa terminologie dans l'usage de la langue et dans la culture grecque, nous semble être un épisode souvent commenté de l'*Iliade*[3], qui met en scène – d'où son intérêt particulier pour les antécédents rhétoriques de la notion – un orateur et un groupe dans une situation de délibération, c'est-à-dire face à une décision à prendre.

Nous sommes au chant XXIII, c'est le début des jeux funèbres donnés en l'honneur de Patrocle. Achille, l'organisateur de ces jeux, a prévu pour les cinq concurrents de la course de chars – la première épreuve et la plus prestigieuse – une série de cinq prix soigneusement

1. *Rhét.*, I, 15, 1375 a 27 *sqq*. Dans ce passage, comme l'écrit M. Narcy, « L'équité chez Aristote… », art. cit., p. 362 : « Aristote parle en avocat ».

2. Le mot est très fréquent chez le Stagirite (autour de 200 occurrences, selon l'estimation de Francesca Piazza dans son article « Dire e fare la cosa giusta. Osservazioni sull'*epieikeia* in Aristotele » dans Cristina Rossitto, *Atti del I Convegno internazionale "Aristotele e la tradizione aristotelica", Padova, 11-13 Dicembre 2006*, Lecce, Edita, 2011). Mais les exégètes se focalisent sur le chap. 14 du Livre V de l'*Éthique à Nicomaque*, ou sur *Rhét.*, I, 13, bien davantage commentés que le présent passage. Signalons les contributions essentielles de Jacqueline de Romilly, *La douceur dans la pensée grecque*, Paris, Les Belles Lettres, 1979, p. 53-63 ; de Jacques Brunschwig, « Rule and Exception: The Aristotelian Theory of Equity », dans Michael Frede, Gisela Striker (ed.), *Rationality in Greek Thought*, New York, OUP, p. 115-155), de M. Narcy, « L'équité chez Aristote… », art. cit., et de F. Piazza, « Dire e fare… », art. cit. Ces deux derniers articles fournissent la bibliographie récente.

3. Signalons, entre autres, J. de Romilly, *La douceur dans la pensée grecque*, *op. cit.*, p. 55 et F. Piazza, « Dire e fare la cosa giusta. Osservazioni sull'*epieikeia* in Aristotele », art. cit., p. 4 *sqq*. La continuité entre ce passage d'Homère et les analyses d'Aristote est d'autant moins étonnante que l'opposition entre *dikaion* et *epieikes* avait acquis un caractère quasi proverbial : *cf.* à ce propos l'article de F. Piazza, p. 7-9.

hiérarchisés en valeur[1]. À la différence d'une épreuve qui ne couronne que les premiers et laisse les autres dans une sorte de neutralité, celle-ci prévoit une récompense proportionnée au talent de chacun. Tous, sans exception, se verront évalués et situés dans la série, et tous se battront pour le meilleur rang possible, même si ce n'est pas le premier[2]. Parmi les concurrents, les deux favoris sont Eumèle, le cocher le plus habile, et Diomède, tandis que le jeune Antiloque, le fils de Nestor, quoique bon cocher, est défavorisé par des chevaux trop lents, si bien que son père, dans une admonestation détaillée, lui conseille de se concentrer sur la tactique[3].

La course – pleine de suspense et de fureur – déjoue les pronostics. Eumèle, après avoir doublé Diomède, est victime d'un accident et s'étale dans la poussière. Diomède prend la tête. Quant à Antiloque, il surmonte son handicap et parvient à s'assurer la deuxième place de justesse, mais en forçant le passage devant l'Atride Ménélas qui le laisse doubler pour ne pas les mettre en danger tous deux[4], détail qui a son importance, car il jette une ombre, sinon un doute, sur la légitimité du rang d'Antiloque.

À l'issue de la course, Achille prend la parole, juste au moment où l'excellent Eumèle arrive enfin à pied, « tirant son beau char, poussant devant lui ses chevaux[5] ». À cette vue, Achille souligne l'injustice du résultat : « En dernier vient le meilleur… » et propose, à la première personne du pluriel : « Mais allons, donnons-lui un prix, comme il est *normal* [*epieikes*], le second prix, et que le fils de Tydée [*scil.* Diomède] emporte le premier ». Cette proposition remporte l'assentiment de tous : « Tous approuvèrent la recommandation, et Achille lui [*scil.* à Eumèle] aurait donné la jument (le second prix), puisque les Achéens l'avaient approuvé, si Antiloque, etc.[6] ».

Ce dernier, en effet, se sent lésé et se rebiffe : il ne trouve pas normal du tout de sacrifier son second prix pour que la collectivité rende hommage au vaincu méritant. Si Achille a pitié d'Eumèle, il n'a qu'à le récompenser sur ses réserves personnelles. Lui, ne renoncera pas à la jument.

Achille – qui a de l'affection pour Antiloque, aussi bouillant que lui – sourit, et accepte. Eumèle aussi, qui reçoit une cuirasse. Mais ce

1. Une captive, une jument, un grand récipient métallique, deux talents d'or, une *phialê* [un vase], *cf.* v. 262-271.

2. Homère, *Iliade*, XXIII, v. 403 *sqq*.

3. *Ibid.*, v. 287 *sqq*.

4. *Ibid.*, v. 426 *sqq*.

5. *Ibid.*, v. 533.

6. *Ibid.*, v. 536-541.

compromis (respect du règlement[1], lot de consolation donné à Eumèle par Achille à titre privé) ne clôt pas l'épisode, tant l'application de la « loi » (le respect de l'ordre d'arrivée) est injuste eu égard à la brutalité d'Antiloque. Ménélas, qui avait de bien meilleurs chevaux et n'a laissé passer Antiloque que pour éviter l'accident, revendique lui aussi la place de second et relance la querelle. *In fine*, coup de théâtre : l'*epieikeia* se révèle si contagieuse que, provoqué par Ménélas, Antiloque déclare à son aîné son admiration et son affection et lui cède de lui-même la jument qu'il a si mal gagnée... et que Ménélas, ému, lui restitue aussitôt. On pourrait croire que le palmarès, malgré une profonde transformation symbolique, coïncide finalement avec la règle. Eh bien non : Achille remet le cinquième prix, laissé sans titulaire par l'accident d'Eumèle, au vieux Nestor qui n'a pas concouru, en hommage à ses exploits passés.

Cette querelle un peu enfantine mais si humaine et si touchante est particulièrement riche et éclairante du point de vue rhétorique. Il en ressort que l'*epieikeia* traditionnelle est une forme très particulière d'excellence morale, qui peut se manifester dans la prise de décision. Dans ce cas, elle repose en partie, quoiqu'en dise Aristote dans le passage cité ci-dessus[2], sur une autorité acquise (un certain niveau social, le prestige d'un héros tel qu'Achille), mais se déploie dans l'interaction avec un destinataire collectif dont l'approbation est requise, dans une situation telle que l'application étroite de la règle conduirait à un scandale. Est *epieikês* l'application d'une règle souple[3] qui recueille l'approbation générale. Le résultat n'est pas assuré : Achille, dans l'épisode de la course de chars, échoue – si tant est que son intention réelle n'était pas seulement de guérir l'amour-propre blessé d'Eumèle –, et doit admettre une autre solution que celle qu'il avait fait accepter au

1. L'opposition entre loi au sens étroit (locale, écrite) et loi commune, ou justice universelle , n'est pas en place chez Homère, mais l'idée de règlement et donc d'écart possible est bien sûr parfaitement connue. La compétition est même mise sous le contrôle d'un arbitre, Phénix, placé près de la ligne d'arrivée et chargé de faire un rapport fidèle sur tous les détails de la course (*ibid.*, v. 359-361).

2. En réalité, la restriction signalée *supra* (p. 118 n. 1) est liée à la définition du champ de la technique rhétorique. On trouve chez Aristote lui-même des emplois d'*epieikês* dénotant une distinction de type social, voir par exemple *Éth. Nic.*, I, 13, 1102 b 11 ; IX 6, 1167 b 1 et M. Narcy, « L'équité chez Aristote... », art. cit., p. 361.

3. La fameuse règle des maçons de Lesbos (Aristote, *Éthique à Nicomaque*, V, 14, 1137 b 30-32). Comme l'indique M. Narcy, « L'équité chez Aristote... », art. cit., p. 370 n. 35, cette souplesse n'est pas à interpréter péjorativement. Il s'agissait sans doute, pour ces artisans construisant un mur de pierres non taillées (comme le mur cyclopéen de Mycènes), de prendre l'empreinte d'un moellon à l'aide d'une règle de plomb, afin de mieux choisir la pierre qui s'y ajusterait. Cette recherche d'ajustement, d'adéquation, correspond particulièrement bien aux aspects rhétoriques de l'*epieikeia*.

groupe avant l'intervention d'Antiloque. Mais sa façon ouverte et souriante de poursuivre la négociation confirme, renforce son autorité morale et influera considérablement sur la suite de l'épisode.

Mais comment procède *discursivement* l'orateur qui vise à l'*epieikês* ? Si l'on élargit l'analyse à l'ensemble de l'échange avec les Achéens, jusqu'à la « contamination » de l'ensemble du groupe par l'*epieikeia* d'Achille, on peut déceler plusieurs étapes dans la démarche. Il lui faut d'abord souligner le scandale qu'il y aurait à appliquer la règle, d'où le paradoxe, souligné par une antithèse, du meilleur qui arrive dernier. Il lui faut montrer un esprit de négociation et de compromis tel que son intérêt personnel paraisse lui importer moins qu'un intérêt supérieur[1], il lui faut surtout veiller à ce que sa proposition paraisse « normale » au public à qui il s'adresse.

Tout cela peut certes être subsumé, comme l'indique F. Piazza[2], sous le thème général de la convenance, de l'adaptation souple à la circonstance, qui conduit lui-même à des valeurs telles que l'indulgence, la compréhension, la douceur, l'humanité. Mais dans le discours, l'orateur en question doit surtout savoir s'adapter aux représentations déjà présentes dans l'esprit de ses interlocuteurs, et selon lesquelles il est insupportable que le meilleur échoue par accident et passe après le compétiteur sans scrupule, que la grandeur d'âme le cède à la mesquinerie, représentations renforcées, actualisées – autre signe du talent oratoire d'Achille – par le spectacle pathétique de l'arrivée d'Eumèle qui donne le signal de son discours.

Car il est un aspect du mot *epieikeia* ou *epieikês* que l'on indique souvent, mais sans guère le commenter[3], c'est son étymologie : est

1. Cet esprit de sacrifice reparaît chez Aristote sous le nom d'« effacement », *elattôsis* : *cf.* Aristote, *Éth. Nic.*, V, 12, 1136 b 17-21 et F. Piazza, « Dire e fare… », art. cit., p. 14 *sq.*

2. *Cf.* F. Piazza, « Dire e fare… », art. cit., p. 6 et *passim*. Grâce à l'examen d'un grand nombre d'occurrences littéraires concurremment avec les emplois aristotéliciens, cet article a le grand mérite de restaurer la cohérence sémantique du mot *epieikeia*, et de montrer la continuité qui relie le sème « équité » au sème « indulgence », nuançant ainsi des analyses philosophiques axées sur la pensée juridique du Stagirite et qui, bien souvent, démembrent excessivement la notion en rejetant comme insignifiants des emplois pourtant riches de nuances.

3. Voir cependant M. Narcy, « L'équité chez Aristote… », art. cit., p. 360 : « Plus donc que celle d'égalité, l'*epieikeia* comporte une connotation de vraisemblance ou de plausibilité, etc. » ; F. Piazza, « Dire e fare… », art. cit., p. 3 *sq.* : « *Originariamente, l'aggettivo era utilizzato per qualificare, sempre in modo positivo, ogetti o situazioni* […] *ritenuti adeguati* [*epieikès*] *rispetto una certa* consuetudine generalmente approvata » ; p. 5 : « *Il discorso di Achille ottiene l'approvazione generale (questo aspetto dell'*approvazione*, lo si è già anticipato, è uno dei tratti costanti del significato dei termini in questione)…* » (les italiques sont de notre fait). Dans un contexte rhétorique, cette sanction d'un public revêt une importance capitale.

epieikês, avec quelque chose en plus [*epi-*], ce qui est conforme à l'*eikos*, c'est-à-dire ce qui semble (bon, juste...) *a priori*, en raison d'une expérience ancienne et de sentiments partagés[1]. La *Rhétorique à Alexandre* donne cette définition très éclairante de l'*eikos*, qui a le mérite de souligner aussi le caractère circonstanciel, révisable, et aussi affectif de ces propositions « vraisemblables » : « c'est ce dont, quand on le dit, les gens ont des exemples en tête [2] » et à quoi, par conséquent, on se plaît à adhérer[3]. Il n'est pas indifférent non plus de souligner la proximité de cette définition du vraisemblable ou du plausible avec celle du juste comme usage universel[4]. Quant au préfixe *epi-*, il indique sans doute la strate de réflexivité supplémentaire qui intervient par rapport à la régulation habituelle, mais sans changer radicalement le mécanisme en jeu. Une fois établie dans l'échange, la nouvelle plausibilité paraîtra plus « normale » encore que celle qu'elle contredit ou corrige.

Une autre équation confirme deux des sèmes fondamentaux – sur le plan rhétorique – du terme *epieikeia*, et la coïncidence entre les conceptions d'Aristote sur ce point et l'héritage qu'il reçoit de la culture grecque. À plusieurs reprises, l'*epieikeia* est rapprochée par lui de la *sungnômê*[5]. La traduction française de ce mot par « pardon » est trompeuse : il s'agit plus précisément du partage [*sun-*] de la même *gnômê*, c'est-à-dire de la même appréciation de la réalité, du même jugement. L'homme qui en est doté est « compréhensif », il sait adopter la même façon de voir que son ou ses partenaire(s). La présence en arrière-plan d'une norme collective est confirmée par une autre définition, qui fait de l'*epieikeia* la « crainte des actions honteuses[6] »,

1. Donnons un exemple homérique, tiré du même épisode : Ajax et Idoménée regardent la course de loin. Commence une querelle stupide, Idoménée prétendant qu'on ne voit plus les chevaux d'Eumèle et Ajax ne voulant pas le croire. La querelle s'envenime. Achille les calme en disant : « Cessez d'échanger des mots durs et méchants, Ajax et Idoménée, car, aussi bien, cela ne se fait pas [*epei oude eoike*] » (Homère, *Iliade*, XXIII, v. 493).

2. Pseudo-Aristote, *Rhétorique à Alexandre*, 1428 a 25 *sq*.

3. Le crédit dont disposent ces propositions est de l'ordre de la connivence, et le plaisir est celui de la reconnaissance, *cf. sunoiden, suneidotas* (Pseudo-Aristote, *Rhétorique à Alexandre*, 1428 a 30, 33).

4. C'est la force de connivence de la loi naturelle qui en fait un auxiliaire précieux de l'*epieikeia* rhétorique. Cela ne signifie nullement qu'Aristote fasse de cette loi le fondement de l'*epieikeia*, *cf.* J. Brunschwig, « Rule and Exception : The Aristotelian Theory of Equity », art. cit., p. 145.

5. Ma transcription phonétique par *sungnômê* vise à souligner la présence du préfixe *sun-*. *Cf.* notamment *Éth. Nic.*, VI, 11, 1143 a 19-24 et F. Piazza, « Dire e fare... », art. cit., p. 15-17. Voir aussi la formule *to tois anthrôpinois sungignôskein*, en Aristote, *Rhét.*, I, 13, 1374 b 10 et M. Narcy, « L'équité chez Aristote... », art. cit., p. 362.

6. *Éth. Nic.*, IV, 3, 1121 b 24.

définition qui éclaire, chez Homère, tant le comportement final d'Antiloque que celui de Ménélas[1].

Il est vrai que, chez Aristote, l'*epieikeia* finit par s'assimiler à la vertu morale[2] avec laquelle elle partage l'heureuse combinaison de passion positive et de rationalité, le sens de la mesure et de l'équilibre, mais il est non moins vrai que l'orateur doté de la capacité technique, par sa maîtrise de l'*êthos*, d'inspirer la confiance, c'est-à-dire le sentiment qu'il est *epieikês*, dispose d'une marge de manœuvre considérable. Il ne faut pas tant s'étonner de la possibilité de dévoiement – c'est le lot de toute technique, voire de tout bien sauf la vertu, disait Aristote dès le premier chapitre de la *Rhétorique*[3] – mais plutôt de ce que, dans le champ des échanges réels entre les hommes, la régulation rhétorique ne réside plus dans une rationalité objectivement établie par un consensus désincarné mais dans une intersubjectivité dirigée, où s'articulent l'autorité morale d'un être de qualité, son habileté oratoire, l'expérience humaine partagée et des circonstances marquées par de puissants affects. La rhétorique ainsi redéfinie cesse d'être un objet qui pourrait garder son sens et sa fonction quand il est vu de l'extérieur. C'est un réseau d'idées, de valeurs et de sentiments communiqués en contexte, dans lequel on est forcé d'entrer si l'on veut interagir avec autrui, quand cet autre n'est pas, ou pas encore, un *alter ego* initié à la dialectique.

La rhétorique s'insinue donc profondément dans la pensée et la méthode d'Aristote. D'abord en tant que discipline transversale[4], recelant un certain nombre de paradigmes épistémologiques extensibles à d'autres domaines, tels la métaphore, ou les *endoxa*… La chose est assez bien connue. Ce que l'on dit moins, c'est qu'Aristote, dans la *Rhétorique*, nous met face à une alternative : observer la rhétorique comme un objet inerte, ou entrer vraiment dans son jeu. Le choix est plus important qu'il n'y paraît et engage l'exégèse : il s'agit de promouvoir les algèbres rhétoriques – point de vue, stratégies persuasives,

1. Ce rappel d'une norme de comportement n'est pas sans jeter un certain jour sur les intentions profondes d'Achille, qui sont politiques : l'*epieikeia* qu'il réussit à insuffler au groupe est facteur de discipline, mais aussi de cohésion et de dévouement. Quand il reçoit, avec le cinquième prix, une marque d'honneur qu'il juge « normale » (*cf.* Homère, *Iliade*, XXIII, 649 *sq.* : […] *timês hês te m'eoike tetimêsthai ktl.*), Nestor prie les dieux d'être les agents de sa gratitude. C'est une dimension qu'Aristote n'a pas oubliée.

2. *Cf. Éth. Nic.*, V, 14, 1137 b 1 et M. Narcy, « L'équité chez Aristote… », art. cit., p. 362.

3. *Rhét.*, I, 1, 1355 b 2 *sqq.*

4. *Cf.* Michel Crubellier et Pierre Pellegrin, *Aristote. Le philosophe et les savoirs*, Paris, Éditions du Seuil, 2002, chap. 3.

inflexions de la terminologie[1] – comme instruments de lecture, au moins à titre d'hypothèse, au moins provisoirement, dans l'interprétation des doctrines. On montrerait facilement, par exemple, que certains développements de *l'Éthique à Nicomaque* sont structurés par des topiques élémentaires d'origine délibérative : cette propédeutique rhétorique permet une première conversion de l'étudiant-citoyen, condition de l'accès à l'impersonnalité dialectique[2].

Si l'on accepte cette perspective, les deux rhétoriques que présentent successivement les deux premiers chapitres de la *Rhétorique* forment une sorte de portail ouvrant non seulement sur le reste de l'œuvre d'Aristote mais aussi sur toute l'histoire postérieure de la discipline, jusqu'à la plus récente : le glissement de la rhétorique à la communication (à ceci près que cette dernière n'est guère parvenue à conserver de dimension philosophique), ou l'avènement actuel de la pragmatique...

Mais en son temps, Aristote pouvait donner l'impression de vouloir revenir – au moins pour la zone sub-lunaire – à la « logologie » sophistique, ou de se rapprocher dangereusement du *koinos logos* – l'idéologie construite par le discours – qui sert de fond et de moyen, chez Isocrate, à l'interaction politique et à l'impérialisme panhellénique. Sans doute est-ce pour cela qu'il conclut son traité en nous laissant libres de choisir : « J'ai parlé, vous avez entendu, la décision est entre vos mains. Jugez[3] ! ».

1. Il en allait ainsi, ci-dessus déjà, de l'*epieikeia* qui, du rôle d'herméneutique du droit en dialectique (*cf.* M. Narcy, « L'équité chez Aristote... », art. cit., p. 370 *sq.*), passait en rhétorique à celui de ressort essentiel de l'*êthos*.

2. Par exemple, sur l'amitié, *cf. Éth. Nic.*, VIII, 1, 1155 a 3 *sqq.* : le développement est introduit par un exorde puis structuré, dans un premier temps, par la topique délibérative dite des *telika kephalaia*, « points du souverain bien » dans la rhétorique postérieure, mais déjà en place chez les sophistes et rhéteurs du Ve siècle. Cette topique applique à un terme qui engage un choix d'action (en l'espèce : Faut-il cultiver l'amitié ?) une série close de prédicats tels que le juste (oui, car l'amitié est juste...), le légal, l'utile, le beau, le nécessaire, le possible, etc. Faute de détecter cette topique, on s'expose à trouver la démarche d'Aristote « sinueuse » (ainsi Jean-Claude Fraisse, *Philia. La Notion d'amitié dans la philosophie antique*, Paris, Vrin, 1974, p. 191).

3. *Rhét.*, III, 19, 1420 b 3.

LA « DIATRIBE » EST-ELLE UNE NOTION UTILE POUR L'HISTOIRE DE LA PHILOSOPHIE ET DE LA LITTÉRATURE ANTIQUES ?

Pedro Pablo FUENTES GONZÁLEZ

Il y a déjà plus d'un siècle que le nom de « diatribe » est couramment utilisé par les antiquisants pour désigner un genre littéraire qui aurait existé sous cette appellation dans l'Antiquité. Chacun d'entre nous a certainement rencontré ce terme, appliqué à un bon nombre d'auteurs grecs et latins, plus ou moins rattachés à la philosophie morale dite « populaire », qui ont vécu de la fin de l'époque classique jusqu'à la fin de l'Antiquité dans le monde païen et chrétien ; il a notamment été appliqué aux cyniques ou à ceux qu'on a appelés les philosophes cynico-stoïciens[1].

Il convient tout d'abord de rappeler que les Anciens ne faisaient pas appel à la catégorie de genre littéraire au sens moderne du terme, entendu comme un ensemble de traits communs de forme et de contenu conformément aux règles néoclassiques fondées sur l'accord du fond et de la forme. Cependant, puisque ce terme de « diatribe » a été utilisé à plusieurs reprises par les Anciens comme titre de certains ouvrages de philosophes, l'idée de le mettre à contribution dans l'histoire de la philosophie et de la littérature antique paraît en principe tout à fait légitime. Mais quel est le véritable fondement scientifique de cette étiquette fréquemment employée de « diatribe » ? Et comment a-t-elle été utilisée depuis la fin du XIXe siècle par les historiens de la littérature et de la philosophie gréco-latines ?

1. Cette contribution a bénéficié des suggestions et des corrections fort précieuses de mes amis M.-O. Goulet-Cazé, R. Goulet et T. Dorandi, envers lesquels je suis profondément reconnaissant.

En effet, le corpus de textes qui a été finalement réuni sous ce nom est tellement multiforme que la notion même de « diatribe » se révèle tout à fait confuse et flottante. Une simple analyse critique met en évidence que cette pratique est loin d'avoir toujours été soumise aux critères les plus élémentaires de clarté et de cohérence. Le terme de « diatribe » de même que l'adjectif « diatribique » ont en effet été appliqués à un ensemble fort hétéroclite de documents littéraires qu'il serait difficile de regrouper en un seul genre littéraire, au moins du point de vue de la forme. On trouve classés sous ce terme des ouvrages appartenant en réalité à des genres ou à des sous-genres très divers, écrits aussi bien en prose qu'en vers, ou combinant prose et vers. Parmi les genres en prose, on rencontre la *leçon,* la *prédication* ou le *traité moral* (je mentionnerai Bion de Borysthène et Télès, Musonius et Épictète, Dion Chrysostome et Plutarque, Maxime de Tyr, Libanius, Saint Paul, ainsi que certains Pères de l'Église, moines et missionnaires chrétiens) ; on y a rattaché aussi certaines formes du *discours épidictique* des sophistes (je pense à Antiphon) ou du *dialogue,* qu'il s'agisse du dialogue socratique (à la manière de certains dialogues de Platon, d'Antisthène, d'Eschine de Sphettos, de Xénophon, ou du Pseudo-Platon comme le *Clitophon* et l'*Eryxias*), ou encore qu'il s'agisse du dialogue protreptico-rhétorique (à la manière d'un Cicéron ou d'un Sénèque), ou enfin du dialogue érudit (à la manière d'Aulu-Gelle), sans oublier certaines formes de l'*épître* et de la *consolation*. Quant aux genres en vers qu'on a voulu ranger sous l'étiquette de diatribe, ils vont de la *poésie ïambique* de Phénix de Colophon ou de Cercidas de Mégalopolis jusqu'à la satire romaine de Lucilius et d'Horace, de Juvénal et de Perse, en passant par des sections de la poésie épico-didactique de Lucrèce. Enfin, pour ce qui concerne le genre satirique mixte qui mêle prose et vers [*prosimetrum*], les textes rangés sous cette même étiquette de diatribe vont de Ménippe de Gadara jusqu'à Lucien, en passant par Varron, Sénèque (je pense à l'*Apocolocyntose*) et par des sections du roman de Pétrone[1].

Il n'est donc pas étonnant que, depuis le début du XXe siècle et tout au long de ce même XXe siècle, un certain nombre de savants (notamment Halbauer, Sinko, Philippson, Throm, par la suite Rahn ou Schouler, et plus récemment Stowers et Schmeller qui ont publié leur

1. Je renvoie pour tout cela aux aperçus de Wilhelm Capelle, « Diatribe, A : Nichtchristlich », *Reallexikon für Antike und Christentum* (désormais cité *RAC*) III, 1957, col. 990-997 ; et Henri-Irénée Marrou, « Diatribe, B : Christlich », *RAC* III, 1957, col. 997-1009 (version française : « La Diatribe chrétienne », dans Henri-Irénée Marrou, *Patristique et humanisme. Mélanges,* Paris, Éditions du Seuil, coll. « Patristica Sorbonensia » 9, 1976, p. 267-277).

travaux dans les années 1980) aient soulevé de sérieuses objections à l'encontre de cette théorie moderne de la diatribe et de cette pratique qu'ils ont même condamnée en la traitant de « diatribomanie » (selon l'expression employée pour la première fois en 1916 par le Polonais Sinko). De leur côté, ils ont souvent proposé diverses solutions afin d'introduire une plus grande cohérence du point de vue scientifique.

Malheureusement, ces approches qui se voulaient plus critiques et plus rigoureuses n'eurent pas une grande influence et les études ultérieures ne s'en sont fait que très rarement l'écho. En fait, c'est dans sa formulation la plus traditionnelle et la plus stéréotypée, la plus confuse aussi, que les hellénistes et les latinistes ont continué à utiliser le terme et la notion de « diatribe », et que cette notion s'est imposée dans les manuels et les encyclopédies d'usage courant, avec toutefois des exceptions qui méritent d'être signalées comme la notice « Diatribe » rédigée par John Moles dans la dernière édition de l'*Oxford Classical Dictionary*[1].

En tout cas, les étudiants, voire même les professeurs, partagent aujourd'hui encore le plus souvent la conception la plus traditionnelle de la « diatribe ». La popularité extraordinaire de cette conception est sans doute due principalement à l'autorité des savants qui l'ont élaborée (et qui l'ont appliquée), et peut-être en particulier à la diffusion dont a bénéficié une thèse suisse de 1926 qui a fait autorité sur le sujet, à savoir l'ouvrage d'André Oltramare intitulé *Les Origines de la diatribe romaine*[2].

C'est pourquoi il semble opportun, et même nécessaire, de revenir sur cette question afin de discerner, d'un côté, ce que l'on peut affirmer de sérieux au sujet de la « diatribe » et, de l'autre, ce qui n'est en réalité qu'idées erronées ou développements confus. Je ne peux pas retracer de façon exhaustive dans le cadre de cet exposé l'histoire des travaux concernant la diatribe. C'est une étude que j'ai abordée il y a une vingtaine d'années, lorsque je préparais mon édition commentée des fragments de Télès, moraliste du IIIe siècle av. J.-C., et que j'espère pouvoir publier un jour de façon intégrale. Je me contenterai ici de présenter certains éléments essentiels de cette histoire qui pourront m'aider à mieux poser la question de la valeur de la « diatribe » comme

1. John L. Moles, « Diatribe », dans Simon Hornblower, Antony Spawforth (ed.), *The Oxford Classical Dictionary*, Oxford, Oxford University Press, 1996[3], p. 463 *sq*. Voir aussi David E. Aune, « Diatribe », dans *id.*, *The Westminster Dictionary of New Testament and early Christian Literature and Rhetoric*, Louisville (Ky.), Westminster John Knox Press, 2003, p. 127-129.

2. André Oltramare, *Les Origines de la diatribe romaine*, Genève, Imprimeries populaires, coll. « Thèses de l'Université de Genève, Faculté des Lettres », 1926.

instrument herméneutique dans l'analyse des textes philosophiques grecs et latins. De quelle utilité peut être pour un helléniste ou pour un latiniste le terme « diatribe » ? Faut-il se résigner à l'utiliser par habitude et par simple commodité, en fonction d'une série d'idées reçues, comme une étiquette facile à manier faute de mieux, comme un terme vide et anodin ? Ou peut-on l'envisager comme un concept opératoire dans l'histoire de la philosophie et de la littérature antique, en lui accordant une valeur suffisamment précise et spécifique ?

LA « DIATRIBE » OU LA FORCE D'UN MOT

Le fait qu'on ait continué à appliquer le terme « diatribe » à la littérature antique s'explique sans doute par le caractère familier de ce terme. En effet, si le terme de « diatribe » est encore utilisé pour décrire une partie non négligeable de la littérature philosophique gréco-latine, si les hellénistes et les latinistes ont tellement hésité à s'en débarrasser, même si ce n'était que pour répéter des idées reçues, c'est peut-être à cause notamment de la commodité apparente de ces idées et de l'autorité de ceux qui les ont établies, mais ce n'est pas l'unique raison. C'est aussi parce que ce terme, indépendamment du fait qu'on a voulu à tort lui attribuer une acception technique et littéraire précise dans l'Antiquité, possède bien en lui-même, depuis ses origines grecques, une richesse de sens qui semble n'avoir pas cessé de séduire les modernes.

À ce sujet, il faut déjà rappeler que le mot grec διατριβή a été introduit dans nos langues modernes, à partir du latin *diatriba* et par le biais du français, depuis le milieu du XVIe siècle. C'est donc un terme culte qui nous est plus ou moins familier déjà dans ses acceptions communes : « étude, dissertation critique » et « écrit ou discours polémique, violent et souvent injurieux[1] ». C'est seulement à la fin du

1. Voici quelques données sur la chronologie de l'emploi moderne du terme tirées de la base lexicographique du Centre National de Ressources Textuelles et Lexicales (CNRTL) : 1558 sans indication de sens (Simon Fontaine, *Histoire catholique de nostre temps...*, Anvers, J. Steelsius, 1558) ; 1638 « étude, dissertation critique » (Jean Chapelain dans Alfred C. Hunter, *Lexique de la langue de Jean Chapelain,* Genève, Droz, coll. « Publications romanes et françaises » 95, 1967) ; 1764 « discours injurieux » (Voltaire, *Dictionnaire philosophique portatif,* Genève, Cramer, 1764, *s.v. Libelle*). Emprunté au bas latin *diatriba* « entretien, discussion » (gr. διατριβή « passe-temps, conversation » et en particulier « entretien philosophique »). Pour l'histoire de l'emploi moderne du terme « diatribe », je peux renvoyer maintenant à un travail en espagnol dont je viens de découvrir l'existence et qui ne figure pas dans la bibliographie habituelle sur le sujet : María Concepción Giner Soria, « Algunas notas sobre el pasado y el presente del término *diatriba* », dans José Antonio Bartol Hernández, Juan Felipe García Santos et

XIXe siècle, comme je l'ai déjà indiqué, qu'une acception plus précise a été introduite par les antiquisants, qui voulaient fixer le sens que le mot aurait eu prétendument dans le cadre de la rhétorique antique : celui d'un genre littéraire consacré à la prédication morale, qui aurait été pratiqué pour la première fois par les philosophes cyniques et qui se serait caractérisé par le dialogue avec un interlocuteur fictif, l'emploi abondant des formes élaborées de la rhétorique d'apparat et le mélange du sérieux et du plaisant[1].

Outre ce caractère familier du terme, il faut expliquer aussi cette persistance de la « diatribe » appliquée à la littérature antique par l'utilité que le terme présentait. En effet, on pourrait citer un grand nombre de savants qui, tout en étant conscients des incohérences et des exagérations commises au nom de la « diatribe », ont évoqué cette utilité de la « diatribe » pour la description de la littérature antique et qui ont justifié l'emploi du terme et de la notion justement par leur utilité, sans se demander s'il ne fallait pas plutôt essayer d'abord d'y introduire la clarté et la cohérence nécessaires. Pierre Boyancé[2] par exemple, tout en affirmant à juste titre que la diatribe dont ses contemporains parlaient en 1951 n'était qu'un « fantôme », ajoutait que ce fantôme ne manquait pas d'utilité.

Un effort préalable de redéfinition s'impose donc. Je vais essayer de rendre compte des différentes solutions qui ont été proposées, et de dégager celle qui me paraît la plus solide et la plus cohérente. Portons d'abord notre attention sur les tout premiers temps où la théorie de la « diatribe » comme genre littéraire a été élaborée, afin de pouvoir mieux apprécier ce qui était le fondement de cette théorie et sa formulation initiale.

LES DÉBUTS DE LA THÉORIE MODERNE DE LA « DIATRIBE »

À l'origine de cette théorie, on rencontre un savant et une œuvre célèbres : Hermann Usener et son édition des témoignages et des fragments épicuriens, *Epicurea,* publiée en 1887. Tout commence dans un passage de la préface de ce livre où, évoquant les gens qui ont fait la satire d'Épicure, Usener traite des cyniques, en particulier de Bion de

Javier de Santiago Guervós (ed.), *Estudios filológicos en homenaje a Eugenio de Bustos Tovar,* Salamanca, Ediciones Universidad, 1992, t. I, p. 349-361.

1. *Cf.* la base de données du CNRTL, *s.v.* « Diatribe », acception A, « Rhét. anc. ».

2. Pierre Boyancé, « Le dieu cosmique », *Revue des études grecques* 64, 1951, p. 300-313, notamment p. 307.

Borysthène, et d'un certain genre d'écrits qui, depuis le IIIe siècle av. J.-C., auraient ridiculisé la figure des philosophes et leurs idées incohérentes ou contraires au sens commun. Usener affirme concrètement que les propos philosophiques de Bion de Borysthène étaient appelés « diatribes », et que celui-ci avait mené à la perfection dans ses diatribes le style littéraire cynique qui consiste en un mélange de sérieux et de comique (le σπουδογέλοιον). Les « diatribes » de Bion seraient devenues ainsi le modèle de la satire développée par Ménippe de Gadara[1]. Rappelons que le Pseudo-Démétrios de Phalère, dans son traité *Sur le style* [Περὶ ἑρμηνείας], issu de la tradition péripatéticienne, avait déjà rattaché le style cynique [κυνικὸς τρόπος] à ce mélange de sérieux et de comique[2].

On peut dire que c'est à partir d'Usener que la question de la « diatribe » et le terme lui-même sont entrés dans la philologie classique moderne. Les savants n'ont pas hésité à adopter, à la suite d'Usener, la dénomination de « diatribes » pour désigner les ouvrages de Bion, en s'appuyant sur un passage de Diogène Laërce qui utilise, à propos d'une anecdote d'Aristippe de Cyrène, l'expression « comme le dit Bion dans ses diatribes[3] ». Ils ont considéré Bion comme le créateur du style de ce genre littéraire que serait la diatribe ou tout simplement comme le créateur du genre lui-même.

Rappelons aussi que, selon Diogène Laërce[4], Ératosthène avait présenté Bion comme le premier à avoir revêtu la philosophie d'un manteau fleuri : en s'exprimant ainsi, Ératosthène faisait sans doute référence aux vêtements que portaient les courtisanes, ce qui était une façon de laisser entendre que Bion aurait en quelque sorte prostitué la philosophie. On sait aussi par d'autres sources qu'Ératosthène, tout comme Théophraste avant lui, jugeait ce style indigne de véhiculer un message philosophique[5]. Par ailleurs, Diogène Laërce trace un portrait

1. *Cf.* Hermann Usener (ed.), *Epicurea*, Lipsiae, B.G. Teubner, coll. « Sammlung Wissenschaftlicher Kommentare », 1887, réimpr. Stuttgart, 1966, p. LXIX. Ménippe est appelé ὁ σπουδογέλοιος dans Strabon, XVI 2, 29.

2. Pseudo-Démétrios de Phalère, *De elocutione*, 170 ; *cf.* Pierre Chiron, *Un rhéteur méconnu : Démétrios (Pseudo-Démétrios de Phalère). Essai sur les mutations de la théorie du style à l'époque hellénistique*, Paris, Vrin, coll. « Textes et traditions » 2, 2001, p. 281-283. Pour la datation et l'attribution du traité, *cf. ibid.*, p. 310-370.

3. Le texte grec est : [...] ὥς φασιν οἱ περὶ τὸν Βίωνα ἐν ταῖς Διατριβαῖς (Diogène Laërce, II, 77 = Bion, *test.* 8 A et fr. 40 A Kindstrand = Aristippe, fr. 68 A Mannebach = IV A 79 Giannantoni).

4. Diogène Laërce, IV, 52 = *test.* 11 Kindstrand.

5. *Cf.* Demetrius Lacon, p. 75 De Falco = *test.* 13 Kindstrand ; Strabon I 2, 2 = *test.* 12 Kindstrand. Précisons qu'Ératosthène semblait en tout cas reconnaître une valeur cachée dans le discours de Bion.

fort séduisant, quoique sans doute négatif, de Bion, qu'il présente comme une personnalité à l'aspect théâtral de par sa tenue et la mise en scène qu'il offrait de son rapport avec ses élèves ; comme les sophistes il aurait voyagé et se serait fait payer ses leçons, et il aurait fréquenté dans un esprit d'éclectisme non seulement les cyniques mais aussi l'école hédoniste de Cyrène, en particulier Théodore l'Athée[1].

Tout cela a sans doute beaucoup marqué l'avenir de la recherche autour de la diatribe, dans la mesure notamment où l'on a cru retrouver partout des traces des prétendues diatribes de Bion, lesquelles ne nous sont pas parvenues. On en est ainsi venu à confondre de plus en plus le genre lui-même avec les vestiges d'une influence de Bion. On a imaginé, en se fondant le plus souvent sur de simples parallèles thématiques ou stylistiques, que cette influence avait été décisive sur beaucoup d'auteurs de l'époque hellénistique et romaine, à commencer par son contemporain le moraliste Télès que j'ai déjà mentionné. Télès cite en effet Bion à plusieurs reprises dans ses leçons morales, dont Stobée nous a conservé des fragments très importants.

Dans le fond et dans la pratique, l'essai de reconstitution du soi-disant genre littéraire de la « diatribe » postulé par les philologues depuis la fin du XIXe siècle n'est qu'un essai de reconstitution de ces diatribes de Bion, et la « diatribomanie » que les critiques de la théorie de la diatribe n'ont pas tardé à évoquer n'est dans le fond et dans la pratique qu'une « Bion-manie », une autre expression négative qui a été vite employée par certains critiques[2].

Le produit théorique qui résulte de cette pratique philologique a fini par rassembler tellement de matériaux littéraires divers qu'il peut à la rigueur se défendre comme un style mais nullement comme un genre littéraire, du moins au sens où on voulait le définir. Comme on pouvait déjà le constater dès les toutes premières décennies du XXe siècle, l'enthousiasme pour la comparaison et la reconstitution littéraire propre à la *Quellenforschung* a vite trahi les philologues qui ont traité de la « diatribe ». Il n'est pas gratuit qu'à l'encontre de l'attitude

1. *Cf.* Diogène Laërce, IV, 46-57. Pour Bion comme sophiste, *cf.* aussi Plutarque, *Contre Colotès* 1126 a = *test.* 28 Kindstrand ; Stobée III 38, 50 = fr. 47 A Kindstrand.

2. *Cf.* Georg Siefert, *Plutarchs Schrift* Περὶ εὐθυμίας, Naumburg, Sieling, coll. « Beilage zum Jahresbericht der königlichen Landesschule Pforta », 1908, p. 3 n. 4, qui applique l'étiquette de « Bion-manie » (expression qu'il emprunte à O. Ribbeck) à la ligne générale de recherches autour de Bion suivie par l'« école » Hense-Heinze.

caractéristique de la « diatribomanie », un savant comme Paul Lejay ait rappelé en 1911 que « l'œuvre propre de la critique est de distinguer[1] ».

Il eût été plus clair et plus cohérent pour les tenants de cette hypothèse du genre littéraire de la diatribe antique de s'en tenir à la formulation initiale qui renvoyait à l'idée de la prédication morale caractéristique du « philosophe populaire ». C'est le phénomène que le jeune Wilamowitz avait décrit à partir des fragments de Télès dans l'une des digressions qui complétaient sa monographie publiée en 1881 sur le polygraphe hellénistique Antigone de Caryste[2]. Wilamowitz n'y parlait pas encore de « diatribe », mais, lorsqu'il publiera en 1905 son histoire de la littérature grecque et latine, il adoptera volontiers ce terme (employé entre-temps par Usener en 1887) pour désigner le genre qu'il avait décrit[3]. Et les idées qu'il avait énoncées sur ce genre de prédication à partir des fragments de Télès furent intégrées par les tenants de la théorie diatribique. Il est donc intéressant de les rappeler ici :

1. Le genre littéraire en question serait né à la fin du IVe siècle av. J.-C. qui ouvre la voie à l'époque hellénistique : au milieu des bouleversements de la société, de la remise en cause des valeurs et des croyances d'autrefois, la philosophie morale pratique apparaît alors comme le seul appui solide pour orienter la vie des individus[4].

2. L'enseignement de la morale aurait répondu alors à une demande populaire croissante, et ce nouveau public aurait entraîné l'apparition d'une figure nouvelle : celle du « prédicateur » itinérant, ainsi que la transformation des « méthodes de l'enseignement » et par suite de la littérature philosophique qui en découle.

3. Cet enseignement aurait pris alors la forme d'un dialogue fictif : disciples ou auditeurs ne participent pas de façon active et réelle à l'échange ; seul le philosophe prend la parole ; mais loin de prononcer une leçon dogmatique, qui aurait été en partie incomprise, en partie reçue avec méfiance, il tient compte aussi de l'opinion des auditeurs, dont il joue lui-même le rôle à travers un dédoublement fictif. À travers

1. Paul Lejay, *Œuvres d'Horace*, texte latin avec un commentaire critique et explicatif, des introductions et des tables, t. II : *Satires*, Paris, Hachette, 1911, réimpr. Hildesheim, Olms, 1966, p. XXVII n. 2.

2. Ulrich von Wilamowitz-Moellendorff, *Antigonos von Karystos*, Berlin, Weidmann, coll. « Philologische Untersuchungen » 4, 1881, réimpr. Berlin/Zürich, 1965 (Excurs 3 : « Der Kynische Prediger Teles », p. 292-319). Pour Antigone, je renvoie à l'introduction et à l'édition de Tiziano Dorandi, *Antigone de Caryste. Fragments*, texte établi et traduit, Paris, Les Belles Lettres, « Collection des Universités de France », 1999.

3. U. von Wilamowitz-Moellendorff, « Die griechische Literatur des Altertums », dans *id. et alii*, *Die griechische und lateinische Literatur und Sprache*, Berlin/Leipzig, B.G. Teubner, coll. « Die Kultur der Gegenwart » I 8, 1907^2, p. 2-318, en particulier p. 99.

4. *Id.*, *Antigonos von Karystos*, *op. cit.*, p. 311 *sq.*

ce mode d'exposé « quasi-dialogique » le philosophe parvient à rendre ses enseignements plus vivants ; il satisfait en même temps la tendance dialectique si puissante chez les Grecs, même si ce n'est plus que d'une façon tout à fait schématique[1], puisque il n'y a plus d'essai d'une caractérisation [ἠθοποιία] de l'adversaire.

4. L'origine de cette forme dialogique se situerait, toujours selon Wilamowitz, dans le « croisement » entre le dialogue philosophique (socratico-platonicien) et le discours épidictique de la rhétorique (discours d'apparat) : le dialogue qui en résulte serait ainsi une forme « dégénérée[2] ».

5. Ce genre littéraire aurait été au service de la transmission d'un contenu sans originalité, d'une sagesse plus ou moins consacrée : le maître-philosophe itinérant ne développe pas des pensées originales ; il élabore sa leçon pour l'essentiel à partir des idées d'autrui, d'où le choix du mot de « prédication » pour désigner cette leçon[3].

6. Le manque d'originalité de ce maître-philosophe serait un indice du caractère décadent, « épigonique », de l'époque hellénistique[4].

7. Ce type de maître aurait insisté notamment sur la parénèse morale accompagnée de citations poétiques, de bons mots, d'anecdotes ou d'exemples.

8. Il se serait réclamé d'appartenances philosophiques variées, comme en témoignent les noms de Bion de Borysthène, Théodore et Hégésias de Cyrène, Diodore Cronos ou Timon de Phlionte[5].

9. Même si certains de ces maîtres ont pu être des personnages plus ou moins renommés et influents, le type le plus caractéristique du genre serait représenté par des personnages obscurs, comme c'est le cas de Télès[6].

D'après Wilamowitz, cette prédication hellénistique originaire serait tombée un peu dans l'oubli chez les auteurs postérieurs, même si ceux-ci devaient être conscients que bien des éléments de la production philosophique de leur époque trouvaient leur origine dans ce genre. Wilamowitz cite comme seul exposé ancien sur ce phénomène le début du premier livre des *Vies des sophistes* de Philostrate, et comme les

1. U. von Wilamowitz-Moellendorff, *Antigonos von Karystos*, *op. cit.*, p. 307.

2. *Id.*, « Die griechische Literatur des Altertums », *op. cit.*, p. 97, où il n'hésite pas à considérer la diatribe comme un « dialogue dégénéré ».

3. *Id.*, *Antigonos von Karystos*, *op. cit.*, p. 312 : « les conférences prenaient ainsi presque le caractère d'une reproduction des raisonnements d'autrui, le caractère d'un exposé de mots consacrés, d'une prédication sur des textes d'autrui ».

4. *Ibid.*, p. 306 *sq*.

5. *Ibid.*, p. 312.

6. *Ibid.*, p. 313.

vrais descendants de ce type de prédicateur itinérant du IIIe siècle av. J.-C. Dion Chrysostome ou Maxime de Tyr, du I-IIe siècle ap. J.-C. ; il rappelle également pour la même époque les noms de Démétrius, Musonius ou Pérégrinus Proteus. Pour le IVe siècle ap. J.-C., il cite Thémistius, Synésius, Grégoire de Nazianze et Jean Chrysostome. Il affirme que chez ces auteurs chrétiens, même si la philosophie fut remplacée par la religion, la prédication philosophique païenne, qui était elle aussi un exposé de paroles vénérées, serait restée le modèle qu'ils utilisèrent pour leur enseignement de l'*Écriture Sainte*. Wilamowitz évoque également dans la même tradition de prédication Paul et certains noms de la littérature judéo-hellénistique comme Philon ou Flavius Josèphe.

Il aurait été intéressant pour la théorie de la « diatribe » d'étudier comment les prédications païenne, judéo-hellénistique et chrétienne pouvaient relever de la même tradition du « philosophe populaire » apparu à la fin de l'époque classique. Mais les textes qui pouvaient témoigner de ce phénomène dans le monde païen n'étaient pas abondants, les fragments de Télès représentant un cas vraiment singulier dans la littérature hellénistique qui nous a été conservée. C'est pourquoi les historiens de la littérature gréco-latine païenne, ne sachant trop comment poursuivre l'étude de ce genre de prédication, s'abandonnèrent, dans la recherche sur la diatribe, à des comparaisons fondées sur de simples coïncidences de motifs de morale philosophique ou de procédés rhétoriques qui auraient soi-disant témoigné d'une influence de Bion. Le cas typique est celui, évoqué précédemment, d'Oltramare, qui va même jusqu'à confondre la « diatribe » avec toute la littérature moralisante populaire : la diatribe serait un mouvement syncrétiste de morale populaire qui remonterait à Bion, un mouvement qui aurait subi l'influence de plusieurs « doctrines », tout en gardant une « couleur » cynique et ascétique, et qui aurait été adoptée par plusieurs écoles socratiques pour les besoins de leur propagande[1].

L'HYPOTHÈSE DU DIALOGUE SOCRATIQUE COMME POINT DE DÉPART DE LA DIATRIBE

Pour expliquer sa forme dialogique, les tenants de la « diatribe » ont rapidement adopté l'idée de Wilamowitz selon laquelle l'origine de la diatribe serait à chercher dans le dialogue philosophique socratique qui aurait été contaminé par le discours épidictique. Le dialogue de la

1. *Cf.* A. Oltramare, *Les origines de la diatribe romaine*, *op. cit.*, p. 10.

diatribe serait donc une forme populaire, décadente et appauvrie du dialogue philosophique qui, lui, serait dialectique et dramatique. Wilamowitz[1] alla même ensuite jusqu'à présenter la diatribe comme la « parente pauvre » du dialogue, et il ajoutait que si Diogène de Sinope se conduisait dans sa vie comme un Socrate qui aurait perdu toute mesure[2], on pouvait supposer que, parallèlement, il avait transformé aussi le dialogue platonicien en un sens cynique[3].

Cette hypothèse de la diatribe puisant ses origines dans le dialogue socratique (platonicien) a eu un très grand retentissement. On a ainsi défini la diatribe comme « un dialogue réalisé à la manière de la déclamation[4] », comme un « succédané pédantesque du dialogue », « une discussion en forme de monologue[5] ».

En réalité, même si la fusion d'éléments divers était bien une caractéristique de la littérature de l'époque hellénistique[6], cette hypothèse

1. U. von Wilamowitz-Moellendorff, « Die griechische Literatur des Altertums », *op. cit.*, p. 99.

2. Pour l'image de Diogène comme « un Socrate devenu fou », *cf.* Élien, *Histoire variée*, XIV, 33, et Diogène Laërce, VI, 54 (= *SSR* V B 59).

3 . *Cf.* aussi U. von Wilamowitz-Moellendorff, *Platon : Beilagen und Textkritik*, Berlin, Weidmann, 1919 [1961[3], éd. Rudolf Stark], t. II, p. 21, 30. Cette idée évoque pour moi l'avis de Friedrich Nietzsche, qui, dans son ouvrage célèbre *Die Geburt der Tragödie aus dem Geiste der Musik,* Leipzig, Naumann, 1872, jugeait toute la littérature cynique comme la « brebis galeuse dans la famille du dialogue platonicien », en corrélat littéraire de l'image vivante du « Socrate devenu fou » (*cf.* Heinrich Nieuhes-Pröbsting, *Der Kynismus des Diogenes und der Begriff des Zynismus*, München, Fink, coll. « Humanistische Bibliothek. Abhandlungen » 40, 1979, p. 28 *sqq.*).

4. *Cf.* Eduard Norden, *Die antike Kunstprosa vom VI. Jahrhundert v. Chr. bis in die Zeit der Renaissance*, t. I, Leipzig, B.G. Teubner, 1898, p. 129, réimpr. Stuttgart 1983 ; George Converse Fiske, *Lucilius and Horace. A study in the classical theory of imitation*, Madison, University of Wisconsin, coll. « University of Wisconsin Studies in Language and Literature » 7, 1920, réimpr. Hildesheim, Olms, 1966, p. 180.

5. *Cf.* P. Lejay, *Œuvres d'Horace, op. cit.*, p. XV ; Otto Hense (ed.), *Teletis reliquiae*, Siebeck, Tubingae, 1909[2], réimpr. Hildesheim/New York, Olms, 1969, p. XCVII (=1889[1], p. LXXII) : la diatribe serait une forme relâchée du dialogue propre à un style, celui de Bion, à mi-chemin entre vulgaire et rhétorique ; A. Oltramare, *Les origines de la diatribe romaine*, *op. cit.*, p. 9, 12 : elle serait une « vulgarisation » du dialogue philosophique qui se serait emparé de tous les procédés de la rhétorique ; Walter M. Edwards, « Διάλογος, διατριβή, μελέτη », dans John Undershell Powell, Eric Arthur Barber (ed.), *New chapters in the history of Greek literature. Second series : Some recent discoveries in Greek poetry and prose, chiefly of the fourth century B.C. and later times*, Oxford, Clarendon, 1929, réimpr. New York, Biblo and Tannen, 1974, p. 88-124, notamment p. 89 *sq.* : elle serait un dialogue « en habits de tous les jours ».

6. En général, sur la *Kreuzung der Gattungen* dans la littérature grecque hellénistique, voir Marco Fantuzzi, « La contaminazione dei generi letterari nella letteratura greca ellenistica : rifiuto del sistema o evoluzione di un sistema ? », *Lingua e stile* 15, 1980, p. 433-450.

manque de vraisemblance, et le mélange dialogue socratique-discours épidictique semble inopérant et en tout cas non nécessaire.

L'HYPOTHÈSE D'UNE ORIGINE DANS LA SOPHISTIQUE ET LA RHÉTORIQUE

En fait, un certain nombre de savants ont considéré l'idée même d'un lien entre le « dialogue » diatribique et le dialogue socratique comme une erreur qui trahit la réalité[1]. Pour eux le type de « dialogue » mis en œuvre dans la diatribe est tout à fait différent : il s'agit d'un dialogue que l'on ne doit pas expliquer comme une vulgarisation ou une simplification de l'εἶδος socratique, mais comme une forme autonome relevant de la tradition rhétorique ou plus concrètement de la tradition sophistique.

Avant de préciser les solutions proposées par ces savants dans le domaine de la rhétorique et de la sophistique, il est intéressant de rappeler l'exposé qu'avait donné, quelques années avant que Wilamowitz ne donnât le sien, un autre contemporain célèbre, Rohde, dans son ouvrage sur le roman grec publié pour la première fois en 1876. Dans le cadre du phénomène culturel de l'époque impériale qu'on appelle couramment la « Seconde Sophistique », Rohde étudie l'activité de ceux qui, au dire de Philostrate[2], étaient « des philosophes jouissant de la réputation de sophistes[3] ». Il cite en particulier Dion Chrysostome, Favorinus d'Arles, Maxime de Tyr ou Thémistios. Après avoir qualifié leurs déclamations de « philosophie théâtrale » et ces auteurs eux-mêmes de « transfuges de la sophistique vers la philosophie populaire épidictique », Rohde remarque que leur déclamation est un phénomène qui dépend pleinement de la sophistique et de la théorie rhétorique. En effet, la rhétorique ancienne avait recours à la dissertation sur des sujets philosophiques, notamment éthiques. Ce serait, d'après Rohde, la διάλεξις ou dissertation dialectique, qui serait opposée à la μελέτη, c'est-à-dire à la déclamation sur des sujets concrets, sur des causes fictives, historiques, pseudo-historiques ou mythologiques, telle qu'on la rencontre dans la rhétorique délibérative ou judiciaire. En revanche, la

1. *Cf.* déjà Ernst Weber, « De Dione Chrysostomo Cynicorum sectatore », *Leipziger Studien* 10, 1887, p. 77-268, en particulier p. 199.

2. Philostrate, *Vies des sophistes*, I, 484.

3. Erwin Rohde, *Der griechische Roman und seine Vorläufer*, Leipzig, Breitkopf & Härtel, 1876 (1914[3]), réimpr. Hildesheim/New York 1960[4], 1974[5], p. 321 *sq*.

διάλεξις serait identifiée *in nuce* à la θέσις progymnastique, c'est-à-dire à l'exercice préparatoire.

C'est en effet vers ce schème et vers cette terminologie que les critiques de la diatribomanie se tournent lorsqu'ils essayent d'introduire plus de clarté sur le sujet, en proposant une définition du genre à l'aide de notions telles que διάλεξις ou θέσις. C'est ce que fit en premier lieu Halbauer, qui démontra tout d'abord que le terme διατριβή (ou *diatriba* en latin) ne possédait pas dans l'Antiquité de sens littéraire, sinon en ce qu'il faisait référence simplement à une situation d'enseignement scolaire, tout comme le terme σχολή (ou *schola*). La diatribe avait le sens de « passe-temps », d'« activité de loisir » où l'on s'adonnait à une certaine technique ou à une certaine discipline, et parallèlement le sens d'« entretien » ou de « discours » visant à enseigner la technique ou discipline en question. Les deux termes désignaient, d'après lui, aussi bien l'école ou le lieu de réunion autour des maîtres que l'entretien ou le discours avec lesquels ceux-ci enseignent, non seulement à leurs disciples, des enfants ou des jeunes gens, mais aussi à des hommes adultes qui les fréquentent dans l'intention d'apprendre[1].

Arrivé à cette étape de son argumentation, Halbauer s'efforce de démontrer que διατριβή [σχολή] ne traduit pas la perspective du maître mais toujours celle du disciple, de l'auditeur en général : διατρίβειν [σχολάζειν] ne se rapporterait pas directement à l'action du maître, à ses mots, mais à l'intérêt que l'auditeur trouve dans ces mots ; l'action envisagée du point de vue du maître serait désignée, elle, par le verbe διαλέγεσθαι et son entretien ou discours serait appelé διάλογος ou διάλεξις. Il prétend ainsi que des « diatribes » proprement dites ne pouvaient résulter que de l'attention portée par quelqu'un aux leçons d'autrui[2].

Si Halbauer veut rattacher la diatribe au domaine du disciple, c'est parce qu'il est influencé par l'exemple d'Épictète, dont les diatribes, comme on le sait, ont été rapportées par son disciple Arrien. En réalité, Halbauer lui-même reconnaît que les διατριβαί peuvent avoir une double provenance : il peut s'agir ou bien de « notes » du disciple ou bien d'un « guide préparatoire » du maître[3]. C'est pourquoi il voit dans

1. *Cf.* Otto Halbauer, *De diatribis Epicteti, diss.* Lipsiae, Noske, 1911, p. 3 *sq.* Pour un aperçu de toutes les acceptions du mot διατριβή, je renvoie à la très riche entrée consacrée à ce mot dans Francisco Rodríguez Adrados (dir.), *Diccionario Griego-Español* (désormais cité *DGE*), t. V, Madrid, CSIC, 2002, p. 1049 *sq.*

2. *Ibid.*, p. 5.

3. *Ibid.*, p. 5 *sq.*

le terme ὑπόμνημα un synonyme de διατριβή[1]. Enfin, il identifie de même διατριβή avec ὁμιλία[2].

Halbauer traite ensuite de la définition formelle de ce que les modernes appellent « diatribe », en particulier en ce qui concerne la méthode de discussion[3]. À ce sujet, il établit une distinction nette entre deux méthodes de discussion philosophique correspondant à deux genres différents : le *dialogue*, où l'on discuterait sur un sujet en profondeur, et la *dialexis*, où il n'y aurait pas de vrai dialogue puisque l'adversaire fictif ne découvre rien par lui-même à travers ses interventions[4]. Face à la méthode dialectique, la *dialexis* représenterait la méthode éristique et elle serait issue du discours judiciaire. Les Anciens auraient cultivé cette *dialexis* non seulement sous une variante rhétorique, déclamatoire, épidictique, propre aux rhéteurs-sophistes, mais aussi sous une variante philosophique, avec un dessein pédagogique, « diatribique ». Les maîtres-philosophes auraient appris cette méthode soit directement du discours judiciaire, soit à travers les discours délibératifs et épidictiques, ou bien encore à travers les ἀγώνες du théâtre. C'est par ces biais que la *dialexis* aurait été transmise aussi au philosophe populaire, auteur de la soi-disant « diatribe ».

Par conséquent Halbauer remplace la dénomination imprécise et équivoque de « diatribe » par celle de *dialexis philosophico-populaire*[5], qui constituerait, elle, le véritable genre littéraire. Quant au dialogue socratique, même s'il rentrait lui aussi dans la notion ancienne de διατριβή dans la mesure où il était rattaché à une situation pédagogique, Halbauer le considère comme fondé sur une méthode différente et étrangère à ce genre, la méthode dialectique, laquelle n'aurait pu influencer que d'une façon secondaire et marginale la « *dialexis* philosophique populaire », comme, par exemple, chez Épictète[6].

L'idée de Halbauer selon laquelle διατριβή et σχολή étaient synonymes fut reprise en 1916 par Sinko : celui-ci réduisait le problème de la « diatribe » au fait que la parénèse socratique, devenue rhétorique

1. Otto Halbauer, *De diatribis Epicteti*, *op. cit.*, p. 7. Halbauer identifie ainsi les diatribes de Bion avec les ὑπομνήματα de cet auteur dont parle Diogène Laërce, IV 47 = *test.* 7 A Kindstrand.

2. *Ibid.*, p. 8. Ce terme de ὁμιλία [homélie, lat. *homilia*] avait été employé par E. Weber, « De Dione Chrysostomo Cynicorum sectatore », *op. cit.*, p. 233 (*cf.* p. 224 n. 1) pour désigner la prédication cynique.

3. *Ibid.*, p. 21-26.

4. *Ibid.*, p. 26.

5. *Ibid.*, p. 17.

6. *Ibid.*, p. 35. Je rappelle à ce sujet l'importance de l'imitation chez Épictète (c'est-à-dire, chez Arrien), notamment celle des *Mémorables* de Xénophon.

déjà chez Antisthène (qui suivait ici l'exemple de Prodicos, Protagoras, etc.), s'était emparée à l'époque hellénistique de toutes les écoles de philosophie et avait trouvé une place dans les cercles des rhéteurs *(scholae)*, comme Cicéron en témoigne dans ses *Paradoxes des stoïciens*. Dans le même sens, Philipsson[1] affirme que les diatribes ne seraient pas autre chose que les *scholae* grecques dont parle Cicéron dans ses *Tusculanes*[2], c'est-à-dire des discussions rassemblant des réflexions sur les sujets les plus divers de la morale pratique, comme la pauvreté, l'exil, l'esclavage, la maladie et autres situations similaires estimées couramment comme des malheurs.

À son tour, Throm, en 1932, envisage le dialogue « diatribique » comme tout à fait indépendant du dialogue socratique, trop idéalisé à son avis, et il explique le dialogue de la soi-disant « diatribe » en faisant appel à la θέσις. D'après lui, la « diatribe » ne serait en réalité, aussi bien dans sa forme que dans son contenu, qu'un genre particulier de θέσις. Après avoir étudié en détail les rapports entre la rhétorique et la dialectique[3], il constate que l'une et l'autre opèrent autant sur les opinions et les convictions des gens auxquels elles s'adressent (c'est pourquoi elles ont eu tendance à avoir une communauté de formes), mais qu'elles se distinguent par les matériaux qu'elles traitent : alors que la rhétorique s'occupe du cas concret [ἄρσις, ὑπόθεσις, *causa, quaestio finita*], la dialectique aborde le problème général [θέσις, *quaestio infinita*] [4].

Ainsi donc, d'après Throm, la θέσις serait propre, non pas au rhétoricien, mais au dialecticien [διαλεκτικὸν πρόβλημα], et la modalité spéciale qui rattache ce genre à la philosophie, qui plus est à la « philosophie populaire », serait la θέσις *parénétique,* dont Throm cite

1. *Cf.* Robert Philipsson, compte rendu de : Jacob van Wageningen, *De Ciceronis libro consolationis*, Groningae, Noordhoff, dans *Berliner Philologische Wochenschrift* 37, 1917, col. 496-504 ; *id.*, compte rendu de : A. Oltramare, *op. cit.*, dans *Gnomon* 3, 1927, p. 727-729 ; *id.*, « Das dritte und vierte Buch der Tusculanen », *Hermes* 68, 1932, p. 245-294 ; *id.*, « Philodemos » 5, *Paulys Realencyclopädie der classischen Altertumswissenschaft* XIX 2, 1938, col. 2444-2482.

2. Cicéron, *Tusculanes*, III, 34, 81 (Voir le texte III, p. 166).

3. Hermann Throm, *Die Thesis. Ein Beitrag zu ihrer Entstehung und Geschichte*, Paderborn, Schöningh, coll. « Rhetorische Studien » 17, 1932, p. 40 *sqq*.

4. *Ibid.*, p. 56. Pour la θέσις chez les rhéteurs anciens, *cf.* George A. Kennedy (introduction, traduction et notes), *Progymnasmata: Greek Textbooks of prose composition and rhetoric,* Leiden/Boston (Mass.), Brill, coll. « Writings from the Greco-Roman world » 10, 2003, p. 55-61, 87 *sq.*, 120 *sq.*, 156, 168-171, 221-227 ; Dirk M. Schenkeveld, « Philosophical prose », dans Stanley E. Porter (ed.), *Handbook of classical rhetoric in the Hellenistic period, 330 B.C.-A.D. 400,* Leiden/New York, Brill, 1997, p. 195-264, notamment p. 247-252 (« Thesis »).

comme témoignage un passage de Sénèque[1] où cet auteur défend l'importance et l'utilité des préceptes particuliers de la morale prattique, à l'encontre de l'avis d'autres philosophes comme le stoïcien Ariston de Chios[2]. Bref, pour Throm, le vrai nom du genre littéraire que les modernes appellent « diatribe » serait celui de θέσις παραινετική ou en général πρακτική[3].

D'autres savants ont expliqué le caractère dialogique de la « diatribe » en ayant recours également, non pas au dialogue philosophique de la tradition socratique, mais à la tradition rhétorique et sophistique. Ils ont fait allusion aussi à juste titre à la « perspective trompeuse » du dialogue platonicien, comme Pierre Grimal en 1953 [4], et ils ont défendu l'existence, indépendamment de cette dialectique « scientifique », d'une autre dialectique de « propagande », à caractère « protreptique », à laquelle la diatribe appartiendrait, et dans laquelle « le dialogue ne serait plus un genre à lui seul, mais serait devenu un procédé rhétorique commun à plusieurs » [5]. Le dialogue ne serait dans la

1. Sénèque, *Lettres*, XCIV, 1.

2. H. Throm, *Die Thesis…*, *op. cit.*, p. 146. Voici le passage en question (Ariston, fr. 358 dans Hans Friedrich August von Arnim (ed.), *Stoicorum Veterum Fragmenta*, Stutgardiae, B.G. Teubner, 1903-1905, t. I, p. 80, 36 - 81, 5) : *Eam partem philosophiae quae dat propria cuique personae praecepta nec in universum componit hominem, sed marito suadet quomodo se gerat adversus uxorem, patri quomodo educet liberos, domino quomodo servos regat, quidam solam receperunt, ceteras quasi extra utilitatem nostram vagantis reliquerunt* […]. *Ariston Stoicus e contrario hanc partem levem existimat et quae non descendat in pectus usque, anilia habentem praecepta : plurimum ait proficere ipsa decreta philosophiae constitutionemque summi boni ; quam qui bene intellexit ac didicit, quid in quaque re faciendum sit sibi ipse praecipit.* « Cette partie de la philosophie qui donne les préceptes propres à chaque personne, qui ne forme pas l'homme en général, mais prescrit au mari la conduite à tenir avec sa femme, au père la manière d'élever ses enfants, au maître celle de gouverner ses esclaves, a été seule reçue de certains théoriciens ; ils ont laissé là tout le reste, où ils ne voyaient que des digressions sans rapport avec nos besoins […]. Au contraire, Ariston le stoïcien estime que cette partie de la philosophie n'est aucunement solide et ne pénètre pas jusqu'au cœur, n'étant faite que de proverbes de bonne femme. Rien n'est selon lui plus profitable que la pure philosophie dogmatique avec la définition du souverain bien. Qui a compris à fond cette définition et se l'est assimilée, n'a plus, dans le détail de sa conduite, d'autre directeur que lui-même » (traduction Henri Noblot dans François Préchac (éd.), H. Noblot (traduction), *Sénèque, Lettres à Lucilius IV : Livres XIV-XVIII*, Paris, Les Belles Lettres, « Collection des Universités de France », 1962, réimpr. 1971, p. 66 *sq.*).

3. H. Throm, *Die Thesis…*, *op. cit.*, p. 149.

4. Pierre Grimal, *Sénèque,* De constantia sapientis, *commentaire*, Paris, Les Belles Lettres, « Collection des Universités de France », 1953, p. 6-12.

5. *Ibid.*, p. 11. Ce dialogue protreptique se trouverait par exemple dans la *suasoria* : « Là, l'orateur s'imagine en face de quelque personnage, Alexandre ou Xerxès et s'ingénie à lui faire entendre raison. Le "dialogue" s'engage entre le rhéteur et son royal interlocuteur. On prête à celui-ci des objections, des échappatoires, que l'on réfute victorieusement. Si l'interlocuteur fictif n'est pas un roi, mais appartient à l'humanité

diatribe qu'un dialogue purement rhétorique, une figure de pensée, un σχῆμα, à savoir : le διαλογισμός, appelé *sermocinatio* par les théoriciens latins[1]. D'après Grimal[2], à la différence du dialogue socratique où le philosophe ne prétendait pas posséder la Vérité, dans ce dialogue rhétorique c'est par définition l'interlocuteur qui a tort.

En fait, l'hypothèse d'une origine remontant au dialogue socratique est sans doute le résultat erroné d'une confusion autour de la notion de « dialogue ». Tsekourakis[3] l'a bien expliqué en 1980 : une chose est le genre du dialogue de type socratique ou de type aristotélicien[4], et une autre chose est la figure rhétorique (éristique) qu'il appelle « élément dialogique ». En utilisant une terminologie plus précise, Bernard Schouler[5] avait déjà décrit en 1973 cette figure comme ὑποφορά (lat. *subiectio*) et ἀνθυποφορά (objection de l'adversaire et réfutation de l'orateur), selon le jeu habituel dans la rhétorique judiciaire. Elle serait passée dans l'exercice préparatoire appelé θέσις et dans la διάλεξις, donc également dans la *dialexis* philosophique que l'on appelle « diatribe » [6].

La technique du dialogue fictif est importante ailleurs aussi, par exemple dans les discours de Démosthène ou dans certains dialogues de Platon[7]. Et on peut dire en général, comme le remarque Laurent Pernot,

commune, le discours protreptique devient ce que les modernes appellent la "diatribe". Celle-ci est essentiellement caractérisée par son caractère moral : c'est une leçon donné par un maître à ses disciples ou, plus généralement, à un auditoire considéré comme inférieur » (p. 11). Enfin, d'après Grimal (p. 12), ce dialogue se trouverait aussi dans d'autres genres, comme les *dialogi* ou les *epistulae* de Sénèque.

1. P. Grimal, *Sénèque,* De constantia sapientis, *commentaire*, p. 7 n. 1.

2. *Ibid.*, p. 10.

3. Damianos Tsekourakis, « Τὸ στοιχεῖο τοῦ διαλόγου στὴν κυνικοστωικὴ "διατριβή" », *Hellenica* 32, 1980, p. 61-78, en particulier p. 76 *sq.*

4. Sur les dialogues perdus d'Aristote, *cf.* le témoignage d'Ammonios, *Commentaire aux Catégories d'Aristote*, p. 4, 3-13 Busse = Aristote, *test.* 16, 1 Gigon (*cf.* aussi *test.* 16, 2-5, 14 ; 59 Gigon).

5. Bernard Schouler (introduction, texte et traduction), *Libanios, Discours moraux :* « De l'insatisfaction » (Discours 6), « La richesse mal acquise est un malheur pire que la pauvreté » (Discours 7), « De la pauvreté ou des amis » (Discours 8), « De l'esclavage » (Discours 25), Paris, Les Belles Lettres, 1973, p. 61 *sq.*

6. Sur ce procédé, voir Julius Penndorf, « De sermone figurato questio rhetorica », *Leipziger Studien* 20, 1902, p. 167-194 ; Guy L. Cooper, « Sonderformen von *Oratio Obliqua* und *Oratio Recta,* 1 : Das angedeutete Wort des Gegners Hypophora », dans *id.*, *Zur syntaktischen Theorie und Textkritik der attischen Autoren, diss.* Zürich, Juris, 1971, p. 10-31.

7. *Cf.* G.L. Cooper, « Sonderformen... », *op. cit.*, p. 10-31 ; Angela Longo, *La tecnica della domanda e le interrogazioni fittizie in Platone,* Pisa, Scuola Normale Superiore, coll. « Pubblicazioni della classe di Lettere e Filosofia. Scuola Normale Superiore. Pisa » 22, 2000. Pour son emploi dans la *Grande morale* attribuée à Aristote, *cf.* Karl Oscar

que la présence du dialogue et de la conversation dans la pratique rhétorique antique peut rendre compte facilement de phénomènes divers, comme l'*altercatio* judiciaire, le *dialogisme*, le genre « homilétique » [ὁμιλία, « entretien »], les discours sous forme dialoguée ou l'esthétique de la causerie [λαλιά] [1].

DANGER DE L'HYPOTHÈSE SOPHISTIQUE. LA « PHILOSOPHIE POPULAIRE »

À mon avis, le danger de cette nouvelle perspective est de continuer à envisager la réalité dialogique propre à ce que l'on appelle « diatribe » comme un simple succédané, un phénomène que l'on veut maintenant subordonner à la tradition sophistique. C'est ce que fait Schouler[2] qui considère la soi-disant « diatribe » comme une branche philosophique « presque négligeable » de la vieille tradition de la *dialexis* sophistique[3]. Le sophiste et ce philosophe populaire que l'on a appelé « prédicateur » pouvaient certes tous les deux mener une vie plus ou moins itinérante, et participaient d'une même tradition rhétorique, à laquelle ils pouvaient avoir recours pour l'emploi entre autres de l'élément dialogique. Cependant, les aspirations et la finalité du discours que chacun mettait en scène n'étaient pas toujours les mêmes. J'admets toutefois que le cas des représentants de la Seconde Sophistique est singulier, car chez eux les limites entre sophistique et philosophie sont moins nettes[4]. En tout cas, plutôt que de considérer le philosophe populaire comme un simple avatar secondaire du sophiste, il semble préférable d'envisager l'un et l'autre comme des représentants autonomes d'une tradition ancienne

Brink, *Stil und Form der Pseudo-aristotelischen Magna moralia, diss.* Berlin/Ohlau, Eschenhagen, 1933, p. 62 *sqq.*

1. Laurent Pernot, « Un rendez-vous manqué », dans *id.* (éd.), *Rhétoriques de la conversation, de l'Antiquité à l'époque moderne*. Actes de la table ronde de Paris, 4 juin 1993, Berkeley, University of California Press (= *Rhetorica* 11, 4), 1993, p. 421-437, qui remarque le caractère marginal du dialogue dans la théorie et dans la pratique rhétorique gréco-romaine.

2. B. Schouler, *Libanios, Discours moraux, op. cit.*, p. 36. Voir aussi Anneliese Modrze, « Teles » 2, *RE*, V A 1 (1934), col. 375-382, notamment col. 378 ; Jan Fredrik Kindstrand, *Bion of Borysthenes. A collection of the fragments with introduction and commentary,* Uppsala, Almqvist & Wiksell, coll. « Acta Universitatis Upsaliensis. Studia Graeca Upsaliensia » 11, 1976, p. 23 *sqq.*, 43, 97 *sqq.*, qui suit O. Halbauer, *De diatribis Epicteti, op. cit.* ; Dee L. Clayman, *Callimachus' Iambi*, Leiden, Brill, coll. « Mnemosyne » 59, 1980, p. 69 *sq.*

3. B. Schouler, *Libanios, Discours moraux*, *op. cit.*, p. 30 *sqq.*

4. Sur les problèmes de classification (parmi les sophistes ou parmi les philosophes) que posent ces auteurs, voir Graham R. Stanton, « Sophists and philosophers: problems of classification », *American journal of philology* 94, 1973, p. 350-364.

plus générale et complexe, malheureusement mal connue, marquée par la figure de l'intellectuel itinérant, plus ou moins déraciné ou marginal, tradition dans laquelle les poètes ont joué aussi un rôle important[1].

La figure du « philosophe populaire » semble nécessaire pour décrire une partie de la réalité de l'enseignement philosophique dans l'Antiquité, celle qui se situe en dehors du cadre des écoles qui possédaient un caractère plus ou moins institutionnel et qui étaient essentiellement fermées sur elles-mêmes. L'école, considérée comme le milieu formé autour d'un maître, était aussi une réalité plus ouverte[2]. Même s'il pouvait toujours y avoir un public de base formé d'étudiants ou d'auditeurs habituels, un public plus large formé de gens occasionnels pouvait être présent, comme l'attestent les fragments moraux de Télès[3].

C'est sans doute de façon exagérée que Schouler[4], en accord avec son hypothèse qui fait dériver le « prédicateur populaire » du sophiste, présume que le premier s'adressait strictement au même public que le second. En effet, d'après lui, le prédicateur ne se serait jamais adressé, ou très rarement, à la « foule indigente et inculte » ; il se serait adressé aux classes aisées, comme le sophiste, à la « bourgeoisie municipale, fortement attachée à la vieille morale ». À mon avis, rien n'empêche que le public plus large et indéterminé qui pouvait s'approcher d'un maître moraliste comme Télès ait inclus des gens de toute provenance sociale disposant d'une formation plus ou moins poussée. Cela dit, je partage

1. *Cf.* Margherita Guarducci, « Poeti vaganti e conferenzieri dell'Età Ellenistica. Ricerche di epigrafia greca nel campo della letteratura e del costume », *Memorie della Classe di Scienze morali e storiche dell'Accademia dei Lincei,* Anno CCCXXVI, 6 *sq.*, t. II, fasc. 9, 1929, p. 629-665 ; Antonio La Penna, « L'intellettuale emarginato nell'Antichità », *Maia* 1, 1990, p. 3-20 ; Hans Diller, *Wanderarzt und Aitiologe. Studien zur hippokratischen Schrift* Περὶ ἀέρων ὑδάτων τόπων, Leipzig, Dieterich, coll. « Philologus. Supplementband » 26, 1934 ; Paul McKechnie, *Outsiders in the Greek cities in the fourth century BC,* London /New York, Routledge, 1989, p. 147-157, p. 178-215 ; Silvia Montiglio, « Wandering philosophers in classical Greece », *The Journal of Hellenic Studies* 120, 2000, p. 86-105.

2. *Cf.* Henri-Irénée Marrou, *Histoire de l'éducation dans l'Antiquité,* 6e édition revue et augmentée, Paris, Éditions du Seuil, coll. « L'Univers historique » 4, 1965, p. 310, réimpr., t. I : *Le monde grec*, coll. « Points Histoire » 56, 1981, p. 309.

3. *Cf.* Pedro Pablo Fuentes González, *Les diatribes de Télès. Introduction, texte revu et commentaire des fragments, avec en appendice une traduction espagnole*, Paris, Vrin, coll. « Histoire des doctrines de l'Antiquité classique » 23, 1998, p. 174 *sq.*, 309-311 ; et Peter Scholz, « Popularisierung philosophischen Wissens im Hellenismus – Das Beispiel der "Diatriben" des Kynikers Teles », dans Carsten Kretschmann (ed.), *Wissenspopularisierung. Konzepte der Wissensverbreitung im Wandel*, Berlin, Akademie Verlag, coll. « Wissenskultur und gesellschaftlicher Wandel » 4, 2003, p. 23-45.

4. B. Schouler (introduction, texte et traduction), *Libanios, Discours moraux, op. cit.*, p. 35.

tout à fait l'avis de Schouler et d'autres savants, comme Stowers[1], qui se sont opposés à l'idée que la diatribe soit une « propagande pour les masses ». Cette idée, introduite notamment par Paul Wendland[2], était rattachée à une vision tout à fait anachronique du cynisme envisagé comme « philosophie du prolétariat[3] ». Par ailleurs, le terme de « masse » implique une idée de distance et d'indifférence qui semble étrangère à la réalité de l'enseignement propre à l'Antiquité, toujours centrée sur l'individu. Il faut rappeler à ce sujet que la rhétorique antique n'accordait pas d'importance capitale au nombre d'auditeurs[4]. Indépendamment du nombre, l'intérêt de l'action portait toujours sur l'individu. En revanche, le terme « populaire » semble approprié pour ce philosophe dont le discours est ouvert à ses contemporains en général.

Comme on le sait, cette idée d'une « philosophie populaire » antique a été appliquée par les savants allemands du XIXe siècle notamment au cynisme ou à toute philosophie plus ou moins teintée de cynisme, en particulier le stoïcisme[5]. Il va sans dire qu'elle n'avait rien à voir avec l'idée romantique d'une philosophie qui aurait été le produit spontané du génie collectif du peuple. Les savants, quand ils parlaient de philosophie populaire, pensaient plutôt à la conception de la philosophie qui s'était

1. Stanley Kent Stowers, *The diatribe and Paul's Letter to the Romans,* Chico, Scholars Press, coll. « Society of Biblical Literature, Dissertation Series » 57, 1981, p. 46, p. 76-78.

2. Paul Wendland, *Die hellenistisch-römische Kultur in ihren Beziehungen zum Judentum und Christentum*, Tübingen, Mohr, coll. « Handbuch zum Neuen Testament » I 2, 1907, 1912[2 et 3] ; 1972[4]: Auflage erweitert um eine Bibliographie von Heinrich Dörrie, p. 81 (*Massenpropaganda*).

3. *Cf.* Carl W. Goettling, « Diogenes der Cyniker oder die Philosophie des griechischen Proletariats. Ein Vortrag », dans *id.*, *Gesammelte Abhandlungen aus dem classischen Alterthume,* t. I, Halle, Verlag der Buchhandlung des Waisenhauses, 1851, p. 251-277, repris dans Margarethe Billerbeck (ed.), *Die Kyniker in der modernen Forschung : Aufsätze mit Einführung und Bibliographie,* Amsterdam, Grüner, coll. « Bochumer Studien zur Philosophie » 15, 1991, p. 31-57.

4. *Cf.* L. Pernot, « Un rendez-vous manqué », *op. cit.,* p. 428, qui cite Aristote, *Rhétorique,* I, 1358 b 9-10 ; II, 1391 b 8-13 ; III, 1414 a 8-17 ; Anaximène de Lampsaque, *Rhétorique à Alexandre*, 1, 2, p. 5, 11-19 Fuhrmann ; Plutarque, *Quaestiones convivales* IX 14, 1, 743 d-e.

5. *Cf.* Constant Martha, *Les moralistes sous l'Empire romain (philosophes et poètes),* Paris, Hachette, 1865 (1907[8]), notamment p. 289-314 (chap. III : « Les sophistes philosophes ») ; Karl Praechter, *Die griechisch-römische Popularphilosophie und die Erziehung,* Bruchsal, Weber, coll. « Programm des Großherzoglichen Gymnasiums in Bruchsal » 1885/1886 Beil. Progr.-Nr. 553, 1886. L'expression « philosophie populaire » a pu aussi être utilisée pour des ouvrages protreptiques de vulgarisation qui n'ont en principe rien à voir avec le cynisme : *cf.* par exemple Wilhelm Capelle, « Die Schrift von der Welt. Ein Beitrag zur Geschichte der Griechischen Popularphilosophie », *Neue Jahrbücher für das klassische Altertum* 15, 1905, p. 529-568, sur le Περὶ κόσμου du Pseudo-Aristote.

développée dans l'Allemagne des Lumières et qui s'attaquait à la philosophie purement académique et théorétique. En imitant le modèle du sage socratique et en répondant à l'appel lancé par leur contemporain Diderot qui voulait populariser la philosophie, ces « philosophes populaires » modernes prônaient une philosophie susceptible de dépasser l'opposition entre théorie et pratique et qui se réalisait pleinement dans le domaine public, selon un rapport direct du philosophe avec ses contemporains[1]. Ils voulaient en effet agir directement dans le domaine de ce qu'on commençait à appeler à l'époque « l'opinion publique », envisagée comme une force positive et critique de transformation.

On peut rappeler à ce propos les anciens cyniques qui, à travers leur philosophie, voulaient changer l'opinion, la δόξα courante, même si chez eux, comme chez Platon, la δόξα n'avait qu'un sens purement négatif. En réalité, les cyniques n'ont pas trop cru à la possibilité d'une nouvelle conscience collective cynique. Pour eux la transformation philosophique n'était pas l'affaire d'un processus collectif, mais bien plutôt d'un processus personnel et individuel. Tout un chacun était appelé à entreprendre le dur cheminement cynique par ses propres forces, les maîtres de cette philosophie se bornant à montrer le chemin à travers leur exemple vécu[2]. C'est donc toujours à travers l'individu que les cyniques s'adressent à leurs contemporains, au peuple, au public en général, et cela tout d'abord à l'aide de leurs propres actes, car les actes ont toujours chez eux la primauté sur les paroles[3] ; ils tirent aussi un bon parti de la tradition littéraire qui mélange le sérieux et le comique, une tradition bien plus ancienne que Bion, que l'on rencontre déjà dans la comédie ancienne ou dans la poésie ïambique[4].

1. Pour l'histoire de cette tradition philosophique moderne, je renvoie à Raul Fornet-Betancourt, *Modelle befreiender Theorie in der europäischen Philosophiegeschichte. Ein Lehrbuch*, Frankfurt am Main/London, IKO-Verlag für Interkulturelle Kommunikation, coll. « Denktraditionen im Dialog » 13, 2002, notamment au chapitre « Die Popularphilosophie oder die zu rehabilitierende Tradition », p. 175-267 ; *cf.* aussi Christoph Böhr, *Philosophie für die Welt. Die Popularphilosophie der deutschen Spätaufklärung im Zeitalter Kants*, Stuttgart, Frommann-Holzboog, coll. « Forschungen und Materialien zur deutschen Aufklärung », Abteilung II, Monographien 17, 2003.

2. Sur l'amitié dont le but, chez les cyniques, était essentiellement d'initiation pédagogique, *cf.* Pedro Pablo Fuentes González, « ¿Necesitaban de un amigo los cínicos antiguos ? », *Bitarte* 31, 2003, p. 51-72.

3. Pour la rhétorique de Diogène comme une rhétorique par excellence de la situation et de l'action, *cf.* Robert Bracht Branham, « Diogenes' rhetoric and the *invention* of cynicism », dans Marie-Odile Goulet-Cazé, Richard Goulet (éd.), *Le Cynisme ancien et ses prolongements*. Actes du colloque international du CNRS (Paris, 22-25 juillet 1991), Paris, CNRS Éditions, 1993, p. 445-473.

4. *Cf.* Eduardus Norden, « In Varronis saturas Menippeas observationes selectae », Leipzig, B.G Teubner, coll. « *Jahrbücher für klassische Philologie* », Supplément 18,

Par conséquent l'idée d'une « philosophie populaire », cynique ou non cynique, dans l'Antiquité peut être défendue, à condition seulement que l'on sache ce que l'on veut désigner par cette expression, et qu'on ne la réduise pas, par exemple, à un ensemble de lieux communs d'origine obscure ou plus ou moins discutable. C'est en fonction de leur emploi que les mêmes thèmes et les mêmes motifs peuvent appartenir ou non à la philosophie populaire.

LA DIATRIBE DES RHÉTEURS ANCIENS

En ce qui concerne la rhétorique, les modernes ont fait encore une autre confusion quand ils ont prétendu que les rhéteurs anciens nous ont transmis une définition de la « diatribe » susceptible de confirmer l'idée moderne de la diatribe comme genre littéraire dans l'Antiquité. Cette confusion remonte à Franz Susemihl et à son histoire de la littérature alexandrine publiée en 1891.

Lorsque Susemihl[1] veut donner une définition des diatribes de Bion dont parle Diogène Laërce, il affirme qu'elles étaient « de courtes dissertations non dialogiques, et selon toute probabilité plus ou moins informelles, sur des sujets éthiques ». On s'étonne tout d'abord du fait qu'il refuse au genre le caractère dialogique, ce qui est une preuve

1892, p. 265-352, notamment p. 270 n. 1, et p. 35 n. 4 ; Henricus Weber, *De Senecae philosophi dicendi genere Bioneo, diss.* Marpurgi Cattorum, Friederici Soemmering, 1895, p. 8 ; Johannes Geffcken, « Studien zur griechischen Satire », *Neue Jahrbücher für das klassische Altertum* 27, 1911, I, p. 393-411, II, p. 469-493, notamment p. 393 *sq.*, 396 *sqq.* ; Mary A. Grant, *The ancient rhetorical theories of the laughable. The Greek rhetoricians and Cicero,* Madison, University of Wisconsin, coll. « University of Wisconsin Studies in Language and Literature » 21, 1924, notamment p. 56 ; Ludwig Radermacher, *Weinen und Lachen. Studien über antikes Lebensgefühl,* Wien, Rohrer, 1947, réimpr. Darmstadt, Wissenschaftliche Buchgesellschaft, 1969, p. 115 *sqq.* ; Lawrence Giangrande, *The use of spoudaiogeloion in Greek and Roman Literature,* The Hague/Paris, Mouton, coll. « Studies in classical literature » 6, 1972 ; J.F. Kindstrand, *Bion of Borysthenes, op. cit.,* p. 47 *sq.* ; Klaus Döring, « «Spielereien, mit verdecktem Ernst vermischt". Unterhaltsame Formen literarischer Wissensvermittlung bei Diogenes von Sinope und den frühen Kynikern », dans Wolfgang Kullmann, Jochen Althoff (ed.), *Vermittlung und Tradierung von Wissen in der griechischen Kultur,* Tübingen, Narr, coll. « Script Oralia. Altertumswissenschaftliche Reihe » 61, 12, 1993, p. 337-352 ; Juan Luis López Cruces, *Cercidas de Mégalopolis. Politique et tradition littéraire,* Amsterdam, Hakkert, coll. « Classical & Byzantine Monographs » 32, 1995, p. 77-85 ; Philip R. Bosman, « Selling cynicism: the pragmatics of Diogenes' comic performances », *Classical Quarterly* 56, 2006, p. 93-104 ; Andrea Ercolani (ed.), *Spoudaiogeloion : Form und Funktion der Verspottung in der aristophanischen Komödie,* Stuttgart, Metzler, coll. « Drama : Beiträge zum antiken Drama und seiner Rezeption » 11, 2002.

1. Franz Susemihl, *Geschichte der griechischen Literatur in der Alexandrinerzeit,* t. I, Leipzig, B.G. Teubner, 1891, réimpr. Hildesheim, Olms, 1965, p. 36 n. 105.

évidente de l'emploi confus de cette notion de « dialogue » par les tenants de la théorie diatribique[1]. Susemihl inaugure une définition de la diatribe où l'accent est mis non point sur la notion de « prédication » mais sur la notion de traité et où deux caractéristiques sont mises en avant : la brièveté et le contenu éthique. Mais la nouveauté la plus décisive, c'est que Susemihl s'appuye pour la première fois sur la définition que le Pseudo-Hermogène avait donné du terme διατριβή, à savoir : « la diatribe est une extension d'une courte idée éthique, visant à ce que la disposition morale de l'orateur reste imprimée dans l'esprit de l'auditeur[2] ».

D'après Susemihl, la tradition rhétorique ancienne confirmait l'existence dans l'Antiquité d'un genre appelé « diatribe ». Dès lors, bon nombre de savants allaient invoquer le passage du Pseudo-Hermogène comme une confirmation de cette idée. En réalité, c'était une interprétation erronée, puisque, comme Schouler et d'autres l'ont démontré plus tard, le rhéteur ne fait pas référence, avec ce terme de διατριβή, à un genre littéraire, mais seulement à une figure rhétorique relative à l'emphase ou à la redondance [περιττότης], cette figure qu'on appelle ἐπιμονή chez les Grecs et *commoratio* chez les Latins. Il fait allusion à un recours stylistique qui permet à l'orateur d'insister sur une conduite morale ou civique afin de calomnier moralement son adversaire et en même temps de convaincre les auditeurs de la rectitude et de la moralité de sa propre personne[3]. Le Pseudo-Hermogène présente comme

1. C'est le cas même du grand savant sur le dialogue antique, Hirzel, qui présente une image de la diatribe qu'on pourrait qualifier comme « anthologique », dans la mesure où il envisage la diatribe comme si elle était le produit d'une compilation de matériaux dialogiques (*cf.* Rudolf Hirzel, *Der Dialog. Ein literarhistorischer Versuch,* t. I, Leipzig, Hirzel, 1895, réimpr. Hildesheim, Olms, 1963, p. 369 *sq.* n. 2). C'est dans ce sens qu'il parlera des diatribes comme des « ombres chinoises » du dialogue (*cf.* R. Hirzel, *Der Dialog*, *op. cit.*, t. II, p. 12). Il tente, par ailleurs, de délimiter nettement la diatribe par rapport à d'autres genres littéraires qu'il estime voisins : l'anecdote [*chrie*], les *mémoires* [ἀπομνημονεύματα], la σχολή, qu'il définit comme une *conférence* scientifique plus longe, et enfin le *dialogue* proprement dit, puisque la diatribe ne comporterait pas seulement des entretiens mais aussi des « dissertations ». Bref, d'après Hirzel, « diatribe » serait uniquement et exclusivement l'œuvre de quelqu'un qui, comme un simple intermédiaire, se bornait à rassembler les mots d'un autre philosophe. Ainsi, la notion primitive de diatribe comme « prédication » (à partir des pensées d'autrui, à la manière d'un commentaire) ouvrait la voie chez Hirzel à un concept de « diatribe » comme pure « compilation » (comme une sorte d'anthologie), qui se présentait sous la forme d'esquisses de l'enseignement ou de l'activité philosophique d'une troisième personne.

2. Pseudo-Hermogène, *De methodi gravitate*, 5, p. 418, 3-5 dans Hugo Rabe (ed.), *Hermogenis opera*, Leipzig, B.G. Teubner, 1913 : διατριβή ἐστι βραχέος διανοήματος ἐθικοῦ ἔκτασις, ἵνα ἐμμείνῃ τὸ ἦθος τοῦ λέγοντος ἐν τῇ γνώμῃ τοῦ ἀκούντος.

3. B. Schouler, *Libanios, Discours moraux*, *op. cit.*, p. 31 n. 5 ; Barbara Price Wallach, « Epimone and diatribe: dwelling on the point in Pseudo-Hermogenes », *Rheinisches*

exemple le début du *Contre Midias* de Démosthène, où celui-ci fustige devant le tribunal le comportement scandaleux et effréné de Midias.

Toutefois, certains théoriciens de la diatribe comme genre littéraire ont continué à invoquer ce témoignage du Pseudo-Hermogène. C'est le cas de Tsekourakis, qui maintient la liaison entre le genre de la philosophie populaire et la définition du Pseudo-Hermogène, selon l'hypothèse que le mot « diatribe » serait passé de la rhétorique à la philosophie, et que dans celle-ci il aurait conservé ses liens étroits avec l'éthique[1]. Or, comme Schmeller l'a bien rappelé, la diatribe de la tradition rhétorique peut certes se servir de déclarations morales, mais elle n'a pas un but moral ; ce qu'elle vise bien concrètement, c'est le succès de l'orateur, et ni chez Aristote ni chez Ménandre elle ne se borne à un contenu éthique[2]. En général elle consiste en l'action de s'attarder sur un point important.

La solution ne consiste pas à remplacer le mot « diatribe »

Arrivés à ce point de notre réflexion, nous constatons que tous ceux qui ont essayé de rendre plus claire et plus solide la discussion autour de la diatribe à l'aide de la terminologie antique se sont toujours heurtés au caractère fort imprécis du vocabulaire invoqué. Qu'on analyse le terme

Museum für Philologie 123, 1980, p. 272-322 (*cf. ead., A history of the diatribe from its origin up to the first century B. C. and a study of the influence of the genre upon Lucretius III, 830-1094, diss.* University of Illinois, Urbana-Champaign, 1974, Ann Arbor, 1975 (microfilm-xérographie), p. 17 n. 10 [p. 319]) ; Henry David Jocelyn, « Diatribes and sermons », *Liverpool classical monthly,* 7 (1982), p. 3-7, notamment p. 3 ; Thomas Schmeller, *Paulus und die «Diatribe». Eine vergleichende Stilinterpretation,* Münster, Aschendorff, coll. « Neutes-tamentliche Abhandlungen », N.F. 19, 1987, p. 8.

1. Damianos Tsekourakis, Οἱ λαϊκοφιλοσοφικὲς πραγματεῖες τοῦ Πλουτάρχου : ἡ σχέση τοὺς μὲ τὴ διατριβὴ καὶ μὲ ἄλλα παραπλήσια γραμματειακὰ εἴδη, Θεσσαλονίκη, coll. « Ἐπιστημονικὴ ἐπετηρίδα Φιλοσοφικῆς Σχολῆς, Ἀριστοτέλειο Πανεπιστήμιο Θεσσαλονίκης Σχολῆς » 34, 1983, p. 23. Voir aussi le compte rendu d'Anastasios Nikolaïdis dans *The journal of Hellenic studies* 105, 1985, p. 193 *sq.*, notamment p. 194, qui tire du Pseudo-Hermogène les traits qu'il considère essentiels du genre diatribique, à savoir : la brièveté et les topiques de la morale pratique. Déjà George L. Kustas, *Diatribe in ancient rhetorical theory : protocol of the twenty-second colloquy, 25 April 1976*, Berkeley, The Center for Hermeneutical Studies in Hellenistic and Modern Culture, 1976, p. 1-14, notamment p. 6-11, 14 *sq.*, même s'il parle de διατριβή comme une figure rhétorique, semble cependant continuer à l'envisager comme genre littéraire, ce qui lui attire la censure de William S. Anderson, « Response », *ibid.*, p. 16-20, notamment p. 19 (*cf.* aussi la « Response » de Barbara Price Wallach, *ibid.*, p. 27-32 ; *cf.* en revanche Kristen Kennedy, « Cynic rhetoric: the ethics and tactics of resistance », *Rhetoric review* 18, 1999-2000, p. 26-45, notamment p. 37-39).

2. T. Schmeller, *Paulus und die «Diatribe»*..., *op. cit.*, p. 8.

διατριβή, ou d'autres du même genre comme σχολή ou ὁμιλία, ou encore d'autres apparemment plus précis d'un point de vue littéraire, comme ceux de διάλεξις ou θέσις, le résultat est toujours le même. Lorsqu'on veut parvenir à des définitions précises ou à des oppositions nettes, aucune conclusion n'est pleinement définitive, par exemple lorsqu'on prétend que la διατριβή était plus philosophique que la σχολή, qu'elle était moins sérieuse ou plus cynique, que ses développements étaient plus courts et moins profonds, que son public était plus vaste, ou que la mise par écrit était toujours dans la διατριβή l'œuvre non pas du maître mais d'un disciple[1]. Il en est de même, à un niveau plus strictement formel, lorsqu'on veut par exemple établir une opposition nette entre διάλεξις et διάλογος fondée sur l'opposition entre un dialogue purement rhétorique et fictif et un vrai dialogue dramatique.

En réalité, tous ces termes sont employés dans l'Antiquité avec un sens plus ou moins varié et ouvert, en fonction de l'époque et du contexte. Même un terme comme celui de διάλεξις, que les Anciens ont employé notamment au sein de la Seconde Sophistique, n'est précis ni quant à la forme ni quant au contenu[2]. Le fait que les savants ont toujours eu des difficultés à se mettre d'accord dans ce genre de discussions est la preuve qu'on se trouve face à un vocabulaire incapable de conduire à des définitions et des distinctions fermes et univoques. Nul besoin donc de transformer la discussion autour de la diatribe en remplaçant un terme par un autre. Le terme de διατριβή peut rester valable, à condition qu'on ne prétende pas obtenir du point de vue littéraire un sens trop bien défini qui lui était étranger dans l'Antiquité.

1. Outre O. Halbauer, *De diatribis Epicteti*, *op. cit.*, *cf.* André Pelletier, « Notes sur les mots διατριβή, ἱερόν, διάθησις dans le *P. Gen. inv.* 108 », *Recherches de papyrologie* 4, 1967, p. 175-186 ; John Glucker, *Antiochus and the late Academy*, Göttingen, Vandenhoeck & Ruprecht, coll. « Hypomnemata » 56, 1978, p. 159-166.

2. *Cf.* Hildegard Cancik, *Untersuchungen zu Senecas Epistulae morales*, Hildesheim, Olms, coll. « Spoudasmata » 18, 1967, p. 47 *sq.* ; André Jean Festugière, *Antioche païenne et chrétienne. Libanius, Chrysostome et les moines de Syrie*, Paris, Boccard, coll. « Bibliothèque des Écoles françaises d'Athènes et de Rome » 194, 1959, p. 430 n. 2 : le mot διάλεξις peut désigner au temps de Libanios tout discours d'un style naturel et enjoué (*cf.* Philostrate, *Vies des sophistes*, I, 24, 528) ; Michael B. Trapp (ed.), *Maximus Tyrius Dissertationes,* Stutgardiae, B.G. Teubner, coll. « Bibliotheca scriptorum Graecorum et Romanorum Teubneriana », 1994, p. XL *sqq.* ; Dirk M. Schenkeveld, « Philosophical prose », *op. cit.*, p. 230-247 (« Diatribe and dialexis ») ; Ilsetraut Hadot, « Der philosophische Unterrichtsbetrieb in der römischen Kaiserzeit », *Rheinisches Museum für Philologie* 96, 2003, p. 48-71, notamment p. 68 *sq.* ; Juan Luis López Cruces, Javier Campos Daroca, Máximo de Tiro, *Disertaciones filosóficas*, I-XVII, Madrid, Gredos, coll. « Biblioteca clásica Gredos » 330, 2005, p. 40-43.

L'âpre polémique à laquelle se livrèrent, au début des années 1980, deux savants anglais, Gottschalk et Jocelyn[1], au sujet de la signification littéraire du mot διατριβή, à partir de l'emploi de ce mot dans les catalogues de titres d'ouvrages que l'on trouve chez Diogène Laërce, illustre ce qu'il faut éviter. L'erreur à mon avis – et j'insiste – est de vouloir attribuer à ce terme employé comme titre un sens tout à fait précis du point de vue littéraire.

DEUX SOLUTIONS : STOWERS ET SCHMELLER

Les solutions les plus remarquables ont été proposées dans les années 1980 par Stowers et quelques années plus tard par Schmeller dans le domaine de la recherche néotestamentaire[2]. Alors que la philologie classique au sens le plus strict a fini par s'installer dans les idées les plus traditionnelles et les plus banales au sujet de la diatribe, ce n'est peut-être pas un hasard si depuis quelques décennies les positions les plus critiques et les plus solides du point de vue scientifique sont issues d'autres domaines plus périphériques, comme la recherche néotestamentaire, ou de façon plus générale la recherche sur la littérature chrétienne, ou même la recherche sur la tradition classique[3]. Me concentrant ici sur les arguments et les positions de Stowers et Schmeller, je commence par ce dernier.

Compte tenu du fait que l'emploi ancien de διατριβή ne précisait ni la forme ni le contenu de ce terme et qu'il ne correspondait pas à l'emploi moderne, selon lequel la diatribe est fondée sur un contenu déterminé (les questions pratiques de l'éthique), sur une forme déterminée (l'élément dialogique, l'empreinte populaire et rhétorique) et sur un but déterminé (la vulgarisation de l'éthique), Schmeller propose

1. H.D. Jocelyn, « Diatribes and sermons », *op. cit.* ; *id.*, « "Diatribes" and the Greek book-title Διατριβαί », *Liverpool classical monthly* 8, 1983, p. 89-91 ; Hans B. Gottschalk, « Diatribe again », *Liverpool classical monthly* 7, 1982, p. 91 *sq.* ; *id.*, « More on Διατριβαί», *Liverpool classical monthly* 8, 1983, p. 91 *sq.*

2. S.K. Stowers, *The diatribe and Paul's Letter to the Romans*, *op. cit.*, p. 7-78 ; T. Schmeller, *Paulus und die « Diatribe »*, *op. cit.*, p. 1-54.

3. *Cf.* aussi Maureen Thum, « Milton's diatribal voice: the integration and transformation of a generic paradigm in *Animadversions* », *Milton Studies* 30, 1994, p. 3-26, notamment p. 5-10 ; Víctor Masalles, *La profecía en la asamblea cristiana : análisis retórico-literario de 1 Cor 14, 1-25*, 2001, Roma, Pontificia Università Gregoriana, coll. « Tesi Gregoriana. Serie teologia » 74, p. 72 *sqq.* ; D.E. Aune, « Diatribe », *op. cit.* ; Karl-Heinz Uthemann, *Christus, Kosmos, Diatribe. Themen der frühen Kirche als Beiträge zu einer historischen Theologie,* Berlin/New York, W. de Gruyter, coll. « Arbeiten zur Kirchengeschichte » 93, 2005, p. 382-394 (« Bemerkungen zum Terminus "Diatribe" »).

de maintenir le terme « diatribe » en ce sens moderne parce qu'il est déjà très familier, mais il propose d'écrire le mot entre guillemets pour rappeler son caractère problématique. Il propose aussi d'épurer le corpus de tous les excès de la diatribomanie. Toutefois, ce corpus de la « diatribe » ne lui semble pas pouvoir constituer un genre littéraire, lequel devrait impliquer un ensemble uniforme de traits de style, permettant de le distinguer d'autres genres littéraires. Il reconnaît avoir trouvé tout au plus dans le corpus en question un élément commun qu'il interprète comme un « principe structurel », selon lequel la « diatribe » serait une apostrophe personnelle et existentielle adressée à l'homme commun avec un contenu éthique.

Il va sans dire que l'application de notions qu'il emploie telles que « popularisant » ou « personnalisant » se révèle fort subjective. C'est pourquoi la position de Stowers me semble beaucoup plus intéressante et beaucoup plus claire. Il parle simplement de diatribe en se contentant du sens que ce terme avait dans l'Antiquité, car, même si ce n'est qu'un sens très général, il peut convenir si on s'attache à une conception plus actuelle de ce qu'est un genre littéraire, dans le cadre de la théorie moderne de la communication. En effet, dans cette perspective, un genre littéraire se définit par une situation d'énonciation typique ainsi que par la relation que l'auteur établit avec son public, et de ce point de vue la diatribe a un sens suffisamment clair et distinct, dans la mesure où elle semble toujours décrire dans l'Antiquité une réalité d'enseignement qui met en scène un maître et un disciple, soit au sens propre soit en un sens plus ou moins figuré.

Stowers considère qu'on peut défendre l'existence d'un lien entre le sens moderne et le sens ancien du mot « diatribe » si l'on supprime du concept moderne tout ce qui est étranger à sa signification scolaire ancienne, c'est-à-dire si l'on remplace l'idée de « propagande pour les masses » par l'idée d'enseignement au sein d'une école, et l'idée de « philosophie populaire » cynico-stoïcienne par l'idée générale de tradition socratique [1]. Il interprète la diatribe comme un mode de communication pédagogique, dans lequel le « maître » oscille entre les méthodes socratiques de la *censure* [ἐλεγτικός] et de la *persuasion* [προτρεπτικός].

1. Le rattachement de la diatribe à la tradition socratique en général plutôt qu'à la tradition cynique avait été déjà remarqué par Eduard Schwartz, « Diogenes der Hund und Krates der Kyniker », dans Johannes Stroux (ed.), *Charakterköpfe aus der Antike*, 3. Ausgabe der Neuausgabe, Leipzig, Koehler & Amelang, 1950, p. 121-141, notamment p. 140 *sq.* (*cf. id.*, *Ethik der Griechen*, hrsg. von Will Richter, Stuttgart, Koehler, 1951, p. 142).

Nous retrouvons donc ici la vielle hypothèse qui rattache la diatribe à Socrate, à cette différence près cependant que Stowers ne se place pas maintenant dans le cadre littéraire précis du dialogue philosophique (platonicien), comme c'était le cas dans l'hypothèse traditionnelle, fort artificielle, représentée par Wilamowitz. En effet, il songe plutôt au dialogue socratique comme un mode de conversation et de pédagogie vivante[1].

Que dans l'Antiquité Socrate ait joué un rôle capital dans l'établissement d'une méthode pédagogique spécifique est hors de doute, mais faut-il vraiment accorder à Socrate cette importance génétique comme si la diatribe ne pouvait pas exister avant ni en dehors de lui ? Même si l'on m'a déjà reproché de vouloir éloigner la diatribe de la dialectique socratique[2], je tiens ici à l'idée d'une diatribe qui, en tant que phénomène de communication pédagogique, avec toute sa richesse de manifestations et de possibilités, va manifestement bien au-delà de Socrate et même de la philosophie.

Une solution à la manière de Stowers

Afin de rendre vraiment utile la notion de diatribe dans l'interprétation des textes littéraires antiques, philosophiques et non philosophiques, je propose donc, à la manière de Stowers, d'envisager la diatribe comme une stratégie de communication fondée sur l'existence (ou la simple fiction) d'un rapport maître-disciple. Il s'agit en effet d'une notion qui, à mon avis, peut avoir vraiment du sens et devenir efficace si l'on applique une méthodologie qui s'intéresse notamment au contexte ou à la situation de communication, comme c'est le cas dans la Pragmatique moderne[3]. Le mot διατριβή rentre bien dans ce domaine de la communication, et son étymologie s'accorde avec cette idée d'une fréquentation, d'un contact et d'un rapport interpersonnel, qu'il s'agisse d'un fait réel ou seulement d'une mise en scène littéraire. Il faudrait par

1. *Cf.* dans ce même sens Werner Jaeger, *Paideia : the ideals of Greek culture,* t. II : *In search of the divine centre,* transl. from the German manuscript by Gilbert Highet, New York/Oxford, Oxford University Press, 1943, réimpr. 1986, p. 41, 376.

2. *Cf.* D.E. Aune, « Diatribe », *op. cit.,* p. 128.

3. Pour une approche critique du discours pédagogique du point de vue de la pragmatique, voir Antonio López Eire, « Enseñanza y comunicación », *Logo : revista de retórica y teoría de la comunicación* 3, 2002, p. 65-102. Par ailleurs, Jula Wildberger me communique qu'elle est en train d'écrire un livre intitulé justement *Pragmatics of Diatribe,* dont j'attends avec beaucoup d'intérêt la publication.

conséquent réécrire l'histoire de la diatribe comme l'histoire du reflet littéraire de la relation pédagogique dans l'Antiquité.

Malheureusement, en ce qui concerne les matériaux littéraires désignés explicitement comme des « diatribes » dans l'Antiquité, nous ne pouvons presque jamais les soumettre à une analyse proprement dite[1]. Tout un chacun connaît le cas des diatribes d'Épictète, dont on a conservé une partie considérable et que plusieurs auteurs anciens et la tradition manuscrite désignent sous ce nom de Διατριβαί[2]. Cependant, il est plus intéressant de citer ici le cas de la *Diatribe sur ce qui se passe dans un banquet* de Dion Chrysostome (XXVII), dans la mesure où elle présente un discours où il n'y a pas de dialogue, même pas sous la forme rhétorique la plus simple de l'interpellation de l'auditoire. Par conséquent, il semble que la diatribe pouvait ne pas présenter dans l'Antiquité d'une façon explicite le rapport maître-disciple. Toutefois, le texte de Dion laisse supposer la présence d'un auditoire auquel l'orateur veut transmettre un enseignement. Même si on ne peut pas parler de disciples au sens strict, on peut considérer qu'il éprouve une certaine sympathie à l'égard de son public, devant lequel il se place en quelque sorte comme un maître qui fait part à ceux qui l'écoutent de ce qu'il sait sur un sujet parce qu'il considère que cela peut leur être utile. Et c'est sans doute là que nous devons reconnaître l'aspect diatribique de ce texte de Dion, ce qui peut le rapprocher, entre autres, des enseignements d'Épictète. Dans cette stratégie diatribique, la disposition de l'orateur qui aspire à communiquer sa vérité est plus importante que celle du destinataire : l'orateur de la diatribe envisage ce destinataire comme quelqu'un de proche qui, indépendamment de sa situation ou de sa prédisposition morale réelle, peut rejoindre finalement ses points de vue. En fait, l'acception de la diatribe comme discours ouvertement polémiste et insultant – une acception que le mot « diatribe » possède dans nos lan-

1. *Cf.* l'entrée διατριβή de F. Rodríguez Adrados (dir.), *Diccionario Griego-Español, op. cit.*, t. V, p. 1950. Voici les auteurs auxquels on attribue des diatribes chez Diogène Laërce, ou ailleurs : Archytas (Stobée I pr. 3 = DK B 4), Aristippe (DL II 84-85 = *SSR* IV A 144 ; *cf.* Athénée XI, 508 c = Théopompe de Chios, *FGrHist* 461 T 3), Diogène de Sinope (Stobée III 13, 37 = Dion Chrysostome IX [8] 6-7 = *SSR* V B 476), Bion (DL II 77 = *test.* 8 A Kindstrand), Zénon de Kition (DL VII 34 ; Sextus Empiricus, *Esquisses pyrrhoniennes*, III 245 ; Jula Wilberger me signale aussi Sextus Empiricus, *Contre les professeurs* XI 190), Persaios de Kition (DL VII 36), Cléanthe d'Assos (DL VII 175), Sphaïros (DL VII 178), Ariston de Chios (DL VII 163), Dion Chrysostome, XXVII.

2. *Cf.* Simplicius, *Commentaire au Manuel d'Épictète*, Préface ; Photius, *Bibliotheca*, *cod.* 58, 17 b, p. 52, 17-20, texte établi par René Henry : *Photius, Bibliothèque, I : Codices 1-84*, Paris, Les Belles Lettres, « Collection Byzantine », 1959.

gues modernes, où il est synonyme de « libelle », de « controverse » –, ne semble pas remonter au-delà du XVIe siècle[1].

À cause du manque de textes désignés explicitement comme diatribes par les anciens, le seul critère pour poursuivre la quête de cette diatribe ancienne serait d'identifier cette structure pédagogique qui serait sa base distinctive. Il ne s'agirait plus de fonder une analyse sur une série de ressemblances thématiques ou stylistiques de pertinence douteuse, mais sur un principe structurel suffisamment clair et net. Cependant, afin d'éviter de tomber dans une nouvelle diatribomanie, il conviendrait de se concentrer essentiellement sur les textes qui montrent d'une façon plus visible ce rapport pédagogique. Ce rapport devrait faire partie de la mise en scène du texte, au-delà du fait qu'un auteur pouvait avoir la volonté d'agir sur ses contemporains, et même de les améliorer humainement. Ce serait la tâche du critique de discerner si vraiment une telle structure peut être dégagée ou non dans tel ou tel ouvrage, et ensuite d'analyser comment cette structure s'est réalisée dans chaque cas concret. Par exemple les dialogues de Platon, les leçons de Télès, ou

1. On pense à la célèbre *De libero arbitrio* διατριβή, *sive collatio* d'Érasme (Antuerpiae, Hillenius, 1524) contre Luther, où l'auteur, qui écrit en latin, recourt au mot grec. Plus tard, contre la réponse de Luther (*De servo arbitrio,* Vvittembergae, Lufft, 1525), Érasme écrira encore les *Hyperaspistes, diatribae adversus seruum arbitrium Martini Lutheri* (1926-1927). En réalité, certains auteurs ont considéré qu'Érasme voulait souligner par l'emploi du terme « diatribe » le caractère plutôt paisible et amical de son discours, et se placer dans la tradition pédagogique ancienne afin d'éviter une quelconque intention ouvertement polémique : *cf.* André Godin, « Le libre arbitre », dans Claude Blum *et alii, Érasme,* Paris, Laffont, coll. « Bouquins », 1992, p. 683-699 ; Georges Lagarrigue (présentation, traduction et notes), *Martin Luther, Du serf arbitre. Suivi de Désiré Érasme, Diatribe : du libre arbitre,* Paris, Gallimard, coll. « Folio essais » 376, 2001, p. 41 et p. 583 n. 51. Cependant, on a soutenu aussi l'avis contraire, en affirmant qu'Érasme avait choisi ce terme pour mettre en relief l'idée de confrontation : *cf.* Michèle Clément, « "Abrutis, vous pouvez cesser de l'être". Le *Discours de la servitude volontaire* et la pédagogie cynique », dans Antony McKenna, Pierre-François Moreau (dir.), *Libertinage et philosophie au XVIIe siècle*, t. VII : *La résurgence des philosophies antiques,* Saint-Étienne, Publications de l'Université de Saint-Étienne, 2003, p. 105-120 ; *ead.*, *Le cynisme à la Renaissance d'Érasme à Montaigne, suivi de « Les Epistres de Diogenes » (1546),* Geneva, Droz, coll. « Les seuils de la modernité » 9, 2005, p. 99. Clément soutient en effet que le mot possédait déjà en grec ce sens de confrontation, à travers la notion de « frottement-friction », et que cette forme d'affrontement représenterait la forme cynique de la pédagogie. Mais cette reconstitution ne me semble pas convaincante. En ce qui concerne le mot grec, la notion de « frottement » traduit davantage l'idée de fréquentation ou d'entretien que celle de confrontation au sens propre (*cf.* l'article du *DGE*). Par ailleurs, le fait que l'approche pédagogique des cyniques ne se voulait pas particulièrement aimable ne doit pas nous autoriser à tirer des conséquences sur la signification ancienne du mot διατριβή dans le domaine général de la pédagogie. En tout cas, pour un emploi ouvertement et directement polémique du mot « diatribe » dans une langue moderne, il faut sans doute attendre Voltaire, *Dictionnaire philosophique,* Paris, 1764, *s.v.* « Libelle » (*cf.* sa *Diatribe du docteur Akakia, médecin du Pape,* 1752-1753).

celles d'Épictète ou de Musonius, illustreraient des manifestations différentes de la diatribe.

Les textes plus nettement philosophiques représenteraient sans doute une source capitale dans cette recherche de la diatribe[1]. Dans la mesure où les philosophes, en tant que maîtres, ont été davantage disposés à mettre en œuvre une relation marquée par le paternalisme et l'autorité, il semble évident qu'on pourra déceler plus facilement dans leurs textes les traces de leur stratégie pédagogique. Cependant, cette recherche devrait se poursuivre aussi dans le cas des sophistes, et pas seulement chez les représentants de la Seconde Sophistique. Les sophistes ont été les premiers à promouvoir un enseignement de la « vertu », même si leur méthode a pu devenir souvent une pure démonstration d'habileté argumentative dans un but éristique, visant la victoire sur tout adversaire[2]. En fait, le discours épidictique, concentré sur le discours lui-même et sur les capacités rhétoriques de l'orateur, était moins susceptible de s'occuper de la présence d'un destinataire envisagé comme disciple. Cela dit, la composante diatribique peut être aussi présente dans les textes sophistiques, indépendamment de toute considération concernant l'authenticité ou la profondeur de cet aspect pédagogique[3].

Comme on le sait, l'enseignement des sophistes a souvent éveillé des soupçons. Je cite par exemple Isocrate chez qui l'on lit que la « diatribe » des sophistes n'était pour certaines gens que bavardage [φλυαρία] [4]. Isocrate lui-même, dans son discours *Contre les sophistes,* s'attaque entre autres aux représentants de l'école éristique, et il insiste sur l'importance de la conscience morale dans l'emploi de la rhétorique. Parmi les éristiques, il range aussi les philosophes qui théorisent sur des problèmes éthiques, en faisant sans doute allusion aux socratiques, à commencer par Platon et Aristote. Il les accuse de s'adonner à des spéculations stériles, de n'être que des dogmatiques inconséquents[5].

1. *Cf. La Souda, s.v.* Δ 977 Adler : <Διατριβή:> τόπος ἐν ᾧ τινες μανθάνουσιν [...] ἢ διάλεξις φιλόσοφος (Voir le texte I, p. 166).

2. *Cf.* Sophie Van der Meeren, « Le protreptique en philosophie : essai de définition d'un genre », *Revue des études grecques* 115, 2002, p. 591-621, notamment p. 607.

3 . *Cf.* Jean Lombard, *Isocrate : rhétorique et éducation,* Paris, Klincksieck, coll. « Philosophie de l'éducation » 8, 1990, p. 7-25. Pour le discours épidictique ancien il faut renvoyer à L. Pernot, *La rhétorique de l'éloge dans le monde gréco-romain,* 2 vol., Paris, Institut d'Études Augustiniennes, coll. « Études augustiniennes. Série Antiquité » 137-138, 1993.

4. Isocrate, *Sur l'échange* [*Antidosis*], 197.

5. *Cf.* aussi la préface de son *Éloge d'Hélène*. Je renvoie à Juan Luis López Cruces, Pedro Pablo Fuentes González, « Isocrate d'Athènes », I, 38, dans Richard Goulet (éd.), *Dictionnaire des philosophes antiques* (désormais cité *DPhA*), III, Paris, CNRS Éditions, 2000, p. 891-939, notamment p. 916 *sqq*.

Dans la controverse autour de l'enseignement dans l'Antiquité, il est normal que les différents acteurs aient essayé de discréditer la rhétorique de l'adversaire en la considérant comme étrangère à un véritable idéal pédagogique. C'était le cas aussi de Platon qui, dans l'*Euthydème,* comparait la méthode des sophistes (l'éristique) à un combat brutal, alors que la dialectique serait, elle, une recherche ordonnée et tranquille, une discussion sérieuse qui aspire à la science[1]. À l'encontre du rôle négatif joué par la rhétorique dans le *Gorgias,* comme une flatterie qui a pour objet d'atteindre le plaisir, c'est seulement dans le *Phèdre* que Platon imagine une rhétorique idéale propre au sage capable de conduire les âmes vers la vérité, à travers la dialectique[2]. Par ailleurs, lorsque dans la *République* il parle du « philodoxe » comme du contraire du philosophe, il songe sans doute à Isocrate[3]. Aristote, à son tour, affirme que la rhétorique n'est ni morale ni immorale en elle-même, mais qu'elle est, comme la dialectique, un instrument intellectuel qui peut servir à des fins différentes : en ce qui concerne la sophistique, elle ne dépend pas à ses yeux de la maîtrise d'une série de procédés rhétoriques mais de l'intention, de sorte que l'on est sophiste si on met l'art du raisonnement au service d'une intention morale corrompue[4]. Isocrate le rejoignait dans cette idée que la rhétorique pouvait faire l'objet d'une utilisation maladroite sans être en elle-même nullement mauvaise[5], ce qui toutefois ne l'a pas empêché de maintenir une âpre polémique au sujet de la rhétorique non seulement avec Platon mais aussi avec Aristote. Le point de vue de ceux-ci était plus philosophique, fondé sur le principe de la vérité, alors que celui d'Isocrate était plutôt littéraire, fondé sur le principe de l'utilité[6]. À propos de la polémique sur l'authenticité ou sur la profondeur de l'enseignement philosophique, on

1. Platon, *Euthydème,* 271 c *sqq.* ; 290 *sqq.*

2. Sur l'hypothèse que l'éloge d'Isocrate à la fin du *Phèdre* (278 e - 279 b) n'est pas sincère, voir, par exemple, Gunnar Rudberg, « Isokrates und Platon », *Symbolae Osloenses,* 1924, p. 1-25 ; Gerrit J. de Vries, « Isocrates' reaction to the *Phaedrus* », *Mnemosyne* 6, 1953, p. 39-45. Voir, en revanche, Hartmut Erbse, « Platons Urteil über Isokrates », *Hermes* 99, 1971, p. 183-197 ; Marcelle Laplace, « L'hommage de Platon à Isocrate dans le *Phèdre* », *Revue de philologie, de littérature et d'histoire anciennes* 62, 1988, p. 273-281 ; Shalom Perlman, « Rhetoric and philosophy: a chapter in fourth-century literary criticism », *Scripta classica Israelica* 12, 1993, p. 86-93 ; sur l'ambiguïté du passage, voir J. Lombard, *Isocrate, op. cit.,* p. 17. Voir également ici même, Paul Demont, p. 72.

3. Platon, *République*, V 480 a. Voir à ce sujet Yvon Lafrance, *La théorie platonicienne de la* doxa, Montréal/Paris, Les Belles Lettres, coll. « Noêsis », 1981, p. 120 *sqq.*

4. Aristote, *Rhét.*, I, 1, 1355 a.

5. Isocrate, *Sur l'échange*, 215 *sqq.*

6. *Cf.* J. Lombard, *Isocrate, op. cit.,* p. 27-61 ; Francesco Gregorio, « Comment éduquer l'homme ? Isocrate contre Platon », *Chronozones* 5, 1999, p. 40-47.

peut rappeler également que Diogène Laërce qualifie Bion, sans doute à la suite d'une tradition beaucoup plus ancienne, de « sophiste versatile » qui donna libre cours à des critiques contre la philosophie[1]. En définitive, tout cela revient en quelque sorte au débat bien connu sur le vrai ou le faux philosophe[2].

En général, si le terme διατριβή s'appliquait bien à des ouvrages philosophiques, il pouvait avoir des applications plus larges. Toute discipline était en principe susceptible de rentrer dans le champ de la diatribe : par exemple, la rhétorique, la musique ou la médecine. Et il en était de même, en ce qui concerne la philosophie, pour toute philosophie, car il va sans dire que la diatribe antique n'était pas limitée à un genre de « philosophie populaire ». Rappelons à ce sujet le jeu de mots employé par le cynique Diogène pour discréditer l'enseignement de Platon. La diatribe de celui-ci n'était en réalité à ses yeux qu'une κατατριβή, c'est-à-dire une perte de temps[3]. Il va sans dire aussi en effet que la controverse autour de l'éducation ne concerne pas seulement les philosophes et les sophistes, mais aussi les philosophes entre eux.

Par ailleurs, le rapport diatribique pouvait, sur le plan littéraire, se traduire de diverses façons : à travers un dialogue dramatique, à travers le dialogue fictif (par le jeu de demandes et réponses) ou à travers une autre stratégie de communication mettant en scène un maître et un disciple. L'important était sans doute le caractère pédagogique des ouvrages en question et le fait qu'ils mettaient en œuvre une stratégie rhétorique où l'image du disciple ou du destinataire en général qu'on aspirait à former ou à transformer, à améliorer en tant qu'individu, était toujours présente.

De ce point de vue, le discours diatribique établit la situation de communication pédagogique qui lui est propre sans doute comme un cadre très général, susceptible d'adopter aussi éventuellement d'autres conditions plus précises qui peuvent être rattachées à une telle situation. Il faudrait par conséquent essayer de définir de la façon la plus nette possible les rapports qui peuvent exister entre ce genre de discours et d'autres discours apparentés, comme le protreptique ou la consolation[4]. La diatribe se placerait à un niveau plus général. Un protreptique pouvait éventuellement présenter un cadre diatribique, mais bien

1. DL IV, 47 = *test.* 2 A Kindstrand ; *cf. test.* 2 B, C Kindstrand.

2. Je renvoie à Barbara Cassin, « *Philosophia enim simulari potest, eloquentia non potest,* ou : le masque et l'effet », *Rhetorica* 13, 1995, p. 105-124 et ici même p. 33.

3. DL VI, 24 = Diogène, *SSR* IV B 487 Giannantoni.

4. Pour le protreptique je renvoie à l'article déjà cité de S. Van der Meeren. *Cf.* aussi Abraham J. Malherbe, *Moral exhortation. A Greco-Roman sourcebook,* Philadelphia, PA, Westminster Press, coll. « Library of Early Christianity » 4, 1986, p. 36, 129 *sq.*

d'autres éléments allaient le définir comme un discours protreptique, et de même pour la consolation. Il faudrait essayer de définir nettement les contours de chaque situation rhétorique afin que l'on sache quelles sont les exigences minimales propres à chacune d'elles : diatribe, protreptique, consolation, etc.

Quant à la satire, elle établissait sans doute des conditions propres dont le rattachement à la diatribe semble en principe plus difficile, malgré toute la tradition de la diatribomanie à ce sujet[1]. Mais dans ce domaine il serait sans doute plus prudent d'analyser les œuvres en question une par une, car la satire pouvait elle aussi adopter un cadre diatribique, dans la mesure où le satiriste avait la possibilité de recourir à une stratégie rhétorique qui empruntât en quelque sorte les armes et les intentions du pédagogue. En général, il convient, dans la mesure du possible, d'éviter toute tentation de préjugé ou de généralisation dans ce nouvel usage critique de la diatribe.

Finalement, en ce qui concerne le jeu oralité-écriture, on a considéré que la diatribe antique était rattachée particulièrement à l'oralité. Schmeller, par exemple, prétend que le titre de διατριβή appliqué à un ouvrage indiquait seulement que le contenu de l'écrit en question avait été employé en quelque sorte pour l'instruction orale. D'après lui, nulle diatribe ancienne n'avait été composée d'emblée pour avoir une existence littéraire et une diffusion écrite ; les διατριβαί littéraires

1. La bibliographie est abondante, et je cite seulement quelques titres : Ricardus Heinze, *De Horatio Bionis imitatore*, *diss.* Bonnae, Georgi, 1889 ; G.C. Fiske, *Lucilius and Horace, op. cit.*, p. 146 *sqq.*, 180 *sqq.* ; Clarence Whittlesey Mendell, « Satire as popular philosophy », *CPh* 15, 1920, p. 138-157 » ; Nicola Terzaghi, *Per la storia della satira,* Torino, Erma, 1932, p. 20, 41 *sqq.* ; John W. Duff, *Roman satire. Its outlook on social life,* California, University of California Press, coll. « Sather classical lectures » 12, 1936, p. 28, 33, 49, 124 ; Ulrich Knoche, *Die römische Satire,* Göttingen, Vandenhoeck & Ruprecht, coll. « Studienhefte zur Altertumswissenschaft » 5, 1957^{2}, p. 16 *sqq.*, 31 *sqq.*, 35 *sqq.*, 50 *sqq.*, 75, 81 *sq.*, 91 *sqq.* ; Niall Rudd, *The Satires of Horace,* Cambridge, Cambridge University Press, 1966, p. 1 *sqq.*, 160 *sqq.* ; Franco Bellandi, *Etica diatribica e protesta sociale nelle Satire di Giovenale*, Bologna, Pàtron, coll. « Opuscula philologica » 2, 1980 ; Adriano Pennacini, « Retorica, diatriba cinica e satira romana », *Vichiana* 12, 1983, p. 282-288 ; Alberto Grilli, « Orazio e le filosofie minori », *Atene e Roma,* 32 (1987), p. 8-18 ; Robin P. Bond, « The characterisation of the interlocutors in Horace, *Satire* 2.3 », *Prudentia* 19, 1987, p. 1-21. Parmi les critiques qui ont invité à pratiquer une approche autonome et prudente dans l'étude de la diatribe chez les auteurs satiriques, je mentionnerai P. Lejay, *Œuvres d'Horace, op. cit.*, p. 64 *sq.* ; Johannes Geffeken, « Studien zur griechischen Satire », *op. cit.* ; Mario Puelma Piwonka, *Lucilius und Kallimachos. Zur Geschichte einer Gattung der hellenistisch-römischen Poesie,* Frankfurt, Klostermann, 1947, p. 96 *sqq.*, 104 *sqq.*, 173 *sq.*, 355 ; Charles Witke, *Latin satire. The structure of persuasion,* Leiden, Brill, 1970, p. 1 *sqq.* ; H.-D. Jocelyn, « Diatribes and sermons », *op. cit.*, p. 6 *sq.* ; Catherine M. Schlegel, « Horace's Satires 1.2: taste and translation », *Classical and modern literature* 22, 2002, p. 57-83.

mentionnées par les Anciens ne seraient que le reflet des διατριβαί orales proprement dites, destinées à un public concret du moment. C'est pourquoi il affirme qu'il ne nous est parvenu qu'une partie de la production littéraire des diatribes liées de manière diverse à l'oralité (il pense par exemple à Bion, Télès, Musonius, Épictète, Dion Chrysostome), ainsi que des exemplaires d'autres diatribes ayant une entité purement littéraire (il pense par exemple à Plutarque).

Stowers[1] reproche à Schmeller son romantisme naïf qui l'amène à chercher l'origine de la diatribe dans le discours oral. En effet, la structure diatribique ne dépend pas nécessairement de l'existence réelle d'un auditoire. La diatribe n'implique pas nécessairement une situation d'école réelle, car les auteurs ont pu reproduire aussi de façon littéraire cette situation comme une stratégie rhétorique. De toute évidence, l'important en tout cas, indépendamment du rôle joué par l'oralité, est ce qui nous est parvenu de la diatribe comme réalité textuelle.

À ce sujet, il serait intéressant d'appliquer à l'étude de la diatribe le schème théorique de Koch et Oesterreicher pour l'oralité et l'écriture [2], qui distinguent entre le niveau de la « réalisation » (le « moyen ») et le niveau de la « conception » (la « stratégie de communication » entre l'auteur et le récepteur), avec au premier niveau une opposition dichotomique entre moyen graphique et moyen écrit, et, au deuxième niveau, un continuum entre deux pôles : le pôle de la conception orale et le pôle de la conception écrite.

Selon ce schème, les diverses « conditions de la communication » et les diverses « stratégies de communication » constituent deux types de langues : la langue de la proximité, qui correspond au pôle de l'oralité, et la langue de la distance, qui correspond au pôle de l'écriture. Ainsi s'opposent, au niveau des conditions de la communication, dialogue et monologue ; familiarité des interlocuteurs et absence de familiarité des interlocuteurs ; interaction réciproque et séparation spatio-temporelle ; développement libre des thèmes et développement fixe des thèmes ; pas de publication et publication ; spontanéité et préparation ; engagement et détachement ; rattachement à la situation et indépendance de la situation ; expressivité-affectivité et objectivité etc. ; et, au niveau des stratégies, caractère provisoire et caractère définitif ; peu de renseignements et beaucoup de renseignements, cohésion, complexité,

1. *Cf.* son compte rendu du livre de T. Schmeller dans *Journal of biblical literature* 108, 1989, p. 538-542, notamment p. 541.

2. Peter Koch, Wulf Oesterreicher, « Sprache der Nähe – Spräche der Distanz. Mündlichkeit und Schriftlichkeit im Spannungsfeld von Sprachtheorie und Sprachgeschichte », *Romanistisches Jahrbuch* 36, 1985, p. 15-43.

planification, etc. Ces formes diverses d'expression possèdent une relation plus ou moins étroite avec chacun des deux types de langues.

Dans ce cadre théorique, la diatribe appartiendrait plutôt au domaine de la langue de la proximité, mais avec également un rapport très variable avec la langue de la distance.

UN CAS CONCRET EN GUISE D'EXEMPLE ET DE CONCLUSION : TÉLÈS

Les fragments de Télès sont un bon exemple de diatribe mettant en scène dans ce cas un moraliste d'inspiration nettement cynique qui se présente lui-même comme un pédagogue [παιδαγωγός] devant son public[1]. Les textes dont nous disposons permettent d'imaginer qu'il s'adresse à un groupe, peu nombreux, d'adolescents, mais ils laissent entendre aussi que ce groupe n'était pas son seul public[2]. Il s'agit de leçons ouvertes à d'autres gens. Télès se découvre en fait comme un éducateur du caractère [τρόπος][3] de l'homme en général, un « prédicateur », dans la mesure où ce terme peut décrire le fait qu'il reproduit notamment des idées qui peuvent ne pas être originales. Or les savants qui ont voulu réduire son activité au cadre d'une instruction dispensée à des jeunes me semblent aussi mal placés pour le comprendre que ceux qui ont voulu réduire son originalité à la reproduction des diatribes perdues de Bion, et secondairement de Stilpon de Mégare. Une analyse autonome des textes qui nous ont été transmis par Stobée, à travers l'abrégé préexistant d'un certain Théodore, montre un personnage bien modeste, mais tout à fait compétent, non dépourvu du talent rhétorique nécessaire pour instruire ses auditeurs, quelle que soit son originalité[4].

La stratégie diatribique de ce moraliste se fonde tout d'abord sur l'emploi de l'interlocuteur fictif qui lui permet de faire face rapidement à l'opinion commune afin d'en dévoiler l'erreur ou le ridicule. Mais l'emploi aussi d'un « nous » de sympathie, même quand il s'agit de comportements erronés ou incohérents, met en évidence une volonté de proximité à l'égard du récepteur[5]. Télès exploite en général les fonctions phatique et conative ou appellative du langage, qui représentent les fonctions principales dans la diatribe. Il a souvent recours ainsi à la parénèse, aux expressions tirées du langage familier, à l'ellipse, à la

1. *Cf.* P.P. Fuentes González, *Les diatribes de Télès*, *op. cit.*, p. 174 *sq.*
2. *Ibid.*, p. 309-311.
3. *Cf.* Télès, fr. II, 9, 7 ; IV, A 36, 1, 5 ; 41, 3.
4. *Cf.* P.P. Fuentes González, *Les diatribes de Télès, op. cit., passim* ; *id.*, « Teles Reconsidered », *Mnemosyne* 51, 1998, p. 1-19.
5. P.P. Fuentes González, *Les diatribes de Télès, op. cit.*, p. 191.

répétition, à la synonymie, aux parallélismes etc. Il agrémente son discours d'autres procédés pédagogiques communs : personnification, comparaison, métaphore, allégorie, *exemplum, chrie,* proverbe, citation, parodie etc. Quant au ton, il exploite toutes les modulations qui rentrent dans le style mi-sérieux, mi-comique, dont les valeurs pédagogiques sont aussi évidentes. Par ailleurs, il organise le discours d'une façon tout à fait simple sur le principe de l'insistance sur une idée centrale ainsi que sur le principe de l'association d'idées. Enfin, ce genre de diatribe semble avoir laissé assez de place à l'improvisation dans les différentes réalisations du discours, car les fragments de Télès témoignent de cette récurrence du répertoire diatribique[1].

Les fragments de Télès représentent un témoignage exceptionnel de l'époque hellénistique. À l'époque impériale on peut le comparer par exemple avec ceux de Musonius ou d'Épictète[2]. Mais, dans le cas de ces deux moralistes cynico-stoïciens, la diatribe présente un aspect plus strictement « apomnémoneumatique » lié au fait qu'il y a eu élaboration littéraire de la part des disciples (Lucius ou Arrien) [3]. C'est un aspect qu'on ne retrouve pas dans les fragments de Télès. Ce qui est intéressant n'est pas de classer tous ces textes et d'autres encore sous l'étiquette commune de diatribe, mais d'étudier leurs différences ou leurs ressemblances du point de vue de la stratégie pédagogique qu'ils véhiculent tels qu'ils nous ont été transmis.

À propos de Musonius et d'Épictète, il faut remarquer, comme dans le cas de Télès, l'importance de l'*Anthologie* de Stobée (Ve siècle ap. J.-C.) dans la transmission des fragments de leurs diatribes. Stobée paraît avoir été très sensible à ce genre de matériaux pédagogiques[4]. Son recueil lui-même peut être inclus, du moins du point de vue de sa stratégie de communication la plus globale, dans la tradition de la diatribe, si l'on pense que l'anthologiste, dans sa préface, dit l'avoir

1. P.P. Fuentes González, *Les diatribes de Télès, op. cit.*, p. 62 *sq.*, p. 289, p. 360.

2. *Cf.* M.-O. Goulet-Cazé, « Musonius Rufus », M 198, *DPhA, op. cit.*, t. IV, 2005, p. 555-572 ; P.P. Fuentes González, « Épictète », E 33, *DPhA, op. cit.*, t. III, 2000, p. 106-151. Pour Épictète, je renvoie en particulier à Barbara Wehner, *Die Funktion der Dialogstruktur in Epiktets Diatriben*, Stuttgart, Steiner, coll. « Philosophie der Antike » 13, 2000.

3. Comme on le sait, on considère aujourd'hui comme un *topos* littéraire le fait qu'Arrien présente dans sa lettre-préface les textes qu'il publie de son maître Épictète comme une reproduction fidèle de ses notes de cours [ὑπομνήματα]. C'est dans la tradition des ἀπομνημονεύματα et comme une création d'Arrien qu'il faut expliquer ces textes-là. Je renvoie pour la bibliographie sur cette question à P.P. Fuentes González, « Épictète », *op. cit.*, p. 121-125.

4. Je rappelle à ce sujet que c'est bien Stobée qui atteste l'existence de recueils apocryphes de Διατριβαί d'Archytas de Tarente, d'Aristote et de Diogène de Sinope, où les enseignements de ces philosophes seraient associés à des éléments plus ou moins légendaires.

réuni pour aider à la formation de son fils Septimius. Voilà sans doute aussi, à la fin de l'Antiquité, une stratégie de communication diatribique, même si ce n'est que sous une forme tout à fait réduite, utilisée par un savant qui a voulu transmettre à la postérité un ensemble monumental de matériaux représentant toute la culture païenne[1].

1. *Cf.* Rosa Maria Piccione, « Encyclopédisme et *enkyklios paideia* ? À propos de Jean Stobée et de l'*Anthologion* », *Philosophie antique* 2, 2002, p. 169-197 ; Martin Hose, « Das Gnomologion des Stobaios : eine Landkarte des "paganen" Geistes », *Hermes* 133, 2005, p. 93-99.

TEXTES

La diatribe est le lieu de l'enseignement et de l'apprentissage

I. *La Souda,* Δ, 797

Διατριβή· τόπος ἐν ᾧ τινες μανθάνουσιν. ἢ καιρὸς καθ' ὃν ἀναστρεφόμεθα περί τι. ἢ διάλεξις φιλόσοφος. σημαίνει δὲ καὶ τὸ ἐπιτήδευμα καὶ τὸ ἀσχόλημα, δίαιταν, διαγωγήν, πρόφασιν ἀφ' ἧς μέλλομεν περὶ τὰ πράγματα διατρίβειν [...].

Diatribe : lieu où l'on apprend. Ou temps que l'on consacre à une activité. Ou discours philosophique. Elle désigne aussi la pratique d'une chose ou le loisir ; genre de vie, passe-temps, occasion à partir de laquelle on entreprend d'employer son temps aux affaires [...] [1].

L'éloquence et la philosophie ; les conférences philosophiques (*scholae*) des Grecs

II. Cicéron, *Tusculanae disputationes*, I, 4, 7, 8

[...] *iam etiam scholas Graecorum more habere auderemus* [...]. *Ponere iubebam, de quo quis audire uellet ; ad id aut sedens aut ambulans disputabam* [...]. *Fiebat autem ita, ut, cum is qui audire uellet dixisset quid sibi uideretur, tum ego contra dicerem. Haec est enim* [...] *uetus et Socratica ratio contra alterius opinionem disserendi. Nam ita facillime quid ueri simillimum esset inueniri posse Socrates arbitrabatur.*

[...] j'en suis venu à oser même faire des cours à la façon des Grecs [...]. Je demandais de poser le sujet sur lequel on voulait m'entendre ; sur cette donnée je discourais, soit en marchant, soit assis [...]. Voici comment nous procédions : la personne qui voulait m'entendre exprimait son avis, puis je traitais le thème contraire. C'est là [...] la vieille méthode socratique qui consiste à combattre les opinions d'un interlocuteur, Socrate estimant que c'était le meilleur moyen de trouver ce qui est le plus vraisemblable[2].

III. Cicéron, *Tusculanae disputationes*, III, 34, 81

Sunt enim certa, quae de paupertate, certa quae de uita inhonorata et ingloria dici soleant ; separatim certae scholae sunt de exilio, de

1. Ada Adler (ed.), *Suidae lexicon* [*La Souda*] II, Leipzig, B.G. Teubner, 1931, t. II, p. 75, ligne 5 *sqq*. Traduction Pedro Pablo Fuentes González.

2. Georges Fohlen (éd.), Jules Humbert (traduction), *Cicéron, Tusculanes I,* Paris, Les Belles Lettres, « Collection des Universités de France », 1931, p. 8.

interitu patriae, de seruitute, de debilitate, de caecitate, de omni casu in quo nomen poni solet calamitatis. Haec Graeci in singulas scholas et in singulos libros dispertiunt ; opus enim quaerunt ; quamquam plenae disputationes delectationis sunt.

Pour la pauvreté en effet, pour l'existence dépourvue d'honneurs et de gloire, nous avons des arguments topiques qui sont d'usage courant sur ces sujets ; il existe de cours spéciaux consacrés à l'exil, à la destruction de la patrie, à l'esclavage, à la paralysie, à la cécité, à tous les accidents auxquels s'applique usuellement le nom de calamité. Chacune de ces matières-là est l'objet de cours et d'ouvrages particuliers chez les Grecs, car ce sont ouvriers qui cherchent de l'embauche et il faut reconnaître que leurs traités sont très intéressants[1].

IV. Cicéron, *De oratore*, I, 13, 56 *sq.*

Etenim quom illi (scil. *oratore*) *in dicendo inciderint loci, quod persaepe euenit, ut de dis immortalibus, de pietate, de concordia, de amicitia, de communi ciuium, de hominum, de gentium iure, de aequitate, de temperantia, de magnitudine animi, de omni uirtutis genere sit dicendum, clamabunt credo omnia gymnasia atque omnes philosophorum scholae sua esse haec omnia propria, nihil omnino ad oratorem pertinere. Quibus ego ut de his rebus in angulis consumendi oti causa disserant cum concessero, illud tamen oratori tribuam et dabo, ut eadem, de quibus illi tenui quodam et exangui sermone disputant, hic cum omni iucunditate et grauitate explicet.*

Lorsque dans un discours se présentera, comme souvent il arrive, l'obligation de recourir aux grands développements sur les dieux immortels, la piété, la concorde, l'amitié, les droits du citoyen, les droits de l'homme, le droit des nations, l'équité, la tempérance, la grandeur d'âme, enfin sur toutes les sortes de vertus, ce sera une belle clameur, je m'y attends, de la part des écoles et des sectes philosophiques : elles crieront que toutes ces questions sont leur bien propre et n'appartiennent absolument en rien à l'orateur. Qu'elles les discutent entre les quatre murs de leurs salles et pour amuser leur loisir, soit, j'y consens. Mais il y a un privilège que j'attribue, que je réserve à l'orateur : c'est de pouvoir, sur ces mêmes objets dont les autres auront disputé en un langage sec et sans vie, s'exprimer avec tout le charme et la noble ampleur de l'éloquence[2].

1. G. Fohlen (éd.), J. Humbert (traduction), *Cicéron, Tusculanes I,* Paris, Les Belles Lettres, « Collection des Universités de France », 1931, p. 47 *sq*.

2. Edmond Courbaud (éd. et traduction), *Cicéron, De l'orateur*, I, Paris, Les Belles Lettres, « Collection des Universités de France », 1922, p. 25 *sq*.

LA VÉRITABLE RHÉTORIQUE EST UNE VERTU ; RHÉTORIQUE *VERSUS* DIALECTIQUE

V. Quintilien, *Institutio oratoria*, II, 20, 7

Itaque cum duo sint genera orationis, altera perpetua, quae rhetorice dicitur, altera concisa, quae dialectice, quas quidem Zenon adeo coniunxit ut hanc compressae in pugnum manus, illam explicatae diceret similem, etiam disputatrix uirtus erit ; *adeo de hac, quae speciosior atque apertior tanto est, nihil dubitabitur.*

Aussi, puisqu'il y a deux genres de discours, l'un, continu, appelé rhétorique, l'autre discontinu, appelé dialectique – que Zénon a si intimement associés qu'il comparait l'une à un poing fermé, l'autre à une main ouverte –, il faut conclure que même l'art "disputatoire" est une vertu ; tant et si bien qu'il ne pourra y avoir de doute en ce qui concerne la rhétorique, dont la nature est tellement plus brillante et plus franche[1].

LE MAÎTRE-PHILOSOPHE EST INFINIMENT PLUS INFLUENT ET ENRICHISSANT QUE LE SOPHISTE

VI. Dion Chrysostome, IV, 38

καὶ σύ, ἐπείπερ οὕτω πέφυκας, ἐὰν τύχῃς ἐπισταμένου ἀνδρός, ἱκανή σοί ἐστι μία ἡμέρα πρὸς τὸ συνιδεῖν τὸ πρᾶγμα καὶ τὴν τέχνην, καὶ οὐδὲν ἔτι δεήσῃ ποικίλων σοφισμάτων ἢ λόγων· ἐὰν δὲ μὴ τύχῃς διδασκάλου τοῦ Διὸς ἢ ἄλλου τοιούτου, ταχὺ καὶ σαφῶς φράζοντος ἃ δεῖ ποιεῖν, οὐδέν σοι πλέον, οὐδὲ ἂν ὅλον κατατρίψῃς τὸν βίον ἀγρυπνῶν τε καὶ ἀσιτῶν παρὰ τοῖς κακοδαίμοσι σοφισταῖς.

Quant à toi [*scil.* Alexandre le Grand, à qui s'adresse Diogène le cynique], puisque tu es aussi une âme bien née, s'il t'advient de rencontrer un homme de science, un seul jour te suffira pour saisir ce dont il parle et son art, et tu n'auras plus besoin d'arguties et de discussions bizarres. Mais si tu ne tombes point sur un maître formé à l'école de Zeus ou de quelqu'un apparenté à Zeus, un maître qui pourrait t'indiquer clairement et brièvement quel est ton devoir, tu n'aboutiras à

1. Jean Cousin (éd. et traduction), *Quintilien, Institution oratoire*, II, Paris, Les Belles Lettres, « Collection des Universités de France », 1976, p. 104.

rien de plus, même si tu usais toute ta vie en veilles et en jeûnes à l'école des misérables sophistes[1].

LES STYLES DE DISCOURS PHILOSOPHIQUE : DIDACTIQUE, RÉFUTATIF, VITUPERANT

VII. Fronton, *Ad Marcum Antoninum imperatorem de eloquentia*, 1, 3

Quid ? Philosophi ipsi nonne diuerso genere orationis usi sunt ? Zeno ad docendum planissimus, Socrates ad coarguendum captiosissimus, Diogenes ad exprobandum promptissimus [...]. *Quidnam igitur agerent isti ipsi sapientissimi uiri, si de suo quisque more atque instituto deducerentur ? Socrates ne coargueret, Zeno ne disceptaret, Diogenes ne increparet* [...].

Allons, les philosophes eux-mêmes n'ont-ils pas fait usage de divers genres de discours ? Zénon ne fut le plus clair dans ses enseignements, Socrate le plus captieux dans ses démonstrations, Diogène le plus enclin au blâme [...]. Que feraient donc eux-mêmes ces hommes très sages s'ils étaient détournés chacun de ses manières et habitudes ? Socrate de manière à ce qu'il ne pût plus argumenter, Zénon ne plus débattre, Diogène ne plus critiquer [...] [2].

LE TOUR CYNIQUE

VIII. Pseudo-Démétrios de Phalère, *Sur le style* 170

Χρήσονται δέ ποτε καὶ οἱ φρόνιμοι γελοίοις πρός τε τοὺς καιρούς, οἷον ἐν ἑορταῖς καὶ ἐν συμποσίοις, καὶ ἐν ἐπιπλήξεσιν δὲ πρὸς τοὺς τρυφερωτέρους [...] τοιοῦτος δὲ ὡς τὸ πλέον καὶ ὁ Κυνικὸς τρόπος· τὰ γὰρ τοιαῦτα γελοῖα χρείας λαμβάνει τάξιν καὶ γνώμης.

Il y a pourtant le cas où même les gens de sens feront usage du risible : dans certaines circonstances, comme les fêtes ou les banquets, ou alors dans les réprimandes aux trops bons vivants [...]. De même

1. Johannes de Arnim (ed.), *Dionis Prusaensis quem vocant Chrysostomum qua exstant omnia* I, Berlin, Weidmann, 1896. Léonce Paquet (traduction), *Les cyniques grecs, Fragments et témoignages,* nouvelle édition revue, corrigée et augmentée, Ottawa, Les Presses de l'Université d'Ottawa, coll. « Philosophica » 4, 1988, p. 172.

2. Pascale Fleury (éd. et traduction), *Fronton, Correspondance,* textes traduits et commentés, Paris, Les Belles Lettres, coll. « Fragments » 3, 2003, p. 220 *sq*.

nature est aussi, pour l'essentiel, le "tour cynique", car de telles plaisanteries tiennent lieu de chrie et de sentence[1].

IX. Pseudo-Démétrios de Phalère, *Sur le style* 259

Καίτοι ἐστὶ πολλαχοῦ ἐκ παιδιᾶς παραμεμιγμένης δεινότης ἐμφαινομένη τις, οἷον ἐν ταῖς κωμῳδίαις, καὶ πᾶς ὁ Κυνικὸς τρόπος [...].

On rencontre pourtant dans bien d'endroits une espèce de véhémence dont le relief vient de l'humour qui s'y mêle, dans les comédies par exemple, mais c'est aussi le "tour cynique" dans son ensemble [...] [2].

La Seconde sophistique

X. Philostrate, *Vies des sophistes*, I, 480, 484

Τὴν ἀρχαίαν σοφιστικὴν ῥητορικὴν ἡγεῖσθαι χρὴ φιλοσοφοῦσαν· διαλέγεται μὲν γὰρ ὑπὲρ ὧν οἱ φιλοσοφοῦντες, ἃ δὲ ἐκεῖνοι τὰς ἐρωτήσεις ὑποκαθήμενοι καὶ τὰ σμικρὰ τῶν ζητουμένων προβιβάζοντες οὔπω φασὶ γιγνώσκειν, ταῦτα ὁ παλαιὸς σοφιστὴς ὡς εἰδὼς λέγει [...]. Ἡ μὲν δὴ ἀρχαία σοφιστικὴ καὶ τὰ φιλοσοφούμενα ὑποτιθεμένη διῄει αὐτὰ ἀποτάδην καὶ ἐς μῆκος, διελέγετο μὲν γὰρ περὶ ἀνδρείας, διελέγετο δὲ περὶ δικαιότητος, ἡρώων τε πέρι καὶ θεῶν καὶ ὅπη ἀπεσχημάτισται ἡ ἰδέα τοῦ κόσμου. ἡ δὲ μετ' ἐκείνην, ἣν οὐχὶ νέαν, ἀρχαία γάρ, δευτέραν δὲ μᾶλλον προσρητέον, τοὺς πένητας ὑπετυπώσατο καὶ τοὺς πλουσίους καὶ τοὺς ἀριστέας καὶ τοὺς τυράννους καὶ τὰς ἐς ὄνομα ὑποθέσεις, ἐφ' ἃς ἡ ἱστορία ἄγει [...]. Σοφιστὰς δὲ οἱ παλαιοὶ ἐπωνόμαζον οὐ μόνον τῶν ῥητόρων τοὺς ὑπερφωνοῦντάς τε καὶ λαμπρούς, ἀλλὰ καὶ τῶν φιλοσόφων τοὺς ξὺν εὐροίᾳ ἑρμηνεύοντας, ὑπὲρ ὧν ἀνάγκη προτέρων λέγειν, ἐπειδὴ οὐκ ὄντες σοφισταί, δοκοῦντες δὲ παρῆλθον ἐς τὴν ἐπωνυμίαν ταύτην.

On doit considérer l'ancienne sophistique comme une rhétorique philosophante. Elle disserte sur ce dont traitent ceux qui philosophent, mais tandis que ces derniers, dressant des pièges avec leurs questions, faisant progresser pas à pas quant à des points mineurs de leur recherche, affirment qu'ils ne connaissent pas encore, le sophiste ancien en parle comme s'il savait [...]. L'ancienne sophistique, en prenant pour

1. Pierre Chiron (éd. et traduction), *Démétrios, Du style,* Paris, Les Belles Lettres, « Collection des Universités de France », 1993, p. 50.

2. *Ibid.*

thèmes des questions qui sont aussi philosophiques, les parcourait amplement et tout du long : elle dissertait sur le courage, elle dissertait sur la justice, sur les héros et les dieux, et la manière dont fut façonnée la forme du monde. Celle qui vint après, qu'on n'appellera pas nouvelle, car elle est ancienne, mais plutôt seconde sophistique, décrit les types du pauvre, du riche, du noble, du tyran, et les cas qui rentrent ainsi sous un nom et que l'histoire apporte [...]. sophistes fut le nom que les Anciens donnèrent non seulement à ceux des orateurs qui parlaient excessivement bien et resplendissaient de gloire, mais aussi à ceux des philosophes qui laissaient libre cours à leur expression : c'est d'eux qu'il me faut en parler en premier puisque, sans être de sophistes mais en le paraissant, ils gagnèrent le droit à ce nom[1].

L'AUDITEUR CONCRET *VERSUS* LE PUBLIC EN GÉNÉRAL

XI. Galien, *In Hippocratis de fracturis* XVIII 2, p. 321, 19 Kühn

ἐγὼ γὰρ ὅταν μὲν παρὼν παρόντι συναναγινώσκω τι βιβλίον, ἀκριβῶς στοχάζεσθαι δύναμαι τοῦ μέτρου τῆς ἐξηγήσεως, ἀποβλέπων ἑκάστοτε πρὸς τὴν τοῦ μανθάνοντος ἕξιν. ὅταν δὲ γράφω πᾶσιν, οὔτε τοῦ ἄριστα παρεσκευασμένου οὔτε τοῦ χείριστα στοχάζομαι.

Quand j'explique un texte en présence d'un auditeur, je peux apprécier exactement à quel niveau doit se situer mon exégèse, en considérant, dans chaque cas, les capacités de l'étudiant. Mais quand j'écris pour tout le monde, je ne peux tenir compte ni de celui qui est bien préparé ni de celui qui est mal préparé[2].

L'ADVERSAIRE FICTIF

XII. Quintilien, *Institutio oratoria*, IV, 2, 92 *sq*.

Est tamen quibusdam scholasticis controuersiis, in quibus ponitur aliquem non respondere quod interrogatur, libertas omnia enumerandi, quae responderi potuissent. Fingenda uero meminerimus ea quae non cadant in testem ; sunt autem haec, quae a nostro ducuntur animo, cuius ipsi tantum conscii sumus, item quod a defunctis (nec hoc enim est qui

1. Carl Ludwig Kayser (ed.), *Flauii Philostrati opera* II, Leipzig, B.G. Teubner, 1871. Traduction Barbara Cassin, *L'Effet sophistique*, Paris, Gallimard, 1995, p. 536-540.

2. Carolus Gottlob Kühn (ed.), *Claudii Galeni opera omnia* XVIII 2, Leipzig, Knobloch, 1830. Trad. Pierre Hadot (compte rendu dans *Gnomon* 78, 2006, p. 4).

neget) itemque ab eo, cui idem expediet (is enim non negabit), ab aduersario quoque, quia non est habiturus in negando fidem.

Toutefois, dans certaines controverses d'école, où l'on pose que l'on peut ne pas répondre aux questions posées, on a la liberté d'énumérer tout ce qui aurait pu faire l'objet d'une réponse. Mais souvenons-nous que ce que nous imaginons ne doit jamais retomber sur un témoin ; cela, nous le tirons de notre imagination, et nous sommes seuls à le connaître, ou nous le faisons dire, soit à des morts (nul ne peut les contredire), soit à une personne qui a les mêmes intérêts que nous (elle ne le niera pas), soit à l'adversaire aussi, car s'il nie, il ne sera pas cru[1].

XIII. (Pseudo)-Hermogène, *De methodi grauitate* 22, p. 438, 5-10

Ἐν δὲ ταῖς σχολικαῖς ὑποθέσεσιν ἔστι καὶ ἄλλη τις τέχνη, ἢ βοηθεῖ ταῖς τοῦ ἀντιδίκου προτάσεσι καὶ διὰ μακρῶν προβάλλεται καὶ διὰ μαρτυριῶν ἔσθ' ὅτε. ἀλλὰ ἀντιλέγειν προσποιοῦ· οὕτω γὰρ λέγων οὐχ ὑποπτευθήσῃ, καὶ ὃ βούλει, σοὶ ἔσται. ἐν γὰρ τῷ τοιούτῳ σχήματι τῶν λόγων τὸ μὲν νικῆσαι λέγοντα ἡττηθῆναί ἐστι, τὸ δὲ ἡττηθῆναι λέγοντα νικῆσαί ἐστι· γέγονε γάρ, ὃ βουλόμεθα.

Dans les causes d'école il y a encore un autre procédé : défendre les propositions de l'adversaire et les présenter longuement, parfois même avec des témoignages. Mais on feindra de les attaquer. Ainsi le discours n'éveillera pas la méfiance et le but sera atteint. Dans cette sorte de discours figuré en effet, vaincre par son discours c'est être vaincu, et être vaincu c'est vaincre, puisque le but est atteint[2].

Les thèses, controverses sur des sujets généraux

XIV. Ælius Théon, *Progymnasmata* 11, p. 120, 13 – 121, 15

Θέσις ἐστὶ πρᾶγμα λογικὴν ἀμφισβήτησιν ἐπιδεχόμενον ἄνευ προσώπων ὡρισμένων καὶ πάσης περιστάσεως, οἷον εἰ γαμητέον, εἰ παιδοποιητέον, εἰ θεοί εἰσι. Διαφέρει δὲ τοῦ τόπου, ὅτι ὁ μέν ἐστιν ὁμολογουμένου πράγματος αὔξησις, ἡ δὲ θέσις ἀμφισβητουμένου [...]. Διαφέρει δὲ καὶ τῇ ἐκβάσει, ὅτι ἐν μὲν τῇ θέσει τέλος ἐστὶ τὸ πεῖσαι, ἐν δὲ τῷ τόπῳ τὸ τιμωρίαν

1. Jean Cousin (éd. et traduction) : *Quintilien, Institution oratoire*, IV, Paris, Les Belles Lettres, « Collection des Universités de France », 1977, p. 64.

2. Hugo Rabe (ed.), *Hermogenis opera,* Lipsiae, B.G. Teubner, 1913. Michel Patillon (première traduction française intégrale, introduction et notes), *Hermogène, L'art rhétorique,* Lausanne, L'Âge d'homme, 1997, p. 534 *sq.*

λαβεῖν, καὶ ὅτι λέγεται ὁ μὲν τόπος ἐν δικαστηρίῳ, ἡ δὲ ἐν ἐκκλησίᾳ καὶ ἀκροάσει, ἔτι τοῦ μὲν τόπου ἀκροῶνται δικασταί, τῆς δὲ θέσεως ἁπλῶς πολῖται [...].᾿Επεὶ δὲ τῶν θέσεων αἱ μέν εἰσι θεωρητικαί, ὅσα θεωρίας ἕνεκα καὶ γνώσεως μόνον ζητοῦνται, οἷον εἰ θεοὶ προνοοῦνται τοῦ κόσμου, αἱ δὲ πρακτικαὶ εἴς τινα πρᾶξιν τὴν ἀναφορὰν ἔχουσαι, οἷον εἰ γαμητέον, φανερὸν ὅτι αἱ μὲν πρακτικαὶ καὶ πολιτικώτεραί εἰσι καὶ κατὰ τὸν ῥητορικὸν χαρακτῆρα, αἱ δὲ θεωρητικαὶ μᾶλλον τοῖς φιλοσόφοις ἁρμόττουσιν, αἷς οὐδὲν ἧττον ἐγχειρεῖν καὶ τοῖς ῥητορικοῖς δυνατόν ἐστιν ἀπὸ τῶν πρὸς τὰς πρακτικὰς θέσεις τόπων ὁρμωμένοις.

La thèse est un sujet qui comporte une controverse en paroles sans personnes définies ni circonstance aucune : *Doit-on se marier ? Doit-on avoir des enfants ? Les dieux existent-ils ?* Elle diffère du lieu en ce que celui-ci est l'amplification d'une chose reconnue et celle-là la proposition d'une chose controversée [...]. Elle en diffère aussi par le résultat, en ce que le but de la thèse est la persuasion, celui du lieu la punition ; et en ce que le lieu se prononce au tribunal et la thèse à l'assemblée ou à l'audition publique ; en outre les auditeurs du lieu sont des juges, ceux de la thèse de simples citoyens [...]. Parmi les thèses les unes sont théoriques, ce sont celles dont l'examen n'a pas d'autre but que la spéculation et le savoir : *Le monde est-il gouverné par la providence des dieux ?* les autres, qui se rapportent à une action, sont pratiques : *Doit-on se marier ?* Or, il est clair que les thèses pratiques sont aussi plus politiques et ont un caractère rhétorique, tandis que les thèses théoriques conviennent davantage au philosophe, encore que le rhétoricien puisse tout aussi bien les traiter à partir des lieux applicables aux thèses pratiques[1].

1. Michel Patillon (texte et traduction), *Ælius Théon, Progymnasmata,* Paris, Les Belles Lettres, « Collection des Universités de France », 1997, p. 82-84.

DÉFINIR L'*ARS DICENDI* : ENJEUX ET MÉTHODE DE LA RÉFLEXION CICÉRONIENNE DANS LE *DE ORATORE*

Charles GUÉRIN

Quoi qu'on entende par « rhétorique », il faut garder à l'esprit que, lorsqu'on se pose la question de sa définition dans le corpus cicéronien, on ne peut échapper à la dimension chronologique, ou historique, du problème. L'objet que Cicéron fixe à ses traités portant sur le discours public varie en effet tout au long de sa carrière, et il faut se garder d'uniformiser un ensemble de textes fort peu homogène. On doit en particulier éviter de porter sur ces écrits un regard qui réduirait leur propos à une simple didactique, dont le contenu serait largement interchangeable : un modèle d'analyse de ce type fabrique en effet une continuité artificielle alors même que les trois phases de la production rhétorique cicéronienne introduisent des variations considérables, non seulement dans la doctrine, mais aussi dans les buts poursuivis et dans la méthodologie adoptée. L'approche profondément théorique présentée par le *De inventione* (*ca.* 86 av. J.-C.) laisse ainsi la place à une démarche pratique et réflexive dans le *De oratore* (55 av. J.-C.), à un questionnement historique dans le *Brutus* (46 av. J.-C.), puis à une conception idéalisante et littérarisée[1] de l'éloquence dans l'*Orator* (46 av. J.-C.). Répondant à des projets intellectuels distincts, ces différentes étapes de la réflexion cicéronienne induisent des définitions extrêmement variables de l'objet rhétorique, de sa constitution, puis de son utilisation pédagogique et pratique. Au sein de cette évolution, le *De oratore* représente bien évidemment un tournant théorique essentiel, en

1. Sur la notion de littérarisation de la rhétorique, *cf.* notre article, « Philosophical *Decorum* and the Literarization of Rhetoric in Cicero's *Orator* », dans Frédérique Woerther (ed.), *Philosophical and Literary Rhetoric in the Greek, Roman, Syriac and Arabic Worlds*, Hildesheim, Olms, 2009, p. 119-139.

particulier lorsque l'on se penche sur la méthode qu'il utilise pour définir la technique rhétorique – *ars dicendi*.

La posture critique qu'adopte le *De oratore* par rapport à la tradition théorique antérieure est bien connue : l'enseignement des rhéteurs est inutile, il faut faire place à la *natura*, à l'*ingenium*, à l'*exercitatio* et au savoir général (*doctrina*, *humanitas*) qui seuls permettent d'atteindre l'excellence oratoire. L'on pourrait même considérer qu'elle est, en un sens, trop connue et que son accession au statut de *topos* et la place que tiennent les tirades d'Antoine et de Crassus dans les histoires littéraires ont eu tendance à faire disparaître, aux yeux des modernes, le véritable poids polémique et conceptuel de cette critique. Car s'il reprend une logique d'émulation traditionnelle, que l'on rencontre déjà dans la *Rhétorique* d'Aristote[1], le *De oratore* décale néanmoins la perspective. En effet, ce ne sont pas tant le contenu, la mauvaise orientation ou l'incomplétude des doctrines qui l'ont précédé que le *De oratore* cherche à mettre en question, mais bien la manière dont elles approchent leur objet et la formalisation même de leurs préceptes. La critique des rhéteurs doit donc être analysée non comme la reprise d'une topique attendue, mais bien comme un effort véritable de théorisation mettant en jeu la nature de l'*ars dicendi*.

La réflexion que développe Cicéron dans le *De oratore* porte en premier lieu sur la définition et le statut de l'*ars dicendi* : pour les personnages du dialogue, l'enjeu est de décider si, oui ou non, il existe une *ars* qui puisse effectivement rendre compte de la pratique oratoire telle qu'on la connaît à Rome au Ier siècle av. J.-C. Cette étape définitionnelle est un préalable indispensable au travail de théorisation rhétorique qui occupe le cœur du traité : elle représente avant tout une mise en question. Comme l'a souligné A. Michel, le *De oratore* se refuse à définir de façon rigide la notion d'*ars*, et l'on peut voir dans cette posture le premier signe du rôle que joue la philosophie dans l'élaboration de la théorie rhétorique cicéronienne[2]. Mais au-delà de l'influence philosophique que suggère cette approche, on doit prendre en compte l'évolution qu'elle suppose dans la manière même dont Cicéron conçoit la rhétorique : si le *De oratore* se présente non comme un manuel, mais comme un texte réflexif qui problématise la théorisation qu'il est en train de mener, c'est bien qu'il bâtit une rhétorique nouvelle

1. Aristote critique ainsi, dès l'ouverture de la *Rhétorique*, le caractère incomplet et inadapté des différents traités rhétoriques qui ont précédé sa propre réflexion : *cf. Rhétorique*, I, 1, 1354 a 12-26.

2. Alain Michel, *Rhétorique et philosophie chez Cicéron, Essai sur les fondements philosophiques de l'art de persuader*, Paris, Presses universitaires de France, 1960, p. 81 *sq*.

dont le rapport à la pratique oratoire n'est pas le même que celui qui prévalait dans les manuels latins, qu'il s'agisse du *De inventione* de Cicéron ou de l'anonyme *Rhétorique à Herennius* (*ca.* 84 av. J.-C.). En récusant la validité des formalisations antérieures de la pratique du discours et en mettant en scène des grandes figures de l'éloquence romaine[1], Cicéron entend fonder une rhétorique nouvelle qui ne ferait plus fond sur d'autres théories qu'elle discuterait ou modifierait selon une approche scolastique, mais qui, à l'inverse, tirerait sa doctrine de l'expérience et des réalités de l'éloquence romaine[2] : ainsi les exposés proposés par les différents personnages du dialogue sont-ils présentés comme la synthèse de leur expérience[3] et non comme une discussion purement théorique.

Cette approche entraîne avec elle une conséquence capitale : alors même que les manuels latins des années 80 av. J.-C. entendaient constituer un espace théorique clair, composé de définitions solidement établies, le *De oratore* met en place un univers notionnel où prédomine une forme d'hésitation et de perpétuelle mise en question. La *Rhétorique à Herennius*, ainsi, s'ouvrait sur une affirmation péremptoire distinguant les trois sources de l'éloquence et offrant pour chacune d'entre elles une définition rigide :

> *Oportet igitur esse in oratore inventionem, dispositionem, elocutionem, memoriam, pronuntiationem.* [...] *Haec omnia tribus rebus a<d>sequi poterimus : arte, imitatione, exercitatione. Ars est praeceptio, quae dat certam viam rationemque dicendi. Imitatio est, qua inpellimur cum diligenti ratione ut aliquorum similes in dicendo valeamus esse. Exercitatio est adsiduus usus consuetudoque dicendi.*
>
> L'orateur doit posséder les qualités d'invention, de disposition, de style, de mémoire et d'action oratoire. [...] Nous pourrons acquérir ces qualités par trois moyens : la technique, l'imitation et l'exercice. La technique est l'ensemble des préceptes qui offrent une méthode précise et rationnelle pour parler. L'imitation nous pousse activement et méthodiquement à

1. Sur la construction même du dialogue dans le *De oratore, cf.* Philip Levine, « Cicero and the Literary dialogue », *Classical Journal* 53, 1958, p. 146-151 ; Jon Hall, « Social Evasion and Aristocratic Manners in Cicero's *De Oratore* », *American Journal of Philology* 117, 1996, p. 95-120 ; Florence Dupont, « Le *pudor* de Crassus (à partir du *De oratore* de Cicéron) », dans Renaud Alexandre, Charles Guérin et Mathieu Jacotot (éd.), *Vivre et penser la honte à Rome*, Paris, Éditions Rue d'Ulm, 2012, p. 33-44.

2. Sur l'évolution de la formalisation des règles rhétoriques qu'implique cette rupture, nous renvoyons le lecteur à notre article « Formes et fonctions du précepte rhétorique des manuels latins au *De oratore* », dans Luc Brisson et Pierre Chiron (éd.), Rhetorica philosophans, *Mélanges offerts à Michel Patillon*, Paris, Vrin, 2010, p. 107-132.

3. Cicéron, *De oratore* (désormais cité *De orat.*), I, 135 ; II, 78, 87.

parvenir à égaler des modèles en parlant. L'exercice est la pratique assidue et l'habitude de la parole[1].

Ce type de définition n'apparaîtra jamais dans le *De oratore*, qu'il faut donc considérer comme une avancée vers la complexité marquant l'abandon des structures rhétoriques habituelles et de tout ce qu'elles contenaient de formaliste et de rassurant. Conformément à ce que peut laisser prévoir sa structure dialectique, le *De oratore* nous fait entrer dans un espace conceptuel beaucoup plus fluctuant, où l'univocité pédagogique n'a plus sa place : l'analyse des pratiques hors des cadres rhétoriques courants et l'aspect dialectique du traité, qui laisse subsister un certain nombre d'apories, introduisent une richesse et une densité nouvelles dans la tradition. Cette modification sensible du contenu de la doctrine doit alors nous pousser à nous interroger sur la définition même de l'objet rhétorique dans le traité : quel type d'évolution dans l'appréhension de l'*ars dicendi* cette première transformation induit-elle ?

Le cadre dessiné par le *De oratore* n'est pas celui d'une enquête sur la rhétorique au sens de « théorie des moyens dont on dispose pour persuader par le discours », mais celui d'une discussion [*sermo*] consacrée à l'activité oratoire [*studium dicendi*[2]]. On comprend d'emblée que le sujet du dialogue n'est pas la « technique » en tant que telle, mais que le débat contribuera à exposer l'ensemble des moyens naturels et artificiels de parvenir à l'éloquence : les participants à la discussion devront donc s'interroger sur la place qu'occupe la technique elle-même dans cet ensemble. Le *De oratore* définit le *studium dicendi* comme une pratique (I, 31), comme un statut qui représente l'accomplissement de la supériorité des hommes sur les bêtes et traduit une forme d'ampleur sociale (I, 32), et, enfin, comme une faculté utile à la collectivité (I, 34). Le traité aborde donc l'éloquence davantage comme une compétence et une fonction que comme une technique[3]. La discussion roule ensuite sur la querelle de préséance qui oppose les juristes [*iuris prudentes*] aux orateurs [*eloquentes*] et sur la manière d'acquérir la compétence nécessaire à la pratique oratoire. Crassus va alors défendre la nécessité,

1. *Rhétorique à Herennius*, I, 3 ; traduction G. Achard dans Guy Achard (texte et traduction), *Rhétorique à Herennius*, Paris, Les Belles Lettres, « Collection des Universités de France », 1989, modifiée.

2. *De orat.*, I, 29.

3. *Ibid.*, I, 30.

pour l'orateur, de posséder un savoir universel, Antoine défendant quant à lui l'idée que l'éloquence est avant tout une pratique[1].

Ces deux positions théoriques fournissent le fondement sur lequel s'appuiera la redéfinition cicéronienne de l'*ars dicendi*, mais il faut attendre l'introduction d'un philosophe dans le dialogue pour que soit explicitement débattue la question de l'existence et du statut de la technique. Ainsi, c'est par l'intermédiaire de l'académicien Charmadas[2], dont Antoine rapporte les propos dans un récit enchâssé, que l'efficacité de l'enseignement des rhéteurs est véritablement mise en question :

> *Caput enim esse arbitrabatur oratoris, ut et ipse eis, apud quos ageret, talis, qualem se esse optaret, videretur ; id fieri vitae dignitate, de qua nihil rhetorici isti doctores in praeceptis suis reliquissent ; et uti ei qui audirent sic adficerentur animis, ut eos adfici vellet orator ; quod item fieri nullo modo posse, nisi cognosset is, qui diceret, quot modis hominum mentes et quibus et quo genere orationis in quamque partem moverentur ; haec autem esse penitus in media philosophia retrusa atque abdita, quae isti rhetores ne primoribus quidem labris attigissent.*
>
> Il estimait que ce qu'il y avait de capital pour l'orateur était de paraître à son auditoire tel qu'il souhaitait être – cela s'obtient d'après lui par la dignité de la vie, sujet qui n'apparaît pas dans les préceptes que nous ont laissés ces savants rhétoriciens – et d'affecter l'âme des auditeurs ainsi qu'il voulait qu'elles le fussent – ce qui, de la même manière, ne peut absolument pas être obtenu si l'orateur ignore de combien de manières, par quels moyens et par quel type de discours l'esprit des hommes est entraîné dans telle ou telle direction. Or, il estimait que ces connaissances étaient profondément enfouies et cachées au cœur même de la philosophie, et que ces rhéteurs ne les avaient pas même effleurées du bout des lèvres[3].

Après avoir reproché aux rhéteurs le caractère incomplet de leur doctrine, et affirmé que seule la connaissance de la philosophie permet d'atteindre l'éloquence véritable, le personnage de Charmadas aborde la question épineuse du statut de la théorie produite par ces mêmes rhéteurs :

> *Artem vero negabat esse ullam, nisi quae cognitis penitusque perspectis et in unum exitum spectantibus et numquam fallentibus rebus contineretur ; haec autem omnia, quae tractarentur ab oratoribus, dubia esse et incerta ; quoniam et dicerentur ab eis, qui omnia ea non plane tenerent, et*

1. Crassus : *De orat.*, I, 45-54, 166-204 ; III, 120-143 ; Antoine : *De orat.*, I, 80-82, 209-262.

2. Sur la place de Charmadas dans la tradition académicienne, *cf.* Carlos Lévy, « Les petits académiciens : Lacyde, Charmadas, Métrodore de Stratonice », dans Mauro Bonazzi, Vincenza Celluprica (ed.), *L'eredità platonica : studi sul platonismo da Arcesilao a Proclo*, Naples, Bibliopolis, 2005, p. 60-70.

3. *De orat.*, I, 87. En l'absence de mention contraire, les traductions sont nôtres.

audirentur ab eis, quibus non scientia esset tradenda, sed exigui temporis aut falsa aut certe obscura opinio.

Enfin, il niait qu'il pût y avoir un art qui ne porte sur des objets connus et entièrement analysés, tendant vers un but unique et demeurant invariables ; or, tout ce sur quoi porte le travail de l'orateur est douteux et incertain, à la fois parce que ces choses sont dites par des individus qui ne les maîtrisent pas parfaitement et parce qu'elles sont écoutées par des individus auxquels il ne s'agit pas de transmettre une connaissance, mais une opinion fausse ou très certainement obscure qu'il faut leur faire accepter un court instant[1].

Le personnage de Charmadas joue par conséquent un double rôle dans le dialogue. Il permet en premier lieu de poser avec clarté les termes du débat, en opposant la prétention de la rhétorique à être reçue comme une τέχνη et l'approche platonicienne qui la réduit à une simple ἐμπειρία ou à une τριβή dépourvue de toute dimension proprement technique[2]. Si, selon l'analyse platonicienne, toute τέχνη [*ars*] [3] véritable est nécessairement liée à une ἐπιστήμη [*scientia*], alors la théorie produite par les rhéteurs, qui ne repose que sur un savoir incertain et instable [*opinio*][4], ne peut en aucun cas constituer une τέχνη [*ars*]. L'*ars*, dans ce cas, implique nécessairement la *scientia*[5]. Outre cette première mise en perspective, l'attaque de Charmadas – qui souligne que la technique, telle qu'elle est enseignée, est inefficace –,

1. *De orat.*, I, 93.

2. *Cf.* en particulier Platon, *Gorgias*, 454 c - 455 a, 462 b - 465 e ; *id.*, *Phèdre*, 260 e, 262 c, 269 b-d. Sur les termes platoniciens de ce débat et leur influence sur ce passage, *cf.* Lucia Calboli Montefusco, « Può esistere un' *ars dicendi* ? : il compromesso ciceroniano nella soluzione di una *uerbi controuersia* », dans Pol Defosse (éd.), *Hommages à Carl Deroux 2, Prose et linguistique, médecine*, Bruxelles, Latomus, 2002, p. 92-94.

3. Pour une étude de ce qui rapproche et différencie ces deux termes, *cf.* Élizabeth Gavoille, « *Ars* et τέχνη : étude sémantique comparée », dans Carlos Lévy, Bernard Besnier et Alain Gigandet (éd.), Ars *et* ratio, *Sciences, art et métiers dans la philosophie hellénistique et romaine*, Bruxelles, Latomus, 2003, p. 49-60.

4. *Cf.* L. Calboli Montefusco, « Può esistere un' *ars dicendi* ? : il compromesso ciceroniano nella soluzione di una *uerbi controuersia* », art. cit., p. 102 *sq.*

5. *Cf.*, entre autres, *De orat.*, II, 30 ; Cicéron, *De republica*, I, 2. Sur ce rapport entre *ars* et *scientia*, voir Élizabeth Menuet-Guilbaud, « *Ars* et *disciplina*. Les problèmes de la synonymie en latin », dans Claude Moussy (éd.), *Lingua latina, Recherches linguistiques du centre Alfred Ernout*, Paris, PUPS, 1994, p. 82 ; E. Gavoille, « *Ars* et τέχνη · étude sémantique comparée », art. cit., p. 58. On doit néanmoins souligner que, dans le cadre du débat épistémologique présenté dans le *Lucullus*, Cicéron défend bien sûr une position sceptique plus nuancée que celle qui est présentée ici, en récusant l'idée selon laquelle les arts reposeraient sur un savoir certain. *Cf.* en particulier Cicéron, *Lucullus*, 146 et l'analyse de Woldemar Görler, « L'art et la technique exigent-ils un savoir certain ? Réflexions sur un argument antisceptique », dans C. Lévy, B. Besnier et A. Gigandet (éd.), Ars *et* ratio, *op. cit.*, p. 23-32.

valide le projet général de l'ouvrage visant à fonder une rhétorique nouvelle, dégagée des enseignements traditionnels.

En contestant l'existence d'une *ars dicendi* véritable, Charmadas ouvre la voie, sinon à une définition en forme de la rhétorique, du moins à la mise en place d'un protocole qui permettra d'en éclairer la nature. La question de l'existence de l'*ars* et de son statut va donc être reprise tout au long du traité, par le biais des questions posées par les différents personnages du dialogue, et en particulier par Sulpicius[1]. Il appartiendra ensuite tant à Antoine qu'à Crassus d'offrir une définition de la rhétorique en posant les termes du débat à partir du propos de Charmadas qui flottera comme une menace sur l'ensemble du dialogue. D'emblée, le *De oratore* laisse entrevoir qu'il n'est pas un manuel qui délivrerait une doctrine voulue autosuffisante et close sur elle-même, mais un ouvrage qui construit une théorie tout en s'interrogeant sur son statut et le rapport qu'elle entretient véritablement à la pratique. Comme nous l'avons souligné, cette interrogation contribue à faire disparaître les catégories tranchées qui étaient employées dans les manuels latins, mais elle tend également à confondre l'aspect strictement technique et la dimension pratique de l'éloquence. Ainsi, dans le débat lancé par Antoine, les différents intervenants éviteront soigneusement l'emploi de termes techniques qui permettraient de mettre d'emblée en place des catégories cloisonnées[2] et, de façon plus capitale encore, ne préciseront jamais si l'objet sur lequel porte leur enquête est l'éloquence ou la rhétorique. Les deux questions du statut de l'éloquence et du statut de la rhétorique vont, par conséquent, sans cesse se chevaucher, la *disputatio* portant sur un objet qui peut être abordé soit comme une activité, soit comme une technique, soit comme une compétence (*studium vel artificium vel facultas* ; *De oratore*, I, 96). C'est à travers ce questionnement que l'on peut percevoir l'écart qui se creuse entre la démarche qui prévalait trente ans plus tôt dans le *De inventione* et celle que l'on rencontre dans le traité de 55 av. J.-C. Car si ce chevauchement se faisait déjà sentir dans le *De inventione*, ce flou notionnel ne peut être analysé de la même manière dans les deux cas : subi et largement passé sous silence dans le *De inventione*, il est clairement exposé, puis analysé, dans le *De oratore*.

1. *Cf.*, par exemple, *De orat.*, I, 102.

2. L'absence de vocabulaire technique soulève également la question du statut symbolique du producteur de préceptes, ni les personnages du dialogue, ni, a fortiori, Cicéron ne souhaitant être ravalés au niveau de simples « professeurs ». *Cf.* sur ce point Florence Dupont, « Le *pudor* de Crassus (à partir du *De oratore* de Cicéron) », art. cit.

Deux passages du *De inventione* peuvent être retenus comme éléments de comparaison. Le premier ouvre le manuel, et porte sur « la nature de ce qu'on appelle l'éloquence » [I, 2 : *principium huius rei quae vocatur eloquentia*]. L'*eloquentia* est alors présentée selon un protocole proche de celui que le *De oratore* utilisera pour poser le problème : soit comme une technique [*ars*], soit comme une activité [*studium*], soit comme un entraînement [*exercitatio*], soit comme une compétence naturelle [*facultas ab natura profecta*] [1]. Ces quatre possibilités ne seront pourtant pas reprises à propos des sources de l'éloquence, le *De inventione* les limitant alors à la *natura*, à l'*exercitatio* et à l'*artificium* :

> *Hoc si forte non natura modo neque exercitatione conficitur, verum etiam artificio quodam comparatur, non alienum est videre, quae dicant ii, qui quaedam eius rei praecepta nobis reliquerunt. Sed antequam de praeceptis oratoriis dicimus, videtur dicendum de genere ipsius artis, de officio, de fine, de materia, de partibus. Nam his rebus cognitis facilius et expeditius animus unius cuiusque ipsam rationem ac uiam artis considerare poterit.*
> Si ce résultat s'obtient non seulement grâce à un don de nature et à un entraînement, mais aussi avec l'aide de la technique, je ne crois pas inutile de voir ce que disent ceux qui nous ont laissé quelques préceptes sur ce point. Cependant, avant de traiter des préceptes, je crois devoir traiter de la nature de cette technique elle-même, de son rôle, de sa fin, de son objet et de ses parties. En effet, quand ces questions seront connues, chacun pourra, avec son intelligence, considérer plus facilement et plus rapidement l'économie et la méthode de cette technique[2].

Dans ce second développement, le jeune Cicéron aborde l'*ars* au moyen des catégories définitoires de la nature [*genus*], du rôle [*officium*], de la fin [*finis*], de l'objet [*materia*] et des parties [*partes*]. La définition que le *De inventione* propose du *genus* assimile alors *rhetorica* et *artificiosa eloquentia*[3] : la distinction entre théorie et pratique ne présente donc pas toute la clarté que l'on pourrait attendre. Le *De inventione* accumule les couches et les possibilités définitoires, mais sans jamais répondre clairement à la question soulevée en *inv*. I, 2 : le manuel définit à tout hasard ce qui doit l'être (l'*ars*), mais ne cherche pas à éclairer la nature même de l'éloquence en explicitant dans quelle mesure l'*ars* contribue véritablement à cette éloquence. Car le cadre théorique permettant d'aborder la notion d'*ars* une fois posé, rien ne dit qu'il faille faire primer cette *ars* sur les autres composantes définitoires

1. *De inventione*, I, 2.
2. *Ibid.*, I, 5 ; trad. G. Achard dans *id.* (texte et traduction), *Cicéron, De l'invention*, Paris, Les Belles Lettres, « Collection des Universités de France », 1994, modifiée.
3. *Ibid.*, I, 6.

évoquées en *inv.* I, 2 et I, 5 : les différentes sources de l'éloquence se trouvent toutes placées au même niveau. Néanmoins, parce que le *De inventione* évacue hors de son propos tout l'aspect pratique du discours public, et qu'il présente une théorie voulue exhaustive, l'*ars* acquiert dans le manuel une centralité et une prééminence qui lui confèrent une sorte d'autonomie absolue, celle d'un outil théorique permettant à lui seul d'atteindre l'éloquence[1].

Il faudra attendre les réponses fournies par Crassus et Antoine dans le *De oratore* pour que le problème de la nature de la technique soit affronté de façon explicite, à la suite d'une question posée par Sulpicius :

> *Atqui, inquit <Sulpicius>, hoc ex te, de quo modo Antonius exposuit, quid sentias, quaerimus, existimesne artem aliquam esse dicendi ?*
> Mais, déclara Sulpicius, nous te demandons ton avis sur ce que vient de traiter Antoine : penses-tu qu'il existe une technique rhétorique[2] ?

La réponse apportée sera double, et sera formulée au livre I par Crassus, puis au livre II par Antoine, les deux personnages arrivant à la même conclusion. L'un et l'autre défendent en effet l'idée selon laquelle la question repose avant tout sur un problème lexical et découle d'une simple incompréhension, personne ne parvenant à s'entendre sur la nature de l'objet dont on discute – affirmation difficile à contester à la lecture du *De inventione* et de certains passages du *De oratore*. Comme l'explique Crassus, il s'agit là d'une querelle lexicale [*verbi controversia*], qui tient à la grande polysémie du mot *ars* :

> *Respondeo, mihi dicendi aut nullam artem aut pertenuem videri, sed omnem esse contentionem inter homines doctos in verbi controversia positam.*
> Je réponds qu'il n'existe, à mon avis, aucune technique rhétorique, ou qu'elle n'est que de peu de valeur, mais que toute cette dispute entre savants repose sur une querelle de mots[3].

La réponse qu'apportera le *De oratore* consistera moins à définir ce qu'est l'*ars dicendi* qu'à poser la question de sa nature plus efficacement qu'auparavant, en offrant une solution à la *verbi controversia* dénoncée par Crassus. En se fondant sur la double critique de Charmadas, Crassus et Antoine vont affirmer l'un et l'autre que la rhétorique ne contient pas les savoirs qui lui permettraient d'atteindre son but et que, par conséquent, elle n'est pas une *ars* au sens de

1. *Cf.* sur ce point Charles Guérin, « Formes et fonctions… », art. cit., p. 117-120.
2. *De orat.*, I, 102.
3. *Ibid.*, I, 107.

« science » ou de « corps de notions offert à la connaissance ». Crassus est le premier à défendre son point de vue en reprenant les arguments de Charmadas cités par Antoine :

> *Nam si ars ita definitur, ut paulo ante exposuit Antonius, ex rebus penitus perspectis planeque cognitis atque ab opinionis arbitrio seiunctis scientiaque comprehensis, non mihi videtur ars oratoris esse ulla ; sunt enim varia et ad vulgarem popularemque sensum accommodata omnia genera huius forensis nostrae dictionis.*
>
> Car si la technique, suivant la définition donnée tout à l'heure par Antoine, est un ensemble de connaissances profondément analysées et parfaitement connues, soustraites au jugement de l'opinion et constituées en corps de doctrine, il ne me semble pas qu'il y ait une technique oratoire. Les différents modes d'expression que nous employons au forum sont instables, en effet, et appropriés aux attentes du commun et du grand nombre[1].

Il existe néanmoins une *ars* au sens de « méthode » – l'ensemble des préceptes régulant une pratique –, qui doit être abordée avec toute la précaution nécessaire :

> *Sin autem ea, quae observata sunt in usu ac tractatione dicendi, haec ab hominibus callidis ac peritis animadversa ac notata, verbis definita, generibus inlustrata, partibus distributa sunt – id quod video potuisse fieri –, non intellego, quam ob rem non, si minus illa subtili definitione, at hac vulgari opinione ars esse videatur.*
>
> Mais si les éléments que l'on a observés dans le discours courant et dans son emploi maîtrisé ont été recueillis et consignés par des hommes habiles et expérimentés, s'ils ont été définis par un lexique, éclairés en étant divisés en genres, et classés par espèces – et nous constatons que la chose a pu se faire –, je ne vois pas pourquoi ces notions ne constitueraient pas une technique (en prenant le mot dans son sens ordinaire et non en le définissant de façon précise) [2].

Cette *ars*, qui doit être entendue en un sens lâche – *vulgaris opinio* et non *subtilis definitio* –, n'est pas pour autant dépourvue de valeur, bien qu'elle puisse même se réduire à une *artis similitudo* (*De orat.* I, 109) : quel que soit son statut, elle ne doit pas être entièrement négligée et peut être assimilée à une *ratio dicendi et via* (*De orat.* I, 113). Le progrès conceptuel accompli depuis le *De inventione* n'est pas mince. Dans le *De inventione*, en effet, l'ensemble des catégories définitoires employées par Cicéron s'appliquaient à l'*ars* entendue comme discipline

1. *De orat.*, I, 108 ; trad. E. Courbaud dans *Id.* (éd. et traduction), *Cicéron, De l'orateur*, I, Paris, Les Belles Lettres, « Collection des Universités de France », 1922, modifiée.

2. *Ibid.*, I, 109.

organisée – ou comme science –, sans qu'ait jamais été posée de distinction véritable entre science et méthode, ou entre *eloquentia* et *ars dicendi* : l'apparente clarté des définitions proposées dans le manuel masquait en réalité un flou véritable quant au statut de la technique. Le *De oratore*, s'il ne définit pas à proprement parler l'*ars dicendi*, n'en supprime pas moins cette confusion.

Prenant à son tour la parole, Antoine semble tout d'abord faire usage de la division des sources de l'éloquence établie par le *De inventione*[1]. Mais, à la différence du manuel, Antoine établit une hiérarchie stricte entre ces différentes composantes. L'éloquence, à ses yeux, doit être abordée davantage comme une compétence que comme le résultat d'une technique (*res facultate praeclara, arte mediocris ; De orat.* II, 30) et l'*ars dicendi* ne peut représenter un corps de doctrine constitué. Comme le soulignait Charmadas, dont Antoine reprend lui aussi l'argumentation, l'*ars* au sens plein porte sur le savoir, alors que l'éloquence – une fois encore désignée par *hic res* – se fonde non sur la *scientia*, mais sur les *opiniones* :

> *Res mihi videtur esse – inquit <Antonius> – facultate praeclara, arte mediocris ; ars enim earum rerum est, quae sciuntur ; oratoris autem omnis actio opinionibus, non scientia, continetur ; nam et apud eos dicimus, qui nesciunt, et ea dicimus, quae nescimus ipsi* [...].
> Antoine poursuivit : « notre objet est, à mon avis, magnifique au regard de la compétence qu'il suppose, médiocre au regard de la technique. La technique, en effet, porte sur des choses que l'on connaît avec certitude ; toute l'activité de l'orateur repose sur des opinions, non sur la connaissance. Car nous parlons devant des ignorants et nous disons des choses que nous ignorons nous-mêmes [...] [2].

Antoine ne se contente pourtant pas d'adopter la position de Charmadas, mais l'adapte au contexte d'un ouvrage qui malgré tout n'est pas philosophique, mais bien rhétorique, et où il convient par conséquent de préserver la possibilité d'une discussion sur l'*ars* et d'une préception technique qui ne vide pas de son sens le traité lui-même. Antoine conteste donc le second versant de l'argumentaire du philosophe académicien, celui portant sur l'inefficacité des préceptes :

> *Vt igitur de ipso genere sum confessus, inquit Antonius, artem esse non maximam, sic illud adfirmo, praecepta posse quaedam dari peracuta ad pertractandos animos hominum et ad excipiendas eorum voluntates.*
> J'ai bien déclaré, reprit Antoine, que la technique, si on la considère en elle-même, n'est pas d'une très grande importance ; j'affirme toutefois

1. *Natura, exercitatio, artificium* : *cf. De inventione*, I, 5, cité *supra*.
2. *De orat.*, II, 30.

qu'il est possible de donner certains préceptes tout à fait pertinents sur la façon de manipuler les sentiments des hommes et de s'emparer de leurs volontés[1].

La psychagogie qui, d'après Charmadas, dépendait du seul savoir philosophique, demeure donc légitimement dans le domaine de l'*ars* qui occupe elle-même une place qui n'est pas si négligable dans la pratique du discours. La parole publique, aux yeux d'Antoine, n'est pas une simple routine : à l'inverse, elle répond à une *ratio* qui, pour n'être pas une *scientia*, permet néanmoins une mise en règles. Ainsi, cette *ars* – ou cette *quasi ars* – du discours sera issue de l'observation des pratiques :

> *Huius rei scientiam si quis volet magnam quandam artem esse dicere, non repugnabo ; etenim cum plerique temere ac nulla ratione causas in foro dicant, non nulli autem propter exercitationem aut propter consuetudinem aliquam callidius id faciant, non est dubium quin, si quis animadverterit, quid sit, quare alii melius quam alii dicant, id possit notare : ergo id qui toto in genere fecerit, is si non plane artem, at quasi artem quandam invenerit.*
>
> Si l'on tient à voir dans cette connaissance une forme de technique, même considérable, je ne m'y opposerai pas. En effet, parmi ceux qui parlent au forum, le plus grand nombre parle au hasard et sans aucune méthode, mais quelques uns, guidés par l'exercice ou l'habitude, montrent plus d'habileté ; il n'est donc pas douteux que, si l'on prête attention à ce qui fait que ceux-ci parlent mieux que ceux-là, on n'arrive à relever les causes de cette différence. Dès lors, celui qui aura étendu cette enquête à l'éloquence sous toutes ses formes aura trouvé, sinon une technique, du moins quelque chose qui s'en approche[2].

Sans qu'il soit possible de parler véritablement d'influence, Cicéron adopte ici une approche semblable à la conception aristotélicienne de la τέχνη, selon laquelle la rhétorique doit être définie non comme l'organisation d'un savoir certain, mais bien comme une ἔντεχνος μέθοδος[3] bâtie à partir de la mise en règle des comportements oratoires

1. *De orat.*, II, 32 ; trad. E. Courbaud modifiée.

2. *Ibid.*, II, 32 ; trad. E. Courbaud modifiée.

3. Aristote, *Rhétorique* (désormais cité *Rhét.*), I, 1, 1355 a 4. Sur l'approche méthodique adoptée dans *Rhét.*, *cf.* également I, 1, 1354 a 6-11 : Τῶν μὲν οὖν πολλῶν οἱ μὲν εἰκῇ ταῦτα δρῶσιν, οἱ δὲ διὰ συνήθειαν ἀπὸ ἕξεως· ἐπεὶ δ' ἀμφοτέρως ἐνδέχεται, δῆλον ὅτι εἴη ἂν αὐτὰ καὶ ὁδῷ ποιεῖν· δι' ὃ γὰρ ἐπιτυγχάνουσιν οἵ τε διὰ συνήθειαν καὶ οἱ ἀπὸ τοῦ αὐτομάτου τὴν αἰτίαν θεωρεῖν ἐνδέχεται, τὸ δὲ τοιοῦτον ἤδη πάντες ἂν ὁμολογήσαιεν τέχνης ἔργον εἶναι. Cela dit, la plupart des gens le font soit au petit bonheur, soit par une familiarité dérivée d'une disposition acquise. Mais puisqu'on peut y arriver des deux manières, il est clair qu'en ces matières on pourrait procéder aussi par méthode. Car la cause pour laquelle on parvient à ses fins tant par familiarité que du fait du hasard, il est possible de la discerner et – tout le monde, dès

efficaces et permettant non d'être éloquent, mais de découvrir les moyens de persuader[1]. Tout comme Charmadas – et à l'image d'Aristote[2] –, les personnages du *De oratore* affirment donc que l'*ars dicendi* découle d'une ἐμπειρία, sans que ce statut la prive pour autant de sa valeur puisque cette *ars* peut être structurée de manière rigoureuse et fournir des règles efficaces.

À une *ars dicendi* conçue comme une *scientia* autosuffisante, les propos de Crassus et d'Antoine substituent une *ars dicendi* définie comme une méthode qui n'est plus placée au même niveau que la *natura* ou l'*exercitatio*. En cherchant à préciser la définition de la rhétorique, le *De oratore* reprend donc à son compte les critiques que l'Académie adresse à la rhétorique[3] mais les adapte, par le biais d'une approche apparemment « techniciste », en maintenant la possibilité de l'existence d'une *ars* conçue comme méthode. Cette *ars*, dès lors, n'est plus conçue comme un outil intellectuel dont l'application mènerait à l'éloquence – selon l'approche qui prévalait dans les manuels[4] –, mais comme la mise en règle a posteriori d'une expérience pratique. L'enjeu de la discussion, pourtant, ne peut être réduit à une défense de la technique. Comme la fin de l'argumentation bâtie par Antoine le montre bien[5], la définition de l'*ars* n'offre d'intérêt, dans le cadre du traité, que dans la mesure où elle contribue à la compréhension de ce qu'est l'orateur. Ainsi, parce qu'elle intervient dans une théorisation qui n'est pas, à proprement parler, celle de l'*ars* elle-même, mais celle de la fonction et du talent de l'orateur[6], la tentative de définition de l'*ars* que propose le *De oratore* parvient à penser l'incomplétude de cette *ars* et, par conséquent, lui fait perdre sa prétention à l'autosuffisance. L'*ars dicendi* se conçoit désormais comme

lors, peut en convenir – une telle étude est la tâche d'une technique. Traduction P. Chiron dans *Aristote, Rhétorique*, Paris, Flammarion, coll. « Garnier Flammarion », 2007.

1. La conception – positive et non critique – selon laquelle la τέχνη découle d'une mise en forme de l'ἐμπειρία est bien sûr héritée des sophistes : *cf.* la remarque de Polos dans Platon, *Gorgias*, 448 c.

2. Sur le rapport qu'établit Aristote entre l'ἐμπειρία et la τέχνη entendue comme méthode, *cf.* la synthèse proposée par L. Calboli Montefusco, « Può esistere un' *ars dicendi* ? : il compromesso ciceroniano nella soluzione di una *verbi controversia* », art. cit., p. 97 *sq*.

3. On doit en effet considérer que la critique d'ordre philosophique adressée à la rhétorique ne découle pas de façon directe de la réflexion platonicienne, mais qu'elle reflète en réalité la manière dont l'Académie pouvait aborder la question. *Cf.* sur ce point Jakob Wisse, « *De oratore* : The Orator, Rhetoric, Philosophy, and the Making of the Ideal Orator », dans James M. May (ed.), *Brill's Companion to Cicero. Oratory and Rhetoric*, Leiden, Brill, 2002, p. 390 *sq*.

4. *Cf. Rhétorique à Herennius*, I, 7, et C. Guérin, « Formes et fonctions... », art. cit., p. 118 *sq*.

5. *De orat.*, II, 33.

6. *Ibid.*, I, 118.

un élément dans un ensemble théorique et culturel plus vaste : ce dernier point représente une innovation importante du traité.

La réduction de l'*ars*, comprise désormais comme *ratio* et détachée de la *scientia*, implique que cette *ars* occupe une place nouvelle dans le champ des savoirs comme dans celui des pratiques et des connaissances liées à l'éloquence. L'objet proprement technique que constitue la rhétorique n'est plus autonome. Cette dernière est désormais incluse au sein d'une autre *ars*, à la portée plus générale que la *ratio dicendi*, et qui représente l'objet réel du questionnement mené par Cicéron dans le *De oratore* : l'*ars oratoris* (*De orat.* I, 135) qui, distincte de la simple *ars dicendi*, recouvre également la *facultas oratoris* (*De orat.* I, 62 ; I, 78). Cette *ars*, entendue comme « compétence » et comme « capacité », va englober les différents éléments que l'on rencontrait déjà dans le *De inventione*, mais les hiérarchiser de façon beaucoup plus claire : en faisant des dons naturels la première qualité de l'orateur, et en faisant primer l'expérience sur la technique, le *De oratore* attribue à l'*ars dicendi* un rôle beaucoup plus réduit qu'auparavant[1].

La triade fondamentale présente dans le *De inventione*, qui regroupait l'*ars*, la *natura* et l'*exercitatio*[2], se trouve donc hiérarchisée et subsumée par Cicéron sous la catégorie plus générale d'*ars oratoris* désignant l'ensemble des savoirs, des dons et des compétences permettant une pratique maîtrisée de la parole publique[3]. Cette triade, par ailleurs tout à fait traditionnelle puisqu'elle reprend l'association de la φύσις, de la γύμνασις et de la μέθοδος déjà utilisée par Aristote dans la doctrine des ἀστεῖα[4], ne sera pourtant pas laissée intacte par Cicéron. Prenant en compte l'insuffisance fondamentale de l'*ars dicendi*, Cicéron ajoute une composante supplémentaire à cet ensemble qui vient en quelque sorte compenser l'élimination de la *scientia* qui a été auparavant concédée : le savoir général [*humanitas*[5]] et, en particulier, la philosophie. La réduction de l'*ars dicendi* à une méthode – par opposition à un savoir certain – impose en effet d'introduire un élément culturel qui vienne nourrir cette méthode et fournir le matériau intellectuel autorisant sa mise en œuvre. Ainsi s'impose la nécessité d'une *doctrina* entendue comme savoir général, qui seule permettra de rendre l'orateur *eruditus* et *humanus*, qualités requises de tout individu prétendant à l'éloquence[6].

1. *De orat.*, I, 15, 84, 113-115 ; III, 54.
2. *De inventione*, I, 5.
3. *De orat.*, I, 113 *sq.*
4. *Rhét.*, III, 9, 1410 b 7-9.
5. Pour ce sens d'*humanitas*, *cf. De orat.* I, 35, 71, 256 ; II, 40, 72, 154 ; III, 1, 58.
6. Sur les qualités culturelles de l'orateur, et en particulier celles qui font de lui un *homo eruditus*, *cf.* Charles Guérin, Persona. *L'élaboration d'une notion rhétorique au*

Cette importance de la culture générale de l'orateur est bien connue, au point qu'elle est devenue le trait caractéristique principal du *De oratore* aux yeux de bien de ses lecteurs. Ce caractère d'évidence ne doit pourtant pas masquer l'évolution doctrinale que suppose cet ajout. Comme Quintilien lui-même le souligne, Cicéron est passé, des années 80 à 55 av. J.-C., d'une conception selon laquelle la philosophie n'appartenait pas à l'*ars* à une autre où celle-ci en faisait légitimement partie[1]. Ainsi, dans le *De inventione* I, 8, Cicéron estimait-il que la rhétorique n'avait pas à se soucier des questions générales [*Quæstiones*, θέσεις] réservées à la philosophie, mais devait se limiter aux questions particulières [*causae*, ὑποθέσεις]. La pratique consistant à traiter des questions générales non seulement dans le cadre d'exercices, mais aussi devant le public lui-même, fait désormais partie de l'*ars* prise non au sens d'*ars dicendi* mais au sens d'*ars oratoris*. Bien que la rhétorique n'ait pas elle-même à se soucier de ces questions, l'orateur doit être capable de traiter tout ce qui lui est soumis en le ramenant à des propositions générales abordées de façon synthétique[2] : c'est là le seul moyen d'emporter la conviction de manière assurée. Parce qu'il raisonnait en termes de domaines du savoir et non de compétences, d'acquis ou de formation, et parce qu'il adoptait une approche théorique et non pratique, le *De inventione* ne pouvait évidemment pas faire place à cette composante de l'activité oratoire dans sa doctrine. Pour intégrer les θέσεις dans le champ des compétences de l'orateur, il était indis-pensable de modifier la notion d'*ars* rhétorique en rejetant ses prétentions à la *scientia* et en limitant sa portée à celle d'une *ratio* pour pouvoir ensuite faire place au savoir extra-rhétorique dans une conception élargie de la pratique oratoire. C'est par ce biais que la pré-sence de la philosophie au sein de l'éloquence peut acquérir un statut théorique, Cicéron trouvant là le moyen de créer une *ars* nouvelle qui permette d'appréhender et d'intégrer dans une architecture cohérente tous les savoirs qui, sans relever directement de l'*ars dicendi*, sont néanmoins constitutifs de l'*ars oratoris*.

Entièrement modifiée par ce moyen, la perspective rhétorique désormais adoptée par Cicéron en vient, comme le remarque E. Gavoille, à associer la triade « méthodique » aristotélicienne [φύσις, γύμνασις, μέθοδος] et la triade « culturelle » [φύσις, ἐπιστήμη, μελέτη] défendue par Platon dans le *Phèdre*[3], où l'ἐπιστήμη désigne bien évidemment la philosophie et, plus précisément, la dialectique. On voit ainsi alterner deux triades distinctes,

Ier siècle av. J.-C., Volume II : *théorisation cicéronienne de la* persona *oratoire*, Paris, Vrin, 2011, p. 192-238.

1. Quintilien, *Institutio oratoria*, III, 5, 14 *sq.*

2. *De orat.*, II, 69 *sq.* ; II, 140. Sur cette méthode, *cf.* C. Guérin, « Formes et fonctions », art. cit., p. 121 *sq.*

3. Platon, *Phèdre*, 269 d.

l'une faisant place à *l'ars* méthode, l'autre remplaçant cette dernière par le savoir [*doctrina*, *artes*, *disciplina*][1]. Une influence plus profonde encore se fait sentir dans cette modification de perspective : celle d'Isocrate qui, bien que revendiquée par Cicéron[2], est généralement passée sous silence par une critique avant tout sensible aux échos aristotéliciens. L'élaboration d'une doctrine rhétorique incluant le savoir général comme sa condition nécessaire peut en effet être analysée comme une tentative visant à résoudre la tension dénoncée par Isocrate entre technique rhétorique et pratique oratoire. Aux yeux d'Isocrate, la nature dynamique de l'éloquence – considérée comme un ποιητικὸν πρᾶγμα[3] – ne peut que contredire tout projet qui viserait à la réduire à des règles et à une τέχνη qui prétendrait se suffire à elle-même[4]. La simple maîtrise des règles énoncées dans le cadre de la τέχνη ne permettra pas à l'orateur de réagir face à la diversité des situations auxquelles il est confronté : seule une maîtrise à la fois culturelle et pratique[5] – fondant la φρόνησις[6] nécessaire à la bonne intelligence des affaires politiques –, dépassant la technique au sens strict, permettra à l'orateur tel que le conçoit Isocrate de parvenir à l'éloquence véritable.

Fidèle à la dimension pratique de son projet, Cicéron limite donc le domaine et la portée de l'*ars dicendi* de façon drastique, en la définissant comme une méthode et non comme un savoir, et en faisant dépendre l'efficacité de cette méthode de la possession d'un ensemble de connaissances vaste et précisément formalisé : cet ensemble définit désormais le champ de l'*ars oratoris*, auquel appartient l'*ars dicendi* dans sa forme nouvelle. Alors que le *De inventione* et la *Rhétorique à Herennius* renvoyaient leur lecteur à la nature, à l'entraînement et aux savoirs philosophique, juridique et historique comme à des éléments dont ils n'avaient pas à se soucier, le *De oratore* élabore une doctrine qui prend effectivement en compte les éléments qui n'appartiennent pas en propre à la *ratio dicendi*. Ce faisant, Cicéron bâtit une *ars dicendi* dont la portée est effectivement réduite, mais qui est d'autant plus efficace qu'elle est le fruit d'une interrogation portant sur la pratique bien plus que le résultat d'une approche scolastique et étroitement théorique fondée sur la seule reprise de la tradition rhétorique.

1. Pour un recensement exhaustif des différentes occurrences de ces deux triades, *cf.* Élizabeth Gavoille, Ars. *Étude sémantique de Plaute à Cicéron*, *op. cit.*, p. 279-281.

2. Cicéron, *Ad familiares*, I, 9, 23.

3. Isocrate, *Contre les sophistes*, 12.

4. *Cf.* la remarque de Cicéron dans *Brutus*, 48.

5. Isocrate, *Sur l'échange*, 271.

6. *Id.*, *Archidamus*, 34 ; *Panégyrique*, 9.

LA RHÉTORIQUE DE L'IMPROVISATION CHEZ QUINTILIEN (*INSTITUTIO ORATORIA*, 10, 7)

Maria Silvana CELENTANO

Dans l'*Institutio oratoria*, Quintilien a voulu présenter l'ensemble de ses réflexions concernant le statut de l'orateur, assumant tour à tour, au cours de l'exposé, une fonction d'historien de la rhétorique, de technicien expert en théorie et pratique de la communication, d'éducateur des aspirants orateurs et d'intellectuel portant un jugement critique sur les phénomènes culturels de son temps. Bien que le contexte politico-culturel dans lequel il vit soit radicalement différent de celui de Cicéron, c'est sur ce modèle qu'il réaffirme la centralité de la figure de l'orateur ; ce dernier ne sera pas simplement un habile professionnel de la parole, il faudra qu'il soit avant tout un homme au comportement irréprochable, capable de dialoguer, par l'intermédiaire de ses discours, avec la réalité dans laquelle il opère[1]. Il serait donc certainement

1. On pourra lire la présentation de ce programme de formation dans l'*Institutio oratoria*, 1, proem. 9-10 à propos de la figure de l'orateur : *oratorem autem instituimus illum perfectum, qui esse nisi vir bonus non potest, ideoque non dicendi modo eximiam in eo facultatem sed omnis animi virtutes exigimus. Neque enim hoc concesserim, rationem rectae honestaeque vitae, ut quidam putaverunt, ad philosophos relegandam, cum vir ille vere civilis et publicarum privatarumque rerum administrationi accommodatus, qui regere consiliis urbes, fundare legibus, emendare iudiciis possit, non alius sit profecto quam orator*. Mais mon but est de former l'orateur parfait, lequel ne peut exister s'il n'est un homme de bien ; aussi exigeons-nous de lui à la fois une aptitude exceptionnelle à la parole et toutes les qualité de l'âme. En effet, je n'admettrais pas qu'il faille réserver aux philosophes, comme certains l'ont pensé, le soin d'exposer les règles d'une vie droite et honnête, car l'homme qui peut vraiment jouer son rôle de citoyen et qui est capable d'administrer les affaires publiques et privées, l'homme qui est apte à diriger des villes par

réducteur de définir l'*Institutio oratoria* comme un simple manuel technico-rhétorique conçu dans une perspective pédagogique, dans lequel les règles traditionnelles du discours persuasif seraient adaptées à de nouveaux utilisateurs et à de nouvelles finalités. Des caractéristiques spécifiques et innovantes définissent cette œuvre. Elle ne vise pas seulement à illustrer l'apprentissage de la matière rhétorique dans toutes ses parties et dans toutes ses applications, elle a aussi pour objectif d'indiquer précisément toutes les étapes du parcours de formation qui attendent l'aspirant orateur, et davantage encore : un jeune orateur, même doué et éduqué de la meilleure manière, aura besoin en plus d'un entraînement [*exercitatio*] qui renforce l'ensemble de ses acquisitions et le prépare à faire le meilleur usage possible de ses aptitudes à tenir des discours publics. Sans compter qu'un travail de mise à jour continu de ses compétences pratiques en matière de communication constitue une garantie indispensable à tout orateur, même le plus expert.

C'est certainement la raison pour laquelle – cas unique dans l'histoire de la rhétorique classique – Quintilien envisage un double apprentissage discursif adapté aux connaissances effectives de l'élève : dans le second livre de l'*Institutio oratoria*, il décrit les *progymnasmata* élémentaires réservés au niveau initial du parcours de formation[1], alors

ses conseils, à leur donner une assise par des lois, à les réformer par ses décisions de justice, cet homme ne saurait être assurément que l'orateur.
La traduction est celle de Jean Cousin, *Quintilien, Institution oratoire*, tome I, livre I, Paris, Les Belles Lettres, « Collection des Universités de France », 1975, parfois légèrement modifiée).
Quintilien réaffirme le primat de l'éloquence rhétorique sur la parole philosophique, relançant une opposition traditionnelle et s'alignant de cette manière sur la dure hostilité de Domitien envers les philosophes. Ici comme ailleurs, il présente l'orateur en s'inspirant de Caton (fr. 14 Jordan : *vir bonus dicendi peritus*), comme l'avait fait Cicéron avant lui (*De oratore*, 2, 85) : *cf.* Quintilien, *Institutio oratoria* (désormais cité Quint. *Inst.*), 2, 15, 1 et 34 ; 2, 16, 11. Il reprendra à la lettre la définition catonienne en Quint. *Inst.*, 12, 1, 1. Dans les paragraphes suivants du proème, il regrette la séparation intervenue entre la rhétorique et la philosophie qui sont au contraire, par nature, étroitement liées l'une à l'autre. Sur ce point, *cf.* Cicéron, *De oratore*, 3, 55-61. Sur l'engagement civique personnel de l'orateur voir Cicéron, *De Inventione*, 1, 1; *De oratore*, 1, 33 *sq*.

1. Dès le premier livre (Quint. *Inst.*, 1, 9), Quintilien précise quels sont les exercices préparatoires qui relèvent du grammairien et lesquels sont de la compétence du rhéteur. La polémique à l'encontre des pratiques d'enseignement latines apparaît clairement : celles-ci ne garantissent pas le respect des prérogatives spécifiques des grammairiens et des rhéteurs, au détriment des rhéteurs. Le jugement positif envers le système d'enseignement grec est tout aussi clair : Quintilien s'en inspirera pour créer un parcours d'enseignement de l'*exercitatio* qui puisse conjuguer le système grec et le système latin, et qui distingue plus nettement les tâches du grammairien de celles du maître de rhétorique (*cf.* Quint. *Inst.*, 2, 1). À propos de la doctrine de Quintilien concernant les exercices de premier niveau et, plus généralement, sur le livre II de l'*Institutio oratoria, cf.* Jean Cousin, *Quintilien, Institution oratoire*, *op. cit.*, tome VI, livres X-XI (1979) ; Donald

que, dans le dixième livre, lorsque le *curriculum* de l'orateur est achevé, il se consacre aux exercices permettant d'acquérir une éloquence plus aisée [*firma facilitas dicendi*]. L'élément commun à ces « laboratoires » est la pratique des exercices – nécessairement complémentaires et de même valeur – de lecture, d'écoute/écriture, de déclamation de textes modèles imités et/ou ré-élaborés, par lesquels les jeunes aspirants orateurs pourront consolider graduellement les préceptes acquis, jusqu'à l'obtention d'une maîtrise parfaite du discours.

Ainsi, bien qu'il se situe dans la tradition d'un système d'exercices standardisé depuis bien longtemps, Quintilien y introduit des innovations significatives telle que la création d'un degré d'apprentissage de haut niveau, jusqu'alors inexistant, auquel il consacre un livre entier de son *Institutio oratoria*, le dixième, considéré par beaucoup comme un traité pour ainsi dire autonome[1]. Renouant avec des précédents illustres[2], il passe successivement en revue tous les aspects théoriques et normatifs du discours, prenant position sur des points particuliers et signalant parfois son désaccord à propos de certaines pratiques rhétoriques ou sur des questions de goût liées à son époque. Étant donné l'ampleur de ces réflexions, celles-ci feront l'objet d'un livre qui, loin d'apparaître plaqué par rapport à l'ensemble de l'œuvre, favorise au contraire l'intégration des préceptes aux trois premières parties de la rhétorique précédemment traitées :

> *Verum nos non quomodo sit instituendus orator hoc loco dicimus (nam id quidem aut satis aut certe uti potuimus dictum est), sed athleta qui omnis iam perdidicerit a praeceptore numeros quo genere exercitationis ad certamina praeparandus sit. Igitur, eum qui res invenire et disponere sciet, verba quoque et eligendi et conlocandi rationem perceperit, instruamus qua in oratione quod didicerit facere quam optime quam facillime possit.*
>
> D'ailleurs, ici, nous n'exposons pas comment doit se former un orateur (je l'ai expliqué suffisamment ou du moins, comme j'ai pu), mais par quel

A. Russell, *Quintilian. The Orator's Education*, vol. I. Books 1-2, Cambridge (Mass.)/ London, Harvard University Press, 2001, et surtout le commentaire analytique de Tobias Rheinhardt et Michael Winterbottom, *Quintilian. 'Institutio oratoria' Book 2*, Oxford, Oxford University Press, 2006. Sur le thème de l'*exercitatio*, dans le cadre plus général de la pédagogie de Quintilien, en référence aux éléments fondateurs de l'éducation rhétorique (*natura, ars, exercitatio*), je renvoie à Lucia Calboli Montefusco, « Quintilian and the Function of the Oratorical *exercitatio* », *Latomus* 55, 1996, p. 615-625.

1. Sur les deux niveaux distincts des « laboratoires pratiques » élaborés par Quintilien, sur leur rapport avec la tradition progymnastique et/ou proprement rhétorique de l'*exercitatio*, dans le cadre historico-culturel plus vaste du Ier siècle ap. J.-C., *cf.* Maria Silvana Celentano, « L'oratore improvvisa. A proposito di Quintiliano, *Institutio oratoria*, 10, 7 », dans Gianna Petrone et Alfredo Casamento (ed.), *Studia... in umbra educata. Percorsi della retorica latina in età imperiale*, Palermo, Flaccovio, 2010, p. 141-160.

2. Voir par exemple Cicéron, *De oratore*, 1, 149-160.

genre d'exercices un athlète à qui son entraîneur a déjà enseigné à fond tous les coups doit être préparé aux combats. Donc, quand l'étudiant saura trouver et disposer des idées, qu'il aura saisi pleinement la méthode pour choisir et pour ordonner aussi ses mots, munissons-le aussi de celle qui lui permettra le plus aisément de mettre le mieux possible en pratique dans quel discours les connaissances qu'il aura acquises[1].

D'ailleurs, on comprend dès les premiers mots du dixième livre que celui-ci constitue une sorte de complément naturel des huitième et neuvième livres – qui précèdent immédiatement et traitent de l'*elocutio* :

> *Sed haec eloquendi praecepta, sicut cogitationi sunt necessaria, ita non satis ad vim dicendi valent, nisi illis firma quaedam facilitas, quae apud Graecos* ἕξις[2] *nominatur, accesserit.*
> Mais ces préceptes relatifs à l'expression, s'ils sont nécessaires pour une connaissnce théorique, n'ont pas une efficacité suffisante pour <créer> la puissance oratoire, si ne vient s'ajouter une aisance imperturbable que les Grecs nomment ἕξις[3].

L'objectif de ce livre est donc de conférer à l'orateur en formation la *facilitas dicendi*, fondée sur la maîtrise de la *copia verborum* provenant principalement des exercices d'écoute, de la lecture (chap. 1) et de l'imitation des meilleurs modèles d'éloquence (chap. 2), maîtrise renforcée par la pratique constante de l'écriture (chap. 3) et de la révision attentive de ses propres écrits (chap. 4). Les indispensables exercices sur les différents types de contenus (exercices de paraphrase, de traduction, de reformulation) entretiennent aussi un rapport étroit avec l'écriture (chap. 5) ; il en va de même des exercices de concentration qui précèdent un discours (chap. 6) et de ceux qui concernent la déclamation improvisée (chap. 7) sur lesquels se termine le livre[4].

L'acquisition de la capacité à improviser des discours [*extemporalis facilitas*], lorsque les circonstances la rendent indispensable, constitue

1. Quint. *Inst.*, 10, 1, 4.

2. Sur ἕξις (*hexis*), terme d'origine philosophique adapté par Quintilien au contexte rhétorique, *cf.* Heinrich Lausberg, *Handbuch der literarischen Rhetorik*, München, Max Hueber, 1990[3], p. 28 et 528 ; Jean Cousin, *Quintilien, Institution oratoire*, *op. cit.*, p. 3 et 292 ; Donald A. Russell, *Quintilian. The Orator's Education*, *op. cit.*, vol. IV. Books 9-10, p. 252 n. 1. On consultera également David Pujante, *El hijo de la persuasion: Quintiliano y el estatuto retórico*, Logroño-Calahorra, Ediciones Instituto de Estudios Riojanos, 1999[2], dont les observations sur l'*hexis* s'inscrivent dans le cadre d'une analyse précise des contenus et de la structure du dixième livre de l'*Institutio oratoria*.

3. Quint. *Inst.*, 10, 1, 1.

4. *Cf.* Maria Silvana Celentano, « Dalla scrittura all'eloquenza : le regole e i modelli nel decimo libro dell'*Institutio oratoria* », dans Lucia Calboli Montefusco (ed.), *Papers on Rhetoric*, 7, Roma, Herder, 2006, p. 32 *sqq.*, article auquel je renvoie pour des considérations générales sur le dixième livre de l'*Institutio oratoria* et pour une analyse spécifique des préceptes de Quintilien concernant l'écriture.

l'apogée de l'apprentissage du jeune aspirant orateur. On peut cependant constater que certains aspects significatifs du septième chapitre ont été jusqu'à présent peu approfondis voire totalement ignorés. Une réflexion sur ce sujet n'est donc pas inutile, principalement pour deux motifs : d'abord, c'est l'occasion d'étudier une phase de la formation de l'orateur dont on ne trouve nulle part ailleurs une description aussi précise ; c'est, ensuite, la possibilité de mieux contextualiser les réflexions proposées par Quintilien au sujet de la lecture et de l'écriture dans le cadre plus vaste du parcours complet de formation de l'orateur tel qu'il est proposé dans l'*Institutio oratoria*.

Il est en effet nécessaire de considérer la finalité pratique de l'éducation rhétorique à Rome, dont le but est traditionnellement de former l'orateur et/ou l'homme politique engagé dans la vie publique. Ce dernier doit être à tout instant disponible pour résoudre au mieux les problèmes de ses administrés et œuvrer au bonheur des citoyens. Un orateur ou un homme politique attentif ne doit jamais manquer de célérité dans l'action et la parole. Dans le cas contraire, il devrait même renoncer à exercer des fonctions d'intérêt public :

> *Maximus vero studiorum fructus est et velut † primus quidam plius † longi laboris ex tempore dicendi facultas ; quam qui non erit consecutus, mea quidem sententia, civilibus officiis renuntiabit et solam scribendi facultatem potius ad alia opera convertet.*
> Le plus grand fruit que l'on puisse retirer des études, et, en quelque sorte, † le premier [...] † d'un long travail est la capacité d'improvisation ; tant qu'on ne l'aura pas acquise, on devra, selon moi, renoncer aux affaires politiques, et tourner plutôt vers d'autres tâches la seule capacité que l'on ait, celle d'écrire[1].

La promptitude dans l'improvisation peut être nécessaire, par exemple, lorsque les discussions prennent une tournure inattendue ou lorsque certains incidents de procédure bouleversent l'ordre du débat en cours ; parfois, c'est l'adversaire qui apporte des éléments nouveaux à la confrontation dialectique. Devant de telles difficultés, l'orateur ne doit jamais se montrer hésitant, prendre du temps, ou même rester muet : la vie de parents ou d'amis pourrait en dépendre, et le recours à l'*extemporalis facilitas* permet alors de résoudre la difficulté[2].

L'orateur doit donc savoir adapter à tout moment son discours et sa tactique aux possibles changements des circonstances. Dans une telle perspective, il apparaît évident que l'acquisition de la facilité d'élocution n'est pas simplement le couronnement d'une série

1. Quint. *Inst.*, 10, 7, 1.
2. *Ibid.*, 10, 7, 2 *sq.*

d'exercices au cours desquels l'aspirant orateur apprend à mettre en pratique les préceptes techniques précédemment acquis, mais elle représente, comme nous le disions, l'apogée de l'éducation rhétorique, puisque tous les exercices de lecture et d'écriture réalisés y trouvent leur finalité.

À première vue, il semblerait que la promptitude et la capacité à improviser des discours dépendent uniquement du talent naturel de l'orateur. Pourtant, l'*extemporalis facilitas* n'échappe ni à la codification ni à l'élaboration didactique. Et, de fait, Quintilien conçoit un parcours d'enseignement de l'improvisation sur la base d'une série de préceptes et d'une méthodologie de leur application. Ces préceptes sont différenciés selon leur nature technique [*ex arte*] ou pratique [*ex studio*] [1]. Les premiers dérivent de la connaissance et de l'observation de normes qui concernent la composition du discours ; les autres, en revanche, dérivent de l'application de certains exercices pratiques. Ainsi, l'orateur qui désire improviser un discours et éviter de se perdre dans son argumentation aura soin d'organiser chaque passage de manière ordonnée et cohérente, de suivre un schéma précis, prévoyant dès la partie initiale de son intervention l'objectif à atteindre et le parcours à réaliser. Il devra aussi posséder une connaissance globale de son discours, de ses structures principales, et devra savoir concrètement quels contenus exposer et dans quel ordre de cohérence[2]. L'orateur doit donc posséder une maîtrise totale des structures du discours et des arguments allant bien au-delà de la simple connaissance technique des règles de l'*inventio* et de la *dispositio*.

Dans l'exercice de l'improvisation, Quintilien suggère de suivre simplement la succession des faits, qui peut constituer une base utile à la construction du discours. De cette manière, l'orateur évitera les digressions inutiles et, surtout, il saura mettre un terme à son discours[3].

1. Quint. *Inst.*, 10, 7, 7.

2. *Ibid.*, 10, 7, 5 : *Nota sit primum dicendi via ; neque enim prius contingere cursus potest quam scierimus quo sit et qua perveniendum. Nec satis est non ignorare quae sint causarum iudicialium partes aut quaestionum ordinem recte disponere, quamquam ista sunt praecipua, sed quid quoque loco primum sit ac secundum et deinceps, quae ita sunt natura copulata ut mutari aut intervelli sine confusione non possint.* Que l'avocat connaisse bien la route à suivre en parlant ; car nous ne pouvons courir sans savoir au préalable où se trouve le but et par où on l'atteint. Et il ne suffit pas de ne pas ignorer quelles sont les parties des causes judiciaires ou de disposer les questions dans l'ordre convenable, bien que ce soit là l'essentiel, mais il faut voir aussi quel est le point qui, dans chaque partie, doit être exposé le premier, puis, le second, et ainsi de suite, car ils s'enchaînent en raison de leur nature, si bien que l'ordre ne peut être modifié ni interverti, sans confusion.

3. Quint. *Inst.*, 10, 7, 5-7

L'important est que l'orateur connaisse avec exactitude la mesure et la limite de son discours, de façon à transmettre au public une impression d'achèvement et de complétude.

Pour que la performance improvisée s'effectue en toute circonstance de la meilleure façon, à l'aide d'une terminologie à la fois adaptée et efficace, l'orateur doit enrichir son vocabulaire, perfectionner ses capacités de composition écrite grâce à des exercices de style continus[1]. La facilité à improviser ne s'acquiert jamais une fois pour toutes, mais elle est le résultat d'un apprentissage intellectuel permanent et risque de se perdre si elle n'est pas opportunément stimulée : elle ne se conserve et se renforce que par un entraînement soutenu et une pratique continue[2].

Les exercices de lecture et d'écriture ont donc pour but de forger le style de l'orateur de telle façon que chaque mot prononcé, même dans l'improvisation ou l'impromptu, conserve la « saveur » de la page écrite :

> [...] *ut copiam sermonis optimi, quem ad modum praeceptum est, comparemus, multo ac fideli stilo sic formetur oratio ut scriptorum colorem etiam quae subito effusa sint reddant, ut, cum multa scripserimus, etiam multa dicamus.*
>
> [...] pour acquérir un vocabulaire abondant et excellent, comme il a été enseigné, formons-nous par une pratique longue et consciencieuse de la composition écrite, de manière que nos improvisations reproduisent la tonalité de ce que nous avons écrit, si bien que d'avoir écrit avec abondance nous amène à parler aussi avec abondance[3].

Quintilien rapporte ainsi l'aisance dans l'improvisation à l'habileté dans la composition écrite du texte. Mieux encore, il affirme le primat de la rédaction écrite du texte, considérant qu'elle est une prémisse nécessaire à la performance orale. Il semble donc qu'il n'attribue plus aucune valeur à la différence entre le discours oral et le discours écrit, différence définie et codifiée par Aristote sur la base de la destination d'usage (c'est-à-dire la distinction entre le discours oral, destiné à l'écoute, et le discours écrit, destiné à la lecture) [4]. Du reste, cinq siècles ne sont pas passés en vain : une longue tradition de stylisation littéraire du texte s'est affirmée, qui identifie la composition du discours oratoire à sa rédaction écrite ; et l'on ne demande plus à l'orateur de posséder deux compétences séparées, l'une pour le discours oral et l'autre pour le

1. *Ibid.*, 10, 7, 7 *sq*.
2. *Ibid.*, 10, 7, 24, pour lequel *cf. infra* p. 204 n. 1.
3. *Ibid.*, 10, 7, 7.
4. Aristote, *Rhétorique*, 3, 12. Pour l'analyse de ce chapitre, se reporter à Maria Silvana Celentano, « Tradurre e interpretare i classici. A proposito di Aristotele, *rhet*. 3. 12 », *SemRom* 4, 2001, p. 127-142.

discours écrit, mais plutôt une seule compétence globale, pour ainsi dire « textuelle », afin de conférer un maximum d'expressivité écrite et orale au texte oratoire.

L'*extemporalis facilitas* n'est rien d'autre que l'adaptation d'une telle compétence aux circonstances dont la diversité requiert une agilité discursive qui préserve intactes dans la déclamation orale les qualités stylistiques du texte écrit[1]. Il s'agit d'un procédé de communication extrêmement complexe, par lequel l'esprit doit simultanément contrôler les diverses phases d'*inventio* et *dispositio* des arguments, la forme linguistique et stylistique de l'*elocutio* ainsi que l'ordre des concepts et des mots. Pour l'orateur, il s'agit en effet de concevoir et d'organiser son discours en anticipant les idées et les mots à venir alors même qu'il s'exprime dans l'instant. Il doit donc être capable à tout moment de précéder par la pensée ce qui sera exprimé verbalement par la suite :

> *Longe enim praecedat oportet intentio ac prae se res agat, quantumque dicendo consumitur, tantum ex ultimo prorogetur*[2].
> Il faut, en effet, que l'attention se porte bien en avant et qu'elle fasse lever toutes les idées qui sont devant elle et, à mesure que le fonds s'épuise avec la parole, l'orateur doit faire l'avance sur ses fonds de réserve[3].

Les rhéteurs grecs pratiquaient un exercice mécanique d'écriture qui habituait à penser en anticipant les concepts. Quintilien considère qu'un tel exercice, que les Grecs appelaient ἄλογος τριβή, est peu utile s'il n'est accompagné par les exercices de lecture et d'écriture dont il a indiqué l'importance. En effet, le risque encouru par celui qui improvise sans l'aide d'une technique spécifique est de parler sans ordre ni élégance, d'où une sorte de galimatias plus qu'un discours construit[4]. Du reste, l'improvisation est en grande partie un mécanisme complexe de communication, mais elle est aussi très souvent spontanée, puisque de nombreux orateurs réussissent à construire des discours longs et véhéments dans l'instantanéité. On dit alors que l'orateur est un homme inspiré : son esprit produit des images éminemment réalistes de ce qui

1. Pour résumer le parcours de formation qui enseigne l'aisance dans l'éloquence, nous pouvons dire que « Quintilien indique un parcours propédeutique comprenant trois stades : 1) constitution d'une compétence linguistique par le moyen de la lecture ; 2) constitution d'une compétence stylistique écrite qui puisse servir de support à l'improvisation ; 3) constitution d'une compétence de communication orale », Cesare Marco Calcante, *Quintiliano. La formazione dell'oratore*. Vol. III (libri IX-XII), Milano, Rizzoli, 1997, p. 1767.

2. Sur *prorogetur* utilisé comme transfert dans l'énonciation du précepte rhétorique, *cf. infra* p. 209 *sqq*.

3. Quint. *Inst.*, 10, 7, 10.

4. *Ibid.*, 10, 7, 11 *sq*.

doit être dit ; ce sont ces images, vives et dynamiques, qui créent chez l'orateur un état d'enthousiasme qui stimule à son tour la parole[1]. Il n'en va pas de même pour la composition écrite des textes : ici, au contraire, le ralentissement inévitable imposé par l'écriture impose un filtre rationnel à l'imagination ; les images se refroidissent et on court le risque opposé, celui d'entraver la fougue créatrice par une excessive pédanterie dans la sélection des mots et des concepts[2]. Quintilien est tout à fait conscient du fait que la communication écrite comporte une forte réduction de l'empathie entre créateur et destinataire et il saisit l'occasion pour proposer une explication scientifique du phénomène, faisant appel à la doctrine philosophique de l'imagination, doctrine qu'il a déjà utilisée précédemment lorsque, dans le sixième livre, il a décrit les différentes façons dont l'orateur peut susciter dans le public le *pathos*, le moyen de persuasion probablement le plus puissant dont il dispose. Pour provoquer l'émotion dans l'auditoire, l'orateur doit d'abord éprouver lui-même cette émotion ; c'est la seule manière de transmettre aux autres ses propres émotions et de les provoquer en eux[3] :

> *Quas φαντασίας Graeci vocant (nos sane visiones appellemus), per quas imagines rerum absentium ita repraesentantur animo ut eas cernere oculis ac praesentes habere videamur, has quisquis bene ceperit is erit in*

1. Quint. *Inst.*, 10, 7, 14 : *Deum tunc adfuisse cum id evenisset, veteres oratores, ut Cicero dicit, aiebant.* Dans ce cas, selon les anciens orateurs, comme dit Cicéron, la divinité est intervenue.
Est rappelé ici un *topos* cher à l'antiquité – au moins à partir de Platon – qui rapproche le fort engagement émotionnel de la performance orale et la possession divine : un dieu est entré dans le poète/orateur et le fait chanter/parler. *Cf.* Platon, *Ion*, 534 c *sqq.* ; Cicéron, *De oratore*, 1, 202.

2. *Loc. cit.* : *bene concepti adfectus et recentes rerum imagines continuo impe-tu feruntur, quae nonnumquam mora stili refrigescunt et dilatae non revertuntur. Utique vero, cum infelix illa verborum cavillatio accessit et cursus ad singula vestigia restitit, non potest ferri contorta vis, sed, ut optime vocum singularum cedat electio, non continua, sed composita est.* Des émotions profondément senties et des images toutes fraîches des faits se succèdent en un cours ininterrompu, alors qu'elles vont se refroidissant parfois avec le retard qu'apporte la transcription et que, différées, elles ne reviennent plus à l'esprit. De toute façon, quand s'y ajoute cette critique stérile des mots dont j'ai parlé, et que le mouvement s'arrête à chaque pas, l'idée ne peut être brandie et lancée avec toute sa vigueur, tandis que, même si le choix des mots pris un à un est des plus heureux, le style n'est pas d'un seul jet, mais composite.

3. *Cf.* Quint. *Inst.*, 6, 2, 26 *sq.* : *Summa enim, quantum ego quidem sentio, circa movendos adfectus in hoc posita est, ut moveamur ipsi* [...]. *Quare, in iis quae esse veri similia vole-mus, simus ipsi similes eorum qui vere patiuntur adfectibus, et a tali animo proficiscatur oratio qualem facere judici volet.* L'essentiel, en effet, autant, du moins, que je le sens, pour émouvoir les sentiments, est d'être ému soi-même [...]. Par suite, quand nous voudrons donner à nos paroles l'apparence du vrai, ressemblons nous-mêmes à ceux qui éprouvent les sentimens vrais et que nos paroles partent de la disposition d'esprit que nous voudrons inspirer au juge.

> *adfectibus potentissimus. Quidam dicunt* εὐφαντασίωτον *qui sibi res, voces, actus secundum verum optime finget : quod quidem nobis volentibus facile continget. Nisi vero inter otia animorum et spes inanes et velut somnia quaedam vigilantium ita nos hae de quibus loquor imagines prosecuntur, ut peregrinari, navigare, proeliari, populos adloqui, divitarum quas non habemus usum videamur disponere, nec cogitare, sed facere : hoc animi vitium ad utilitatem non transferemus.*
>
> Ce que les Grecs appellent φαντασία (nous pourrions bien l'appeler *visio*), la faculté de nous représenter les images des choses absentes au point que nous ayons l'impression de les voir de nos propres yeux et de les tenir devant nous, quiconque aura pu bien le concevoir sera très efficace pour faire naître les émotions. Quelques auteurs appellent εὐφαντασίωτος (doué d'une vive imagination), l'homme apte à se représenter de la façon la plus vraie les choses, les paroles, les actions ; c'est à vrai dire un pouvoir qu'il nous sera au reste facile d'acquérir, si nous le voulons. Dans le désœuvrement de l'esprit ou les espoirs chimériques et ces sortes de rêves, que l'on fait tout éveillés, nous sommes hantés par les visions dont je parle et nous croyons voyager, naviguer, combattre, haranguer les peuples, disposer de richesses que nous n'avons pas ; nous n'avons pas l'impression que nous rêvons, mais que nous agissons : ne pourrons-nous pas mettre à profit ce désordre de l'esprit[1] ?.

La capacité d'un orateur à émouvoir sera d'autant plus grande que celui-ci se révélera εὐφαντασίωτος, c'est-à-dire doué d'une fervente imagination [φαντασία]. Par φαντασία, Quintilien entend définir non seulement l'image elle-même produite par l'esprit, qui semble réelle à ceux qui la perçoivent, mais aussi la faculté qui permet à un individu de concevoir les images d'une réalité absente d'une façon si vive qu'elles apparaissent comme pratiquement réelles. Sollicité par ces images, l'orateur réussira à trouver les mots justes pour évoquer les personnes et les lieux, produire des actions et des gestes comme s'ils étaient vrais, car seule la force des émotions et de l'imagination peut rendre l'homme éloquent :

> *Quare capiendae sunt illae, de quibus dixi, rerum imagines, quas vocari* φαντασίας *indicavimus, omniaque de quibus dicturi erimus, personae, Quæstiones, spes, metus, habenda in oculis, in adfectus recipienda. Pectus est enim quod disertos facit, et vis mentis. Ideoque imperitis quoque, si modo sunt aliquo adfectu concitati, verba non desunt.*
>
> Il faut donc concevoir ces images des choses dont j'ai parlé, et qui, je l'ai dit, sont appelées φαντασίαι et tout ce dont nous avons à parler, personnes, questions, espérances, craintes, il faut donc se les représenter, il faut se passionner pour elles. C'est le cœur, en effet, et la vigueur de

1. Quint. *Inst.*, 6, 2, 29 *sq.*

l'intelligence, qui rendent éloquent. Et chez des gens sans culture aussi, lorsqu'ils sont excités par une émotion, les mots ne font pas défaut[1].

Il est fait référence ici à une théorie bien connue, qui remonte à la gnoséologie stoïcienne et dont la rhétorique a hérité par la suite : cette théorie prétend qu'à chaque mot correspond une image réelle dont le mot même n'est qu'une expression linguistique[2]. Un tel concept est parfaitement expliqué dans le *Du Sublime :* « Par le terme de "fantaisie" on entend définir toute pensée génératrice de mots ; la fantaisie est donc l'idée-image qui produit le discours. Nous pouvons identifier celle-ci à la faculté même de l'imagination à laquelle il nous faut reporter le mécanisme entier de la production textuelle[3] ».

Le renvoi au sixième livre (*quare capiendae sunt illae, de quibus dixi, rerum imagines, quas vocari* φαντασίας *indicauimus*) fournit déjà une explication très claire et parfaitement cohérente des mécanismes d'élaboration du discours improvisé en rapport avec la doctrine de la « fantaisie ». Mais, en réalité, Quintilien va encore au-delà. Par le biais d'une telle doctrine, il élabore une authentique phénoménologie de la communication, et parvient à définir en termes scientifiques les processus de production du langage et du discours. À la base d'une telle analyse, nous retrouvons l'interprétation iconique du langage soutenant qu'à chaque mot correspond un contenu intellectuel qui se présente sous la forme d'images vives et tangibles : la « fantaisie », produit de l'inspiration, génère chez l'orateur un processus d'imagination réaliste que celui-ci transforme en mots, portant les auditeurs à l'identification et à l'empathie. Mais, pour que, dans le discours improvisé, l'identification et l'empathie des auditeurs se réalisent, l'orateur se doit de faire un usage toujours vigilant et attentif de cette imagination créatrice : il faut qu'il maîtrise de manière parfaitement consciente les potentialités

1. Quint. *Inst.*, 10, 7, 15.

2. Sur la théorie linguistique stoïcienne et sur son rapport avec l'imagination et l'évidence, *cf.* Frédérique Ildefonse, « Évidence sensible et discours chez les stoïciens », dans Carlos Lévy et Laurent Pernot (éd.), *Dire l'évidence*, Paris, L'Harmattan, 1997, p. 113-123.

3. *Cf.* Pseudo-Longin, *De sublimitate libellus*, 15, 1 : καλεῖται μὲν γὰρ κοινῶς φαντασία πᾶν τὸ ὁπωσοῦν ἐννόημα γεννητικὸν λόγου παριστάμενον· ἤδη δ' ἐπὶ τούτων κεκράτηκεν τοὔνομα, ὅταν ἃ λέγεις ὑπ' ἐνθουσιασμοῦ καὶ πάθους βλέπειν δοκῇς καὶ ὑπ' ὄψιν τιθῇς τοῖς ἀκούουσιν. On désigne communément par le mot d'image toute pensée qui, d'une manière ou d'une autre, se présente capable de produire une expression ; mais maintenant ce terme est réservé surtout au cas où, par un effet de l'enthousiasme et de la passion, tu parais voir ce que tu dis et le mets sous les yeux de l'auditeur ».
Traduction Henri Lebègue dans *id.* (éd.), *Pseudo-Longin, Du Sublime*, Paris, Les Belles Lettres, « Collection des Universités de France », 1939.

d'imagination et de fantaisie qui se manifestent d'habitude de façon inconsciente, surtout dans l'activité onirique et dans la folie[1].

Dans son rapport à l'acte de la communication, le rhéteur devra d'abord posséder une compréhension totale des processus mentaux qui régissent l'expression linguistique, mais il faudra aussi qu'il ait une conscience profonde des dynamiques, parfois psychologiques, de la communication et de ses acteurs. Quintilien note, en effet, qu'un des éléments stimulant la parole provient du désir de briller en public : comme exalté par la présence d'un nombreux public, l'orateur est ainsi plus facilement porté à l'improvisation. Quintilien souligne la spécificité de la performance orale, stimulée par l'affluence des auditeurs, par opposition à l'exercice de l'écriture qui s'accommode plus volontiers de la réflexion et d'un certain isolement :

> *Addit ad dicendum etiam pudor stimulos, mirumque videri potest quod, cum stilus secreto gaudeat atque omnis arbitros reformidet, extemporalis actio auditorum frequentia, ut miles congestu signorum, excitatur.*
> C'est aussi pour la parole un stimulant que le point d'honneur et il peut paraître étonnant que, pour écrire, on aime l'isolement et l'on redoute <la présence de> tout témoin, tandis que, lorsque l'on improvise, l'action oratoire est excitée par la présence d'une foule d'auditeurs, comme le soldat pour le rassemblement des enseignes[2].

Parfois, cependant, le besoin excessif de plaire peut amener l'orateur à être trop sûr de lui. L'exaltation cède alors le pas à l'exhibitionnisme : voilà pourquoi un grand nombre d'orateurs, à peine leur a-t-on communiqué l'argument de la controverse, commencent à parler, demandant même parfois à la foule par quels mots ils doivent

1. L'activité d'imagination fantastique relève de la mélancolie et de la folie : *cf.* Pseudo-Plutarque, *Placita philosophorum*, 900 f. Pour un rapprochement avec l'inspiration poétique, *cf.* Plutarque, *Amatorius,* 758 e -759 c où, avec une formulation très proche de celle de Quintilien, il est dit que les images des poètes sont semblables aux rêves des hommes éveillés ou de ceux qui sont la proie d'une passion amoureuse : καὶ οὐχ ὥς τις εἶπεν αἱ ποιητικαὶ φαντασίαι διὰ τὴν ἐνάργειαν ἐγρηγορότων ἐνύπνι' εἰσίν, ἀλλὰ μᾶλλον αἱ τῶν ἐρώντων, διαλεγομένων ὡς πρὸς παρόντας, ἀσπαζομένων, ἐγκαλούντων (*Amatorius,* 759 c). On a dit que les fictions poétiques, à cause de la force avec laquelle elles s'imposent, sont comme des rêves de gens éveillés, mais cela est bien plus vrai de l'imagination des amoureux, qui se figurent parler à la personne aimée, l'embrasser ou lui adresser des reproches, alors qu'elle est loin ! ».
Traduction Robert Flacelière dans *id.* (texte et traduction), *Plutarque, Œuvres morales*, t. X, Paris, Les Belles Lettres, « Collection des universités de France », 1980.
Sur la similitude entre l'imagination fantastique provoquée par l'activité onirique et/ou la passion amoureuse qui engendre des effet semblables aux effets poétiques, voir Maria Silvana Celentano, « L''evidenza' esemplare della follia d'amore di Polifemo (Teocrito, '*Idillio*' 11) », dans Lucia Calboli Montefusco (ed.), *Papers on Rhetoric* 9, Roma, Herder, 2008, en particulier p. 67 *sqq*.

2. Quint. *Inst.,* 10, 7, 16.

commencer leur discours. Ces excès doivent être condamnés parce que, si l'improvisation consiste dans la capacité à parler de façon spontanée, il n'en est pas moins vrai qu'il est nécessaire de travailler sur son discours au moins de façon préliminaire et qu'il faut disposer d'un minimum de temps pour juger de ce qu'on s'apprête à dire. Chaque controverse, ou presque, laisse un minimum de temps pour la réflexion et l'organisation du discours. Il arrive toutefois que des circonstances particulières requièrent une intervention immédiate de l'orateur. Dans ce cas, celui-ci aura soin de se concentrer sur le contenu et de négliger la forme stylistique. Une solution utile pourrait consister à déclamer lentement afin de prendre du temps pour organiser ses idées : la lenteur ne doit cependant jamais laisser supposer les difficultés du moment, il faut plutôt qu'elle apparaisse comme une marque de concentration :

> *Si qua tamen fortuna tam subitam fecerit agendi necessitatem, mobiliore quodam opus erit ingenio, et vis omnis intendenda rebus, et in praesentia remittendum aliquid ex cura verborum, si consequi utrumque non dabitur. Tum et tardior pronuntiatio moras habet et suspensa ac velut dubitans oratio, ut tamen deliberare, non haesitare videamur.*
> Si toutefois le hasard nous impose de plaider absolument à l'improviste, il faudra déployer une plus grande agilité d'esprit, appliquer toute notre attention à fond, et, pour le moment, nous détacher un peu du souci des mots, si nous ne pouvons atteindre l'un et l'autre résultat[1].

Après avoir dispensé des préceptes sur les techniques qui facilitent la promptitude dans l'élocution, Quintilien propose également certaines suggestions pour la conserver dans la durée. Contrairement à ce que l'on constate lors de l'apprentissage de la théorie rhétorique et pour l'acquisition de la facilité d'écriture, la capacité d'improviser n'est jamais un acquis définitif ; il faut qu'elle soit continuellement entretenue[2]. Deux exercices sont principalement conseillés à cet effet : d'abord, tenir des discours improvisés devant un public d'auditeurs, même s'il est limité en nombre ; ensuite, repenser dans la solitude aux discours qu'on a tenus, passant en revue silencieusement les arguments traités. D'un côté, la crainte du jugement du public portera l'auteur à se

1. Quint. *Inst.*, 10, 7, 22. Sur ce précepte et l'image suivante qui l'illustre (23), *cf. infra* p. 211 *sq*.

2. *Ibid.*, 10, 7, 24 : *Sed non minore studio continetur haec facultas quam paratur ; ars enim semel percepta non labitur ; stilus quoque intermissione paulum admodum de celeritate deperdit : promptum hoc et in expedito positum exercitatione sola continetur.* Il ne faut pas moins d'application pour conserver cette faculté que pour l'acquérir ; la connaissance théorique, en effet, une fois assimilée, ne s'oublie pas ; l'écriture aussi ne perd que très peu de sa vitesse, si on cesse de la pratiquer ; la promptitude et la disponibilité se conservent sous la main exclusivement par l'exercice.

perfectionner, à améliorer la qualité de sa propre *actio ;* de l'autre, la méditation personnelle l'amènera à composer des discours plus soignés[1].

Quintilien recommande donc l'exercice quotidien de l'écriture, accompagnée de la lecture, ainsi que celui de la récitation, étroitement lié à l'écriture. Plus l'orateur s'exercera à l'écriture, plus il saura improviser, et *vice versa :*

> *Scribendum certe numquam est magis quam cum multa dicemus ex tempore. Ita enim servabitur pondus et innatans illa verborum facilitas in altum reducetur, sicut rustici proximas vitis radices amputant, quae illam in summum solum ducunt, ut inferiores penitus descendendo firmentur. Ac nescio an, si utrumque cum cura et studio fecerimus, invicem prosit, ut scribendo dicamus diligentius, dicendo scribamus facilius.*
>
> Dans tous les cas du moins, jamais il ne faut plus écrire que lorsque nous avons aurons beaucoup à improviser. Ce sera en effet un moyen de maintenir <à la parole> tout son poids, et cette aisance verbale de surface gagnera en retour de la profondeur : ainsi, les paysans coupent les racines de ceps qui sont les plus voisines du sol et qui les tirent en surface, afin que les racines inférieures prennent de la force en s'enfonçant profondément dans la terre. Et peut-être, si nous pratiquons ces deux exercices avec soin et avec application, en résultera-t-il les avantages réciproques : à force d'écrire, nous parlerons avec plus de précison ; à force de parler, nous écrirons avec plus de facilité[2].

1. Quint. *Inst.*, 10, 7, 24-26 : *Hac uti sic optimum est, ut cotidie dicamus audientibus pluribus, maxime de quorum simus iudicio atque opinione solliciti (rarum est enim ut satis se quisque vereatur) : vel soli tamen dicamus potius quam non omnino dicamus. Est <et> illa exercitatio cogitandi totasque materias vel silentio (dum tamen quasi dicat intra ipsum) persequendi ; quae nullo non et tempore et loco, quando non aliud agimus, explicari potest, et est in parte <majoris> utilitatis quam haec proxima : diligentius enim componitur quam illa, in qua contextum dicendi intermittere veremur. Rursus in alia plus prior confert, vocis firmitatem, oris facilitatem, motum corporis, qui et ipse* [...] *excitat oratorem et jactatione manus, pedis supplosione, sicut cauda leones facere dicuntur, hortatur.* La meilleure manière de la cultiver est de parler chaque jour en présence de plusieurs auditeurs, devant ceux surtout dont le jugement et l'opinion nous tiennent à cœur (il est rare, en effet, que l'on s'en impose suffisamment à soi-même) : néanmoins il vaut mieux parler sans témoin que de ne pas parler du tout. Il y a <aussi> un autre entraînement à la méditation, qui consiste à traiter des sujets dans leur totalité, même en gardant le silence (pourvu que nous nous parlions en quelque sorte à nous-même) ; cette méthode peut se développer en tout temps et en tout lieu, du moment que nous sommes inoccupés, et sous certains rapports, elle est plus utile que l'autre dont je viens de parler : <le discours ainsi préparé> est plus soigneusement ordonné qu'avec l'autre méthode, où nous hésitons à interrompre le fil du discours. En revanche, la première est plus avantageuse pour la fermeté de la voix, l'aisance de l'organe vocal, le mouvement du corps [...] qui échauffe aussi lui-même l'orateur, et qui le stimule par l'agitation des mains et le battement du pied ; c'est ainsi que font les lions, dit-on, en battant leurs flancs de leur queue.

2. Quint. *Inst.*, 10, 7, 28. Sur la fonction de la similitude dans l'illustration du précepte rhétorique, cf. *infra* p. 211 *sq*.

En ce qui concerne le rapport entre l'écriture et l'improvisation, rappelons l'habitude, répandue surtout parmi les orateurs ayant de nombreuses controverses à soutenir, d'utiliser des supports écrits qui les guident dans leurs discours improvisés. À ce propos, Quintilien autorise l'utilisation de carnets sur lesquels on aura transcrit les points essentiels du discours et une ébauche d'introduction, comme le faisait habituellement Cicéron[1]. Il exclut par contre le recours à un brouillon plus étendu ou, au contraire, à des notes qui seraient trop schématiques : la disponibilité du texte écrit affaiblit la mémoire de l'orateur, suscite en lui le désir de se limiter à ce qu'il a élaboré précédemment, ce qui compromet fortement sa capacité d'improvisation :

> *Illud* [...] *displicet mihi, vel in iis quae scripserimus [vel in] summas in commentarium et capita conferre. Facit enim ediscendi neglegentiam haec ipsa fiducia, et lacerat ac deformat orationem. Ego autem ne scribendum quidem puto quod non simus memoria persecuturi : nam hic quoque accidit ut revocet nos cogitatio ad illa elaborata, nec sinat praesentem fortunam experiri. Sic anceps inter utrumque animus aestuat, cum et scripta perdidit et non quaerit nova.*
>
> [...] je le désapprouve, à savoir de jeter sur notre brouillon des sommaires réduits en notes et en chapitres, même lorsque nous aurons écrit ce que nous voulons dire. En effet, l'assurance même que donnent ces notes nous fait négliger le soin d'apprendre par cœur, et mutiler et défigurer le discours. Pour ma part, je pense qu'il ne faut même pas écrire ce que nous n'avons pas l'intention de garder en mémoire ; car, ici encore, il arrive que la pensée nous ramène vers ce que nous avons élaboré par écrit et ne nous permet pas de tenter la chance du moment. Ainsi, l'esprit incertain flotte

1. Quint. *Inst.*, 10, 7, 30 *sq.* : *Plerumque autem multa agentibus accidit ut maxime necessaria et utique initia scribant, cetera, quae domo adferunt, cogitatione complectantur, subitis ex tempore occurrant.* [...] *Sed feruntur aliorum quoque et inventi forte, ut eos dicturus quisque composuerat, et in libros digesti* [...] *sed hi de quibus loquor commentarii ita sunt exacti ut ab ipso mihi in memoriam posteritatis videantur esse compositi. Nam Ciceronis ad praesens modo tempus aptatos libertus Tiro contraxit* [...]. *In hoc genere prorsus recipio hanc brevem adnotationem, libellosque qui vel manu teneantur et ad quos interim respicere fas sit.* D'ailleurs, généralement, ceux qui plaident beaucoup rédigent par écrit les parties les plus nécessaires, et surtout le début ; le reste, qu'ils apportent de chez eux, ils le préparent mentalement et pour ce qui se présente inopinément, ils improvisent. [...] Mais il circule aussi des notes d'autres orateurs, découvertes par hasard, telles qu'ils les avaient préparées les uns et les autres en vue de discours, et d'autres disposées sous forme de livres [...] mais les notes dont je parle sont si bien au point qu'elles me donnent l'impression d'avoir été mises en forme [...] pour passer à la postérité. Celles de Cicéron en revanche étaient destinées seulement aux besoins du moment et l'affranchi Tiron en fit un abrégé [...]. En cette matière <d'improvisation>, j'admets sans autre ces notes brèves et ces tablettes qu'on peut même tenir à la main et consulter du regard de temps à autre.

entre deux partis, car il a perdu ce qui a été écrit et il ne cherche pas des arguments nouveaux[1].

C'est par cette considération relative à la mémoire, qui fera l'objet du onzième livre, que Quintilien conclut son étude[2]. Celle-ci a décrit un parcours de formation détaillé, dans lequel le rhéteur démontre une pleine connaissance des procédés de la communication persuasive et de ses dynamiques.

Les sujets de réflexion que suscite la lecture du chapitre sur l'*extemporalis facilitas* sont nombreux. J'en propose quelques-uns pour conclure : certains se rapportent aux préceptes techniques énoncés précédemment, d'autres aux modalités stylistiques selon lesquellles ces préceptes sont présentés.

Quintilien élabore un parcours didactique destiné à l'acquisition de l'aisance oratoire au moyen d'exercices de lecture, d'écriture et de performance orale. Dans l'ensemble, il semble que ces exercices coïncident avec les exercices propédeutiques à l'instruction rhétorique au sens propre, ceux que dans l'antiquité on appelait *progymnasmata*. Dans les manuels qui nous sont parvenus, en particulier celui de Théon qui est chronologiquement le plus proche (Ier siècle ap. J.-C.) de l'*Institutio oratoria*, on trouve en effet des exercices de lecture et d'écriture analogues qui illustrent certains types de discours (par exemple la narration, la fable, l'*ekphrasis*, le lieu commun, l'éloge, la réfutation/confirmation, etc.)[3]. Au début de leur formation, les étudiants apprenaient les préceptes et les normes qui réglaient ces types de formes et, après avoir enrichi leur bagage lexical et expressif par la lecture et/ou l'écoute de nombreux modèles, ils devaient élaborer sous forme écrite des essais de narrations, de fables, de descriptions, afin d'acquérir une aisance de composition écrite généralisée. La pratique

1. Quint. *Inst.*, 10, 7, 32 *sq.*

2. *Ibid.*, 10, 7, 33 : *Sed de memoria destinatus est libro proximo locus*. Mais, dans le prochain livre, j'ai consacré un développement à la mémoire.

3. Sur les similitudes et les différences que présentent les deux traités de Théon et Quintilien, je renvoie en particulier à Tobias Rheinhardt, Michael Winterbottom, *Quintilian. 'Institutio oratoria' Book 2*, *op. cit.*, p. XXX-XXXIV. Sur l'identité d'Ælius Théon, sur la situation de son traité dans le cadre plus général du développement historique de la doctrine progymnastique, on consultera Michel Patillon, *Ælius Théon, Progymnasmata*, Paris, Les Belles Lettres, « Collection des Universités de France », 1997, p. VII-XVI. Les exercices de lecture, d'écriture et d'écoute sont des « exercices d'accompagnement » – la terminologie est de Patillon, p. XCVIII –, de support permanent, dans l'élaboration des différents types de textes/discours. Pour la description de ces exercices, absents de la tradition grecque et transmis grâce à la version arménienne du traité (V-VIe siècles), *cf.* dans cet ouvrage les p. XCVIII -CVII.

des *progymnasmata* est rappelée dans le second livre de l'*Institutio oratoria*, après la présentation de l'enseignement scolaire du *grammaticus*[1]. Les exercices qui y sont décrits sont mentionnés à nouveau dans le dixième livre, en particulier dans le cinquième chapitre, là où sont indiqués quels types de textes il faut rédiger pour acquérir cette aisance dans l'écriture utile à l'improvisation : nous y retrouvons l'éloge, les lieux communs, les propositions de lois et ainsi de suite.

Mais attardons-nous plus longuement sur certains aspects de l'itinéraire propédeutique élaboré par Théon et sur l'apprentissage proposé par Quintilien car, comme nous l'avons déjà mentionné, ces deux parcours présentent d'intéressantes affinités et analogies[2]. Considérons en particulier les réflexions initiales de Théon sur la fonction de la lecture et de l'écriture en rapport avec la finalité et la praxis du parcours de formation des *progymnasmata*. Comme chez Quintilien, la lecture est indiquée comme exercice propédeutique à l'acquisition d'un style plus élaboré et plus mûr, car elle permet à l'étudiant d'enrichir son vocabulaire. C'est pourquoi on la considère comme la « nourriture du style », selon une formule empruntée à Apollonius de Rhodes (mais, plutôt que du poète épique alexandrin, il s'agit probablement du rhéteur Apollonius Molon)[3]. Toutefois, un tel exercice serait vain s'il n'était pas suivi par celui de l'écriture, qui procure à l'élève l'aisance nécessaire dans la composition du discours comme dans sa reconstruction[4]. Les modalités didactiques des exercices de Théon ne sont guère différentes de celles de l'apprentissage décrit par Quintilien ; en revanche, les compétences des utilisateurs à qui les exercices sont destinés sont différentes. Dans le premier cas (*progymnasmata*), l'enseignement s'adresse à des jeunes qui ne pratiquent pas encore l'étude de la rhétorique mais ont tout juste terminé des études élémentaires de grammaire ; dans le second cas, les exercices sont destinés à un orateur qui connaît déjà la théorie rhétorique (les préceptes sur l'*inventio*, la *dispositio* et l'*elocutio*) et qui s'apprête à tenir des

1. Quint. *Inst.*, 2, 4.

2. *Cf.* Italo Lana, *I "Progimnasmi" di Elio Teone. Vol. I La storia del testo*, Torino, Giappichelli, 1959, *passim*.

3. Ælius Théon, *Progymnasmata*, p. 4 Patillon (= *RhG* 2, p. 61, 30-33 Spengel) : Ἡ δὲ ἀνάγνωσις, ὡς τῶν πρεσβυτέρων τις ἔφη, Ἀπολλώνιος δοκεῖ μοι ὁ Ῥόδιος, τροφὴ λέξεώς ἐστι· τυπούμενοι γὰρ τὴν ψυχὴν ἀπὸ καλῶν παραδειγμάτων κάλλιστα καὶ μιμησόμεθα. La lecture, comme l'a dit un ancien, Apollonios de Rhodes, je crois, est la nourriture de l'expression ; en effet, si nous modelons notre esprit sur de bons exemples, notre imitation sera aussi la meilleure.
Sur l'identité de l'Apollonius cité par Théon et du rhéteur Apollonius Molon (Ier siècle av. J.-C.), *cf.* M. Patillon, *op. cit.*, p. XCVIII n. 198.

4. *Cf.* Ælius Théon, *Progymnasmata*, *op. cit.* (= *RhG* 2, p. 62, 1-10 Spengel).

discours en public. Ajoutons que les *progymnasmata* ont comme finalité l'élaboration de formes discursives plus simples, anticipant et préparant la pratique de la déclamation, discours fictif entièrement écrit et mémorisé. Elles servent donc à donner une première idée de l'organisation d'un texte littéraire dans sa forme de base[1], à faire acquérir les compétences linguistiques, stylistiques et compositionnelles nécessaires pour que les étudiants soient ensuite capables d'affronter l'écriture de discours, mais aussi de n'importe quel autre texte, qu'il s'agisse de prose ou de poésie[2].

Le cursus de formation proposé par Quintilien vise, au contraire, à l'acquisition de l'aptitude à l'improvisation spontanée qui doit accompagner l'orateur au plus vif du débat et qui constitue l'objectif ultime de tout enseignement rhétorique. La différence principale réside par conséquent dans la finalité concrète et pragmatique du parcours formatif : le cours propédeutique des *progymnasmata* a pour but la pratique de l'exercice en soi et pour soi[3], alors que l'apprentissage rhétorique postérieur doit préparer à l'*actio* et au discours réellement tenu en public. On ne saurait toutefois réduire l'issue des deux parcours à une opposition entre le discours écrit des *progymnasmata* et la performance orale proposée par Quintilien. De fait, sur la base des caractéristiques précédemment déterminées, l'exercice de l'*extemporalis facilitas* selon Quintilien n'est pas destiné à l'acquisition d'une oralité au sens propre du terme mais plutôt d'une oralité qui possède toutes les caractéristiques du discours écrit et qui les manifeste lors de la performance publique.

En ce qui concerne le style utilisé par Quintilien dans l'exposé de ses préceptes, on ne peut rester indifférents au langage métaphorique appliqué à certains contenus. À ce propos, je me limiterai à deux observations.

2. Pour les considérations sur la lecture, voir M. Patillon, *Ælius Théon, Progymnasmata*, *op. cit.*, p. XCVIII-C ; sur l'écriture, voir p. C-CIV. À la lecture et à l'audition (exercice qui prépare à la pratique de l'écriture), Théon consacre plusieurs pages, conservées dans la version arménienne du manuel, *cf.* p. 102, 10-105, 22 Patillon (lecture) et p. 105, 23-107, 20 Patillon (audition).

2. *Cf.* Théon, *Progymnasmata*, p. 15 Patillon (= *RhG* 2, p. 70, 24-29 Spengel).

3. Théon lui-même, réaffirmant le caractère propédeutique des *progymnasmata* pour la formation rhétorique future, explicite la distinction nécessaire entre l'entraînement scolaire et la pratique oratoire au sens propre (*ibid.*, p. 14 Patillon = *RhG* 2, p. 69, 23-27 Spengel) : Καὶ γὰρ εἰ μὴ πάσαις κέχρηνται οἱ παλαιοὶ ταῖς ὑφ 'ἡμῶν παραδιδομέναις ἀφορμαῖς τῷ μὴ πρὸς γυμνασίαν, ἀλλὰ πρὸς ἀγῶνας τοὺς λόγους πεποιῆσθαι, ἀλλ' ὅμως τήν γε ὅλην διάθεσιν ἐμφαίνουσι τῶν τοιούτων λόγων. Car si les Anciens n'ont pas employé tous les matériaux que nous proposons, parce qu'ils composaient leurs discours non pour l'exercice mais pour l'action, on trouve cependant chez eux le développement complet de tels énoncés.

Parfois le phénomène concerne un simple vocable : par exemple, le procédé d'anticipation mentale des concepts – indispensable pour improviser un discours –, est défini par le transfert d'un verbe technique appartenant au langage bancaire (*ex ultimo prorogetur*), comme s'il s'agissait d'une avance opérée sur des fonds résiduels :

> *Longe enim praecedat oportet intentio ac prae se res agat, quantumque dicendo consumitur, tantum ex ultimo prorogetur, ut, donec perveniamus ad finem, non minus prospectu procedamus quam gradu, si non intersistentes offensantesque brevia illa atque concisa singultantium modo eiecturi sumus.*
>
> Il faut, en effet, que l'attention se porte loin en avant et qu'elle fasse lever les idées qui sont devant elle et, à mesure que le fonds s'épuise avec la parole, l'orateur doit faire l'avance sur ses fonds de réserve, pour que, tant que nous ne sommes pas parvenus à la conclusion, le regard n'avance pas moins que l'allure, si nous voulons éviter de tomber en panne, de broncher et d'émettre des phrases brèves et entrecoupées comme ceux qui parlent en sanglotant[1].

Par contre, dans de nombreux cas, le transfert procède de la construction d'images métaphoriques plus larges qui servent à illustrer un précepte ou qui peuvent même constituer l'exemplification du précepte lui-même, remplaçant de fait une explication technique qui, trop complexe, risquerait d'être peu claire. Nous avons vu comment la relation de bénéfice réciproque, qui lie la pratique de l'écriture à l'improvisation et *vice versa*, est illustrée par Quintilien au moyen de l'image du paysan qui, taillant sa vigne, rabat les racines les plus proches du sol afin que celles qui sont au-dessous puissent pénétrer encore plus en profondeur et se renforcer[2].

Dans ce cas, l'image suit le précepte et aide à la compréhension du lecteur. Parfois, cependant, l'image permet de remplacer l'exposition analytique d'un phénomène qui serait sinon trop laborieuse et trop complexe. Par exemple, en *Inst.* 10, 7, 22 *sq.*, où sont analysées les difficultés inhérentes à une prise de parole inattendue :

> *Si qua tamen fortuna tam subitam fecerit agendi necessitatem, mobiliore quodam opus erit ingenio, et uis omnis intendenda rebus, et in praesentia remittendum aliquid ex cura verborum, si consequi utrumque non dabitur. Tum et tardior pronuntiatio moras habet et suspensa ac velut dubitans oratio, ut tamen deliberare, non haesitare videamur. Hoc dum egredimur e portu, si nos nondum aptatis satis armamentis aget ventus, deinde paulatim simul euntes aptabimus vela et disponemus rudentes et impleri*

1. Quint. *Inst.*, 10, 7, 10.
2. *Ibid.*, 10, 7, 28 ; *cf. supra*, p. 204.

> *sinus optabimus. Id potius quam se inani verborum torrenti dare quasi tempestatibus quo volent auferendum.*
> Si toutefois le hasard nous impose de plaider absolument à l'improviste, il faudra déployer une plus grande agilité de l'esprit, appliquer toute notre attention au fond, et, pour le moment, nous détacher un peu du souci des mots, si nous ne pouvons atteindre à l'un et à l'autre résultat. Dans ce cas, un débit plus lent permet des pauses et, de même, un exposé qui progresse avec circonspection et comme en hésitant, à condition toutefois que nous donnions l'impression de réfléchir, non d'être indécis. Cela, c'est ce que nous pouvons faire en sortant du port, si le vent nous pousse, alors que notre gréement n'est pas encore paré ; ensuite, peu à peu, tout en avançant, nous mettrons les voiles en place et nous disposerons les cordages et nous souhaiterons que s'enfle la voilure. Cela vaut mieux que de se laisser aller à un torrent de vaines paroles, comme si on laissait les tourbillons nous emporter où ils voudront[1].

On peut gagner du temps en ralentissant l'exécution du discours et en allongeant les pauses, en prenant garde toutefois que celles-ci ne trahissent la difficulté du moment et en veillant à ce qu'elles soient plutôt interprétées comme un souci de concentration et de réflexion. La technique dilatoire n'est pas ici décrite de façon détaillée mais est plutôt présentée au moyen d'une image qui évoque d'immédiates analogies possibles. L'orateur devra se comporter comme un marin qui quitte le port et se dirige vers le large : au départ, quand le matériel de bord n'est pas encore installé, il avancera lentement, puis, à la sortie du port ; il hissera les voiles, disposera les cordages et attendra que le vent se lève. Pareillement, nous suggère le rhéteur, l'orateur qui, pris de surprise, n'a pas encore achevé la préparation de son discours, devra commencer en déclamant calmement et, chemin faisant, préparer mentalement tous ses arguments, organiser pour ainsi dire le recours à ses compétences, faisant progressivement monter l'inspiration. Loin de se laisser chahuter par un torrent de paroles insensées, comme s'il était perdu dans une mer déchaînée, il construira peu à peu son discours improvisé, sans jamais perdre le fil de sa pensée.

La métaphore de la navigation est plusieurs fois reprise au cours du chapitre, dès les premiers paragraphes ; l'orateur qui ne sait pas improviser est peu utile à la communauté, semblable à un port auquel les navires ne pourraient accéder s'ils n'y étaient poussés par un vent léger :

> *Vix enim bonae fidei viro convenit auxilium in publicum polliceri quod praesentissimis quibusque periculis desit, instar portus ad quem navis accedere nisi lenibus ventis vecta non possit, siquidem innumerabiles*

1. Quint. *Inst.*, 10, 7, 22 *sq.*

accidunt subitae necessitates vel apud magistratus, vel repraesentatis judiciis continuo agendi.

Car il ne convient guère à un homme de bonne foi de promettre à tous une assistance qui pourrait faire défaut dans les dangers les plus pressants ; c'est <comme si> un navire ne pouvait entrer dans un port que porté par des brises légères, alors que se présentent d'innombrables nécessités imprévues où il faut plaider immédiatement, soit devant les magistrats, soit dans des procès appelés par anticipation[1].

La métaphore reprend l'image topique de la cité-État comme navire dans la tempête : l'orateur, engagé dans la vie politique, doit être comme un port sécurisant dans lequel la communauté en difficulté peut trouver refuge ; c'est pourquoi il doit savoir adapter son discours à toutes les circonstances, même lorsqu'elles sont difficiles et imprévues. Pour être à la hauteur de sa tâche, il doit se comporter comme un timonier expert dans la tourmente, comme le répète Quintilien au paragraphe suivant :

Mitto casus : quid cum adversario respondendum erit fiet ? Nam saepe ea quae opinati sumus et contra quae scripsimus fallunt, ac tota subito causa mutatur, atque ut gubernatori ad incursus tempestatium, sic agenti ad varietatem causarum ratio mutanda est.

Je laisse de côté les incidents : que se passera-t-il, quand il faudra répondre à un adversaire ? Car souvent, l'opinion que nous nous étions faite et la réfutation que nous avions écrite s'écroulent, et toute la cause change brusquement, et comme le pilote, quand la tempête fond sur lui, il faut modifier le plan, quand la cause varie[2].

Ces métaphores qui rapprochent la figure de l'orateur de celle du marin semblent se rapporter à l'image traditionnelle du navire-État, soulignant la fonction politique de l'orateur et la nature pragmatique de son art ; l'image évoquée ci-dessus (10, 7, 23) insiste, au contraire, sur le rapprochement entre l'inspiration de l'orateur et le vent qui pousse le navire, et repose donc sur l'affinité entre les circonstances du débat public et la navigation en mer. Par conséquent, ce n'est pas la figure de l'homme politique qui est en jeu mais plutôt les compétences intellectuelles de l'orateur, sur le modèle d'une image déjà utilisée en *Inst.* 10, 3, 7, où l'invitation à laisser libre cours à l'inspiration dans l'acte d'écrire est exprimée par une exhortation à déployer les voiles – *interim tamen, si feret flatus, danda sunt vela, dum nos indulgentia illa non fallat* (« cependant, si le vent souffle en poupe, il faut déferler les voiles, pourvu que cette clémence ne nous abuse pas »). La circonstance du débat public est donc comparée à un voyage en mer pour ses

1. Quint. *Inst.*, 10, 7, 1 *sq.*
2. *Ibid.*,10, 7, 3.

imprévus et pour la nécessité de posséder une technique acquise par la pratique et l'exercice, comme l'est la capacité d'improviser des discours. Quintilien utilise ces images pour deux motifs : d'abord, parce qu'il est possible d'établir une analogie entre l'inspiration et le vent, sur la base de la figure topique du *flatus spiritus* ; ensuite, parce qu'il a ainsi l'occasion de répéter qu'un bagage technique est nécessaire pour pouvoir orienter et discipliner l'inspiration, tout comme est indispensable une pratique oratoire assidue, qu'on pourra perfectionner par l'entraînement et l'exercice. Pour toutes ces raisons, l'orateur qui improvise peut être assimilé à un marin expérimenté.

LA RHÉTORIQUE, COMPAGNE DE LA PHILOSOPHIE ? LE STATUT DE LA RHÉTORIQUE DANS LA *CORRESPONDANCE* DE FRONTON

Juliette DROSS

Le double statut rhétorique et philosophique de la rhétorique apparaît de manière éclatante dans un ouvrage tardivement exhumé[1], qui retrace la correspondance qu'échangèrent un rhéteur et un philosophe : le premier, Fronton, avait été le maître de rhétorique du second, Marc Aurèle, et restait inconsolable de la conversion de ce dernier à la philosophie. Aussi les lettres qui nous sont parvenues, parfois dans leur intégralité, parfois de manière lacunaire, contiennent-elles de nombreux développements tant rhétoriques que philosophiques sur le rôle et sur le statut de la rhétorique, à laquelle Fronton aimerait voir Marc Aurèle revenir. Or, au-delà de la polémique, classique et bien sûr présente, qui vise à montrer la supériorité d'une discipline sur l'autre – en l'occurrence de la rhétorique sur la philosophie –, Fronton entend surtout montrer leur complémentarité.

C'est de ce point de vue que la *Correspondance* présente un intérêt tout particulier. Comprenant bien qu'une critique pure et simple de la

1. La première publication des manuscrits Ambrosianus et Vaticanus de la *Correspondance* fut en effet entreprise au début du XIXe siècle par Angelo Mai. Les deux manuscrits semblent toutefois n'être que deux parties d'une même version du texte. Un troisième manuscrit, découvert en 1958 par Bernhard Bischoff, permet d'avoir un aperçu d'une autre tradition du texte, mais il est, comme les deux autres, lacunaire. Cela explique en partie le désintérêt dans lequel a été tenue l'œuvre de Fronton jusqu'aux années 1970. Un regain d'intérêt pour la *Correspondance* est en revanche perceptible depuis ces dernières décennies. Sur ce point, voir Pascale Fleury, *Lectures de Fronton. Un rhéteur latin à l'époque de la Seconde sophistique*, Paris, Les Belles Lettres, coll. « Études anciennes », 2006.

philosophie aurait pour seul effet d'éloigner définitivement Marc Aurèle de son ancien maître et de la discipline qu'il incarne, le rhéteur s'efforce de démontrer que la rhétorique n'est pas opposée à la philosophie, et qu'elle lui est même nécessaire. Pour ce faire, il va chercher dans la philosophie même des outils lui permettant de justifier la rhétorique, puisant au cœur des doctrines philosophiques, en particulier au cœur de la doctrine stoïcienne, des concepts qui, au prix d'inflexions ou de détournements, lui permettent de justifier philosophiquement la rhétorique. Marc Aurèle doit ainsi être contraint d'admettre la rhétorique. En d'autres termes, sans se contenter de montrer que la rhétorique est utile en général, et même nécessaire lorsqu'on est empereur, Fronton s'efforce de puiser ses arguments au cœur même de la philosophie pour mettre en évidence le lien entre la rhétorique et la philosophie. Toute l'habileté rhétorique et philosophique du rhéteur est mise au service de la démonstration des liens solides qui unissent les deux disciplines.

C'est ce point précis que l'on s'attachera à mettre en lumière à partir des textes de la *Correspondance* de Fronton[1], parfois complétés par certaines réflexions des *Pensées*. Après avoir rappelé les points de tension entre Fronton et Marc Aurèle sur la question de la place respective à attribuer, dans les activités humaines, à la rhétorique et à la philosophie, on verra comment cette opposition identitaire est dépassée par le rhéteur, qui s'efforce de souligner la complémentarité entre la rhétorique et la philosophie. Dans cette perspective, les arguments utilisés suivent une gradation intéressante, les preuves « externes » cédant peu à peu le pas à des preuves « internes », puisées au cœur même de la philosophie stoïcienne – les preuves historiques laissant place, autrement dit, à des preuves proprement philosophiques. Tel est bien l'un des intérêts majeurs de la *Correspondance* de Fronton dans l'histoire des rapports entre la rhétorique et la philosophie.

1. L'édition utilisée ici est celle Michael P.J. Van den Hout (ed.), *M. Cornelii Frontonis Epistulae*, Leipzig, B.G. Teubner, 1988. Sauf indication contraire, les traductions de la *Correspondance* sont personnelles.

LE RHÉTEUR ET LE PHILOSOPHE
LA TENSION ENTRE LA RHÉTORIQUE ET LA PHILOSOPHIE

Marc Aurèle et Fronton

Né à Cirta, en Numidie, à la fin du Ier siècle de notre ère, le jeune Fronton[1] vient à Rome pour y faire ses études. C'est là qu'il s'initie à l'éloquence mais aussi à la philosophie, sous l'égide du stoïcien Athénodote : avant de se spécialiser en rhétorique, l'homme a donc acquis les fondamentaux de la philosophie du Portique, et il s'en souviendra au moment où il tentera de faire revenir Marc Aurèle à la rhétorique, comme en témoigne la *Correspondance*. *Homo nouus* cultivé, il accède au rang sénatorial sous le règne d'Hadrien et est choisi par ce dernier autour de l'année 139 pour devenir le maître de rhétorique de Marc Aurèle. L'empereur le mentionne en ce sens dans les *Pensées* (I, 11), juste après avoir évoqué les leçons d'Alexandre le grammairien. Si Fronton joue un rôle important dans l'éducation de Marc Aurèle, c'est bien entendu parce qu'il enseigne au futur empereur l'art de la parole, mais aussi parce qu'il devient peu à peu son confident, comme en témoigne la correspondance abondante qu'échangent les deux hommes pendant une vingtaine d'années, de 139 à 167 environ[2].

À suivre cette correspondance, il semble que le rhéteur ait eu une influence sur le futur empereur au moins jusqu'à 146, date aux environs de laquelle Marc Aurèle, qui a alors 25 ans, se convertit à la philosophie. En témoigne cette lettre adressée à Fronton, dans laquelle Marc Aurèle affirme se régaler de la lecture du philosophe stoïcien Ariston :

> [...] Les livres d'Ariston, en ce moment, me font du bien et en même temps me tourmentent : lorsqu'ils m'enseignent des choses meilleu-res, ils me font du bien, c'est certain ; mais lorsqu'ils me montrent à quel point je me trouve intérieurement éloigné de ces choses meilleures, trop souvent ton disciple rougit et s'en veut à lui-même de ce qu'à l'âge de vingt-cinq ans, je n'aie encore rien assimilé des pensées salutaires et des

1. Sur Fronton, voir l'étude de Pier Vincenzo Cova, « Marco Cornelio Frontone », *Aufstieg und Niedergang der römischen Welt*, II, 34, 2, Berlin/New York, W. de Gruyter, 1994, p. 873-918. *Cf.* l'ouvrage de P. Fleury, *Lectures de Fronton, op. cit.*, ainsi que l'article de Alain Michel, « Rhétorique et philosophie au second siècle après J.-C. », *ANRW* II, 34, 1, Berlin/New York, De Gruyter, 1993, p. 3-78.

2. Soit depuis l'époque à laquelle Fronton devient précepteur de Marc Aurèle jusqu'à sa mort, autour de l'année 167, selon la chronologie établie par Michael P.J. Van den Hout, *A Commentary on the letters of M. Cornelius Fronto*, Leyde-Boston-Cologne, Brill, 1999.

raisonnements très purs. C'est pourquoi je suis tourmenté, je suis irrité, je suis sombre, je suis jaloux, je ne mange plus[1].

À 25 ans, Marc Aurèle fait donc le choix de la philosophie. Fronton en conçoit une certaine amertume, perceptible dans les lettres, et tente à partir de ce moment de ramener son ancien disciple dans le droit chemin de la rhétorique. En effet, le choix de Marc Aurèle pour la philosophie s'accompagne d'un rejet de la rhétorique, qui irrite profondément Fronton. Le futur empereur délaisse par exemple certains exercices de rhétorique, dont il souligne le caractère artificiel[2]. Ce rejet de la rhétorique transparaît d'ailleurs dans le premier livre des *Pensées*, au cours duquel Marc Aurèle exprime tantôt sa reconnaissance envers le stoïcien Rusticus pour lui avoir appris à se détacher de la rhétorique et de l'art de parler avec trop d'élégance[3], tantôt sa joie de ne pas avoir fait trop de progrès en rhétorique et de ne pas avoir été retenu dans les filets de celle-ci[4]. Et l'on peut considérer comme un témoignage supplémentaire de la distance que prend Marc Aurèle avec la rhétorique l'évocation de Fronton dans le livre I des *Pensées*. Le rhéteur n'y est pas mentionné ou remercié pour avoir appris la rhétorique à Marc Aurèle, mais pour deux choses : d'une part pour avoir décrit les conséquences désastreuses de la tyrannie, et notamment l'hypocrisie qu'elle engendre, d'autre part pour avoir fustigé la froideur de l'aristocratie romaine[5]. L'évocation du maître est donc très réduite, et fortement décentrée par rapport à la rhétorique.

La rapidité de cette mention et le discours univoque des *Pensées* sur la rhétorique montrent bien l'importance de la *Correspondance*, déterminante pour sonder plus profondément le rapport que Marc Aurèle entretenait avec la rhétorique et pour comprendre par quelle stratégie Fronton justifie sa discipline et tente de ramener Marc Aurèle à celle-ci.

1. *M. Frontonis epistularum ad M. Caesarem et invicem* (désormais cité *M. Caes.*) : IV, 13, 2 : *Domino meo* [...] *Aristonis libri me hac tempestate bene accipiunt atque idem habent male : cum docent meliora, tum scilicet bene accipiunt ; cum vero ostendunt, quantum ab his melioribus ingenium meum relictum sit, nimis quam saepe erubescit discipulus tuus sibique suscenset, quod viginti quinque natus annos nihildum bonarum opinionum et puriorum rationum animo hauserim. Itaque poenas do, irascor, tristis sum,* ζηλοτυπῶ, *cibo careo.*

2. *Cf. ibid.*, V, 37 par exemple, où Fronton envoie à Marc Aurèle un exercice de controverse que ce dernier juge totalement invraisemblable.

3. Marc Aurèle, *Pensées*, I, 7.

4. *Ibid.* I, 17.

5. *Ibid.* I, 11.

La tension entre la rhétorique et la philosophie dans la Correspondance

La première manifestation de la rancœur, la plus naturelle et la moins réfléchie, est l'attaque frontale. Fronton, attristé et amer du choix de Marc Aurèle, manifeste à plusieurs reprises son aigreur par un certain nombre de piques explicites contre la discipline qui lui a « pris » son disciple. Toutefois, à côté de l'attaque frontale, Fronton sait également mettre en œuvre une stratégie plus habile, reposant sur la reprise de certaines images associées à la philosophie que le rhéteur va retourner contre celle-ci. Cette deuxième stratégie permet alors d'attaquer la philosophie par ses propres armes, imagées.

Cette évolution dans la polémique, de l'attaque frontale à la controverse imagée, transparaît dans l'étude comparée de trois textes : dans le premier (*De eloquentia* IV, 4 *sq.*), la philosophie est la cible d'une attaque directe. Dans le deuxième (*De nepote amisso*), elle voit ses prérogatives imagées niées, tandis que dans le troisième (*De eloquentia* IV, 10), la polémique repose sur le détournement d'une image philosophique classique.

La première stratégie, celle de l'attaque frontale, est déployée au début de la quatrième lettre sur l'éloquence. La philosophie, affirme Fronton, s'adresse à des paresseux, alors que la rhétorique exige de l'application et de la persévérance. Autrement dit, le choix pour la philosophie est celui de l'indolence et de la paresse :

> [...] *Item pleraque sic explicasse oratione Sallustium ais et hoc exemplo usus : « Multi murmurantium voculis in luco eloquentiae oblectantur ». Ennium deinde et Accium et Lucretium ampliore iam mugitu personantis tamen tolerant. At ubi Catonis et Sallustii et Tulli tuba exaudita est, trepidant et pavent et fugam frustra meditantur. Nam illic quoque in philosophiae disciplinis, ubi tutum sibi perfugium putant, <Pla>tonis* ἴδια ῥήματα *erunt audienda. Haec in eos fabula competit, qui nulla indole praediti eloquentiam desperantes fugitant. Tibi, Caesar, ut cui maxime, sublime et excelsum et amplificum ingenium ab dis datum est. Nam primi tui sensus et incunabula studiorum tuorum mihi cognita sunt. Elucebat iam tunc nobilitas mentis et dignitas sententiarum, quibus sola fere deerant verborum lumina ; ea quoque variis exercitationibus instruebamus. Ibi tu mihi videre mora temporali et laboris taedio defessus eloquentiae studium reliquisse, ad philosophiam devertisse, ubi nullum prohoemium cum cura excolendum, nulla narratio breviter et dilucide et callide collocanda, nullae Quœstiones partiendae, nulla argumenta quaerenda, nihil exaggerandum.*
>
> [...] De même, tu dis que Salluste a fait dans ses discours de nombreux développements et a employé cet exemple : « Dans le bois de l'éloquence,

> beaucoup sont charmés par les chuchotements de ceux qui murmurent ». Cependant, ils supportent également Ennius, Accius et Lucrèce, qui font déjà retentir un grondement plus ample. Mais dès que la trompette de Caton, de Salluste et de Cicéron retentit, ils tremblent, pâlissent et tentent vainement de fuir. Car là aussi, dans les écoles philosophiques où ils pensent trouver un refuge sûr, il leur faudra entendre les discours caractéristiques de Platon. Cette fable vise ceux qui, parce qu'ils sont dépourvus de talent naturel, fuient devant l'éloquence. Toi, César, les dieux t'ont donné plus qu'à tout autre un esprit sublime, noble et magnifique. De fait, tes premières phrases et les balbutiements de tes études me sont connus. Alors déjà brillaient la noblesse de ton âme et la dignité de tes pensées, auxquelles seuls ou presque faisaient défaut les éclats du style ; or nous pourvoyions aussi à ces qualités par des exercices variés. C'est là que, fatigué par un obstacle temporaire et par le dégoût que t'inspirait le travail, tu as me semble-t-il abandonné l'étude de l'éloquence et es provisoirement descendu vers la philosophie, où il n'est nul exorde à polir avec soin, nulle narration à agencer avec brièveté, clarté et adresse, nul sujet à diviser, nul argument à rechercher, rien à amplifier[1].

Cette lettre, vraisemblablement écrite entre 161 et 167 [2], est doublement révélatrice de l'incompréhension de Fronton face au choix de Marc Aurèle. D'abord, comme le montre la fin du passage et l'emploi du verbe *deverto*, qui a le double sens de « descendre » et de « faire une digression », le rhéteur ne peut envisager la conversion philosophique de son disciple autrement que comme une chute ou une digression nécessairement passagère. Vingt ans après la conversion philosophique de Marc Aurèle, Fronton semble toujours espérer que son ancien disciple reviendra un jour à la rhétorique. Mais surtout, la philosophie n'est pas définie dans cette lettre par ce qu'elle est, mais par ce qu'elle n'est pas, dans une opposition systématique avec la rhétorique : l'anaphore de l'adjectif et de l'adverbe négatifs « nul » [*nullus*] et « rien » [*nihil*] fait de la philosophie, en creux, le résultat d'une somme de lacunes. La portée de la critique est accentuée par la fable introduisant le passage cité, par le biais de laquelle Fronton suggère que l'on choisit la philosophie de préférence à l'éloquence par simple faiblesse d'âme : le rejet de la bonne éloquence, désignée ici, de manière classique, par la métaphore de la trompette, est avant tout lié à une peur que la philosophie encourage en ouvrant son refuge aux âmes couardes.

La philosophie, discipline pour paresseux et médiocres. Admettons. Mais l'attaque directe n'est ni très subtile, ni très efficace. Elle semble,

1. Fronton, *Epistulae ad M. Antoninum scriptae de eloquentia* (désormais cité *De el.*), IV, 4 *sq*.

2. Selon la datation que propose M.P.J. Van den Hout pour l'ensemble du corpus *De eloquentia* (*A Commentary...*, *op. cit.*, p. 133).

de fait, se heurter dans la *Correspondance* à une fin de non-recevoir. Aussi Fronton lui préfère-t-il souvent la polémique imagée, plus fine, dont le premier stade consiste à nier une image philosophique topique. Dans cette perspective, le rhéteur ne choisit plus d'attaquer sans détour la philosophie, mais de nier par l'image l'efficacité qu'elle s'attribue. Cette stratégie transparaît par exemple dans la lettre sur la mort de son petit-fils (*De nepote amisso*), dans laquelle Fronton, révolté et abattu par l'injustice de ce décès, remet en question par l'image l'efficacité de la médecine philosophique. Dépouillée de ses vertus curatives, la philosophie est réduite à un vain discours :

> […] *Victorinus, vir sanctus, cuius similes quam plurimos gigni optimum publicum fuerit, carissimo filio privatus est. Quae, malum, providentia tam inique prospicit ? Fata a fando appellata aiunt : hoccine est recte fari ? Poetae autem colus et fila Fatis adsignant : nulla profecto tam sit inportuna et insciens lanifica, quae erili togae solidum et nodosum, servilei autem subtile et tenue subtemen neverit. Bonos viros iuctu adfici, malos re familiari incolumi frui neque mensum neque pensum Fatorum lanificum duco. Nisi forte alius quidem nos error iactat et ignari rerum quae mala sunt quasi prospera concupiscimus, contra quae bona sunt pro adverseis aversamur et mors ip<sa>, quae omnibus luctuosa videtur, pausam laborum adfert et sollicitudinum et calamitatum miserrimisque corporis vinculis liberatos ad tranquilla nos et amoena et omnibus bonis referta animarumque conciliabula travehit. Hoc ego ita esse facilius crediderim quam cuncta humana aut nulla aut iniqua providentia regi. Quod si mors gratulanda potius est hominibus quam lamentanda, quanto quisque eam natu minor adeptus est, tanto beatior et deis acceptior existimandus est, ocius corporis malis exutus, ocius ad honores liberae animae usurpandos excitus. Quod tamen verum sit licet, parvi nostra refert, qui desideramus amissos, nec quicquam nos animarum immortalitas consolatur, qui carissimis nostris dum vivimus caremus. Istum statum, uocem, formam, animam liberum quaerimus, <f>aciem defunctorum miserandam maeremus, os obseratum, oculos eversos, colorem undique deletum. Si maxime esse animas immortalis constet, erit hoc philosophis disserendi argumentum, non parentibus desiderandi remedium* […]. *Neque ulla poetarum carmina aut sapientium praecepta tantum promoverint ad luctum filiae meae sedandum et dolorem leniendum, quantum mariti u<o>x <ex> ore carissimo et pectore iunctissimo profecta.*
>
> […] Victorinus, homme vénérable, a été privé de son très cher fils, alors que l'intérêt public eût mérité que le plus grand nombre possible d'enfants naquissent à son image. Quelle est donc cette providence, malheur !, qui prévoit et pourvoit si mal ? Le destin [*fata*], dit-on, a tiré son nom de « dire » [*a fando*] : est-ce là dire ce qu'il faut ? Par ailleurs, les poètes attribuent au destin des quenouilles et des fils : pourtant, assurément, aucune couturière ne serait maladroite et malhabile au point de tisser la toge du maître avec du fil épais et irrégulier, et celle de l'esclave avec du

> fil fin et délicat. Que les hommes de bien soient affligés par le deuil pendant que les mauvais jouissent d'une famille non affectée, je pense qu'en filant, le destin ne l'a ni pesé ni mesuré. À moins peut-être qu'une erreur tout autre nous ballotte et que notre ignorance des choses nous fasse désirer comme souhaitable ce qui est mal, et au contraire nous détourne de ce qui est bien vers son contraire ; à moins que la mort elle-même, qui paraît douloureuse à tous, mette une pause à nos peines, à nos soucis et à nos malheurs et, libérés de nos chaînes corporelles, nous conduise vers l'assemblée des âmes, sereine, agréable et emplie de biens. Pour ma part, il me serait plus facile de croire qu'il en est ainsi que de penser que toutes les affaires humaines sont régies par une providence soit inexistante, soit inique. Et si la mort doit être pour les hommes un sujet de réjouissance plutôt que de lamentation, plus on est emporté jeune, plus on doit être estimé heureux et chéri des dieux ; plus vite on échappe aux maux du corps, plus vite on est amené à jouir des honneurs d'une âme libre. Cependant, même à admettre que cela soit vrai, cela nous importe peu, à nous qui regrettons ceux que nous avons perdus : l'immortalité des âmes ne nous console en rien, nous qui, dans notre vie, ressentons le manque de ceux qui nous étaient très chers. Nous essayons d'imaginer cette présence, cette voix, ces traits, cette âme enfantine, et nous ne pouvons que pleurer devant le visage pitoyable des morts, leur bouche muette, leurs yeux retournés, leur teint uniformément terne. Si vraiment il est établi que les âmes sont immortelles, cela sera une matière pour les argumentations des philosophes, non un remède au chagrin des parents. [...] Ni les chants des poètes ni les préceptes des sages ne parviendraient à apaiser le chagrin de ma fille ni à tempérer sa douleur autant que les paroles de son mari, issues d'une bouche si chérie et d'un cœur si compatissant[1].

Cette lettre, écrite en 165, est la deuxième de la série *De nepote amisso*. Fronton y répond à Marc Aurèle, qui lui a envoyé une lettre de consolation pour la mort de son petit-fils. Au cours de cette longue réponse, le rhéteur exprime la douleur et la révolte qu'il ressent face à cette mort injuste et élargit sa réflexion à la douleur face à la mort, en citant le cas de son ami Victorinus, endeuillé lui aussi. Cette lettre témoigne de la connaissance précise qu'avait Fronton des consolations philosophiques, connaissance qui lui permet de saper de l'intérieur la discipline que Marc Aurèle a choisie. Dans le passage qui précède celui-ci, Fronton explique qu'il est d'autant plus affligé de la perte de son petit-fils que celle-ci suit le décès de cinq de ses propres enfants. Rapprochant son sort de celui de Victorinus (c'est le passage cité), le rhéteur ne peut expliquer ces événements malheureux que par une absence de providence : à l'image d'une couturière qui tisserait la toge du maître dans un tissu grossier en tissant celle des esclaves dans une

1. Fronton, *De nepote amisso*, II, 3-7.

étoffe raffinée, le destin va à l'encontre de la marche naturelle des choses en affligeant les hommes de bien de tant de deuils tout en laissant impunis les méchants. C'est alors que le rhéteur va réfuter la prétention consolatrice de la philosophie. Après avoir exprimé sa rancune envers l'injustice du sort, le rhéteur soulève une double objection philosophique : la première, d'un stoïcisme des plus classiques, consiste à faire de notre malheur une simple erreur de perception. La mort d'un proche n'est pas un mal parce qu'elle s'inscrit dans l'ordre providentiel du *cosmos*, que notre aveuglement actuel nous empêche de discerner. Seule la cure philosophique nous permettra de soigner notre raison malade et de reconnaître que tout est bien. La seconde objection soulevée, censée réduire à néant la plainte de Fronton face à l'injustice du sort, renvoie à la doctrine de la mort libératrice : loin d'être un malheur à redouter, la mort libère l'homme de son carcan corporel et lui ouvre le chemin de l'immortalité. La théorie platonicienne de l'immortalité de l'âme est appelée au secours de la doctrine providentialiste des stoïciens pour mieux consoler l'affligé.

Pourtant, la fin du passage met à terre tout cet argumentaire philosophique, puisque Fronton indique simplement qu'il n'y croit pas, ravalant ainsi les doctrines philosophiques stoïcienne et platonicienne au rang de balivernes pour gens crédules. La déconstruction du discours philosophique se poursuit dans le paragraphe suivant, qui pourrait figurer dans une consolation de Sénèque. L'idée qui y est développée est assez simple et prolonge l'exposé de la doctrine platonicienne de l'immortalité de l'âme : puisque le corps est un fardeau, mieux vaut mourir tôt et ne pas rester plus longtemps l'esclave de celui-ci. Une mort précoce est en somme un cadeau des dieux – c'est ce que disait déjà Sénèque à Marcia dans la consolation qu'il lui adressait. Pourtant, Fronton va opposer à ce nouvel argument la réalité nue, et dénier par l'expérience vécue l'efficacité prétendue de la philosophie. Le discours philosophique des consolations, fût-il vrai, ne résiste pas à l'épreuve des faits : « L'immortalité des âmes ne nous console en rien, nous qui, dans notre vie, ressentons le manque de ceux qui nous étaient très chers. » En d'autres termes, la théorie philosophique n'a aucune prise sur la réalité de la douleur. La dernière phrase du passage renvoie dos à dos, dans un rythme binaire, les philosophes [*philosophi*] et les parents [*parentes*], les discussions savantes [*disserendi*] et le deuil vécu [*desiderandi*], l'argumentation enfin [*argumentum*] et le remède [*remedium*] que constituerait la philosophie, selon une métaphore classique. La reprise de la métaphore du remède, suffisamment usée pour être passée dans le langage philosophique courant[1], permet ainsi à Fronton d'attaquer de l'intérieur une discipline qui prétendait n'avoir de sens que dans l'actualisation constante de la théorie par la pratique. Le coup de grâce est finalement donné à la toute fin de la lettre, avec la mise sur le même plan des chants des poètes et des préceptes des sages, polémiquement réunis. Comme les fables des poètes, les préceptes philosophiques peuvent être divertissants, mais ils ne sauraient avoir une quelconque prise sur le réel. La philosophie peut bien spéculer, mais qu'elle ne se mêle pas de vouloir changer la vie.

La négation d'une métaphore philosophique classique permet donc à Fronton de dépasser l'attaque frontale et de remettre en question la philosophie en la dépouillant métaphoriquement de ses attributs traditionnels. L'image est alors l'instrument central de la polémique. Cette stratégie polémique imagée trouve encore une dernière expression dans le détournement de l'image : il ne s'agit plus alors de nier une image classiquement associée à la philosophie, mais de la détourner. Ce procédé polémique apparaît de manière éclatante dans la quatrième lettre sur l'éloquence, consacrée aux vertus respectives des rhéteurs et des philosophes. Fronton y détourne de manière quasi explicite la métaphore platonicienne de l'esclavage :

> [...] *Contemni denique et nullo honore esse rhetora videas ; observari autem et omnibus officiis coli dialecticos, quod in eorum rationibus semper obscuri aliquid et tortuosi <sit>, eoque fit ut magistro discipulus haereat semper et inserviat, vinctus perpetuis quibusdam vinculis attineatur.*
>
> [...] Tu peux enfin voir que les rhéteurs sont méprisés et ne reçoivent aucun honneur, alors que les dialecticiens sont respectés et honorés de toutes les charges, parce que leurs raisonnements contiennent toujours quelque chose d'obscur et de compliqué ; et c'est ce qui fait que le disciple s'accroche toujours au maître, devient son esclave et est maintenu enchaîné dans des fers perpétuels[2].

Reposant à nouveau sur l'usage de l'image, la polémique entre la rhétorique et la philosophie passe ici par le détournement de la métaphore socratique de l'esclavage rhétorique, développée en particulier par Gorgias pour décrire le pouvoir de la rhétorique sur les auditeurs[3]. C'est bien cette métaphore que reprend Fronton, mais il

1. Sur l'identification métaphorique entre la philosophie et un remède, dérivée de la métaphore philosophique de la maladie de l'âme, voir Jackie Pigeaud, *La maladie de l'âme. Étude sur la relation de l'âme et du corps dans la tradition médico-philosophique antique*, Paris, Les Belles Lettres, 1981. *Cf.* François Prost, *Les théories hellénistiques de la douleur*, Louvain/Paris/Dudley, Peeters, 2004.

2. *De el.*, IV, 10.

3. Platon, *Gorgias,* 452 e.

transfère l'idée d'esclavage aux philosophes, à ces « dialecticiens » qu'il accuse de tromper leurs disciples par une obscurité déroutante qui les asservit : la lumière traditionnellement associée à la connaissance philosophique est devenue obscurité, pendant que la libération philosophique se mue en esclavage. Cette métaphore et son détournement doivent également être compris à la lumière d'une autre métaphore platonicienne, reprise par Cicéron, qui assimile la philosophie à un entraînement à la mort et à une libération des entraves du corps. En retournant contre la philosophie l'image de la libération, Fronton montre que non seulement la philosophie ne libère personne, mais qu'elle enchaîne même l'homme par des discours qui le laissent croupir dans la caverne obscure de l'ignorance. La négation d'une image philosophique topique, doublée d'un détournement imagé, permet de retourner contre la philosophie les critiques que celle-ci adressait à la rhétorique, et d'ériger ainsi la rhétorique à la place de la philosophie dans la hiérarchie des activités humaines.

Tous ces textes révèlent une tension réelle entre le rhéteur et le philosophe, perceptible tout au long de la *Correspondance*. Fronton déploie au fil des lettres différentes stratégies polémiques pour mettre à terre la philosophie, qui a détourné Marc Aurèle de la rhétorique. Pourtant, la polémique renvoyant dos à dos les deux disciplines manque cruellement d'efficacité : si Fronton demeure rhéteur et reste convaincu de la prééminence de sa discipline, Marc Aurèle ne renonce pas pour autant à la philosophie. Pour être habile, la polémique n'est guère constructive. C'est probablement cette limite qui pousse Fronton à déployer une deuxième stratégie, plus pertinente, qui consiste à mettre en lumière non plus l'opposition entre la rhétorique et la philosophie, mais la nécessité réciproque de l'une pour l'autre. Cette démarche est d'autant plus intéressante que Fronton est amené à puiser ses arguments au cœur des doctrines philosophiques, qu'il connaît, et en particulier au sein de la doctrine stoïcienne. Ainsi entend-il justifier de l'intérieur, par la philosophie même, la rhétorique.

DE L'OPPOSITION À LA COMPLÉMENTARITÉ : LA RHÉTORIQUE, COMPAGNE DE LA PHILOSOPHIE ?

Si Fronton ne manque pas d'attaquer quand il le peut la philosophie, il s'attache surtout à montrer que les deux disciplines sont moins antagoniques que complémentaires et qu'il peut exister entre elles non seulement une « coexistence pacifique », mais même une relation de nécessité réciproque. De manière classique, et dans la lignée de Cicéron, Fronton souligne régulièrement que la rhétorique ne peut se passer de la philosophie, sans laquelle elle court le danger de n'être qu'un discours creux. Mais dans la perspective du rhéteur, il est surtout urgent de démontrer que la philosophie ne peut se passer de la rhétorique. Pour ce faire, Fronton recourt à deux types de preuves : la première est la preuve par l'exemple, qui consiste à montrer que les grands philosophes eux-mêmes furent de grands orateurs. Quant à la seconde, proprement philosophique, elle est fondée sur la découverte, à l'intérieur même de la philosophie, d'outils conceptuels pouvant légitimer la rhétorique.

Les preuves « externes » : le rôle des exempla

Pour démontrer la complémentarité entre la rhétorique et la philosophie, il convient d'abord de mettre en avant l'attitude des philosophes eux-mêmes. L'histoire plaide en faveur d'un rapprochement entre les deux disciplines, puisque les grands philosophes furent dans leur grande majorité d'habiles orateurs.

En usant de cet argument, Fronton suit les traces de Cicéron, mais sa méthode diffère sensiblement de celle de ce dernier. En effet, Cicéron fait régulièrement la démonstration de la complémentarité entre rhétorique et philosophie en creux, en soulignant le handicap que représente l'absence d'éloquence pour un philosophe. Témoin les nombreuses critiques du style des philosophes stoïciens, sec et rebutant, qui n'aboutit qu'à vider les salles de conférences et n'enseigne guère que le silence[1]. Témoin encore cette évocation, dans le *Brutus*, du stoïcien Rutilius Rufus qui, faussement accusé de concussion, refusa de s'entourer d'avocats ou d'user lui-même des armes de la rhétorique pour fléchir les juges et fut condamné à l'exil[2]. Comme celui de Rutilius, les exemples cicéroniens plaident fréquemment pour l'éloquence philosophique en creux, en montrant que l'absence d'éloquence chez un philosophe est désastreuse sur le plan pratique. Si Fronton s'appuie également sur des exemples historiques de philosophes pour montrer que la philosophie doit être éloquente, il le fait presque systématiquement en plein, c'est-à-dire en rappelant que les grands philosophes furent aussi de grands orateurs. On comprend bien le sens de cette démarche : une critique des philosophes ne sachant pas parler serait doublement inefficace puisque d'une part elle reviendrait à montrer que la

1. Voir Cicéron, *De finibus bonorum et malorum*, IV, 7, et sa critique : l'*Art rhétorique* de Chrysippe, écrit de telle manière que quiconque voudrait apprendre à se taire ne pourrait rien lire de mieux.

2. *Id.*, *Brutus*, 114 *sq.*

philosophie a déjà pu dans le passé faire l'économie de l'éloquence, d'autre part elle ferait retomber le débat dans une voie conflictuelle en mettant dos à dos les rhéteurs et les philosophes. Telle n'est pas la fin de Fronton, qui cherche surtout à montrer de manière positive que l'alliance de la philosophie et de la rhétorique aboutit aux résultats les plus éclatants. Le rappel des grands noms qui associèrent à une faculté de raisonnement exceptionnelle une parfaite maîtrise du discours est récurrent dans la *Correspondance*. Ainsi dans la lettre suivante, adressée à Marc Aurèle :

> [...] *Quidnam igitur tibi videtur princeps ille sapientiae simul atque eloquentiae Socrates ? Huic enim primo ac potissimo testimonium apud te denuntiavi : eone usus genere dicendi, in quo nihil est oblicum, nihil interdum dissimulatum ? Quibus ille modis Protagoram et Polum et Thrasymachum et sophistas ceteros versare atque inretire solitus ? Quando autem aperta arte congressus est ? Quando non ex insidiis adortus ? Quo ex homine nata inversa oratio videtur, quam Graece* εἰρωνείαν *appellant ?*
>
> [...] Que faisait selon toi Socrate, ce prince de la sagesse en même temps que de l'éloquence ? C'est lui en effet que j'ai appelé comme premier et principal témoin à comparaître devant toi : usa-t-il d'un style où rien n'est à double sens, où rien n'est de temps en temps dissimulé ? Par quels moyens tourmentait-il et prenait-il habituellement dans ses filets Protagoras, Polos, Thrasymaque et tous les autres sophistes ? Quand combattit-il à art découvert ? Quand attaqua-t-il sans tendre de piège ? Quel homme donna naissance, semble-t-il, au discours inversé que l'on nomme ironie en grec[1] ?

L'exemple de Socrate, figure tutélaire de la philosophie, est d'autant plus intéressant que l'on peut retrouver dans la figure du maître grec celle de Marc Aurèle : comme le premier, l'empereur est autant contempteur de la rhétorique qu'il est expert dans l'art du discours. Sa pratique même remet en question son refus théorique de la rhétorique. Ailleurs, et notamment dans les lettres consacrées à l'éloquence, Fronton a l'habileté de choisir ses exemples parmi les maîtres stoïciens eux-mêmes : Zénon, dans la première lettre sur l'éloquence[2] et, dans la deuxième, Chrysippe, dont l'éloquence est contre toute attente comparée à un glaive affûté :

> [...] *Evigila et adtende, quid cupiat ipse Chrysippus. Num contentus est docere, rem ostendere, definire, explanare ? Non est contentus, verum auget in quantum potest, exaggerat, praemunit, iterat, differt, recurrit, interrogat, describit, dividit, personas fingit, orationem suam alii*

1. *M. Caes.*, III, 16, 2.
2. *De el.*, I, 3.

> *accom<m>odat.* [...] *Videsne ab eo paene omnia oratorum arma tractari ? Igitur si ipse Chrysippus his utendum esse ostendit, quid ego amplius postulo, nisi ut ne verbis dialecticorum, sed potius Platonis <utaris> : gladio dimicandum esse convenit, verum utrum dimices gladio robiginoso an splendido interest.*
> [...] Réveille-toi et sois attentif à ce que Chrysippe lui-même privilégie. Se contente-t-il d'enseigner, de montrer les choses, de définir, d'expliquer ? Non, il ne s'en contente pas, mais au contraire il amplifie autant qu'il peut, exagère, prévient les objections, répète, diffère, revient en arrière, interroge, décrit, divise le sujet, façonne des personnages, adapte son discours à celui de l'autre. [...] Ne vois-tu pas qu'il manie presque toutes les armes oratoires ? Donc, si Chrysippe lui-même montre qu'elles doivent être utilisées, que pourrais-je demander de plus, sinon que tu n'emploies pas les mots des dialecticiens mais plutôt ceux de Platon ? On s'accorde sur le fait que c'est avec un glaive qu'il faut combattre, mais ce n'est pas la même chose de combattre avec un glaive rouillé ou avec un glaive affûté[1].

Ces remarques sont évidemment de circonstance. Alors que le scholarque stoïcien était souvent critiqué dans l'Antiquité pour la sécheresse et la rudesse de son style, Fronton le crédite ici « pour les besoins de la cause[2] » de qualités stylistiques. Le maître du stoïcisme lui-même est ainsi appelé à plaider pour l'éloquence philosophique. La complémentarité entre la rhétorique et la philosophie est démontrée de la manière la plus éclatante qui soit par les grands philosophes, élevés par Fronton au statut d'*exempla*.

Les preuves « internes » : la justification philosophique de la rhétorique

Mais le rhéteur cherche souvent à renforcer ces preuves par l'exemple par une justification plus proprement philosophique de la rhétorique. C'est sur ce point, de fait, que la *Correspondance* apporte un éclairage vraiment original à la question des relations entre la rhétorique et la philosophie. Sans se contenter de choisir des exemples qui soutiennent sa démonstration, le rhéteur va chercher au cœur même de la philosophie, stoïcienne le plus souvent, une justification théorique de la rhétorique.

L'éloquence comme préférable

Le premier texte intéressant dans cette perspective se trouve dans la première lettre du corpus *De eloquentia*, qui nous est malheureusement

1. *De el.*, II, 14.

2. C'est l'expression qu'emploie M.P.J. Van den Hout, dans le texte, dans son commentaire (*A Commentary...*, *op. cit.*, p. 339).

parvenue de manière très lacunaire, et dont il faut souvent reconstituer le sens à partir de la seconde main. Fronton, voulant inciter Marc Aurèle à préférer l'éloquence à son contraire, semble y faire référence à Épictète :

> [...] *ne pallium quidem sordibus obsitum candido et pure lauto praetulisset. Nisi forte eum tu arbitrare claudum quoque consulto factum et servum consulto natum. (m² in margine : Nisi forte Epictetum arbitrare etiam claudum consulto factum. Numquam volumtarias verborum sordes induisset. Forte et servus consulto natus est sapiens, sed ita eloquentia caruit <ut> pedum incolumitate).*
>
> [...] Il [*scil.* Épictète ?] n'aurait certes pas préféré un manteau couvert d'ordures à un manteau blanc et parfaitement immaculé. À moins peut-être que tu n'estimes qu'il soit également devenu boiteux à dessein et qu'il soit né esclave à dessein. (Seconde main, en marge : À moins peut-être que tu n'estimes qu'Épictète soit aussi devenu boiteux à dessein. Jamais il n'eût revêtu volontairement des haillons d'éloquence. Peut-être, en tant que sage, est-il né esclave à dessein, mais l'éloquence lui a autant fait défaut que l'intégrité de ses jambes) [1].

Un terme a une importance toute particulière dans la perspective d'une justification philosophique de l'éloquence : le verbe *praeferre*, « préférer », employé ici au subjonctif plus-que-parfait (*praetulisset*). Épictète, semble écrire Fronton (avec la réserve due au mauvais état des manuscrits), aurait sans nul doute préféré un manteau immaculé à un manteau loqueteux. L'analogie entre le manteau et la parole, suggérée par la métaphore *sordes verborum*, est dès lors claire : de même qu'un manteau immaculé est préférable à des loques, l'éloquence est préférable au mutisme. Si l'emploi du verbe *praeferre* est significatif, c'est qu'il fait allusion, ce que Marc Aurèle ne pouvait ignorer, à la doctrine stoïcienne des préférables : selon cette doctrine, il n'existe pas de degré, sur l'échelle des valeurs, entre le bien et le mal, deux absolus entre lesquels ne se trouvent que des « indifférents », sans valeur eu égard au bien ou au mal. Néanmoins, parmi ces indifférents, certains sont dits « préférables » [προηγούμενα, *præferenda*], d'autres « non préférables ». La liste-type des préférables était canonique, et Diogène Laërce la rappelle dans sa *Vie de Zénon*[2] : font partie des préférables la

1. *De el.*, I, 4.

2. Diogène Laërce, VII, 102. Sur la doctrine des préférables, voir, entre autres études, celles de Ian G. Kidd, « Stoic intermediates and the end for man », dans Anthony Arthur Long (ed.), *Problems in Stoicism*, Londres, Continuum, 1971, p. 150-172 ; Brad Inwood, *Ethics and Human Action in Early Stoicism*, Oxford, Oxford University Press, 1985 ; Glen Lesses, « Virtue and the Goods of Fortune in Stoic Moral Theory », *OSAPh* 7, 1989, p. 95-127 ; Gisela Striker, « Following nature. A Study on Stoic Ethics », *OSAPh* 10, 1991, p. 1-73 ; Brad Inwood, Pier-Luigi Donini, « Stoic Ethics » dans Keimpre Algra, Jonathan Barnes, Jaap Mansfeld, Malcolm Schofield (ed.), *The Cambridge History of*

vie, la santé, le plaisir, la beauté, la force, la richesse, la réputation, ou encore la noblesse. Leurs contraires sont considérés comme non-préférables, quoique tout aussi indifférents dans la perspective de la vertu. Parmi cette liste canonique figurent donc la santé et la beauté, mais non l'éloquence qui, contrairement aux deux premières, ne fait pas partie des choses données par la nature. Toute l'habileté de Fronton consiste alors à rapprocher dans ce passage un préférable reconnu, en l'occurrence l'intégrité physique (qui prend ici la forme de l'absence de claudication), et l'éloquence, qui se voit intégrée de manière forcée à l'ensemble des préférables. Ainsi l'éloquence acquiert-elle une place originale dans l'éthique stoïcienne.

Le choix pour l'éloquence

Cette intégration forcée de l'éloquence au système éthique stoïcien apparaît de manière plus nette encore dans un autre passage, extrait de la deuxième lettre sur l'éloquence :

> [...] *Quis dubitat sapientem ab insipiente uel praecipue consilio et dilectu rerum et opinione discerni, ut, si sit optio atque electio divitiarum atque egestatis, quamquam utraque et malitia et virtute careant, tamen electionem laude et culpa non carere ? Proprium namque sapientis officium est recte eligere neque perperam uel postponere vel anteferre. Si me interroges concupiscamne bonam valetudinem, abnuam equidem, si sim philosophus : nihil est enim fas concupiscere sapienti aut adpetere, quod fors fuat an frustra concupiscat ; nec quicquam, quod in manu fortunae situm videat, concupiscet. Tamen si necessario sit altera res eligenda, Achillei potius pernicitatem eligam quam debilitatem Philoctetae. Simile igitur in eloquentia servandum : non opere nimio concupiscas igitur nec opere nimio aversere ; tum si eligendum sit, longe longeque eloquentiam infantiae praeferas.*
>
> [...] Qui peut douter que c'est avant tout par l'intelligence, par la capacité à faire un choix [*dilectu rerum*] et par le jugement que le sage se distingue du sot ? Supposons par exemple qu'il faille choisir [*sit optio et dilectio*] entre la richesse et la pauvreté : bien que toutes deux ne participent ni du vice ni de la vertu, le choix [*electionem*] de l'une ou de l'autre ne sera pas pour autant exempt de louange ou de blâme. En effet, le devoir du sage est de choisir de manière droite [*recte eligere*], et non de classer les objets en préférables ou non-préférables sans aucune logique. Si tu me demandes si je désire la bonne santé, je te répondrai par la négative, si je suis philosophe : car nul souhait, nul désir n'est permis au sage s'il dépend du sort de rendre ce souhait illusoire ; celui-ci ne doit rien non plus désirer de ce qu'il voit placé aux mains de la fortune. Cependant, s'il faut choisir [*sit*

Hellenistic Philosophy, Cambridge, Cambridge University Press, 1999, p. 675-738 ; Thomas Bénatouïl, *Faire usage : la pratique du stoïcisme,* Paris, Vrin, 2006, p. 219 *sq*.

> *eligenda*] l'une des deux choses suivantes, je choisirai [*eligam*] l'agilité d'Achille de préférence à la faiblesse de Philoctète. Le même raisonnement doit être observé en matière d'éloquence : ne la désire pas trop ardemment, mais ne t'en détourne pas non plus trop ardemment ; néanmoins, s'il te faut faire un choix [*si eligendum sit*], préfère de très loin l'éloquence au babil[1].

Ce texte présente plusieurs intérêts. Le premier réside dans l'insistance sur la notion de choix [*electio*]. Cette notion, dont l'importance apparaît dans les premières lignes du passage, permet en effet à Fronton d'ancrer plus profondément encore sa conception de l'éloquence au cœur de l'éthique stoïcienne par le biais de la théorie des préférables. C'est bien le choix, écrit Fronton, qui distingue le sage du sot : l'anaphore du verbe *eligere* [*recte eligere, sit eligenda, eligam, eligendum sit*] et la variation des substantifs dénotant la notion de choix [*dilectu rerum, optio, dilectio*] insistent suffisamment sur ce point. Or cette terminologie renvoie directement à l'éthique stoïcienne puisque le concept de choix ou de sélection [ἐκλογή] sert depuis Chrysippe à définir le rapport du sage aux indifférents, dans la mesure où ils sont naturels et convenables : le sage pourra par exemple choisir la santé de préférence à la maladie, si ce choix est rationnellement acceptable. De manière plus précise, ce concept de choix est repris dans l'évolution des définitions stoïciennes du *telos* et des préférables. Selon un témoignage d'Arius Didyme rapporté par Stobée[2], Diogène de Babylone avait ainsi précisé les définitions antérieures du *telos* et défini la sagesse comme la rationalité en ce qui concerne le choix et le rejet [ἐκλογῇ καὶ ἀπεκλογῇ] des choses conformes à la nature, avant qu'Antipater de Tarse, sous la pression de la critique carnéadienne, ne définît la sagesse comme l'effort même pour atteindre les préférables. La reprise de cette notion par Fronton est intéressante car elle lui permet d'inscrire l'éloquence, de manière explicite cette fois, au sein de la liste des préférables. L'éloquence doit faire l'objet d'un choix et être préférée (comme le montre l'anaphore du verbe *præferre*) à l'absence d'éloquence [*infantia*]. Ce qui était latent dans le passage relatif à Épictète[3], est ici manifeste. La référence à deux éléments canoniques de la liste stoïcienne des préférables, la richesse et la bonne santé, permet d'y inclure tout naturellement l'éloquence, par le biais d'une simple comparaison : « Le même raisonnement doit être observé en matière d'éloquence » [*Simile igitur in eloquentia servandum*]. L'éloquence,

1. *De el.*, II, 7 *sq.*

2. Stobée, *Eclogae physicae et ethicae*, II, 75, 11 Wachsmuth = partiellement Long et Sedley 63 B.

3. Voir *supra*, *De el*, I, 4.

présentée comme un élément de même nature que la richesse et que la bonne santé, est préférable à l'*infantia*. Dès lors, elle ne doit pas seulement être acceptée si elle échoit spontanément au sage, mais elle doit faire l'objet d'un choix.

Si l'emploi de la terminologie philosophique stoïcienne est déterminante dans la démonstration de Fronton, non moins intéressant est l'usage du terme *infantia* pour qualifier l'absence d'éloquence. En effet, ce terme appartient à la fois au registre rhétorique et au registre philosophique. Conformément à son étymologie, *infantia*, qui désigne littéralement le fait de ne pas savoir parler, est fréquemment employé par les rhéteurs pour désigner l'absence d'éloquence[1]. Mais le terme fait également partie du vocabulaire philosophique, dans lequel il renvoie au stade pré-rationnel de l'enfance, et donc à la déraison, que la philosophie a la tâche de nous faire quitter. Dans les *Lettres à Lucilius* et dans le *De constantia*, Sénèque peut ainsi comparer l'initiation philosophique au revêtement de la toge virile, métaphore de la sortie de l'enfance[2]. Dès lors, par un jeu de mots discret, Fronton réunit la rhétorique et la philosophie dans un commun rejet de l'*infantia* : préférer l'éloquence à l'*infantia,* c'est à la fois opter pour l'éloquence et pour la philosophie. Par sa charge imagée, le terme symbolise à lui seul ce rapprochement entre les deux disciplines.

Toute cette démonstration est séduisante. Elle l'est même suffisamment pour que Von Arnim ait inclus ce texte dans le troisième volume de ses *Stoicorum Veterum Fragmenta*[3], le considérant apparemment comme un témoignage stoïcien probant. Cette interprétation témoigne bien de la solidité de l'argumentaire de Fronton, dont l'inscription forcée de l'éloquence sur la liste des préférables est suffisamment habile pour paraître acceptable du point de vue stoïcien. Pourtant, cette inscription et l'analogie, qui la soutient, entre la santé et l'éloquence sont le fruit d'une réelle subversion de la doctrine stoïcienne des préférables et de la théorie de l'*oikeiôsis*. Si l'on se réfère à l'orthodoxie stoïcienne, en effet, la santé relève des choses naturelles qui justifient par elles-mêmes qu'on leur accorde une préférence, au même titre par exemple que l'intégrité des sens ou l'absence de douleur[4]. Or jamais l'éloquence n'apparaît dans la liste stoïcienne des préférables.

1. Voir Cicéron, *Brutus*, 101, 108, 305 ; *cf.* Quintilien, *Institutio oratoria*, VI, 1, 32.

2. Sénèque, *Epistulae morales ad Lucilium*, 4, 2. *Cf. De constantia sapientis*, V, 2 ; *Epistulae morales ad Lucilium*, 34, 1.

3. Hans Friedrich August von Arnim (ed.), *Stoicorum Veterum Fragmenta*, Stutgardiae, B.G. Teubner, 1903-1905, III, 196.

4. Voir Cicéron, *De finibus bonorum et malorum*, III, 20 ; III, 59 ; IV, 14.

Elle ne saurait, de fait, être considérée comme une « chose semblable » aux autres préférables parce qu'elle n'a pas pour point de départ les tendances premières de la nature. Comment expliquer alors que Fronton puisse mettre sur le même plan la santé et l'éloquence ? Pourquoi, encore, invite-t-il à choisir l'éloquence plutôt que le mutisme ?

Sans résoudre directement cette question, Fronton y apporte un élément de réponse en s'inspirant à nouveau de l'éthique stoïcienne, en l'occurrence de la doctrine des devoirs, qu'il infléchit sensiblement. Plus précisément, le rhéteur reprend en la modifiant substantiellement la théorie des *personae*, développée par Panétius et rapportée par Cicéron qui, dans le premier livre du *De officiis*[1], affirme que Panétius distinguait en l'homme quatre *personae*, c'est-à-dire quatre critères normatifs autour desquels s'articulait un mode de vie cohérent et rationnel : le premier était la nature humaine, le deuxième, les qualités physiques et mentales propres à chacun, le troisième, le rôle imposé par la nature et le dernier, la liberté pour chacun de choisir l'occupation qui lui plaît. L'articulation entre ces quatre masques permettait d'éviter les contradictions entre la nature et la liberté. Or si la doctrine de Panétius semblait maintenir un certain équilibre entre les quatre *personae*, Fronton rompt cet équilibre en réduisant l'importance de la liberté individuelle pour renforcer en retour la troisième *persona*, c'est-à-dire le rôle imposé par la nature. La liberté dont jouit l'individu de choisir l'occupation qui lui plaît ne saurait en aucun cas aller à l'encontre de ce rôle social, dont chacun doit s'acquitter du mieux qu'il le peut.

Cette inflexion apparaît de manière tout à fait nette dans la présentation que fait Fronton de la doctrine des devoirs [*officia*], au début de cette même deuxième lettre sur l'éloquence, quelques lignes avant le passage précédemment analysé. La difficulté, là encore, réside dans le caractère très lacunaire du texte, dont le sens, si l'on se fie à la seconde main, paraît être le suivant : après avoir distingué, selon la division stoïcienne traditionnelle, deux catégories d'*officia*, dont on peut penser qu'il s'agit des *officia media*, destinés au progressant, et des *officia perfecta*, réservés au sage, Fronton procède à une seconde division des *officia media* en trois catégories [*species*], division absente, cette fois, de l'éthique stoïcienne : la première catégorie est celle de l'existence [*substantia*], la seconde celle de la qualité [*qualitas*] et la

1. Cicéron, *De officiis*, I, 107 *sqq*. Sur la doctrine stoïcienne des *personae*, voir Christopher Gill, « Personhood and Personality : the Four-personae Theory in Cicero *De officiis* I », *OSAPh* 6, 1988, p. 169-199 ; *cf*. François Prost, « La psychologie de Panétius : réflexions sur l'évolution du stoïcisme à Rome et la valeur du témoignage de Cicéron », *R.E.L.* 79, 2001, p. 37-53.

troisième celle de l'objet [*res*], qui correspond à la fin en vue de laquelle sont accomplis les devoirs des deux catégories précédentes. La première catégorie, celle de l'existence, comprend les actions qui sont indispensables à la vie, tel le fait de se nourrir. Ces actions sont communes au sage et à l'insensé. En effet, bien que la nutrition ne participe pas de la sagesse, « sans la vie qui exige la nourriture, il ne peut y avoir de sagesse[1]. » Ces *officia* sont ensuite différenciés en fonction de la *qualitas* de chaque individu, autrement dit de sa fonction sociale[2]. Fronton prend ici ses distances par rapport à la doctrine stoïcienne, en faisant dépendre la distinction des devoirs non plus de la disposition intérieure de celui qui les accomplit, comme dans le Portique, mais de sa condition et de la fonction qu'il occupe. Ainsi, un sénateur ou un empereur n'auront pas les mêmes devoirs qu'un marchand. Or c'est dans cette catégorie que Fronton fait entrer l'éloquence :

> [...] *Considera igitur an in hac secunda ratione officiorum continueatur eloquentiae studium. Nam Caesarum est in senatu quae e re sunt suadere, populum deplerisque negotiis in contione appellare, ius iniustum corrigere, per orbem terrae litteras missitare, reges exterarum gentium compellare, sociorum culpas edictis coercere, bene facta laudare, seditiosos compescere, feroces territare. Omnia ista profecto verbis sunt ac litteris agenda. Non excoles igitur id quod tibi totiens tantisque in rebus videas magno usui futurum ? An nihil referre arbitraris, qualibus verbis agas, quae non nisi verbis agi possuere ? Erras, si putas pari auctoritate in senatu fore Thersitae verbis expromptum et Menelai aut Ulixi orationem* [...].
>
> [...] Vois donc si l'étude de l'éloquence peut entrer dans cette deuxième catégorie de devoirs. De fait, il incombe aux empereurs de soutenir au Sénat des décisions utiles, de haranguer le peuple dans des assemblées à propos de diverses affaires, de redresser le droit qui s'écarte du droit [*ius iniustum*], d'envoyer des lettres à travers le monde, de s'adresser aux rois des nations étrangères, de punir par des édits les fautes des alliés, de louer les bonnes actions, d'arrêter les séditieux, d'effrayer les fougueux. Tout cela, assurément, doit être assuré par des mots, prononcés ou écrits. Ne cultiveras-tu donc pas ce qui, tu le vois, te sera d'une grande utilité si souvent et dans des affaires si importantes ? Ou penses-tu que cela n'a pas d'importance de savoir quels mots tu vas employer pour des affaires qui ne peuvent être traitées que par des mots ? Tu te trompes, si tu penses qu'un

1. *De el.*, II, 5 : *Non est sapientiae negotium vesci, sed sine vita (m² in margine : quæ ciuo constat, esse sapientia non potest). Cf.* Sénèque, *Epistulae morales ad Lucilium*, 88, 1, qui emploie le même argument pour démontrer que sans participer directement de la sagesse, les études libérales, comme la nourriture, lui sont néanmoins nécessaires.

2. Selon M.P.J. Van den Hout, la *qualitas* est ici l'équivalent de la ποιότης grecque (*A commentary...*, *op. cit.*, p. 327).

avis exprimé au Sénat avec les mots de Thersite aura la même autorité qu'un discours de Ménélas ou d'Ulysse [...] [1].

Le propos de Fronton est clair : l'éloquence, présentée comme un devoir lié au statut social des individus, s'impose tout particulièrement à un empereur, parce que la maîtrise de la parole est nécessaire pour remplir correctement cette fonction, pour « soutenir au Sénat des décisions utiles, haranguer le peuple dans des assemblées à propos de diverses affaires, redresser le droit qui s'écarte du droit, etc. » – toutes actions menées grâce à l'éloquence. Dès lors, tout empereur a un devoir d'éloquence, et Marc Aurèle ne saurait déroger à la règle. Même contre son gré, il doit privilégier son devoir de représentation politique par rapport à ses convictions philosophiques parce que sa fonction de César prime sur son goût personnel pour la philosophie.

Dans toute cette démonstration, on le voit, Fronton accentue très nettement la place du déterminisme, en particulier social, dans les devoirs humains. Ce faisant, il donne une importance accrue à la troisième *persona*, qui impose à l'empereur l'usage de devoirs relatifs à sa fonction publique et politique. Marc Aurèle est un homme, mais aussi un empereur. Sa *persona* impériale prime sur la liberté dont il jouit de choisir ce qu'il veut. L'expression la plus rationnelle de la liberté consiste à choisir une vie qui coïncide avec le rôle social que nous impose la nature. Quand on est empereur, elle consiste à choisir ce qui est nécessaire au bon exercice du pouvoir, en particulier donc l'éloquence. Dès lors, Marc Aurèle, qui est empereur et philosophe, saura faire le bon choix parmi les préférables et déterminer la conduite qui s'impose à lui : en tant que philosophe, il choisira l'éloquence, en tant qu'empereur, il aura un devoir d'éloquence. Élevée au rang de préférable et d'*officium*, l'éloquence devient un objet proprement philosophique.

On ne sait comment Marc Aurèle reçut ces lettres sur l'éloquence, puisqu'il semble qu'il n'y ait jamais répondu. Aussi l'effort argumentatif de Fronton peut-il apparaître comme un « cri dans le désert », selon l'expression de M.P..J. Van den Hout[2]. Ce silence met-il à terre l'argumentation de Fronton ? Certainement pas. Si les effets pratiques et immédiats de sa démonstration ne sont pas évidents, celle-ci ne constitue pas moins une avancée théorique majeure dans l'histoire des rapports entre la philosophie et la rhétorique et dans l'évolution des

1. *De el.*, II, 6.
2. M.P.J. Van den Hout, *A Commentary...*, *op. cit.*, p. 313.

définitions rhétoriques et philosophiques de la rhétorique. Tous les développements consacrés à cette question dans la *Correspondance* témoignent bien de la maîtrise argumentative de Fronton. Non seulement le rhéteur dépasse l'opposition stérile entre les deux disciplines, mais il parvient à renforcer la preuve par l'expérience, en l'occurrence par l'exemple des grands philosophes qui furent éloquents, par des preuves puisées au cœur de la philosophie. Pour tenter de convaincre Marc Aurèle, Fronton sait qu'il doit aller chercher ses arguments en faveur de l'éloquence au sein même de la doctrine stoïcienne, qu'il connaît pour avoir suivi dans sa jeunesse les cours d'Athénodote. Ce faisant, il entend prendre son ancien disciple à revers, en lui montrant, de manière forcée mais habile, que son attitude est contradictoire avec la philosophie du Portique. Infléchissant certains dogmes de l'éthique stoïcienne, Fronton démontre que l'éloquence doit faire l'objet d'un choix de la part du philosophe et qu'elle s'impose comme un devoir à l'empereur. L'éloquence acquiert ainsi un statut philosophique original, qui doit rendre infondé son rejet par l'empereur philosophe. Les deux disciplines peuvent marcher main dans la main.

CONTRE L'ART DU BIEN PARLER : POUR UNE RÉFLEXION CRITIQUE SUR LA RHÉTORIQUE CHEZ SEXTUS EMPIRICUS

Emidio SPINELLI

Le sous-titre indique clairement le sujet de cette étude. Il s'agit des réflexions que Sextus Empiricus, philosophe sceptique – ou, pour être plus précis, néo-pyrrhonien –, consacre dans son traité *Contre les rhéteurs* (désormais cité *M* 2) à la rhétorique, à son statut, et à ses fonctions présumées. De cet écrit de Sextus, qui est « le seul traité critique vraiment exhaustif qui ait été écrit contre la thèse selon laquelle la rhétorique est un art[1] »,

il apparaît inévitable d'attendre une attitude qui n'a rien de tendre. Cela est confirmé par les prises de positions extrêmement critiques, par les jugements tranchants, enfin par les destructions radicales du concept même de rhétorique, ainsi que des théories et des attitudes qui lui sont liées. Il faut donc se préparer dès le début à ce que les analyses de Sextus Empiricus constituent un chapitre résolument « corrosif » du long débat qui, dans l'antiquité, a vu s'opposer la rhétorique à la philosophie[2].

1. Tiziano Dorandi, « La représentation de la rhétorique comme art dans la philosophie hellénistique et romaine », dans Carlos Lévy, Bernard Besnier et Alain Gigandet (éd.), Ars *et* Ratio. *Sciences, art et métiers dans la philosophie hellénistique et romaine*, Bruxelles, Latomus, 2003, p. 109.

2. Sur le statut technique de la rhétorique, voir T. Dorandi, « La représentation...», art. cit., p. 102 n. 1 ; *cf.* aussi Charles Brittain, *Philo of Larissa. The Last of the Academic Sceptics*, Oxford, Oxford University Press, 2001, p. 298 *sq.* ; Tobias Reinhardt, « Rhetoric and Knowledge », dans Ian Worthington (ed.), *The Blackwell Companion to Greek Rhetoric*, Malden/Oxford/Carlton, Blackwell, 2007, p. 365-377, Harry M. Hubbell, « The Rhetorica of Philodemus », *Transactions of the Connecticut Academy of Arts and*

La première étape de cette opposition doit assurément être située au IVe siècle avant J.-C., dans la verve polémique du *Gorgias* de Platon ou du *Gryllos* d'Aristote. Elle connaît ensuite deux reprises particulièrement virulentes au IIe et au Ier siècle av. J.-C. (avec les critiques formulées par Critolaos, Charmadas – et peut-être déjà Carnéade[1] ? –, Diogène de Séleucie ou encore, du côté épicurien, Zénon de Sidon ou Philodème), puis entre le Ier et le IIe siècle ap. J.-C. (vraisemblablement de manière concomitante à l'apparition et au développement de la Seconde Sophistique[2]). Pour la reconstruction de certains éléments de ce débat, nous disposons d'une série de xompte rendus, qui diffèrent entre eux par leurs positions chronologiques, par leur ampleur et leur composition, par leur fiabilité et leur intention plus ou moins polémique. Il s'agit de l'œuvre de Cicéron (en particulier le livre I du *De oratore*), des fragments subsistant des livres I et II de la *Rhétorique* de Philodème, puis, à l'époque impériale, d'abord de *l'Institution oratoire* de Quintilien (dont le chapitre 17 du livre II est central) ; il s'agit, enfin, de l'analyse complexe de Sextus dans le *Contre les rhéteurs*. Les critiques ont cherché à mettre de l'ordre dans ces différents témoignages, avec l'intention première d'identifier surtout leurs points d'accord, voire les superpositions et dépendances possibles. En vertu du vieux mais toujours fascinant jeu de la *Quellenforschung*, des hypothèses diverses ont été formulées quant à une source commune, ou un « *common stock* » originaire[3], et les candidats les plus divers ont été avancés : en premier lieu Théophraste, ensuite Critolaos, Carnéade, Clitomaque, Charmadas, avec l'apport plus ou moins importants d'autres protagonistes comme Philodème, les académiciens Hagnon, Eschine, Métrodore, les stoïciens

Sciences 23, 1920, p. 364-382. Plus en général, pour la période hellénistique, voir Yosef Z. Liebersohn, *The Dispute concerning Rhetoric in Hellenistic Thought*, Göttingen, Vandenhoeck & Ruprecht, 2010.

1. *Cf.* J. Barnes, « Is Rhetoric an Art? », art. cit., p. 4 ; pour des doutes à ce sujet, voir C. Brittain, *Philo of Larissa. The Last of the Academic Sceptics*, *op. cit.*, p. 311 n. 28.

2. *Cf.* Antonio Russo (traduction), *Sesto Empirico. Contro i matematici,* Roma/Bari, Laterza, 1972, p. XX-XXI n. 33, ainsi que J. Barnes, « Is Rhetoric an Art? », art. cit., p. 16 *sq.* n. 20. On trouvera également des remarques complémentaires à ce propos chez Pierre Pellegrin (éd.), *Sextus Empiricus. Contre les professeurs*, Paris, Éditions du Seuil, 2002, p. 37 *sq.* Enfin, dans cette histoire il ne faut omettre ni l'apport considérable du développement satirique offert par Lucien dans *Le Parasite*, ni l'essai de défense de la rhétorique d'Ælius Aristide.

3. *Cf.* J. Barnes, « Is Rhetoric an Art? », art. cit., p. 4 ; voir aussi David Roochnik, « Is Rhetoric an Art? », *Rhetorica* 12, 1994, p. 128 et déjà H.M. Hubbell, *The Rhetorica of Philodemus*, *op. cit.*, p. 368, qui suppose aussi l'existence de « *a store of commonplaces which were familiar to all educated people* ».

Mnésarque, Archédème, Nestor, Posidonius lui-même, les péripatéticiens Diodore, élève de Critolaos, et Ariston[1].

Je crois qu'il est difficile, sinon impossible, de donner une réponse définitive à ce problème. En me limitant au traité de Sextus, je voudrais cependant avancer une autre hypothèse, bien conscient de son caractère conjectural : celle de la dépendance, non pas à l'égard d'un simple auteur, mais plutôt à l'égard d'un manuel de rhétorique ou d'une de ces nombreuses *Introduction à la rhétorique* dont nous avons connaissance à l'époque post-hellénistique[2].

À côté de la question des sources probables de *M* 2, un autre problème me semble bien plus intéressant. Il est en effet nécessaire de préciser dès le début que, de manière cohérente avec sa méthode d'adaptation et d'appropriation des thèses étrangères à des fins dialectiques, les objections de Sextus seront en partie reconductibles à telle ou telle théorie philosophique dogmatique, discutée auparavant par lui, mais qu'elles tiendront leur force du mode particulier d'argumentation du mouvement néo-pyrrhonien. Ajoutons que certaines de ses prises de positions sont en accord avec les choix pragmatiques que Sextus revendique positivement dans ses écrits.

Ne pouvant entrer dans l'analyse du contexte plus large constitué par le bloc homogène des livres *Adversus Mathematicos* [= *M* 1-6], titre que nous pourrions peut-être rendre par « Contre les professionnels de la culture », dans lequel les critiques sextiennes sont insérées[3], je crois qu'il convient de se concentrer sur trois aspects problématiques du *Contre les rhéteurs*. Cela pourra nous aider à en apprécier aussi bien la fonction générale et la méthode que certains aspects précis du contenu ; cette approche sera également utile tant sur le plan doxographique que sur celui d'éventuelles conceptions proprement pyrrhoniennes de la rhétorique.

1. Voir surtout C. Brittain, *Philo of Larissa. The Last of the Academic Sceptics*, *op. cit.*, p. 306 *sq.*, qui accorde une attention particulière aux thèses et au rôle d'Hermagoras. Voir aussi T. Dorandi, « La représentation... », art. cit., p. 111 *sq.*, qui pense à un modèle commun, dont il est difficile de dire s'il est stoïcien ou académicien.

2. P. Pellegrin, *Sextus Empiricus. Contre les professeurs*, *op. cit.*, p. 39, me semble estimer correctement, comme peu étendue, l'ampleur des connaissances de Sextus sur les détails relatifs au débat antique autour de la rhétorique.

3. À ce propos, voir, outre Emidio Spinelli, « Pyrrhonism and the specialized sciences », dans Richard Bett (ed.), *The Cambridge Companion to Ancient Pyrrhonism*, Cambridge University Press, Cambridge, 2010, p. 249-264, les remarques synthétiques de Guillame Dye et Bernard Vitrac, « Le *Contre les Géomètres* de Sextus Empiricus : sources, cible, structure », *Phronesis* 54, 2009, p. 155-164.

Les trois questions à poser sont les suivantes :

a. Y a-t-il une relation directe et évidente entre ce traité et les stratégies fondamentales suivies par Sextus dans son analyse critique des différentes disciplines de l'encyclopédie « paideutique » mentionnée plus haut ?

b. Quels sont les éléments du prétendu art rhétorique qui constituent la cible polémique privilégiée de la reconstruction sextienne, qui elle-même dépend de manière plus ou moins évidente d'un débat certainement plus ancien et déjà bien structuré ?

c. Quelle voie de sortie « authentiquement sceptique » est-il possible d'entrevoir (d'entrevoir seulement, avec une grande prudence donc, presque comme à partir d'un négatif photographique) dans l'échec des artifices rhétoriques[1] ?

Les stratégies de Sextus

Dans la stratégie argumentative de *M* 1-6 apparaissent clairement deux types d'attaques contre les différents arts libéraux. Nous avons, avant tout, des objections de provenance dogmatique précise et explicite (surtout, comme on sait, épicurienne[2], mais pas seulement, nous le verrons), que Sextus n'hésite pas à noter et surtout à utiliser en les

1. Pour d'autres « solutions sceptiques », voir le *Contre les Grammairiens* de Sextus. Pierre Pellegrin a donc raison de présenter le *Contre les Rhéteurs* comme la « suite naturelle » de ce traité bien plus riche (P. Pellegrin, *Sextus Empiricus. Contre les professeurs*, *op. cit.*, p. 37).

2. Pour Épicure, voir notamment les fr. 117, 163 et 227 Usener dans Hermann Usener (ed.), *Epicurea*, Lipsiae, B.G. Teubner, coll. « Sammlung Wissenschaftlicher Kommentare », 1887 ; pour les positions de Zénon de Sidon, voir surtout Diogène Laërce, VII, 35 et Cicéron, *De natura deorum*, I, 21, 59 = fr. 1 e 6 Angeli-Colaizzo dans Anna Angeli, Maria Colaizzo, « I frammenti di Zenone di Sidonio », *Cerc* 9, 1979 ; pour celles de Demetrius Lacon, voir Constantina Romeo (a cura di), *Demetrio Lacone. La poesia*, Napoli, Bibliopolis, 1988, en particulier p. 39 *sq.* ; pour les rapports avec la critique de Sextus contre la rhétorique, voir Francesca Longo Auricchio, « Epicureismo e Scetticismo sulla retorica », dans *Atti del XVII Congresso Internazionale di Papirologia*, Napoli, Macchiaroli, 1984, p. 453-472. Plus généralement enfin, sur l'attitude à l'égard de la rhétorique dans le Jardin, voir Francesca Longo Auricchio, « Retorica da Epicuro a Lucrezio », *Cronache Ercolanesi* 20, 1990, p. 177-181, et Tiziana Di Matteo, « La retorica da Epicuro a Filodemo », *Cronache Ercolanesi* 30, 2000, p. 81-88. Si elle est utilisée à des fins polémiques et *disserendi causa*, la présence de cette « voix épicurienne » n'est pas du tout incompatible avec la voie pyrrhonienne et n'a rien pour susciter le désaccord ou le refus de Sextus. Pour une thèse contraire, voir Richard Bett, « La double "schizophrénie" de *M*, I-VI et ses origines historiques », dans Joëlle Delattre (éd.), *Sur le* Contre les professeurs *de Sextus Empiricus*, Villeneuve d'Ascq, Presses de l'Université de Charles de Gaulle-Lille 3, 2006, p. 21 *sq*.

dosant dialectiquement contre telle ou telle école philosophique rivale. Apparaissent ensuite, souvent en des points décisifs de l'entreprise polémique, des critiques formulées d'un point de vue interne à la voie sceptique, plus « aporétiques », comme aime à l'appeler Sextus[1], en tout cas plus radicales. Elles semblent tendre à la négation de l'existence même des principes théoriques ou des objets d'études propres à la *tekhnê* examinée au cas par cas.

Nous sommes là en face d'une stratégie polémique à laquelle Sextus a constamment recours en *M* 1-6, afin de sélectionner toutes les objections vraiment efficaces pour démolir les prétentions dogmatiques des défenseurs des arts libéraux. Il se sent en effet libre de s'approprier des opinions et des critiques étrangères, qu'elles soient dogmatiques ou sceptiques, sans pour autant devoir les défendre *in propria persona*[2]. Cette co-existence d'attitudes différentes, si importante pour comprendre la stratégie d'ensemble de son attaque, est du reste à plusieurs reprises explicitement reconnue et consciemment soulignée par Sextus lui-même, qui ne semble donc pas agir comme un compilateur mécanique, ni, encore moins, comme un copiste stupide.

Il faut rappeler avant tout comment Sextus déclare, dans les paragraphes introductifs de *M* 1-6 [3], qu'il veut attaquer les arts libéraux suivant les mêmes « règles d'engagement » déjà adoptées pour les polémiques dirigées contre la philosophie elle-même : l'impossibilité de rejoindre le terrain ferme de la vérité apparaît en effet dans les deux cas liée à la force égale des thèses opposées. Je tiens donc comme méthodologiquement correct, d'un point de vue interprétatif, de lire *tout* *M* 1-6 à la lumière de cette préface programmatique[4].

Grâce à cette grille de lecture, il est possible d'expliquer raisonnablement tous les passages, et ils ne sont pas peu nombreux, dans lesquels Sextus semble affirmer l'inconsistance de telle *tekhnê* examinée ou d'un de ses principes. Il faut souligner que, dans tous ces cas, les termes sextiens comme *anhuparktos*, *asustatos* ou *anhupostatos*

1. Sur *aporêtikos*, voir notamment Sextus Empiricus, *Hypothyposes pyrhoniennes*, I, 7, ainsi que P. Pellegrin (éd.), *Sextus Empiricus. Contre les professeurs*, *op. cit.*, p. 453.

2. Voir Robert J. Hankinson, *The Sceptics*, London/New York, Routledge, 1995, p. 252.

3. Plus exactement § 1-8 (*cf.* les fr. 227 et 114 Usener).

4. Voir Pierre Pellegrin, « De l'unité du scepticisme sextien », dans J. Delattre (éd.), *Sur le* Contre les professeurs *de Sextus Empiricus*, *op. cit.*, p. 35-45 et E. Spinelli, *Pyrrhonism and the specialized sciences*, *op. cit.* Pour la thèse contraire, voir par exemple Karel Janáček, *Sextus Empiricus' Sceptical Methods*, Praha, Universita Karlova, 1972, p. 133 et, désormais, R. Bett, « La double "schizophrénie" de *M*, I-VI et ses origines historiques », art. cit.

« indiquent, non une inexistence au sens ontologique, mais une inconsistance ou une absence de fondement[1] ».

Cette conviction interprétative vaut aussi dans le cas de *M* 2. Dès l'ouverture (*cf.* *M* 2, 1), Sextus confirme que son traité est la « suite naturelle » de celui déjà consacrée à la grammaire en *M* 1 [2]. Il reconnaît cependant un caractère pour ainsi dire « plus viril » (*andrikôteras* [...] *kathestôsês*) à la rhétorique, exercée non plus sur des enfants mais sur des hommes adultes, et plus d'une fois mise à l'épreuve dans des lieux – comme la place publique et les tribunaux – qui demandent sans doute une forte dose d'*andreia*[3]. Ensuite, comme il le répète dans chacune de ses *antirrhêseis*, le premier pas à accomplir consiste, indépendamment de la détermination de l'existence ou de la non-existence de cet art, dans l'identification de son concept, de son *ennoia*. Selon ce schéma très net destiné à éclairer la nature de la rhétorique, Sextus rapporte, en premier lieu, certaines positions des philosophes qui le précèdent (seulement les plus remarquables, en vertu d'une sélection nette, peut-être dépendante, comme on l'a déjà évoqué, des sources vraisemblablement scolaires dont il disposait[4]).

Il y a d'abord le Platon du *Gorgias,* « *the* fons et origo *of the whole dispute*[5] ». De ce dialogue provient une formule assez complexe définissant la rhétorique, « la rhétorique est un artisan de persuasion qui use de discours et puise dans les discours mêmes son pouvoir, et qui est à même de persuader sans être à même d'enseigner[6] ». Cette définition fait

1. P. Pellegrin, « De l'unité du scepticisme sextien », *op. cit.*, p. 42.

2. *Cf.* aussi *supra*, p. 238 n. 1.

3. *Cf.* P. Pellegrin, *Sextus Empiricus, Contre les professeurs*, *op. cit.*, p. 37 ; ne pourrait-on y entendre un vague écho du *Gorgias*, 463 a ?

4. On trouvera une liste plus longue de définitions, pas seulement philosophiques, chez Quintilien (*Institutio oratoria*, II, 5), bien qu'il déclare lui même avoir fait une nécessaire sélection des plus illustres et de celles qui sont objet de discussion entre mille autres disponibles (voir respectivement II, 15, 37 et 23).

5. J. Barnes, « Is Rhetoric an Art? », art. cit., p. 4 ; *cf.* aussi C. Brittain, *Philo of Larissa. The Last of the Academic Sceptics*, *op. cit.*, p. 300 *sq*. Nous avons ici une preuve supplémentaire que « ce dialogue constitue l'arrière-plan de tout discours sur la rhétorique » (Monique Dixsaut, « La rhétorique, une définition impossible ? », dans *Anthropine Sophia. Studi di filologia e storiografia filosofica in memoria di Gabriele Giannantoni*, Francesca Alesse, Francesco Aronadio, Maria-Cristina Dalfino, Luca Simeoni, Emidio Spinelli (a cura di), Napoli, Bibliopolis, 2008, p. 79).

6. Traduction Brigitte Pérez, dans P. Pellegrin (éd.), *Sextus Empiricus. Contre les professeurs*, *op. cit.*, p. 247 ; voir par exemple Platon, *Gorgias*, 451 d, 453 a, 454 e, 455 a (sur lequel voir désormais M. Dixsaut, « La rhétorique, une définition impossible ? », art. cit., en particulier p. 95 *sq*.). Il ne faut pas oublier cependant que, dans le *Gorgias*, est déjà reconnue la possibilité d'une forme positive de rhétorique, fondée sur une association avec la philosophie : voir à ce propos les considérations de Alessandra Fussi, *Retorica e potere. Una lettura del* Gorgia *di Platone*, Pisa, ETS, 2006.

appel « de manière éminente » [*proêgoumenôs*] au rôle des *logoi*, par opposition aux autres moyens traditionnellement reconnus comme persuasifs : la richesse, la réputation, le plaisir, la beauté[1].

Sextus fait suivre la thèse platonicienne du rapprochement d'autres positions, celle de Xénocrate[2] et celle des stoïciens, avec la définition commune de la rhétorique comme « science du bien parler » [*epistêmê tou eu legein*]. Xénocrate et les stoïciens (et, parmi les stoïciens, en premier lieu Zénon avec le recours à une *variatio* de l'exemple de la main[3]) semblent s'accorder sur la différenciation nette entre le *legein* rhétorique (qui peut être long et ample) et le *dialegesthai* (dans lequel on reconnaît en revanche des attributs qui semblent être de claire ascendance socratique, comme la *suntomia* et surtout le *lambanein kai didonai logon*). En revanche, leur position diffère en ce qui concerne le terme très important d'*epistêmê*. Là où Xénocrate l'entend, *modo antiquo*, simplement comme équivalent à *tekhnê*, les stoïciens le chargent de toute la valeur technique de leur doctrine épistémologique et l'assimilent à la pleine possession de compréhensions solides ou *katalêpseis*, dont seul le vrai *sophos* peut, à leurs yeux, se vanter[4].

Ce bref compte rendu initial d'opinions philosophiques sur la rhétorique s'achève par la citation d'une définition non encore élaborée et donc de caractère simple ou introductif, tirée de la *Rhétorique* d'Aristote[5]. La rhétorique serait « art des discours » [*tekhnê logôn*], ce qu'il faut entendre

1. *M* 2, 2-5 ; cette dernière qualité est en particulier soulignée par Sextus, qui utilise une citation homérique sur Hélène (Homère, *Iliade*, III, 156 *sq*.) et l'histoire bien connue de Phryné. L'exposé de Sextus s'accorde sur ce dernier point avec la version de Quintilien (II, 15, 9 : Phryné se dénude elle-même), tandis que chez le Pseudo-Plutarque, on lit que ce fut Hypéride qui la dénuda, assurant ainsi sa défense de façon emphatique et provocatrice ; *cf*. aussi Athénée, XIII, 59 (590 d-f), qui attribue le geste à Hypéride. Sur l'ensemble de cette question, voir Carlos Lévy et Laurent Pernot (éd.), *Dire l'évidence. Philosophie et Rhétorique antiques*, Paris, L'Harmattan, 1997, p. 5-12 : « Phryné dévoilée ».

2. Sur l'opinion positive de Xénocrate à l'égard de la rhétorique (*M* 2, 6 = fr. 90 Isnardi Parente), proche des positions de Platon dans le *Phèdre* et non dans le *Gorgias*, et sur la précision « doxographique » de Sextus, voir Margherita Isnardi Parente (a cura di), *Senocrate-Ermodoro. Frammenti*, Napoli, Bibliopolis, 1982, p. 320. Voir aussi *infra*, p. 245 n. 3.

3. Pour l'utilisation de l'exemple zénonien (*cf*. déjà les différents passages chez Cicéron dans Hans Friedrich August von Arnim (ed.), *Stoicorum Veterum Fragmenta* (désormais cité *SVF*), Stutgardiae, B.G. Teubner, 1903-1905, I, 75), exploité pour louer la rhétorique en tant que vertu encore plus spéciale que la dialectique, voir en revanche Quintilien, II, 20, 7. Si l'on admet une conjecture proposée pour le texte de Quintilien par Kiderlin (II, 15, 34 = *SVF*, I, 491), la définition stoïcienne ici rapportée (devenue semble-t-il ensuite presque d'école, voir là-dessus la position d'Andronicos, *SVF*, III, 267) devrait être attribuée également à Cléanthe.

4. *M* 2, 6 *sq*.

5. Aristote, *Rhétorique* (désormais citée *Rhét*.), I, 1, 1354 a 12.

toutefois – comme le précisent certains défenseurs anonymes de la position aristotélicienne – en sa valeur absolue ou *antikrus*, parce que non orientée en vue d'une autre fin (à la différence, par exemple, de cet art particulier du discours qu'est la médecine, qui organise tout en fonction de l'objectif de la santé[1]). Bien que Sextus déclare immédiatement qu'il a bien connaissance d'autres définitions élaborées à ce sujet par Aristote[2], il se sent autorisé sur ce point à les laisser de côté et à clarifier l'objectif de sa polémique et de la méthode suivant laquelle cette polémique sera conduite. Relisons ce que dit Sextus à ce sujet[3] :

> Notre homme [*scil.* Aristote] en propose encore d'autres définitions, mais il n'est pas indispensable que nous en parlions, puisque nous ne traitons pas de la rhétorique en détail comme objet principal de notre étude, mais seulement dans la mesure où cela nous fait comprendre ce qu'elle a en propre, en vue de l'attaque que nous allons entreprendre. Nous pouvons donc commencer tout de suite, en partant de la conception qui vient d'être exposée. Puisqu'en effet ceux qui présentent le concept de la rhétorique veulent y voir un « art » ou une « science », concernant « les discours » ou « le parler » [4], à même d'entraîner « la persuasion », nous allons essayer pour notre part, en prenant en compte ces trois éléments, d'enseigner la non-existence de la rhétorique[5].

L'analyse ne veut pas par conséquent se concentrer sur les aspects spécifiques, mais plutôt saisir et discuter de manière critique les propriétés générales de la rhétorique, celles que, dans la phrase conclusive du traité, Sextus désigne comme ses *sunekhonta theorêmata*[6]. Est mise ici au premier plan l'une des propriétés caractéristiques de la *vis* polémique, plus aporétique ou plus authentiquement sceptique, propre à *M* 1-6 [7] comme à

1. *M* 2, 8 ; pour une tentative de délimiter d'une manière analogue le champ d'action de la grammaire, voir la position de Cheris dans *M* 1, 76-79.

2. Une de ces définitions sera en effet mise ensuite en cause (*ibid.*, 2, 61) : ici la rhétorique est « la capacité d'étudier ce qui peut contribuer à la persuasion [*dunamis tou theôrein to endekhomenon pithanon*] » (traduction Brigitte Pérez, dans P. Pellegrin, *Sextus Empiricus. Contre les professeurs*, *op. cit.*, p. 275 ; *cf.* Aristote, *Rhétorique* (désormais cité *Rhét.*), I, 1, 1355 b 26). Aristote insiste aussi pour distinguer la rhétorique de toutes les autres *tekhnai* : elle est en effet la seule qui n'est pas persuasive ou didactique – deux adjectifs particulièrement significatifs, dans le contexte de Sextus – à propos d'un objet déterminé, mais qui le devient pour tout objet quel qu'il soit.

3. *M* 2, 9.

4. Faut-il ici ajouter <*eu*>, comme Radermacher le voulait ? Voir dans ce sens J. Barnes, « Is Rhetoric an Art? », art. cit., p. 17 n. 21 et T. Dorandi, « La représentation... », art. cit., p. 109 n. 28.

5. Traduction Brigitte Pérez dans P. Pellegrin (éd.), *Sextus Empiricus. Contre les professeurs*, *op. cit.*, p. 251.

6. *M* 2, 113.

7. *Cf.* notamment *M* 5, 3 ; 49. Sur ces passages, voir aussi Emidio Spinelli (a cura di), *Sesto Empirico. Contro gli astrologi*, Napoli, Bibliopolis, 2000, p. 34 et 138 et R.J. Hankinson, *The Sceptics*, *op. cit.*, p. 259) ; voir aussi *M* 1, 39 *sq.*, 144 (et David

d'autres passages stratégiques du corpus sextien. Selon un principe d'économie ockhamien, il faut concentrer les attaques polémiques contre les fondements de l'édifice dogmatique, puisque leur effondrement complet pourra à lui seul garantir *aussi* l'écroulement de tous les autres aspects théoriques qui reposent sur eux[1]. Dans le cas de *M* 2, ce principe de méthode polémique semble respecté (*in toto* ou presque). En effet, selon le schéma annoncé à la fin du § 9 que nous venons de lire, ce texte examine, dans l'ordre (et au moins jusqu'au § 88, c'est-à-dire à propos de la rhétorique « prise comme un tout[2] », et avant la sorte d'appendice[3] consacré aux apories relatives aux trois parties traditionnelles de la rhétorique, judiciaire, délibérative, encomiastique) :

1. le statut épistémologique de la science, immédiatement associé dans le cas de la rhétorique à la revendication de son utilité (*M* 2, 10-47) ;

2. sa matière, identifiée successivement comme manipulation des *logoi* et création d'un prétendu beau style (*M* 2, 48-58) ;

3. sa fin, assimilée surtout à la capacité de persuader ou à d'autres objectifs mineurs, de toutes façons infondés et indéfendables (*M* 2, 60-87), au point d'obliger Sextus à répéter en conclusion que « *ouk ara huparkei hê rhêtorikê* [donc la rhétorique n'existe pas] » (*M* 2, 88).

L. Blank (ed.), *Sextus Empiricus, Against the Grammarians (Adversus Mathematicos I)*, Oxford, Clarendon Press, 1998, p. 107 *sq*.) ; 2, 113 ; 3, 18, 92-3 e 108 ; 4, 1 ; 6, 5 ; on trouvera d'autres remarques intéressantes chez Françoise Desbordes, « Le scepticisme et les "arts libéraux" : une étude de Sextus Empiricus, *Adv. Math.* I-VI », dans André-Jean Voelke (éd.), *Le scepticisme antique. Perspectives historiques et systématiques*, Geneva/Lausanne/Neuchâtel, Cahiers de la Revue de Théologie et de Philosophie 15, p. 168 *sq*.

1. *M* 2, 89-112 ; Ces attaques sont présentées à travers des images tirées du domaine militaire, comme par exemple celle du siège, et distinguées de la pratique polémique adoptée par l'Académie sceptique : voir surtout *M* 9, 1-3 ; *Id.*, *Hypotyposes pyrrhoniennes*, 2, 84 et 3, 1 ; *M* 8, 337 a ; 11, 257 ; 1, 40, ainsi que les remarques de Fernanda Decleva Caizzi, « Sesto e gli scettici », *Elenchos* 13, 1992, surtout p. 287-289. Sur la valeur à attribuer à ces polémiques « destructives », voir aussi D.L. Blank (ed.), *Sextus Empiricus, Against the* Grammarians, *op. cit.*, p. LIV *sq.* ; sur la même ligne, voir aussi P. Pellegrin (éd.), *Sextus Empiricus, Contre les professeurs*, *op. cit.*, p. 20 *sq.* et 27 ; Arne Naess, *Scepticism*, London, Routledge, 1968, p. 11 ; *contra* R. Bett, « La double "schizophrénie" de *M*, I-VI et ses origines historiques », *op. cit.*

2. P. Pellegrin (éd.), Sextus Empiricus, *Contre les professeurs*, *op. cit.*, p. 38.

3. Voir J. Barnes, « Is Rhetoric an Art? », art. cit., p. 5, ainsi que T. Dorandi, « La représentation... », art. cit., p. 110. Je ne comprends pas comment l'on peut soutenir que la tripartition débattue dans les derniers paragraphes est proposée « *forse ancora una volta in base al testo epicureo* » (Maria Lorenza Chiesara, *Storia dello scetticismo greco*, Torino, Einaudi, 2003, p. 194 *sq.*), étant donné que les épicuriens, abstraction faite de toutes les autres différences que l'on peut relever, semblent au minimum systématiquement ignorer la partie encomiastique de la rhétorique dans leurs discussions ou polémiques, par ailleurs précises et développées. Pour les positions épicuriennes à cet égard, voir de nouveau F. Longo Auricchio, *Retorica da Epicuro a Lucrezio*, *op. cit.*

La destruction de la rhétorique

Au début de la polémique sextienne

Je ne peux, pour des raisons de place, épuiser ici l'étude de tous les aspects de la polémique sextienne ; je me limiterai donc à analyser de plus près la première moitié de *M* 2 (pour être exact *M* 2, 10-59). Je laisserai en revanche de côté la longue section consacrée à détruire la fin de la rhétorique (ou plus exactement les différentes fins qui lui sont successivement attribuées), de même que l'annexe finale, qui produit des apories sur les trois parties des trois divisions traditionnelles de la rhétorique[1].

Partons du premier écueil affronté par Sextus. Comme souvent, pour rendre plus efficace ses attaques, il cherche un point de départ dans une position qui exprime au mieux toute la force dogmatique de la thèse à combattre. Dans le cas de la rhétorique conçue comme un art, cette stratégie débute donc par assimiler la notion de *tekhnê* à celle, beaucoup plus forte et déterminée, d'*epistêmê*. C'est en ce sens qu'il faut lire la définition que nous rencontrons en *M* 2, 10 :

> Tout art est donc un système de compréhensions qui ont été co-exercées et qui fait référence à une fin utile à la vie[2] ; la rhétorique, cependant, n'est pas un système de compréhensions, comme nous le montrerons, donc la rhétorique n'est pas un <art>.

L'origine stoïcienne – et peut-être même zénonienne – de cette définition apparaît certaine[3]. Il est tout aussi certain, cependant, qu'elle finit par devenir progressivement et une « prénotion » privée, ou presque, de toute connotation doctrinale spécifique, dès lors que, comme on peut le lire chez Quintilien[4], « *ab omnibus fere probata* [elle est approuvée par presque tout le monde] ». Quoiqu'il en soit, je crois que sa présence et sa fonction

1. Voir à ce propos E. Spinelli, « Oltre la giustizia, senza la virtù: problemi etici e trame retoriche nel pirronismo antico », dans Piergiorgio Donatelli, Emidio Spinelli (a cura di), *Il senso della virtù*, Roma, Carocci, 2009, p. 40-43, avec les notes correspondantes.

2. Je supprime, comme certains mss, τῶν ἐν devant τῷ βίῳ et j'accepte la correction λαμβάνον (*cf.* J. Barnes, « Is Rhetoric an Art? », art. cit., p. 18 n. 25 et T. Dorandi, « La représentation… », art. cit., p. 110 n. 31) au lieu de λαμβανόντων des mss, ou de λαμβανουσῶν proposée par Gentian Hervet ; pour une solution différente, voir P. Pellegrin (éd.), *Sextus Empiricus. Contre les professeurs*, *op. cit.*, p. 253 n. 1.

3. *Cf. SVF*, I, 73 ; il est probable qu'une telle définition était acceptée et défendue également par Ariston de Chios, comme on le lit peut-être chez Marius Victorinus. Sur cette question, je renvoie à Anna Maria Ioppolo, *Aristone di Chio e lo stoicismo antico*, Napoli, Bibliopolis, 1980, p. 279 *sqq*.

4. Quintilien, *Institutio oratoria*, II, 17, 41.

dans le compte rendu de Sextus sont aussi dues à une intention spécifiquement anti-stoïcienne (vraisemblablement déjà présente dans les sources dont il semble dépendre en grande partie, plusieurs fois mentionnées et rappelées, de Critolaos aux académiciens, c'est-à-dire plus précisément Clitomaque et Charmadas). Au-delà d'une telle orientation, plus ou moins anti-stoïcienne, ce qui intéresse Sextus semble être la systématicité organique et solide qui est conférée à la rhétorique par cette définition comme *tekhnê*. Elle se révélerait en effet, en premier lieu, capable de permettre l'accès cognitif au vrai, en tant qu'elle est ancrée dans cette *katalêpsis* qui, surtout pour les stoïciens, restitue précisément le caractère *alêthes* de l'objet auquel elle s'applique. En second lieu, elle se proposerait de garantir cette dimension d'utilité qui devrait dériver de l'application correcte, dans un cadre pratique, de principes théoriques incontestables.

Pour combattre les prétentions à la vérité et à l'utilité d'une telle *tekhnê* rhétorique, Sextus n'a pas de scrupule, on l'a déjà souligné, à utiliser l'arsenal polémique des autres écoles. Il met ainsi en scène une série de six contre-arguments, de plus ou moins grande valeur et pertinence[1]. Voyons comment et par quelles techniques ils produisent une critique décisive :

1. En premier lieu, la négation de la possibilité même qu'il existe des *katalêpseis* de la rhétorique. Cette possibilité est contredite par le fait que les règles (les *theôrêmata*[2]) de ce présumé art « doivent » nécessai-rement avoir affaire au faux, ce qui révèle donc son caractère de *kakotekhnia*. C'est le point qu'avait déjà mis en lumière Platon[3] , puis, surtout Critolaos, dont proviennent peut-être les exemples particuliè-rement négatifs, qui assimilent la rhétorique au vol avec effraction ou au vol à la tire (*M* 2, 11-12) [4].

2. En second lieu, il ne semble pas admissible que la rhétorique possède une fin – qu'elle soit stable et fixe comme dans le cas de la philosophie ou de la grammaire[5], ou qu'elle soit valable seulement dans la plupart des cas,

1. Tant J. Barnes, « Is Rhetoric an Art? », art. cit., p. 8 (mais voir aussi p. 9) que T. Dorandi, « La représentation... », art. cit., n'en comptent que cinq ; voir aussi, bien que peut-être d'une façon un peu confuse, D. Roochnik, « Is Rhetoric an Art? », art. cit., p. 133 *sq*.

2. Sur leur origine et leur interdépendance non systématique, voir surtout J. Barnes, « Is Rhetoric an Art? », art. cit., p. 13 *sq*.

3. J. Barnes, « Is Rhetoric an Art? », art. cit., p. 21 n. 58 renvoie ici sans certitude à *Gorgias* 463 b ; de plus, il discute une possible contre-objection de Philodème, ainsi que la (prétendue) faiblesse de l'argumentation de Sextus qui « *fails to distinguish between the technical "ought" of the artist and the moral "ought" of the preacher* » (*ibid*., p. 12 *sq*.). On note aussi que la même expression *kakoteckhnia* « *was used by Epicurus* teste *Ammiano Marc. 30, 4* » (H.M. Hubbell, *The Rhetorica of Philodemus*, *op. cit*., p. 369 n. 6).

4. Pour une accusation analogue adressée à la poésie, voir *M* 1, 297, avec le commentaire de D.L. Blank (ed.), *Sextus Empiricus, Against the Grammarians (Adversus Mathematicos I)*, *op. cit*., p. 323-325.

5. En ce qui concerne la situation de la grammaire selon Sextus, voir *M* 1, 72-75.

comme il arrive pour des activités moins théoriquement structurées, « stochastiques » par excellence, telles la médecine et l'art du pilote. On note en outre que ces fins[1] sont alors identifiées avec la capacité oratoire de gagner dans les débats – chose impossible à réaliser selon Sextus, que ce soit toujours ou dans la plupart des cas (*M* 2, 13-15).

3. La troisième objection se fonde sur des constats et des remarques, vraisemblablement dérivés de Charmadas[2]. D'un côté, il apparaît évi-dent que l'on peut devenir orateur sans posséder l'art rhétorique et ses éléments les plus particuliers [*ta tekhnika*], donc sur la base d'une *hexis* et d'une *tribê*, comme dans le cas de Démade[3] et de beaucoup d'autres exemples (dont Sextus dit de manière significative que c'est visible *en tôi kath'hêmas biôi*). De l'autre, il est clair que ceux qui pourraient s'enorgueillir d'un savoir technique – une vraie *tekhnologia* – dans le domaine rhétorique, sont néanmoins dans l'incapacité de passer de la théorie aux actes. Ces prétendus théoriciens de la rhétorique ne se risquent pas à tenir leurs discours dans les lieux publics (tribunaux et place publique) : non seulement on peut les ridiculiser en les comparant à des poissons, absolument muets quand on les sort de l'eau, mais ils semblent incapables de transmettre en aucune façon leur art, de même que « la nature de la pierre à aiguiser n'est pas de transmettre au fer la capacité qu'elle possède » (*M* 2, 16-19)[4].

4. En quatrième lieu, mettant explicitement à profit ce qu'objectent « Critolaos et les académiciens, parmi lesquels Clitomaque et Charmadas[5] », Sextus insiste sur le caractère apparemment universel – historiquement et géographiquement, comme le montre la moisson d'exemples mentionnés aux § 20-24 – de la mise au ban de la rhétorique décidée en commun par les cités. Elles n'ont en revanche jamais banni les vrais arts, ceux qui sont certainement utiles à la vie. Et même quand, dans certains cas, elles ont

1. Il s'agit d'une observation qui n'est pas totalement cohérente avec le développement du plan polémique de Sextus, une sorte d'anticipation par rapport au texte suivant : *cf.* surtout *M* 2, 86-87, et J. Barnes, « Is Rhetoric an Art? », art. cit., p. 20 n. 50, qui analyse aussi les contre-objections chez Quintilien et Philodème (*cf. ibid.*, p. 11 *sq.*).

2. *Cf.* Cicéron, *De oratore*, I, 20, 91 ; voir déjà H.M. Hubbell, *The Rhetorica of Philodemus*, *op. cit.*, p. 370-374. David E. Hahm pense au contraire à une dérivation à partir de Critolaos, dans *Critolaus and Late Hellenistic Peripatetic Philosophy*, dans A.M. Ioppolo, D.N. Sedley (ed.), *Pyrrhonists, Patricians, Platonizers. Hellenistic Philosophy in the Period 155-86 B.C.*, Napoli, Bibliopolis, 2007, p. 56 n. 17.

3. *Contra* Quintilien (*Institutio oratoria*, II 17, 12) et, peut-être, aussi Philodème. *Cf.* à ce propos J. Barnes, « Is Rhetoric an Art? », art. cit., p. 9 et p. 19 n. 43, et D. Roochnik, « Is Rhetoric an Art? », art. cit., p. 139 *sq*.

4. Pour l'origine épicurienne de cette argumentation, voir J. Barnes, « Is Rhetoric an Art? », art. cit., p. 10, qui rapporte aussi une contre-objection chez Philodème, puis chez Galien.

5. Voir déjà peut-être Platon, *Gorgias* 456 c - 457 c, comme le suggère J. Barnes, « Is Rhetoric an Art? », art. cit., p. 19 n. 39.

chassé la philosophie, elles l'ont fait de manière ciblée, en se libérant seulement des *hairêseis* vraiment dangereuses, parce qu'elles défendent un hédonisme inacceptable, comme dans le cas de l'école épicurienne, ou parce qu'elles méprisent la divinité, comme dans le cas de l'école socratique (*M* 2, 20-25) [1].

5. Jouant encore sur le *topos* de la prétendue utilité, qui était « *a common place of technical handbooks*[2] », la cinquième objection nie qu'il soit possible de considérer la rhétorique comme un art vraiment utile[3]. En effet, elle ne procure aucun avantage à celui qui la possède ; ce dernier est plutôt contraint de fréquenter des hommes mauvais ou peu fiables, il est même entraîné dans des actions honteuses, insolentes, trompeuses et, en tout cas, il court toujours le risque de s'attirer de nouveaux ennemis ou de rencontrer des malheurs et des larmes[4] (*M* 2, 26-30). Elle n'est du reste pas utile à la cité, dont le salut et la solidité consistent dans le respect des lois – comme le montre bien le comportement des barbares, ignorants la technique oratoire et invoqués ici comme un modèle positif (*M* 2, 34). La rhétorique, nourriture certainement malsaine, semble en revanche vouloir presque abattre ou, du moins, mettre en discussion les lois. La conduite des rhéteurs est ici stigmatisée de manière assez unilatérale[5], comme une attitude ambiguë d'illusionniste ou, peut-être pire, de démagogue oscillant entre le respect strict de la lettre de la loi et une acceptation moins rigoureuse de l'esprit d'une norme ou d'un jugement (*M* 2, 31-43).

6. Comme introduction utile à sa dernière salve polémique, Sextus s'inspire de la défense de la rhétorique formulée par deux groupes distincts d'anonymes (*tines*). Le premier groupe propose une séparation nette entre

1. Selon H.M. Hubbell, *The Rhetorica of Philodemus*, *op. cit.*, p. 379 : Sextus ici « *has difficulty in making a plausible defence* ».

2. Voir D.L. Blank (ed.), *Sextus Empiricus, Against the Grammarians*, *op. cit.*, p. 293, qui fournit des parallèles précieux.

3. Nous trouvons ici de nombreux thèmes et exemples tirés de la polémique articulée ou mieux « détaillée » [*en katadromês merei*] de la source de Sextus, à identifier « aussi » (*kai* : *M* 2, 43) avec Clitomaque et Charmadas (surtout avec ce dernier, au moins selon l'opinion de C. Brittain, *Philo of Larissa. The Last of the Academic Sceptics*, *op. cit.*, p. 312 et 327). Au-delà de toute spéculation, la présence du *kai* autorise peut-être à supposer qu'il s'agit de critiques avancées ou partagées pas seulement par les membres de l'Académie ici cités explicitement, mais *aussi* par d'autres philosophes.

4. Comme Ineke Sluiter, « The Rhetoric of Scepticism : Sextus against the Language Specialists », dans J. Sihvola (ed.), *Ancient Scepticism and the Sceptical Tradition*, Helsinki, Societas Philosophica Fennica, 2000, p. 105 *sq.*, le fait remarquer, ces paragraphes sont construits – peut-être déjà par la source de Sextus – d'une manière très précise et en imitant certains choix caractéristiques de la prose rhétorique ; ils se révèlent ainsi une sorte de *leçon par l'exemple* et confirment *de facto* l'opinion selon laquelle « *rhetoric is bothersome for its possessor, since he is just as likely to lose his way in it as anyone else* » (*ibid.*, p. 106) ; *cf.* aussi *M* 2, 75.

5. *Cf.* J. Barnes, « Is Rhetoric an Art? », art. cit., p. 9.

une rhétorique noble, apanage des seuls *sophoi*, et une rhétorique propre aux hommes communs ou *mesoi*, seule vraie cible, à leur avis, de toutes les critiques exposées précédemment. Peut-être en écho au *Gorgias* de Platon (456 d), le second groupe utilise l'exemple du mauvais spécialiste du pancrace qui se sert de sa technique pour frapper son père, et situe la cause de la faillite et de la négativité de la rhétorique dans la méchanceté de celui qui l'exerce et non dans l'art en lui-même et par lui-même. Contre le premier groupe – où l'on peut peut-être reconnaître des penseurs stoïciens (Diogène de Séleucie ?) du fait du privilège concédé à la figure du *sophos* et de certains choix termi-nologiques[1] –, Sextus fait valoir une constatation cinglante, utilisée par lui plus d'une fois dans un cadre anti-stoïcien : l'inexistence ou, du moins, la rareté extrême du *sophos* tant loué mine à la base la consistance même de toute « rhétorique savante ». Au second groupe des *tines*, en revanche, revient une objection plus substantielle. Leur thèse ne résiste pas parce que c'est justement la rhétorique elle-même qui enseigne le mal, qui enseigne à construire une défense de l'injuste : elle se nourrit en effet des *logoi* en opposition (et donc aussi des discours négatifs et mauvais) [2], au point de faire apparaître juste l'injuste ou *vice versa*, selon un *topos* antisophistique très ancien[3].

Contre la « matière » de l'art rhétorique

Passons maintenant à la polémique contre ce qui est appelé la *hulê*, ou matière, de l'art rhétorique. Elle est plus brève mais non moins intéressante et peut-être encore plus cohérente à l'intérieur du plan anti-dogmatique plus général que Sextus met en œuvre en *M* 1-6 [4].

En premier lieu, si la rhétorique prétend avoir comme objet le *logos*, alors, pour montrer qu'elle est *anhupostaton*, Sextus a beau jeu de renvoyer

1. Voir déjà J. Barnes, « Is Rhetoric an Art? », art. cit., p. 15 *sq*. n. 11, qui refuse justement non seulement l'hypothèse de Marcello Gigante (*Scetticismo e epicureismo. Per l'avviamento di un discorso storiografico*, Napoli, Bibliopolis, 1981, p. 208), qui pensait aux épicuriens, mais aussi celle de A. Russo (*Sesto Empirico. Contro i matematici, op. cit*., p. XXII n. 3), qui renvoyait au contraire aux académiciens.

2. Selon I. Sluiter, « The Rhetoric of Scepticism: Sextus against the Language Specialists », art. cit., p. 106, ce serait l'un des éléments qui marquent une certaine proximité, dangereuse et inacceptable aux yeux de Sextus, entre la rhétorique et la *dunamis antithetikê* sceptico-pyrrhonienne: voir à ce propos *M* 2, 47 (et peut-être aussi 68, 70, 94).

3. *M* 2, 44-47.

4. Pour le caractère plus pyrrhonien de ces objections, voir aussi D. Roochnik, « Is Rhetoric an Art? », art. cit., p. 138. Pour la possible relation entre ces paragraphes de Sextus (*M* 2, 52-59) et certaines idées épicuriennes à propos du correct style à adopter, voir notamment Guido Milanese, *Lucida carmina. Comunicazione e scrittura da Epicuro a Lucrezio*, Milano, Vita e Pensiero, 1989, p. 98-100.

explicitement aux objections déjà soulevées dans le *Contre les grammairiens* (voir surtout *M* 1, 99 *sqq*., où l'inexistence de tout dis-cours était directement liée à l'inconsistance des éléments le composant, comme les lettres, les syllabes, les noms et ainsi de suite). On ne peut du reste la sauver dans son statut d'art en revendiquant pour elle l'usage de *logoi* utiles et avantageux. En effet, elle produit plutôt des discours nuisibles, fruit non d'une technique mais d'une habileté sournoise, typique des sycophantes ou des filous. Sextus souligne enfin que le fait de parler n'est pas une prérogative exclusive de la rhétorique, il est propre aussi aux autres arts, comme la médecine et la musique, qui utilisent des discours pour leurs fins propres[1].

Comme second élément de critique, est invoquée l'incapacité de la rhétorique à donner naissance au beau style, ou *kalê lexis*, du fait de son manque structurel de *tekhnologia* et de *theôria* adéquate pour atteindre cet objectif. Il est difficile d'identifier avec exactitude jusqu'à quel point les arguments de Sextus proposent à nouveau *disserendi causa* les thèses d'une source quelconque (peut-être dogmatique) antérieure à lui. Il apparaît cependant évident que l'analyse de cette seconde objection met en œuvre des éléments qui ne sont pas étrangers à certains choix linguistiques fondamentaux du pyrrhonisme. Nous devrons revenir plus tard sur cette question, en cherchant à lire entre les lignes de *M* 2 une *pars construens* (*M* 2, 52-55, passage cité en entier *infra* p. 255 *sq*.).

En réalité, en allant encore plus au fond des choses, une troisième objection semble préciser qu'il n'existe aucune *lexis* belle ou laide *in se* ; tout dépend de qui l'utilise et pourquoi il le fait. En tout cas, le rhéteur ne peut l'utiliser pour montrer des choses utiles, qui lui sont absolument inconnues, ni parce qu'il se conformerait à la langue grecque correcte, *hellênizein*[2], ni enfin parce qu'il serait en mesure de s'exprimer de manière évidente, concise et minutieuse, puisqu'au contraire il rend obscure sa parole, en recourant à des épiphonèmes, en n'évitant pas les *hiatus*, en laissant trop de place aux homéotéleutes. Personne ne devrait donc soumettre son propre mode d'expression à de tels artifices[3]. Ces derniers

1. *M* 2, 48-51.

2. Sextus reconnaît cette qualité uniquement – on pourrait se demander encore une fois : *disserendi causa* ou *in propria persona* ? – à celui qui sait tourner son regard vers la *sunêtheia* et vers les arts libéraux.

3. On ne peut pas exclure que Sextus ait volontairement souligné ces caractéristiques négatives, dans l'intention de peindre – ou même de simplement redéfinir (voir surtout I. Sluiter, « The Rhetoric of Scepticism… », art. cit., p. 105 *sq*.) une forme de rhétorique très différente de celle qui est à son avis acceptable et dont on parlera plus loin.

font paraître ridicule[1] et éloignent de l'usage commun de la vie [*hê koinê tou biou khrêsis*] ; ils sont du reste évités par les orateurs eux-mêmes en dehors des tribunaux et dans leurs rapports linguistiques normaux avec les autres[2].

Cette destruction très nette de la matière sur laquelle devrait porter la rhétorique semble donc laisser place seulement à un « tas de ruines », sans espoir et sans voie de sortie. En réalité pourtant, c'est cette impression négative qui doit être revue, si ce n'est abandonnée, du moins d'après le paragraphe suivant.

Pour une rhétorique sceptique ?

Lisons en premier lieu et en entier *M* 2, 59, où apparaît subitement la première personne du singulier et une *cross-reference* explicite, qui sont toutes deux des signes importants et peut-être décisifs pour considérer ce paragraphe comme une expression authentique de la pensée de l'auteur – et non du simple doxographe – Sextus :

> Et puis, comme je l'ai dit [cf. *M* 2, 54], parler avec affectation et éloquence [*meta prosokhês kai rhêtoreias lalein*] [3] a quelque chose de choquant. Il faut replacer ici ce qui a été dit précédemment contre ceux qui, parmi les grammairiens, sont partisans de l'analogie, et enseigner qu'il faut, lorsqu'on veut bien parler, observer l'usage plutôt que pratiquer un art superflu[4].

Le message est clair et sans aucune ambiguïté. La seule voie à suivre pour produire un *eu legein* acceptable – la conclusion est presque chargée d'une force prescriptive, avec l'usage de *didakteon* –, est celle de la pleine acceptation de la *sunêtheia* linguistique. Est critiqué en revanche tout étalage d'une technique qui, comme il arrive systématiquement dans le cas de toutes les productions théoriques dogmatiques, se révèle en réalité affectée du défaut typique de la *periergia*, « superfluité ». Le fait que, dans ce passage, Sextus renvoie à la polémique déjà menée en *M* 1 contre la prise de position inacceptable des défenseurs de l'analogisme est encore plus significatif et important si l'on veut montrer la continuité d'écriture entre le *Contre les grammairiens* et le *Contre les rhéteurs*. Dans cette section (*M* 1,

1. La nécessité de prévenir le ridicule et de respecter plutôt *to prepon*, à l'intérieur d'une communication qui puisse se considérer comme efficace, paraît particulièrement chère à Sextus et maintes fois établie par lui, y compris en *M* 1 : pour les passages les plus significatifs, voir I. Sluiter, « The Rhetoric of Scepticism… », art. cit., p. 119 *sq*. n. 67.

2. *M* 2, 56-58.

3. *Prosokhê* est un *hapax* chez Sextus, la seule autre occurrence de *rhêtoreia* est encore en *M* 2, au § 4, où le terme indique l'éloquence du défenseur (anonyme, mais il s'agit de Hypéride) de Phryné : *cf.* aussi *supra*, p. 241 n. 1.

4. *M* 2, 59. Traduction B. Pérez.

176 *sq.*) – avec une division analogue à celle déjà énoncée entre la grammaire au sens strict et technique, et la *grammatistikê* entendue comme simple art d'apprendre à lire et à écrire, donc très utile comme thérapie contre tous les risques d'oubli dans notre activité quotidienne (*M* 1, 44 *sq.*) [1]–, Sextus distingue en premier lieu deux formes d'« art de l'hellénisme ». La première, attaquée sans merci, est celle qui prétend attribuer à la grammaire au sens fort la capacité de donner une forme correcte à la langue grecque. Elle se révèle inacceptable justement parce que, comme en *M* 2, 59, elle se détache de la seule vraie source susceptible de garantir la clarté et la précision à la langue utilisée : la *koinê sunêtheia*. Une telle *consuetudo* est présentée, en outre, comme le produit d'un « remodelage » attentif [*paraplasmos*] [2] et d'une « observance/observation » [*paratêrêsis*, un terme technique chez Sextus] de la conversation normale quotidienne [*homilia*] entre interlocuteurs.

Une telle conception non « analogiste » se distingue en premier lieu par le refus de toute théorie sur l'origine naturelle et sur la fonction ontologique du langage, sur fond d'un conventionnalisme qui accepte des changements et mutations dûs au lieu, au temps, à la société, comme le montre suffisamment l'analogie entre la langue et la monnaie proposée par Sextus en *M* 1, 178 *sq.* Apparaît comme central le rappel du rôle de l'habitude linguistique. Elle semble constituer la base partagée sur laquelle construire une série de capacités et de propriétés analytiquement décrites par Sextus dans un passage du *Contre les rhéteurs* auquel il a déjà été fait allusion et qu'il convient à présent de lire en entier :

> Par ailleurs, pour faire court, la rhétorique ne produit pas non plus un beau style; car elle ne nous suggère pas les règles techniques permettant d'y atteindre, comme par exemple que celui qui a un beau style, c'est d'abord celui qui ne s'écarte pas de la manière de parler en usage, comme nous l'avons montré précisément dans notre *Contre les grammairiens*, et ensuite aussi celui qui domine avec assurance le contenu de pensée ; car le style tourne à vide [*rhembetai*] [3] lorsqu'on ignore ces règles ; c'est justement pour cette raison que, pour tenir compte de cela, nous disons que tout un chacun est bon rhéteur pour ses propres affaires. À cela s'ajoute aussi le fait que, une fois qu'on a bien examiné quelles sont les expressions qui relèvent de l'usage et quelles sont celles qui relèvent de l'opinion, on attribue à chacune de ces catégories ce qui lui revient : en effet, l'expression « ce bain est celui des hommes », est

1. Sur ces paragraphes, voir surtout D.L. Blank (ed.), *Sextus Empiricus, Against the Grammarians*, *op. cit.*, p. 113-124 ; on trouvera également des remarques intéressantes chez I. Sluiter, « The Rhetoric of Scepticism… », art. cit., p. 97-104.

2. Ce terme est aussi un *hapax* chez Sextus ; les deux seules occurrences du verbe *paraplassô* sont liées ou au substantif *sunêtheia* (*M* 1, 208) ou à l'adverbe *têrêtikôs* (*M* 5, 70).

3. Il s'agit encore d'un *hapax* chez Sextus.

> consacrée par l'usage, du fait que des hommes s'y lavent ; en revanche, « le riche est bienheureux » et « la mort est un mal » font partie des objets d'opinion, puisque le fait que la mort fasse partie des maux et la richesse des biens est obscur et objet d'opinion. Mais celui qui fera du style un bel usage, c'est bien celui qui aura saisi les raisons pour lesquelles nous procédons aux changements d'expression – que ce soit pour éviter de parler de façon franche et directe parce que l'expression directe choque ou pour rendre clair quelque chose, par exemple lorsque nous changeons la cause en « agent » et le signe en « indicateur ». Dans ces conditions, si, comme je l'ai dit, les rhéteurs avaient sur ces questions des règles techniques, c'est peut-être de la rhétorique qu'ils tireraient tant le bien parler que l'expression raffinée. Mais, en réalité, puisqu'ils ne touchent pas à ce savoir théorique, ou que, en admettant qu'ils y touchent, ce n'est en rien du moins en fonction de la rhétorique, il faut dire que le beau langage n'est pas propre à la rhétorique[1].

Dans ces paragraphes, Ineke Sluiter a justement identifié la tentative sextienne de redéfinir, sur un mode acceptable et authentiquement pyrrhonien, le « bien parler » légitime, à la fois bon et utile, constitutif de ce qu'il serait tentant d'appeler « rhétorique sceptique[2] ». Sextus énonce à ce propos une série de règles auxquelles il faut se rapporter pour produire un style servant à communiquer de manière à la fois élégante et décisive. Il y en a quatre pour être exact :

a. respecter, comme déjà mentionné plusieurs fois, l'importance de l'habitude ;

b. avoir une maîtrise assurée (mais non une connaissance absolue au sens dogmatique) du thème traité, peut-être parce qu'il convient d'avoir toujours présent à l'esprit la relation conventionnellement établie entre les mots et les choses ;

c. avoir la capacité de distinguer entre les expressions qui résultent de l'usage commun, dont l'acceptation aide à s'orienter dans la vie quotidienne, et celles qui, en revanche, découlent des théories dogmatiques, susceptibles uniquement de susciter ou de renforcer des opinions opposées et donc de menacer dangereusement notre tranquillité ;

d. savoir, enfin, manipuler le langage au point de modifier les expressions qui, par excès de franchise et en frôlant l'obscénité, seraient susceptibles de paraître injurieuses, ou qui risqueraient, par obscurité et

1. *M* 2, 52-55. Traduction B. Pérez.

2. Voir I. Sluitter, « The Rhetoric of Scepticism… », art. cit., p. 109 *sq.* (avec les notes correspondantes), dont je reprends quelques éléments et certaines remarques, bien que je ne partage ni son idée d'une forte proximité (qu'on pourrait dire structurale) entre rhétorique et scepticisme pyrrhonien (*ibid.*, p. 106-108 ; voir aussi *supra*, p. 249 n. 3) ni son accusation selon laquelle Sextus fait preuve d'un « *poor judgement* » sur la rhétorique (*ibid.*, p. 112 *sq.*). Sur la valeur de *M* 2, 52 *sq.*, voir aussi F. Desbordes, *Le scepticisme et les « arts libéraux » : une étude de Sextus Empiricus, Adv. Math. I-VI*, *op. cit.*, p. 179.

excès de technique, de ne pas répondre à la recherche de clarté et d'efficacité dans la communication, qui ne peut jamais être séparée de notre parole.

Rhétorique a-philosophique et vie quotidienne

Pour comprendre plus à fond les raisons qui animent cette prise de position de Sextus, il faut évoquer, en conclusion, au moins un autre passage. Laissant de côté toute considération sur son attitude dans le traitement de cet instrument puissant et, à ses yeux, périlleux qu'est le langage *tout court,* sa proposition d'une rhétorique « comme il faut » doit être reliée à la défense plus générale d'un ensemble d'arts utiles à la vie, y compris d'un point de vue sceptique.

Dans cette perspective, la rhétorique comprise comme art semble être périlleuse, aussi et surtout, parce qu'elle représente (de même que les autres arts libéraux combattus en *M* 1-6) une menace pour l'unique horizon de référence morale et comportementale accepté par le sceptique, à savoir les apparences liées à la vie commune ou *koinos bios*[1]. Dans ce cadre, les nombreuses interventions de Sextus pour défendre la légitimité et la « praticabilité » de certaines *tekhnai*, cette fois explicitement opposées aux arts libéraux, deviennent bien plus compréhensibles. En parcourant avec attention *M* 1-6, nous pouvons en trouver une liste assez stable. Nous trouvons, outre la « rhétorique sceptique » que l'on peut apercevoir en *M* 2, 52 *sqq*., la grammaire élémentaire ou *grammatistikê* (voir, comme cela a déjà été souligné, *M* 1, 44, 49 *sqq*.), mais aussi la poésie (*M* 1, 278, 299), l'astro-météorologie fondée sur l'observation des phénomènes (*M* 5, 1-2), ainsi que l'agriculture (*M* 5, 2), l'art du pilote (*M* 1, 51 ; 2, 13 ; 5, 2 ; peut-être aussi *M* 8, 203) ; et peut-être enfin la *philosophia*, si elle est comprise dans un sens authentiquement pyrrhonien (voir de nouveau *M* 2, 13, et aussi 1, 280, 296 et 2, 25). Enfin, en plus peut-être de la sculpture ou de la peinture (*M* 1, 182), il y a évidemment la médecine (*M* 1, 51 ; 2, 13) et la musique comme pure exécution instrumentale (*M* 6, 1).

Ces « bons arts » ne prétendent pas formuler une doctrine sur la vraie nature de leurs objets ni imposer une croyance dogmatique à ceux qui les pratiquent. Ce qui les caractérise, sur le fond d'une adhésion souvent mentionnée en *M* 1-6 aux habitudes, ou *sunêtheia*, c'est plutôt leur utilité ou leur capacité à satisfaire certains besoins liés à la vie quotidienne[2]. Ils

1. Sextus Empiricus, *Esquisses pyrrhoniennes*, 1, 17.

2. Sur leur caractère pyrrhonien, voir surtout Jonathan Barnes, « Scepticism and the arts », dans Robert J. Hankinson (ed.), *Method, Medicine and Metaphysics. Studies in the*

permettent même au pyrrhonien de s'orienter dans le monde, lui qui renonce pourtant aux systèmes théorétiques pour gagner la tranquillité et la félicité. En passant probablement *aussi* par une forme de rhétorique a-philosophique, apparaît de nouveau la figure centrale de cet enseignement des arts ou *didaskalia tekhnôn*, que Sextus présente dans les *Esquisses pyrrhoniennes*[1] comme l'un des éléments fondamentaux des quatre formes d'observance des règles de vie[2].

En conclusion, la pratique philosophique sceptique, surtout dans sa version pyrrhonienne, semble elle aussi garantir aux hommes le choix d'un *bios* simple en même temps qu'heureux, et vraiment à notre portée. Grâce à un démantèlement des prétendues forces du *theôrein,* en l'occurrence indûment appliquées à l'art rhétorique, un tel choix ne sera pas troublé mais, au contraire, franchement aidé par la pratique quotidienne d'un regard critique, chercheur, consciemment « désenchanté » en ce qui concerne les fausses certitudes proposées à l'encan, ou, pire encore, imposées par les différentes philosophies dogmatiques[3].

Philosophy of Ancient Science, *Apeiron* 21, Academic Printing & Pub, 1988, p. 63-66 ; D.L. Blank (ed.), *Sextus Empiricus, Against the Grammarians*, *op. cit.*, p. XXXIV et R. Bett, « La double "schizophrénie" de *M*, I-VI et ses origines historiques », art. cit., p. 19 *sq.* ; sur leur forme tout à fait particulière de « *know-how* », on trouvera des remarques intéressantes chez F. Desbordes, *Le scepticisme et les « arts libéraux*, *op. cit.*, p. 176 *sq.*

1. Sextus Empiricus, *Esquisses pyrrhoniennes*, 1, 23 *sq.*

2. Je ne peux pas insister ici sur ce passage ni sur le rôle central qu'il joue dans l'attitude éthique de Sextus : voir à ce sujet Emidio Spinelli, *Questioni scettiche: letture introduttive al pirronismo antico*, Roma, Lithos, 2005, p. 138 *sq.*

3. Je remercie Stéphane Marchand, qui a accepté de traduire une première version du texte de ma contribution. Je remercie aussi les amis et collègues qui ont eu la patience de lire cet article et de me faire d'importantes suggestions, très utiles pour sa dernière rédaction (Mauro Bonazzi, Riccardo Chiaradonna, Tiziano Dorandi, John C. Laursen, Diego Machuca, Luigi Spina, Francesco Verde et surtout Thomas Bénatouïl, qui m'a aidé pour la révision finale).

TEXTES

DÉFINITIONS DE LA RHÉTORIQUE SEXTUS EMPIRICUS, *CONTRE LES RHÉTEURS* (*M* 2)[1]

§ 2 - DÉFINITION (*VERBATIM*) DE PLATON

Πλάτων μὲν οὖν ἐν τῷ Γοργίᾳ κατὰ διοριστικὴν ἔφοδον τοιοῦτον ἔοικεν ἐξ ἐπισυνθέσεως ὅρον τῆς ῥητορικῆς ἀποδιδόναι 'ῥητορική ἐστι πειθοῦς δημιουργὸς διὰ λόγων, ἐν αὐτοῖς τοῖς λόγοις τὸ κῦρος ἔχουσα, πειστική, οὐ διδασκαλική', τὸ μὲν 'διὰ λόγων' προστιθεὶς τάχα παρόσον πολλά ἐστι τὰ πειθὼ τοῖς ἀνθρώποις ἐνεργαζόμενα χωρὶς πολλά ἐστι τὰ πειθὼ τοῖς ἀνθρώποις ἐνεργαζόμενα χωρὶς λόγου, καθάπερ πλοῦτος καὶ δόξα καὶ ἡδονὴ καὶ κάλλος.

Ainsi Platon dans le *Gorgias*, suivant sa méthode de définition, semble donner de la rhétorique la définition suivante (si on combine plusieurs passages) : « la rhétorique est un artisan de persuasion qui use de discours et puise dans les discours mêmes son pouvoir, et qui est à même de persuader sans être à même d'enseigner ». S'il ajoute « qui use de discours », c'est sans doute dans la mesure où nombreux sont les moyens de persuader les humains autres que la parole, comme la richesse, la réputation, le plaisir et la beauté.

§ 6 *sq.* - DÉFINITION (*VERBATIM*) DE XÉNOCRATE ET DES STOÏCIENS

Ξενοκράτης δὲ ὁ Πλάτωνος ἀκουστὴς καὶ οἱ ἀπὸ τῆς Στοᾶς φιλόσοφοι ἔλεγον ῥητορικὴν ὑπάρχειν ἐπιστήμην τοῦ εὖ λέγειν, ἄλλως μὲν Ξενοκράτους τὴν ἐπιστήμην λαμβάνοντος καὶ ἀρχαϊκῷ νόμῳ, ἀντὶ τῆς τέχνης, ἄλλως δὲ τῶν Στωικῶν, ἀντὶ τοῦ βεβαίας ἔχειν καταλήψεις, ἐν σοφῷ μόνῳ φυομένην. τὸ δὲ λέγειν ἀμφότεροι παραλαμβάνουσιν ὡς διαφέρον τοῦ διαλέγεσθαι, ἐπειδήπερ τὸ μὲν ἐν συντομίᾳ κείμενον κἀν τῷ λαμβάνειν καὶ διδόναι λόγον διαλεκτικῆς ἐστιν ἔργον, τὸ δὲ λέγειν ἐν μήκει καὶ διεξόδῳ θεωρούμενον ῥητορικῆς ἐτύγχανεν ἴδιον.

Xénocrate, le disciple de Platon, et les philosophes stoïciens disaient, eux, que « la rhétorique est la science du bien parler » ; mais

1. Les traductions sont celles de Brigitte Pérez dans Pierre Pellegrin (éd.), *Sextus Empiricus, Contre les professeurs*, Seuil, coll. « Points Bilingues », 2002.

Xénocrate prenait le mot science, selon l'usage ancien, au sens d'art, tandis que les stoïciens lui donnaient une autre acception, le fait d'avoir des saisies assurées, la science appartenant par nature au seul sage. Mais les uns comme les autres tiennent « parler » pour quelque chose de différent de « pratiquer la dialectique », puisqu'en vérité, si ce qui consiste dans la brièveté et dans l'échange d'arguments, est l'affaire de la dialectique, c'est le « parler » dans son déploiement et son développement qui, à l'observation, se trouve être le propre de la rhétorique.

§ 8 *sq.* - DÉFINITION (*VERBATIM*) D'ARISTOTE, RÉSUMÉ DES DÉFINITIONS PRÉEXISTANTES

Ἀριστοτέλης δὲ ἐν τῷ πρώτῳ τῶν Ῥητορικῶν τεχνῶν ἁπλούστερον παραδίδωσι τὴν ῥητορικὴν τέχνην λόγων. καὶ ζητουμένου πρὸς αὐτὸν ὅτι καὶ ἡ ἰατρικὴ τέχνη ἐστὶ λόγων ἰατρικῶν, ἀπολογούμενοί τινές φασιν ὅτι ἡ ἰατρικὴ τοὺς λόγους ἐφ' ἕτερόν τι ἀναφέρει τέλος, καθάπερ τὴν ὑγείαν, ἡ δὲ ῥητορικὴ ἄντικρύς ἐστι λόγων τέχνη. καὶ ἄλλους δὲ ἐκτίθεται ὁ ἀνὴρ οὗτος ὅρους, περὶ ὧν οὐκ ἀναγκαῖόν ἐστιν ἡμῖν λέγειν τοῖς μὴ προηγουμένως τὸν περὶ ῥητορικῆς διεξοδεύουσι λόγον, ἀλλ' ὅσον τοῦ τὴν ἰδιότητα ταύτης περινοῆσαι πρὸς τὴν χειρισθη-σομένην ἡμῖν ἀντίρρησιν. ἧς ἀρχὴ γένοιτ' ἂν εὐθέως ἀπὸ τῆς ἐκκειμένης νοήσεως. ἐπεὶ γὰρ τέχνην ἢ ἐπιστήμην λόγων ἢ τοῦ λέγειν καὶ πειθοῦς περιποιητικὴν βούλονται τυγχάνειν τὴν ῥητορικὴν οἱ τὴν ἔννοιαν αὐτῆς ἀποδιδόντες, πειρασόμεθα καὶ ἡμεῖς τῶν τριῶν τούτων ἐχόμενοι τες, πειρασόμεθα καὶ ἡμεῖς τῶν τριῶν τούτων ἐχόμενοι διδάσκειν τὸ ἀνυπόστατον αὐτῆς.

Aristote au premier livre de la *Rhétorique* considère plus simplement la rhétorique comme l'« art du discours » ; et devant l'objection qui lui est faite que la médecine aussi est un art des discours – des discours médicaux –, certains prennent sa défense en disant que la médecine rapporte ses discours à une fin autre qu'elle-même, comme l'est la santé, tandis que la rhétorique est l'art des discours tout simplement. Notre homme en propose encore d'autres définitions, mais il n'est pas indispensable que nous en parlions, puisque nous ne traiterons pas de la rhétorique en détail comme objet principal de notre étude, mais seulement dans la mesure où cela nous fait comprendre ce qu'elle a en propre, en vue de l'attaque que nous allons entreprendre. Nous pouvons donc commencer tout de suite, en partant de la conception qui vient d'être exposée. Puisqu'en effet ceux qui présentent le concept de la rhétorique veulent y voir un « art », ou une « science », concernant « les discours » ou « le parler », à même d'entraîner « la persuasion », nous allons essayer pour notre part, en prenant en compte ces trois éléments, d'enseigner la non-existence de la rhétorique.

§ 12 - DÉFINITION POLÉMIQUE COMME *KAKOTEKHNIA* (MAIS NON *VERBATIM* ?) DE PLATON, CRITOLAOS

[...] καθάπερ οὖν οὐκ ἂν εἴποιμεν τὴν τοιχωρυχικὴν εἶναί τινα τέχνην παραινοῦσαν τὸ οὕτω δεῖν τοῖχον διορύττειν, καὶ τὴν κλεπτικὴν τὸ οὕτω καθήκειν κλέπτειν καὶ βαλαντιοτομεῖν, ⌊ψευδῆ γάρ ἐστι ταῦτα, καὶ οὔτε καθήκοντα οὔτε θεωρήματα⌋, οὕτως οὐδὲ τὴν ῥητορικὴν ὑποληπτέον ἔχειν τεχνικὴν ὑπόστασιν, ἐπὶ τοιούτοις παραγγέλμασι σαλεύουσαν. ἀμέλει γέ τοι καὶ οἱ περὶ Κριτόλαον τὸν Περιπατητικόν, καὶ πολὺ πρότερον οἱ περὶ Πλάτωνα, εἰς τοῦτο ἀπιδόντες ἐκάκισαν αὐτὴν ὡς κακοτεχνίαν μᾶλλον ἢ τέχνην καθεστηκυῖαν.

Dans ces conditions, de la même façon que nous ne dirons pas que le perçage des murs est un art qui conseille la façon dont *on doit* percer un mur, ou le vol un art qui conseille la façon dont *on a le devoir* de voler et de couper une bourse (car ce sont là choses fausses, qui ne sont ni des devoirs ni des théorèmes), de même on ne doit pas non plus considérer que la rhétorique a une existence comme art, parce qu'elle est ancrée à des recommandations de ce genre. En tout cas, c'est parce qu'ils avaient ce point en vue que le péripatéticien Critolaos et, bien avant lui, Platon ont reproché à la rhétorique d'être (comme ils ont pu l'établir) un méchant artifice plutôt qu'un art.

§ 61 *sq.* - DÉFINITIONS DE LA FIN DE LA RHÉTORIQUE (*VERBATIM*) DE : PLATON, XÉNOCRATE, ARISTOTE, ARISTON (« LE FAMILIER DE CRITOLAOS »), HERMAGORAS, ATHÉNÉE, ISOCRATE

οὐκ ἄρα ἐστὶ τέχνη ἡ ῥητορική. οἱ μὲν οὖν πλεῖστοι καὶ χαρίεντες ἔσχατον οἴονται τῆς ῥητορικῆς ἔργον εἶναι τὸ πείθειν. καὶ γὰρ οἱ περὶ τὸν Πλάτωνα εἰς τοῦτο ἀπιδόντες δύναμιν εἰρήκασιν αὐτὴν τοῦ διὰ λόγων πείθειν, καὶ οἱ περὶ τὸν Ξενοκράτην πειθοῦς δημιουργόν, καὶ Ἀριστοτέλης δύναμιν τοῦ θεωρεῖν τὸ ἐνδεχόμενον πιθανόν. καὶ Ἀρίστων ὁ Κριτολάου γνώριμος σκοπὸν μὲν ἐκκεῖσθαί φησιν αὐτῇ τὴν πειθώ, τέλος δὲ τὸ τυχεῖν τῆς πειθοῦς. καὶ Ἑρμαγόρας τελείου ῥήτορος ἔργον εἶναι ἔλεγε τὸ τεθὲν πολιτικὸν ζήτημα διατίθεσθαι κατὰ τὸ ἐνδεχόμενον πειστικῶς. Ἀθήναιος δὲ λόγων δύναμιν προσαγορεύει τὴν ῥητορικὴν στοχαζομένην τῆς τῶν ἀκουόντων πειθοῦς, καὶ Ἰσοκράτης φησὶ μηδὲν ἄλλο ἐπιτηδεύειν τοὺς ῥήτορας ἢ ἐπιστήμην πειθοῦς.

Donc la rhétorique n'est pas un art. Assurément, la majorité des connaisseurs justement croit que la tâche ultime de la rhétorique est de persuader. Et de fait Platon, qui regardait dans cette direction, a dit qu'elle est « la capacité de persuader qui use de discours ». Xénocrate qu'elle est « artisan de persuasion », et Aristote, « la capacité d'étudier ce qui peut contribuer à la persuasion ». De son côté, Ariston, le familier de Critolaos, dit que « si la persuasion constitue pour elle un objectif, sa fin est d'obtenir la persuasion » et Hermogoras disait que « la tâche du parfait rhéteur est de disposer la question politique posée d'une manière aussi persuasive que possible ». Athénée, lui, appelle la rhétorique « une capacité de discours qui se donne pour objectif la persuasion des auditeurs », et Isocrate dit que « les rhéteurs ne s'intéressent à rien d'autre qu'à la science de la persuasion ».

§ 79 - DÉFINITIONS DE LA FIN DE LA RHÉTORIQUE, NON *VERBATIM* (ANONYME)

[...] τινὲς δὲ τοῦτο μὲν οὐ λέγουσιν αὐτῆς τέλος, τὸ δὲ τοὺς ἐνδεχομένους εὑρεῖν λόγους· οἱ δὲ τὸ δόξαν ἐμποιεῖν τοῖς δικασταῖς περὶ τῶν πραγμάτων οἵαν οἱ λέγοντες θέλουσιν, ἄλλοι δὲ τὸ συμφέρον, τινὲς δὲ τὸ νικᾶν.

[...] Toutefois, pour certains sa fin, ce n'est pas cela, mais c'est d'inventer les discours possibles, tandis que pour d'autres, c'est de susciter chez les juges à propos des faits d'opinion que les orateurs désirent, pour d'autres encore c'est l'utilité, et pour certains enfin le fait de remporter la victoire.

§ 89 - DÉFINITIONS DES PARTIES DE LA RHÉTORIQUE NON *VERBATIM* (ANONYME)

Ἐναπορήσειε δ' ἄν τις αὐτοῖς καὶ ἀπὸ τῶν μερῶν αὐτῆς. μέρη δὲ λέγουσι ῥητορικῆς τὸ δικανικόν τε καὶ συμβουλευτικὸν καὶ ἐγκωμιαστικόν, τούτων δὲ τοῦ μὲν δικανικοῦ τέλος εἶναι τὸ δίκαιον, τοῦ δὲ συμβουλευτικοῦ τὸ συμφέρον, τοῦ δὲ ἐγκωμιαστικοῦ τὸ καλόν· ὅπερ εὐθέως ἄπορόν ἐστιν.

On pourrait par ailleurs plonger les rhéteurs dans l'aporie à partir des différentes parties de la rhétorique. Elle se divise – c'est ce qu'ils disent – en judiciaire, délibérative et encomiastique, et à la fin de la judiciaire est la justice, celle de la délibérative l'utilité et celle de l'encomiastique la beauté ; ce qui précisément mène tout droit à l'aporie.

NECTAR ET ILLUSION
ART, NATURE ET PERCEPTION DE LA RHÉTORIQUE À BYZANCE

Henry MAGUIRE

Dans l'*Alexiade*, l'historienne Anne Comnène peint un portrait très négatif de Jean Italos, ce professeur italien qui, pour une période relativement brève vers la fin du XIe siècle, occupait la chaire de philosophie à Constantinople. Anne Comnène reconnaît à Italos la connaissance sans égale des philosophes antiques, particulièrement Platon et Aristote, ainsi qu'une grande maîtrise de la dialectique. Mais :

> Dans d'autres études littéraires, sa compétence n'était pas aussi évidente : sa connaissance de la grammaire, par exemple, était défaillante et il n'avait pas « goûté au nectar » de la rhétorique. Pour cette raison, son langage était dépourvu d'harmonie et d'éclat, son style austère et totalement dénudé. Ses écrits étaient aigris et, d'une façon générale, amers et plein d'agression dialectique, et sa langue était chargée d'arguments, plus encore lorsqu'il s'exprimait lors d'un débat que lorsqu'il écrivait[1].

Dans son portrait de Jean Italos, Anne Comnène semble établir une distinction claire entre les techniques de la philosophie et celles de la rhétorique. En philosophie, Jean Italos n'avait aucun rival, mais il était totalement dépourvu des charmes et des grâces qu'apporte la rhétorique. C'est pourquoi il est resté grossier et barbare malgré son érudition.

Bien qu'Anne Comnène semble avoir considéré les techniques de la rhétorique comme un composant essentiel d'une éducation civilisée,

1. Bernard Leib (texte et traduction), *Anne Comnène, Alexiade*, t. II, V, 8, 6, Paris, Les Belles Lettres, « Collection byzantine », 1943 ; traduction personnelle d'après la traduction anglaise par Edgar Robert Ashton Sewter, *The Alexiad of Anna Comnena*, Harmondsworth, Penguin Books, 1969, p. 176.

d'autres écrivains byzantins ont traité la rhétorique avec plus d'ambivalence. Cette ambivalence est évidente dans la *Chronographia* de Michel Psellos, qui avait précédé Italos à la chaire de philosophie à Constantinople. D'un côté, Psellos exprimait de l'admiration pour ceux qui étaient capables d'utiliser la rhétorique pour ajouter du charme à leur discours. Par exemple, il louait ainsi le personnage et les compétences rhétoriques de Constantin Lichoudès :

> Il [Lichoudès] était un homme d'une grande noblesse, d'une élo-quence exceptionnelle, dont la langue était faite et prête pour tous les pouvoirs du discours, et il possédait une connaissance approfondie des affaires publiques. En effet, il avait à la fois la connaissance des lois de la politique et la technique [le mot utilisé par Psellos est *tekhnê*] de la rhétorique à laquelle il avait apporté plus de distinction en la rendant (encore) plus convaincante [...]. Lorsqu'il présentait un discours rhétorique, il cultivait un style à la fois élégant et purement attique [...] [1].

Cependant, Psellos menait, un peu plus haut, une analyse très différente des techniques de rhétorique, les considérant sous un angle beaucoup plus négatif, comme des moyens de tromperie et de tricherie. Ce jugement est présent dans le portrait que Psellos dresse du caractère de l'empereur Constantin IX Monomachos. Après avoir relaté une anecdote illustrant la générosité et la magnanimité du caractère de l'empereur, Psellos fait une distinction entre rhétorique et histoire. Il remarque : « Telles sont les histoires que l'on pourrait raconter au sujet de l'empereur, si tel était notre souhait. Si l'on préférait, néanmoins, composer un panégyrique de cet homme, le plus convaincant des orateurs inclurait dans son éloge des faits qu'un discours historique rejetterait probablement[2]. » Psellos continue ensuite, d'un ton plutôt ironique, sa description de l'intérêt que l'empereur portait au paysage, y compris sa capacité à transformer, en très peu de temps, des plaines dénudées en bosquets gorgés de rossignols gazouillants et d'arbres remplis du chant des grillons. Il poursuit :

> Lorsque je fais de telles déclarations, je ne fais que toucher à la technique de la rhétorique et de la persuasion. Si l'on souhaitait donner à son discours l'exercice de l'art le plus complet, on pourrait manipuler chaque auditeur et chaque cœur à souhait. Pour moi, pourtant, de tels exploits ne

1. Émile Renauld (éd.), *Michel Psellos, Chronographie ou Histoire d'un siècle de Byzance (976-1077)*, t. II, Paris, Les Belles Lettres, « Collection Byzantine », 1928, VI, 178, p. 58 *sq*. Sauf mention contraire, toutes les traductions proposées sont personnelles.

2. E. Renauld (éd.), *M. Psellos, Chronographie*..., *op. cit*., VI, 173, p. 56.

> sont pas dignes d'éloges – ces techniques [le terme est à nouveau *tekhnai*] orales qui pervertissent la vérité me répugnent[1].

Psellos se fait donc ici l'écho de Socrate dans le *Gorgias* de Platon : « Il semble donc que la rhétorique produise ce type de persuasion qui crée la croyance mais n'enseigne pas la distinction entre le bien et le mal[2] ». Pour Psellos, la rhétorique est à la fois une technique digne d'éloge permettant d'améliorer le style d'un discours, et même d'un caractère, et un outil méprisable de mensonge.

D'autres écrivains byzantins ont exprimé cette même ambivalence envers la rhétorique. On peut regarder, par exemple, la *Description de l'Église des Saints Apôtres à Constantinople* composée par Nicolas Mésaritès entre les XIIe et XIIIe siècles. Cette *ekphrasis*, elle-même œuvre de rhétorique, se conclut par un éloge du patriarche d'alors, Jean X Kamateros, en orateur chrétien. Mésaritès dit que le patriarche

> est non seulement sage en affaires divines [...] mais est des plus compétents et enthousiastes dans les affaires terrestres, au travers desquelles son discours s'est enrichi d'une façon très raffinée et remarquable [...]. En tant que grammairien, il surpasse Histiaios et Théodosios, en tant que rhétoricien, il surpasse Démosthène et Hermogène[3].

L'*ekphrasis* se termine par un jeu de mots remarquable sur le mot *logos*, qui désigne à la fois l'éloquence du Patriarche et Dieu lui-même. Au sujet de Jean Kamareos, Mésaritès déclare :

> Sa langue se déploie telle une source inépuisable, la source de satiété pour tous ceux qui ont soif d'une foi droite. Oh ! Fleuves de *logos*, non pas comme le Nil qui enrichit l'Égypte de ses sept bouches, mais avec une seule bouche qui ensemence la terre entière inhabitée et la couvre de richesses infinies, puissions-nous en remplir toute la longueur de nos vies afin que nos âmes ainsi que nos corps soient enrichis et que nous trouvions une bénédiction dans l'éternité et dans notre vie terrestre, en Jésus Christ notre Seigneur, en lui la gloire pour toujours. Amen[4].

Ce passage qui clôt l'*ekphrasis* de Mésaritès peut être comparé à un autre passage du début de son œuvre, consacrée à l'école de l'Église des

1. E. Renauld (éd.), *M. Psellos, Chronographie…, op. cit.*, VI, 176, p. 58.

2. Platon, *Gorgias*, 454 e - 455 a ; traduction personnelle à partir du texte établi par Eric Robertson Dodds (ed.), *Plato: Gorgias*, Oxford, Oxford University Press, 1959, p. 81.

3. Glanville Downey (texte, trad. et commentaire), *Description of the Church of the Holy Apostles at Constantinople*, XLIII, 5, Transactions of the American Philosophical Society N.S. 47, 6, 1957, 5e éd., p. 918, avec traduction, p. 896.

4. G. Downey (ed.), *Description of the Church of the Holy Apostles at Constantinople*, XLIII, 9 *sq.*, *op. cit.*, p. 897, 918.

Saints Apôtres, qui couvrait le *curriculum* élémentaire mais aussi d'autres matières plus avancées, dont la rhétorique[1]. Parlant des élèves, il décrit « ceux qui ont atteint une étape élevée et plus accomplie » de leur éducation et qui « tissent les mots en des toiles de pensées et transforment le sens écrit en des énigmes, disant une chose avec leur langue mais y cachant autre chose avec leur esprit[2] ».

Ainsi, nous trouvons dans une seule et même œuvre rhétorique à la fois une méfiance à l'égard de la rhétorique comme moyen de dissimuler la vérité, et une équivalence virtuelle entre rhétorique et sagesse divine. Je souhaiterais explorer ce paradoxe plus avant, en portant une attention plus particulière à l'un de ses aspects, à savoir le lien établi par les Byzantins entre la richesse de la rhétorique et celle de la nature. Mésaritès, en décrivant les richesses inépuisables du discours, les compare à celles du Nil. Pourtant, comme la rhétorique, les Byzantins pouvaient regarder la nature avec méfiance, considérant son abondance éphémère et illusoire comparée aux vérités éternelles. Je m'intéresserai aux textes et aux arts visuels car l'ambivalence byzantine envers la rhétorique et la nature s'exprime dans ces deux medias.

Je commencerai par la rhétorique, la nature et l'art dans la première période byzantine, avant la crise iconoclaste du VIIIe siècle. Avant l'iconoclasme, la description et la peinture de la nature jouaient un rôle important dans la transmission de la vérité religieuse. En particulier, le monde naturel était célébré dans les nombreux sermons et commentaires consacrés à l'*Hexaméron*, les six jours de la création. Dans ces œuvres, la création terrestre était inscrite sous le pouvoir du Christ. Dans les sermons de l'*Hexaméron* et dans les œuvres qu'ils ont inspirés, les merveilles de la création montraient, par analogie, la grandeur du Créateur[3]. Les auteurs incorporaient fréquemment dans leurs sermons des *ekphraseis*, ou descriptions rhétoriques, des éléments particulièrement remarquables de la création. Ainsi, on trouve dans un poème composé au début du VIe siècle par Avitus une description étendue des fleuves du Paradis, y compris le Nil. Avitus dépeint ainsi le fleuve :

> Le doux flot [du Nil] traverse l'Égypte afin d'enrichir ses terres pour un temps donné. Car, tant que le fleuve déborde de ses rives avec son flot gonflé et inonde les champs de boue noire, la fertilité [des champs] est

1. G. Downey (ed.), *Description of the Church of the Holy Apostles at Constantinople*, VIII, 3 et XLII, 1, *op. cit.*, p. 866, p. 894, p. 899, p. 916.

2. *Ibid.*, VIII, 3, p. 866, p. 899. *Cf.* Homère, *Iliade*, IX, 313.

3. Henry Maguire, *Earth and Ocean: the Terrestrial World in Early Byzantine Art*, University Park, The Pennsylvania State University Press, 1987, p. 17-20, p. 31-33, p. 41-44.

assurée par l'eau et, en l'absence d'humidité du ciel, l'épanchement du fleuve apporte une pluie terrestre. Alors, Memphis reste là, engloutie sous une large inondation et le propriétaire terrien vogue sur ses champs absents. Le fleuve n'a plus de limites [...]. Le berger heureux voit l'herbage familier disparaître [sous l'eau] et les poissons qui nagent dans une mer bien étrange prennent la place des troupeaux dans les pâturages verdoyants. Mais, après que l'eau a épousé le corps de la terre assoiffée, fertilisant les jeunes pousses de sa potion généreuse, le Nil se retire et rassemble ses vagues éparpillées. Le lac reste et devient un fleuve. Ensuite, l'ancienne bordure revient au bord du lit du fleuve, avec les tourbillons devenus captifs de ses rives[1].

Comme nous le verrons, ce genre de description était un classique, répété et critiqué ensuite par d'autres écrivains.

Dans la littérature de l'*Hexaméron*, on rencontre fréquemment des descriptions d'animaux singuliers, particulièrement des animaux spectaculaires tels le paon. Une *ekphrasis* typique du paon se trouve dans le *Deuxième Discours Théologique* de Grégoire de Nazianze. Ce sermon, que Grégoire a prononcé à Constantinople en l'an 380, comprend une célébration du monde créé qui ressemble aux commentaires sur l'*Hexaméron*. Ici également, les splendeurs du paon reflètent la gloire du Créateur :

> Le paon, cet oiseau fier et originaire de Médie [*Mêdikos*], d'où tient-il d'avoir tant d'élégance et de prétention ? À ce point que, lorsqu'il voit qu'on s'approche de lui – car il a conscience de sa propre beauté –, ou lorsqu'il se pavane, dit-on, devant ses femelles, il hausse le col, il fait la roue avec son plumage éclatant comme l'or et parsemé d'astres, et il donne sa beauté en spectacle à ses admirateurs, avec une démarche imposante[2].

Un écrivain plus tardif, Georges de Pisidie, inclut dans son poème du VIIe siècle sur l'*Hexaméron* une *ekphrasis* analogue des splendeurs du paon :

> Comment peut-on voir le paon et ne pas être émerveillé par l'or entrelacé de saphir, par les plumes pourpres et vert émeraude, par la composition des couleurs en de multiples motifs, tous entrelacés mais pas mélangés ? [...] L'oiseau apparaît éclatant et parsemé d'étoiles, couvert d'un plumage pourpre à cause duquel, arrogant et bouffi d'orgueil, il se pavane seul

1. Avitus, *Poematum de Mosaicae historiae gestis*, I, dans J.-P. Migne (ed.), *Patrologiae cursus completus, Series Latina*, 1844-1855, LIX, col. 329.

2. Grégoire de Nazianze, *Homilia* XXVIII, 24 dans Paul Gallay et Maurice Jourjon (éd.), *Grégoire de Nazianze, Discours 27-31 (Discours Théologiques),* Paris, Les Éditions du Cerf, 1978, p. 153.

> parmi les autres oiseaux. Ce pourpre a tissé des motifs sur l'oiseau sans aucun labeur et mélange un ensemble généreux de nombreuses couleurs[1].

Alors que les écrivains byzantins de la première période utilisaient volontiers les techniques rhétoriques, y compris l'*ekphrasis*, afin de louer la générosité de traits terrestres comme le Nil ou la beauté de créatures comme le paon, ils critiquaient également le monde de la nature pour sa fugacité et son évanescence. Une juxtaposition de deux descriptions portant chacune sur un domaine où l'on jouit d'un vaste panorama illustre ce genre d'ambivalence. La première *ekphrasis* se trouve au IVe siècle, dans une lettre écrite par Saint Basile qui décrit à un ami les plaisirs de son domaine à Pontus. La propriété se trouve, écrit Baile, sur une haute montagne couverte d'une forêt dense et arrosée de ruisseaux. En bas de la montagne une plaine, également bien irriguée. La retraite était entourée de bouquets d'arbres variés qui forment une haie tout autour. Basile insiste sur la beauté de la vue que, près de la maison, l'on pouvait avoir sur la plaine en contrebas et sa rivière rapide, offrant « ainsi qu'à tout autre spectateur une vue des plus plaisantes ». Il décrit également la chasse excellente que le domaine propose à ses invités « car en plus de toutes ses qualités, il regorgeait de gibier [...] et nourrissait des troupeaux de chevreuils, de chèvres sauvages, de lièvres et d'autres animaux[2] ».

On trouve un rejet des *topoi* de cette description rhétorique dans un autre texte, la *Vie de Sainte Mélanie la Jeune*, du Ve siècle. Cette aristocrate vendit son domaine au début de ce même siècle afin de consacrer sa vie au Christ. La *Vie* note comment le diable avait essayé d'éloigner Mélanie de sa décision en lui rappelant sa propriété si désirable. En présentant cette propriété, le texte déploie les *topoi* appropriés à l'*ekphrasis* d'un domaine présentant une belle vue, comme celui dont Saint Basile fait l'éloge. C'est comme si le diable lui-même utilisait les techniques de rhétorique pour persuader Mélanie d'abandonner son saint dessein.

> Là encore, cette femme des plus bénies souffre des interventions du diable car il a planté en elle un doute. Elle avait en effet une propriété tout à fait magnifique avec une baignade en dessous et une piscine à l'intérieur, si bien qu'on pouvait avoir d'un côté [la vue] sur la mer et, de l'autre, sur les bosquets d'arbres dans lesquels vivaient de nombreux animaux et se déroulaient des chasses. Lorsqu'elle se baignait dans sa piscine, donc, elle

1. Georges de Pisidie, *Hexaméron*, l. 1245-1249, 1285-1292 dans Jacques-Paul Migne (ed.), *Patrologiae cursus completus*, *Series Graeca*, 1857-1866 (désormais cité *Patrologia graeca*), XCII, col. 1529, 1532.

2. Saint Basile, *Epistula XIV*.

> pouvait voir à la fois le passage des bateaux et les chasses dans les bois. Le diable insinua en [son esprit] diverses pensées, lui décrivant les marbres précieux et les nombreuses décorations [de sa maison] ainsi que ses revenus importants et toutes ses richesses [...]. Mais la sainte repoussa [ces tentations], objectant pieusement que toutes ces choses n'étaient rien par comparaison avec celles promises aux serviteurs de Dieu. Ces arbres peuvent, eux, pourrir, être consumés par le feu ou disparaître avec le temps[1].

Cette fois donc, le paysage et ses plaisirs sont présentés comme évanescents et les techniques rhétoriques de l'*ekphrasis* employées par le diable pour en faire l'éloge sont dévoilées comme tromperie.

Dans l'art ecclésiastique de la première période byzantine, ainsi qu'en littérature, on trouve des présentations des éléments de la création, comme ses rivières et ses créatures. En même temps, on rencontre quelques critiques de ces célébrations artistiques du monde transitoire de la nature. Un orateur décrit parfois une peinture ou une mosaïque dépeignant les caractéristiques du monde terrestre de telle façon que l'*ekphrasis* de l'œuvre d'art se superpose à l'*ekphrasis* de la nature. « J'avais presque oublié le Nil », dit Choricius de Gaza au VIe siècle, à la fin de sa description de l'église de St Étienne dans sa ville natale. « Le fleuve [...] est suggéré au moyen de courants et de symboles distinctifs, ainsi que par les prairies le long de ses berges. Cette vue charmante est présentée sur les murs des ailes [...] [2] ». Une illustration du genre de scènes que Choricius décrit se trouve dans les très belles mosaïques de sol des transepts de l'Église de la Multiplication des Pains et des Poissons à Tabgha, qui date de la seconde moitié du Ve siècle[3]. Des motifs similaires évoquant le Nil se trouvent sur le sol de l'Église de Saint Jean Baptiste à Gerasa du VIe siècle[4] (*fig.* 1).

Pour le paon, on peut prendre comme exemple la magnifique mosaïque de la nef de l'église construite par Justinien à Sabratha après la reconquête de la ville assaillie par les Vandales (*fig.* 2). Là, à l'extrémité est du sol, au plus près du sanctuaire, un splendide paon se tient debout déployant sa queue en haut d'un *rinceau* de vigne couvert de différentes espèces d'oiseaux. Deux autres paons, avec leurs queues

1. Gérontius, *Vita Sanctae Melaniae Junioris*, 18 ; *cf. Analecta Bollandiana*, 8, 1889, p. 33.

2. Choricius, *Laudatio Marciani II*, 50-51 dans Richardus Foerster (ed.), *Choricii Gazaei opera*, Leipzig, B.G. Teubner, 1929.

3. Rachel Hachlili, *Ancient Mosaic Pavements*, Leiden, Brill, 2009, p. 97, *fig.* V 2 a-b.

4. Carl H. Kraeling, *Gerasa, City of the Decapolis*, New Haven, 1938, p. 324-329, 480, planches 66-70 ; Michele Piccirillo, *The Mosaics of Jordan*, Amman, 1993, 286-289, *fig.* 535-545.

fermées apparaissent au bout ouest de la mosaïque, longeant la base de la vigne[1].

On trouve des scènes de chasse, par exemple, sur la mosaïque du transept sud de la basilique de Dumetios à Nikopolis, qui date du second quart du VIe siècle (*fig.* 3). Sur les bords de cette composition, des hommes nus transpercent différents animaux, parmi lesquels des lions, un sanglier, des ours et des cerfs[2].

De tels déploiements de la nature étaient fréquents sur les sols, les murs et les plafonds des églises byzantines de la première période, particulièrement après le milieu du Ve siècle. Mais ces motifs faisaient aussi l'objet de critiques, et nous en avons pour témoin la lettre célèbre écrite vers 430 par Saint Nil du Sinaï au préfet Olympiodorus qui était sur le point de construire une église. Olympiodorus avait proposé de décorer son église de scènes d'oiseaux, bêtes sauvages, reptiles et plantes ainsi que de chasses animales comme la poursuite de lièvres et de gazelles par les chiens. Dans sa lettre, pourtant, Nil rejette ce type de décoration comme infantile, une distraction pour l'homme pieux. Il suggère que le préfet fasse emplir son église de croix. « Tout ce qui n'est pas nécessaire, dit Nil, devrait être exclu[3] ».

Dans la période médiévale de Byzance, comme dans la première période, la vue de la nature était ambivalente ; mais, à présent, ce dénigrement de la nature prend plus de poids. Après la crise iconoclaste des VIIIe et IXe siècles, la grande série de commentaires de l'*Hexaméron* diminue beaucoup, alors que la création continue d'être décrite dans les chroniques du monde, en particulier au XIIe siècle, dans la *Biblos Khronikê* [*Chroniques*] de Michel Glycas, dans laquelle les six premiers jours de la création font l'objet d'un commentaire développé[4]. Sur le plan rhétorique, le traitement médiéval le plus remarquable des six premiers jours de la création est l'*ekphrasis* de la création qui ouvre la chronique en vers composée par Constantin Manassès au milieu du

1. John Brian Ward-Perkins, Richard George Goodchild, « The Christian Antiquities of Tripolitania », *Archaeologia* 95, 1953, p. 1-82 ; Salvatore Aurigemma, *L'Italia in Africa: Le scoperte archeologiche. Tripolitania*, I, *I monumenti d'arte decorativa*, 1 : *I mosaici*, Rome, Istituto poligrafico dello Stato, 1960, p. 27-29, planches 19-42.

2. Ernst Kitzinger, « Studies on Late Antique and Early Byzantine Floor Mosaics, I: Mosaics at Nikopolis », *Dumbarton Oaks Papers* 6, 1951, p. 83-122, *fig.* 20-22.

3. Saint Nil du Sinaï, *Olympiodoro eparcho*, *Patrologia graeca* LXXIX, *Epistularum libri*, IV, 61, col. 577-580 ; Hans Georg Thümmel, « Neilos von Ankyra über die Bilder », *Byzantinische Zeitschrift* 71, 1978, p. 10-21.

4. Immanuel Bekker (ed.), *Michaelis Glycae annales,* Bonn, Impensis Ed. Weberi, coll. « Corpus scriptorum historiae byzantinae », 1836, p. 3-160.

XIIe siècle pour sa patronne, la Sebastokratorissa Irène[1]. Cette *ekphrasis* comprend une description des quatre Rivières du Paradis, dont le Nil, auquel l'auteur consacre trois lignes qui font écho à des thèmes familiers :

> [...] le Nil qui de son flot blanc entoure la terre éthiopienne et abreuve les terres égyptiennes, leurs champs de riche sol noir, [et] par ses inondations, les invite à produire une belle récolte[2].

Constantin Manassès décrit également les animaux créés par Dieu, y compris, bien sûr, le paon prétentieux :

> Le paon doré se pavanait en se vantant de ses plumes :
> Brillant de mille nuances, ses ailes étaient comme de l'or pur
> Mais ses plumes étincelaient aussi d'un rouge pourpre profond ;
> Chaque plume détenait une fleur éclatante, un œil doré brillant,
> Et ainsi la créature plantait un jardin en son propre plumage[3].

L'*ekphrasis* de la Création par Constantin Manassès était pourtant une exception dans la littérature byzantine médiévale avec son évocation très poétique de la nature qui rappelait les premiers commentaires de l'*Hexaméron*. Dans d'autres textes post-iconoclastes, on trouve deux vues de la nature en conflit. D'un côté, la nature est considérée comme corruptible, fugace, éphémère et fausse. Il existe pourtant une vue contraire qui considère que la nature était sauvée et sanctifiée par l'incarnation du Christ. On trouve le point de vue négatif déjà exprimé dans l'*Éloge de Saint Patapios*, une œuvre attribuée à André de Crète dont la carrière est contemporaine des débuts de l'iconoclasme au VIIIe siècle[4]. Ce texte mérite d'être étudié en détail, car il combine de façon explicite le dénigrement de la nature avec le dénigrement de la rhétorique qui la célèbre. Le discours établit une antithèse entre les deux

1. Constantin Manassès, *Chronique universelle* [*Synopsis Chronike*], l. 27-285 dans Odysseus Lampsidis (ed.), *Constantini Manassis Breviarium chronicum*, Athína, Athenis : *apud Institutum Graecoromanae antiquitatis auctoribus edendis destinatum Academiae Atheniensis*, coll. « Corpus fontium historiae byzantinae. Series Atheniensis » 36, 1996, p. 6-19. Pour une discussion de cette *ekphrasis*, voir Ingela Nilsson, « Narrating Images in Byzantine Literature: the *Ekphraseis* of Konstantinos Manasses », *Jahrbuch der Österreichischen Byzantinistik*, 55, 2005, p. 121-146, plus particulièrement les p. 129-136, 140-146. Michel Psellos consacra environ 60 lignes à l'*Hexaemeron* au début d'un poème sur la création et la chute d'Adam ; voir Eduardus Kurtz (ed.), *Michaelis Pselli Scripta minora*, I, Milan, Vita e pensiero, 1936, p. 402-404.

2. Constantin Manassès, *Chronique universelle*, *op. cit.*, l. 225-227.

3. *Ibid.*, l. 260-264.

4. André de Crète, [*Homilia* XIX] *In S. Patapium* [*Éloge de Saint Patapios*], *Patrologia graeca* XCVII, col. 1205-1254. À propos de ce texte, voir Alexander Kazhdan, *A History of Byzantine Literature (650-850)*, Athína, Institute for Byzantine Research, 1999, p. 52-54.

patries du saint. Son premier lieu de naissance est représenté par l'Égypte où Saint Patapios est venu au monde. Il s'agit du territoire terrestre et matériel du Nil, avec les richesses corruptibles de la chair. Le second lieu de naissance du saint est symbolisé par le baptême, qui l'a fait naître aux richesses éternelles des cieux. André de Crète n'est pas le premier auteur à établir ce contraste entre l'eau du Nil et l'eau du baptême[1], mais il développe la distinction entre les deux lieux de naissance du saint au moyen d'une série d'antithèses rhétoriques :

> L'Égypte génère les ténèbres et l'obscurité alors que le bassin baptismal est la mère de la lumière immatérielle. L'une [l'Égypte] soigne les malheurs, alors que l'autre [le bassin baptismal] est le chef d'orchestre d'actes justes. L'une est le guide de la mort, l'autre celui vers la vie éternelle ; l'une fabrique les passions terrestres, l'autre enseigne une façon de vivre sans passion. Celle-là est le lieu du deuil, celui-ci un recueil de joie, celle-là la demeure ténébreuse du mal, celui-ci le brillant abri de la vertu[2].

L'auteur de l'éloge joue alors le rôle d'un orateur de l'antiquité tardive, appartenant à la seconde sophistique telle qu'enseignée dans le manuel du rhétoricien Ménandre. Il remarque qu'il y a dans l'auditoire

> certaines personnes qui n'écoutent pas ce que je dis avec beaucoup d'attention parce que je n'ai rien dit d'élégant ou d'intelligent sur la patrie du saint. Parce que ceux qui aiment la vie aiment couvrir leur ouïe de coassements sophistiques ; je veux dire ceux par qui les pièces musicales présentées les soirs d'hommage à Bacchus, ou les fables arrogantes de présentations théâtrales, sont perçues comme grandioses et utiles. Pour cette raison, et arrivé à ce moment de mon discours, j'ai pensé qu'il était temps de vous proposer un petit discours cultivé sur le pays d'Égypte.

Ainsi, André prétend se conformer aux attentes d'un éloge du lieu de naissance du saint, comme s'il suivait les instructions de Ménandre. Il fait parade de tous les *topoi* habituels de la prospérité nilotique, mais en les retournant à la fin :

> La terre y est là riche, les champs gras et fertiles, les cités bien denses et la campagne verte. Il s'y trouve des troupeaux de chevaux, des pâtures remplies de troupeaux et de hordes de chèvres, vaches et cochons, et tout ce qui se rapporte à la nourriture et aux plaisirs et au maintien de cette vie insupportable. Les eaux du fleuve, telles une mer, encerclent la terre et irriguent la contrée entière [...]. Car le fleuve, qui monte régulièrement

1. Voir Robert Turcan (éd.), *Firmicus Maternus, L'Erreur des religions païennes* [*De errore profanarum religionum*], 2.1-5, Paris, Les Belles Lettres, « Collection des Universités de France », 1982, p. 77-79.

2. Cette citation ainsi que les deux suivantes se trouvent dans André de Crète, *In S. Patapium* [*Éloge de Saint Patapios*], *op. cit.*

> avec ses inondations annuelles, s'étend tel un océan, mouille le sol et rend la terre, qui peu de temps auparavant était verte et abondante en produits, couverte à présent de bateaux de transport lourdement chargés. Il permet aux charrues de passer entre les voiles [des bateaux] et ordonne que les créatures terrestres et aquatiques soient rassemblées, qu'elles soient herbivores ou carnivores. Oh quelle merveille ! Hier un champ fertile, aujourd'hui une mer profonde : hier un pâturage pour les troupeaux et les animaux de halage, aujourd'hui un lieu où rôdent les poissons et créatures qui nagent. L'Égypte, tout simplement, nous a apporté ce jeune homme tel son enfant [il s'agit de Saint Patapios]. L'Égypte, pourvoyeur sincère de plaisirs terrestres, fabricant de vêtements brillants, artificier des passions, serviteur des plaisirs, le patron de la boue et de l'argile, qui fournit les viandes et les bols, c'est ce pays qu'on nomme ténèbres dans les écrits mais qui laisse passer la lumière avec celui qui pourchasse les ténèbres.

Ayant ainsi miné son éloge du lieu de naissance terrestre du saint, André conclut en disant que l'Égypte n'a été sanctifiée et purifiée de ses idoles maudites et des rites odieux de ses démons que par l'arrivée de la lumière du Christ[1]. Ainsi, d'une certaine façon, l'auteur de l'éloge de Saint Patapios corrige l'ancienne tradition des *ekphraseis* du Nil et la punit[2].

Les auteurs byzantins de la période médiévale corrigeaient également d'autres sortes d'*ekphraseis*, comme la description traditionnelle d'un domaine de campagne. On peut en trouver un exemple dans la biographie de Théodore Studite attribuée à l'officiel Théodore Daphnopatès du Xe siècle, qui utilise la description que Saint Basile fait de sa retraite au Pontus. Daphnopatès empruntait l'*ekphrasis* de Basile afin de décrire le domaine de Boskytion où Théodore s'était retiré afin de mener une vie d'ascète. L'auteur présente l'*ekphrasis* de Boskytion avec réserve et demande qu'on excuse sa description : « Rien ne pourrait remplacer une note brève au sujet de cet endroit et sa description n'est pas désagréable ni superflue ». Daphnopatès attribue à Boskytion les mêmes caractéristiques de paysage que Basile avait attribuées à son domaine de Pontus, l'auteur du Xe siècle utilisant à peu près le même vocabulaire que le père de l'église. Boskytion, comme le domaine de Basile, avait, dit-il, un sommet montagneux couvert d'arbres variés

1. André de Crète, *In S. Patapium*, *Patrologia graeca* XCVII, col. 1217-1222.

2. Un passage similaire se trouve à la fin de l'*Encomium de Sainte Barbara* de Jean de Damas, dans lequel l'auteur associe de façon rhétorique l'harmonie utilisée et la complexité de la rhétorique avec la célébration des beautés corruptibles de la chair, les comparant toutes deux aux fleurs des champs qui se fanent : voir Jean de Damas, *Encomium de Sainte Barbara* [*Laudatio S. Barbarae*], 21, dans Bonifatius Kotter (ed.), *Die Schriften des Johannes von Damaskos*, V, Berlin, W. de Gruyter, 1988, p. 274 *sq*. Voir aussi A. Kazhdan, *A History of Byzantine Literature (650-850), op. cit.*, p. 85.

encerclant la propriété. Comme dans l'*ekphrasis* de Basile, on y trouve en contrebas une plaine bien arrosée. Cependant, Daphnopatès censure certains éléments de la description du IVe siècle. Il ne mentionne pas les plaisirs sensoriels que procurent les vues du terrain avoisinant, et ne fait pas non plus l'éloge des chasses. On nous dit seulement que l'endroit « procure la tranquillité à ceux qui y vivent, à ceux qui sont seuls en conversation avec Dieu et qui se maintiennent dans le repos des sens[1] ».

Le *typikon* du monastère de Kosmosoteira à Pherrai en Thrace, conçu par Isaac Comnène en 1152, constitue le même genre de correction par rapport à l'*ekphrasis* d'un domaine, dans un contexte également monastique. Ici, un *topos* est utilisé pour contredire un autre. Au début de son *typikon*, Isaac, suivant la convention, dit qu'il a fondé le monastère « dans un endroit désert qui n'était auparavant que broussailles[2] ». Plus loin dans son texte, après ses instructions pour la maintenance de la citerne et de l'aqueduc, Isaac ajoute une description éloquente du site du monastère, mais il prend soin de faire précéder la rhétorique de cette *ekphrasis* en observant que l'endroit avait été auparavant désertique et donc propre à être habité par des ascètes :

> Je pense que les charmes du monastère et du lieu attireront de nombreuses personnes. Il y a l'endroit lui-même – même s'il était auparavant habité par les serpents et scorpions –, le fleuve Ainos, la mer avec ses vagues et ses calmes, les pâturages et les prairies de pacage verdoyantes pour nourrir chevaux et bestiaux. Il y a le site au sommet de la colline [...]. Il y a la belle tempérance des courants d'air et la force des vents avec les roseaux immortels se balançant en cadence à l'embouchure du fleuve. Il y a la plaine immense et la vue panoramique, particulièrement en été, du blé en fleur et en épi qui inspire un grand plaisir à ceux qui le regardent. Il y a la petite forêt de jeunes arbres très près du monastère et les grappes de raisin qui s'enroulent parmi eux. Quelle joie pour les gorges des assoiffés que cette eau qui coule, merveilleusement belle et fraîche[3].

Si conventionnelle qu'elle soit, cette description est très évocatrice du lieu, ainsi que pourrait en témoigner celui qui a visité Pherrai.

Dans certains écrits byzantins médiévaux, nous avons ainsi l'impression que leurs auteurs ressentent le besoin de censurer, corriger, ou tout au moins excuser, leurs descriptions rhétoriques de la nature.

1. Daphnopatès, *Vita Theodori Studitae*, 6, *Patrologia graeca* XCIX, col. 121.

2. Louis Petit (éd.), *Isaac Comnène, Typikon du monastère de la Kosmosoteira près d'Aenos* (*1152*), *IRAIK* 13, 1908, p. 20 ; on comparera le *typikon* de Rila et le mont Menoikeion près de Serres, dans J. Thomas et A. Constantinides Hero, *Byzantine Monastic foundation documents*, *op. cit.*, I, p. 129 *sq.* et IV, p. 1592.

3. L. Petit (éd.), *Isaac Comnène, Typikon du monastère de la Kosmosoteira près d'Aenos (1152)*, *op. cit.*, p. 57.

Mais on rencontre un autre point de vue plus positif : il s'agit du concept de la sanctification de la nature par l'incarnation. On peut trouver cette idée exprimée dans une autre œuvre, probablement composée pour l'Impératrice Irène : les homélies du moine Jacques de Kokkinobaphos. Dans le *Sermon sur la Visitation*, Jacques de Kokkinobaphos décrit comment la Création vénère la Vierge alors qu'elle se repose en chemin chez sa cousine Élisabeth. Il écrit, de sa prose prolixe :

> Regardez, la Création entière s'avance pour rencontrer [la Vierge] lorsqu'elle est à la moitié de son parcours et l'accueille avec des mots de grâce. La terre, comme si elle était fière de sa progéniture, ne cesse de crier : « Voyez ma racine la plus épanouie, voyez le fruit de mon abondance [...] le fruit mûr de ma générosité et la bénédiction qui me libère de ma sentence d'épines [...]. La verge qui donne naissance à la fleur immarcescible [...]. Oh, lys si sucré de mes champs[...], tu es la source pure d'où coulent, telles des gouttes de pluie, les gouttes des grâces[1].

Le manuscrit des *Homélies* du Vatican, probablement proche de la date de leur composition, contient une illustration de ce passage où l'on peut voir la Vierge se reposer dans une clairière de plantes et d'arbres, un ruisseau coulant à ses pieds (*fig.* 4). Dans l'angle en bas et à gauche de la miniature, la Terre, représentée à la façon antique en femme nue, lève ses mains en adoration de la Vierge[2]. Dans ce tableau, la Terre apparait presque comme une pénitente ; il s'agit de l'illustration la plus directe de la sanctification de la nature dans l'art byzantin.

Le concept de la sanctification de la nature dans l'incarnation a ouvert une voie nouvelle pour que les descriptions et représentations de la nature continuent de s'épanouir en art et en littérature dans l'église byzantine, malgré les doutes concernant le statut de la rhétorique et celui de la nature au sein de la conception du monde chrétien. L'exemple le plus connu d'une telle licence est l'*ekphrasis* du printemps, avec ses louanges stéréotypées des créatures et des plantes de saison. Le modèle en est le *Sermon du Nouveau Dimanche*, composé par Grégoire de Nazianze pour le premier dimanche après Pâques[3]. Dans cette homélie, la résurrection de l'homme par le Christ offrait à Grégoire de Nazianze un prétexte pour décrire la résurrection de la nature. Les auteurs

1. Jacques de Kokkinobaphos, [*Oratio* V] *Oratio in SS. Deiparae Visitationem* [*Sermon sur la Visitation*], 16, *Patrologia graeca* CXXVII, col. 676 *sq.*

2. Bibliothèque du Vatican, ms. Gr. 1162, fol. 147 ; Imgard Hutter, Paul Canart, « Das Marienhomiliar des Mönchs Jakobos von Kokkinobaphos, Codex Vaticanus Graecus 1162 », *Codices e vaticanis selecti* 79, Zurich, 1991.

3. Grégoire de Nazianze, [*Oratio* XLIV] *In novam Dominicam* [*Sermon du Nouveau Dimanche*], *Patrologia graeca* XXXVI, col. 608-621.

byzantins tardifs, tels Jean Geometres au Xᵉ siècle et Isidore de Thessalonique au XIVᵉ, incorporaient des descriptions du printemps dans des sermons composés pour la fête de l'Annonciation à la Vierge, le 25 mars. D'après Jean Geometres, le printemps est le moment où les oiseaux, les poissons et les animaux ont leurs petits ; bien que de manière différente, tous semblent célébrer le renouveau de notre nature. Dans ces *ekphraseis* du printemps, on trouve un riche éventail d'images de la création terrestre : le soleil dans un ciel doré, les doux ruisseaux, les arbres fournis, la terre produisant l'herbe et les fleurs, les troupeaux gambadant et sautant dans les champs et les oisillons déployant leurs ailes et se préparant à un chant panaché[1].

Le jardin de Sainte Anne, dans lequel eut lieu l'Annonciation de la conception de la Vierge, apportait un autre contexte pour l'incorporation d'animaux et de plantes dans la célébration de l'incarnation. Au début du XIVᵉ siècle, Théodore Hyrtakenos écrit une longue description du jardin de Sainte Anne[2]. Puisant dans des sources variées, y compris les romans profanes byzantines du XIIᵉ siècle, son texte élabore la brève description du jardin faite dans le *Protévangile* apocryphe de Jacques[3]. Hyrtakenos décrit les variétés d'arbres qui entourent le jardin, avec une attention spéciale pour les cyprès[4]. Il décrit également les oiseaux divers qui volètent autour de l'enclos, particulièrement le rossignol, le perroquet, le paon et le cygne[5]. S'inspirant des romans, il donne une description détaillée de la fontaine au centre du jardin avec ses marbres colorés et les sculptures d'animaux. D'après lui, « La cuvette (de la fontaine) était taillée dans une pierre vert clair. Au centre de la cuvette, un cylindre s'élève vers le haut. Un cône est posé sur le cylindre comme une tête sur un cou ». Hyrtakenos ajoute : « Il était possible de percevoir le cône comme un ornement sur un ornement [...]. Car il était taillé en porphyre alors que le tube était construit dans une pierre différente et brillante de telle façon que le pourpre était en haut et le vert vif en bas, et il y avait entre les deux une couleur de lin ». Le cône était percé de trous par lesquels « des jets d'eau [...] coulaient, comme s'il s'agissait de courants de larmes coulant des yeux ». Alors qu'à la surface extérieure de la fontaine : « les bonds des lions, les sauts des léopards et

1. Jean Geometres, *Sermo in SS. Deiparae Annuntiationem*, *Patrologia graeca* CVI, col. 841 ; Isidore de Thessalonique, [*Sermo III*] *In Annuntiationem B. V. Mariae*, *Patrologia graeca* CXXXIX, col. 112 *sq*.

2. Théodore Hyrtakenos, *Description du jardin de Sainte Anne*, dans J.-F. Boissonade de Fontarabie (ed.), *Anecdota graeca*, III, Hildesheim, Georg Olms, 1962, p. 59-70.

3. *Protévangile de Saint Jacques*, II, 3 - III, 3.

4. Théodore Hyrtakenos, *Description du jardin de Sainte Anne*, *op. cit.*, p. 60 *sq*.

5. *Ibid.*, p. 64 *sq*.

le balancement des ours, ainsi que les images des autres animaux sauvages que l'artisan avait sculptés si habilement, semblaient si près de bouger que celui qui regarde espère pouvoir se retirer en un lieu lointain de peur que les bêtes ne lui sautent soudain dessus et ne le mettent en lambeaux[1] ».

Pour résumer, après l'iconoclasme, la tradition de l'*Hexaméron* se dissipe, à l'exception d'une brève renaissance due à Constantin Manassès et Michel Glycas vers le milieu du XIIe siècle. Les traitements rhétoriques de la nature sont vus avec suspicion et souvent accompagnés de démentis ou de textes qui neutralisent la glorification du phénomène terrestre. D'un autre côté, le concept de la sanctification de la nature par l'incarnation permet la célébration de la nature dans certains contextes, tel l'Annonciation à la Vierge et à Sainte Anne. Lorsque l'on considère l'art ecclésiastique byzantin durant le Moyen-Âge, on constate que les représentations de la nature correspondent aux attitudes en littérature, c'est-à-dire que l'on y trouve une ambivalence continuelle entre le déni et l'acceptation, ponctuée d'une brève renaissance d'intérêt pour toutes les choses liées à la création terrestre durant le XIIe siècle.

Le changement le plus remarquable dans la décoration des églises après l'iconoclasme est la quasi-disparition des sols en mosaïque où figurent les animaux et plantes variés si caractéristiques des églises byzantines du Ve au VIIe siècle. Dans les églises médiévales, le type de dallage le plus courant est l'*opus sectile*, en général arrangé en motifs géométriques. Bien que des motifs en mosaïques de tesselles, comme des aigles ou des serpents, ornent occasionnellement les sols médiévaux, ils ne présentent plus la richesse de sujets tels que les motifs nilotiques et les scènes de chasse qui avaient caractérisé les dallages précédents[2]. Le sol bien préservé du Katholikon d'Hosios Loukas offre l'exemple d'un dallage *opus sectile* médiéval typique : une composition géométrique abstraite de carrés, de rectangles et de cercles privée

1. Théodore Hyrtakenos, *Description du jardin de Sainte Anne, op. cit*, p. 61-63 (traduction d'après la traduction anglaise par Mary-Lyon Dolezal et Maria Mavroudi, « Theodore Hyrtakenos' *Description of the Garden of St. Anna and the* Ekphrasis of Gardens » dans Antony Littlewood, Henry Maguire, Joachim Wolschke-Bulmahn (eds.), *Byzantine Garden Culture*, Washington, D.C., Dumbarton Oaks, 2002, p. 144 f) ; une autre fontaine composée de marbres multicolores et incorporant des sculptures d'animaux est décrite par Eustathios Makrembolites dans *Hysmine and Hysminias*, 1.5, dans Rudolph Hercher (ed.), *Erotici scriptores graeci*, II, Leipzig, B.G. Teubner, 1859, p. 163 *sq*. Voir M.-L. Dolezal et M. Mavroudi, « Theodore Hyrtakenos' *Description of the Garden of St. Anna* and the Ekphrasis of Gardens », *op. cit.*, p. 130.

2. Sur ce phénomène, voir Henry Maguire, « The Medieval floors of the Great Palace », dans Nevra Necipoğlu (ed.), *Byzantine Constantinople, Monuments, Topography and Everyday Life*, Leiden, Brill, 2001, p. 153-174.

d'imagerie animale[1] (*fig.* 5). C'est seulement sur le sol exceptionnel du monastère du Pantocrator à Constantinople, que l'on peut trouver, au XIIe siècle, un dallage d'église qui pourrait presque rivaliser, par la richesse de son imagerie animale et humaine, avec les mosaïques de sol de la première période byzantine. On y trouve, représentés dans l'*opus sectile*, les formes des poissons et des quadrupèdes. Il y a même des motifs nilotiques, avec des barques et un nageur, ainsi que des fragments de scènes de chasse[2]. Il est tentant d'établir un lien entre ce dallage, qui date des années 1130, et l'intérêt renouvelé pour l'*Hexaméron* dont on trouve la preuve dans l'*ekphrasis* un peu plus tardive de Constantin Manassès et dans la *Chronique universelle* [*Biblos Khronikê*] de Michel Glycas.

Quant à l'*ekphrasis* du printemps, que les homilétistes byzantins présentaient de façon si éloquente dans leurs sermons de l'Annonciation, on la retrouve aussi, quoique rarement, dans l'art byzantin médiéval. L'exemple le plus connu est, à la fin du XIIe siècle, la fameuse icône de l'Annonciation, à présent au Mont Sinaï, qui illustre nombre de *topoi* associés aux descriptions du printemps, y compris le ciel doré, le fleuve grouillant de créatures aquatiques, la terre produisant herbe et fleurs, les arbres fournis qui poussent sur le toit de la maison de la Vierge et les oiseaux dans leurs nids[3]. Mais cette icône est exceptionnelle parmi les représentations byzantines de l'Annonciation, pour la richesse de son imagerie de la nature. Dans les autres scènes byzantines de l'Annonciation, le printemps, s'il est évoqué, est représenté par un motif isolé, tel l'arbre qui pousse à côté de la Vierge dans un lectionnaire du monastère Dionysou sur le Mont Athos[4]. Parfois, l'arbre accueille des oiseaux, comme on peut le voir, à Venise, juste à la droite

1. Robert Weir Schultz et Sydney Howard Barnsley, *The Monastery of Saint Luke of Stiris in Phocis*, London, Macmillan, 1901, planche 30.

2. Arthur H.S. Megaw, « Notes on Recent Work of the Byzantine Institute in Istanbul », *Dumbarton Oaks Papers*, 17, 1963, p. 333-371, particulièrement 337 *sq*. Voir également Robert Ousterhout, « Architecture, Art, and Komnenian Ideology at the Pantokrator Monastery », dans Nevra Necipoğlu (ed.), *Byzantine Constantinople, Monuments, Topography and Everyday Life, op. cit.*, p. 133-150. Le sol mal préservé de la basilique du Stoudion était comparable au sol du Pantocrator par sa technique et la richesse de son iconographie, et en était probablement contemporain ; voir Arthur H.S. Megaw, « Notes on Recent Work of the Byzantine Institute in Istanbul », *DOP* 17, 1963, p. 339.

3. Helen C. Evans et William D. Wixom, *The Glory of Byzantium. Art and Culture of the Middle Byzantine Era, A.D. 843-1261*, New York, The Metropolitan Museum of art, 1997, p. 374 *sq*. n. 246.

4. Lectionnaire de Dionysiou, ms. 587, fol. 150 dans Stylianos M. Pelekanidis *et alii*, *The Treasures of Mount Athos. Illuminated Manuscripts*, I, Athína, Ekdotike Athenon, 1974, p. 444, *fig*. 264.

de la Vierge sur l'émail de la Pala d'Oro, du début du XIIe siècle[1]. Mais dans l'art médiéval, il est plus courant de voir l'Annonciation présentée sans les ornements de la rhétorique de la nature, comme, par exemple, dans la célèbre mosaïque de Daphni fin du XIe-début du XIIe siècle, où la scène est présentée sur un fond parfait d'or pur[2] (*fig.* 6).

Si les artistes byzantins médiévaux sont réticents à accepter la rhétorique de l'*ekphrasis* dans leurs figurations de l'Annonciation à la Vierge, ce n'est pas le cas pour les représentations de l'Annonciation à Sainte Anne. Dans l'*Annonciation à la mère de la Vierge*, les artistes byzantins se sont sentis libres de décrire tous les motifs associés à l'*ekphrasis* d'un jardin. Ainsi, on trouve dans la mosaïque du début du XIVe siècle, à Kariye Camii (Monastère de la Chôra), la fontaine composite au centre du jardin avec ses marbres colorés et ses sculptures d'animaux, en l'occurrence la tête d'un lion (*fig.* 7). On y voit également les oiseaux qui habitent le jardin. L'un d'eux vole vers son nid, suivant ce qu'en dit le *Protévangile*[3]. Pourtant, quatre autres oiseaux se sont échappés du paradis de Sainte Anne et on peut les apercevoir se promenant sur les bordures des mosaïques des baies proches du narthex qui décrivent d'autres épisodes de l'enfance de la Vierge. Deux beaux paons jouent sous la scène de la Vierge représentée enfant caressée par ses parents, Joachim et Anne[4] (*fig.* 8). Dans la baie attenante, on trouve de belles représentations d'un faisan et d'une faisane sous la mosaïque de la présentation de la Vierge au Temple[5]. Enfin, dans la mosaïque de l'*Annonciation à Ste Anne*, on voit l'épaisse bordure d'arbres qui clôture son jardin, comme décrite dans l'*ekphrasis* de Hyrtakenos[6].

La miniature de l'Annonciation à Sainte Anne dans le manuscrit du Vatican des *Homélies* de Jacques de Kokkinobaphos montre une collection de plantes et d'arbres plus variée, accompagnée d'oiseaux volant parmi leurs branches. Là aussi, on trouve une fontaine très élaborée sur la droite de l'image. Dans ce cas, un cône sur un pilier cylindrique surmonte la fontaine à plusieurs niveaux et produit des jets d'eau, comme dans la fontaine décrite par Hyrtakenos[7]. Une autre fontaine décorée

1. Hans R. Hahnloser, Renato Polacco, *La Pala d'oro*, Venice, Canal, 1994, p. 26, *fig.* 52.

2. Linda Safran (ed.), *Heaven on Earth. Art and the Church in Byzantium*, University Park, Pennsylvania State University Press, 1998, p. 139 *sq.*, *fig.* 5.17.

3. Paul A. Underwood, *The Kariye Djami*, Londres, Routledge et K. Paul, 1967, II, planches 93-95.

4. Paul A. Underwood, *The Kariye Djami*, *op. cit.*, II, planches 114, 116-118.

5. *Ibid*, II, planches 120, 125.

6. *Ibid.*, II, planche 93.

7. Bibliothèque du Vatican, ms. Gr. 1162, fol. 16v. ; I. Hutter, P. Canart, « Das Marien-homiliar... », *op. cit.*

apparaît dans la mosaïque de l'Annonciation à Sainte Anne à Daphni (*fig.* 9). Une fois encore, on retrouve une pomme de pin sur un pilier, s'élevant au-dessus de trois bassins superposés et sculptés de marbre jaune, vert et rose. Derrière la fontaine se trouvent les arbres clôturant le jardin, avec des oiseaux assis sur leurs branches [1].

Dans chacune des représentations de l'Annonciation à Ste Anne, les artistes ont laissé libre cours à leur description rhétorique de la nature. Cependant, dans chaque cas, on peut aussi constater le contraste entre la richesse visuelle de l'Annonciation à Sainte Anne et la sévérité relative de l'Annonciation à la Vierge. À Daphni, nous avons vu que l'ange apporte la nouvelle de la naissance du Christ sur un fond dépourvu de toute référence au monde terrestre (*fig.* 6). Seule la lumière divine entoure les acteurs. De même, dans le manuscrit du Vatican des *Homélies* de Jacques de Kokkinobaphos, les cinq miniatures qui illustrent l'Annonciation à la Vierge montrent toutes une scène qui se déploie sur un fond d'or, sans plantes ni créatures d'aucune sorte [2]. Et, dans la Kariye Camii, bien que la mosaïque de l'Annonciation soit perdue, on peut tout de même s'appuyer sur la peinture conservée de l'Annonciation près du puits (*fig.* 10). Là, seul un arbre isolé dans le fond suggère la fertilité et le renouveau[3]. Ainsi, l'imagerie sensuelle d'une scène est annulée par l'austérité de l'autre. Dans un sermon sur la Nativité de la Vierge, l'empereur Léon VI décrit la naissance du Christ comme un miracle « au-dessus de la nature[4] ». À travers le portrait plus austère de l'Annonciation de l'incarnation du Christ, l'art byzantin lui-même critique la rhétorique terrestre de l'Annonciation à Sainte Anne, la réprouve et la remet à sa place.

Dans la rhétorique et l'art de l'église byzantine médiévale, on trouve par conséquent une ambivalence entre l'acceptation et le déni des techniques de la rhétorique appliquées à la glorification des plaisirs du monde terrestre. On trouve la même ambivalence dans la rhétorique impériale de cette période. Nous pouvons prendre, par exemple, le *topos* courant du panégyrique impérial qui comparait l'empereur et ses travaux à la nature florissante du printemps. Ainsi, Michel Psellos, dans un discours adressé à Constantin IX Monomachos, disait de l'empereur : « Comme un soleil de printemps apparaissant soudain, vous emplissez à la fois le lever

1. L Safran (ed.), *Heaven on Earth. Art and the Church in Byzantium*, *op. cit.*, p. 148, fig. 5.25.

2. Bibliothèque du Vatican, ms. Gr. 1162, fols. 118, 122, 124, 126, 127v. ; I. Hutter, P. Canart, « Das Marien-homiliar… », *op. cit.*

3. P.A. Underwood, *The Kariye Djami*, *op. cit.*, II, planches 146-147.

4. Léon le Sage, [*Oratio* I] *In Beatae Mariae Nativitatem* [*Sermon sur la Nativité de la Vierge*], *Patrologiae graeca* CVII, col. 1-4.

et le coucher du jour de votre phare[1] ». Théodore Prodromos, dans ses louanges de Jean II Comnène, allait plus loin, affirmant que l'empereur avait dépassé la saison des fleurs avec les fleurs de ses trophées. La chaleur unique de l'empereur, declara-t-il, était capable d'apporter le printemps en février, d'apporter une fleur dans chaque cœur si bien que les cœurs de ses sujets sautaient et battaient déjà alors que les agneaux ne sautaient pas encore dans l'herbe verte, emplis des rayons de l'empereur, tels ceux du soleil[2].

Mais même les orateurs byzantins censuraient ce type d'imagerie au moyen d'une autre rhétorique, la rhétorique niant la rhétorique. Dans un autre de ses éloges, Psellos s'adresse à l'empereur Isaac Comnène au moyen d'une série de questions rhétoriques : « Où est donc le babillage [en vous] ? [...] Où y a-t-il un esprit complexe ? Car il n'y a pas de qualités inconvenantes en vous, ni d'émotions trop faciles ni de discours mensonger [...] ni un cœur hypocrite [...] ni plaisir ni grâces[3] ». Nous avons ici une image impériale qui est à l'opposé des tropes du printemps, un dirigeant sans les ruses du discours et sans les fausses grâces ni les charmes. Ces deux portraits en contraste de l'empereur, l'un florissant, l'autre austère, co-existent dans l'art byzantin : nous pouvons citer, par exemple, le portrait de Constantin Monomachos avec sa femme Zoé et sa sœur Théodora sur une couronne émaillée à Budapest (*fig.* 11). L'empereur et les deux femmes se tiennent debout dans une composition de jardin et de plantes fournies dans lesquelles se trouvent des oiseaux colorés ; à côté d'eux, dansent des femmes qui peuvent être identifiées comme les personnifications des Grâces[4]. De tels plaisirs sensuels sont totalement absents du portrait de Constantin, Zoé et Théodora sur le frontispice d'une copie des sermons de Jean Chrysostome sur Matthieu, préservé à la bibliothèque du Mont Sinaï (*fig.* 12). Les figures impériales y sont représentées par des silhouettes sur un fond d'or pur recevant la bénédiction du Christ au-dessus d'eux[5]. Ainsi, la rhétorique de la nature sur la couronne a-t-elle été censurée dans le portrait qui apparaît dans le manuscrit religieux.

1. Michel Psellos, Πρὸς τὸν αὐτὸν βασιλέα [*Constantinum Monomachum*], dans E. Kurtz (ed.), *Michaelis Pselli scripta minora*, *op. cit.*, p. 14.

2. Wolfram Hörandner (ed.), *Theodoros Prodromos, historische Gedichte*, Vienne, Österreichischen Akademie der Wissenschaften, p. 255, 310 *sq.* n. 11, 19.

3. Michel Psellos, Εἰς Ἰσαάκιον Κομνηνόν dans E. Kurtz (ed.), *Michaelis Pselli scripta minora*, I, *op. cit.*, p. 46 *sq.*

4. C. Evans et W.D. Wixom, *The Glory of Byzantium*, *op. cit.*, p. 210-212 n. 145.

5. Bibliothèque du Mont Sinaï, ms. 364, fol. 3 ; Kurt Weitzmann et George Galavaris, *The Monastery of Saint Catherine at Mount Sinai. The Illuminated Greek Manuscripts*, I, *From the Ninth to the Twelfth Century*, Princeton, Princeton University Press, 1990 ; p. 66, *fig.* 185.

L'ambivalence ressentie par les Byzantins à l'égard de la rhétorique comme source d'élégance, mais aussi de trahison, était donc également ressentie vis-à-vis des plaisirs de la nature, qui d'un côté offraient prospérité et plaisir, mais de l'autre étaient considérées comme corruptibles et fugaces comparés aux récompenses du ciel. Les Byzantins exprimaient leur ambivalence dans leur littérature comme dans leur art. Néanmoins, dans la première période et avant l'iconoclasme, la glorification de la nature pèse plus lourd que son dénigrement, alors que dans la période tardive, le rejet du monde terrestre prévaut. En littérature comme en art, les Byzantins ont trouvé les moyens de maintenir la nature à une place subordonnée, même s'ils étaient prêts à déployer leur éloquence pour en reconnaître les charmes.

Illustration 1 : Gerasa, Saint-Jean-Baptiste, mosaïque de pavement de la nef, détail, motifs nilotiques. Source : Université de Yale et Dumbarton Oaks.

Illustration 2 : Sabratha, Basilique de Justinien, mosaïque de pavement de la nef. Rinceau des oiseaux, avec paons. Source : Département des Antiquités, Tripoli.

Illustration 3 : Nikopolis, Basilique de Dumetios, mosaïque de pavement, transept sud, détail. Chasseurs. Source : auteur.

Illustration 4 : Bibliothèque du Vatican, MS. Gr. 1162, fol. 147.
La Terre rend hommage à la Vierge.
Source : d'après I. Hutter and P. Canart, *Das Marienhomiliar des Mönchs Jakobos von Kokkinobaphos*, *Codex Vaticanus Graecus 1162*, Codices e vaticanis selecti 79, Zurich, 1991.

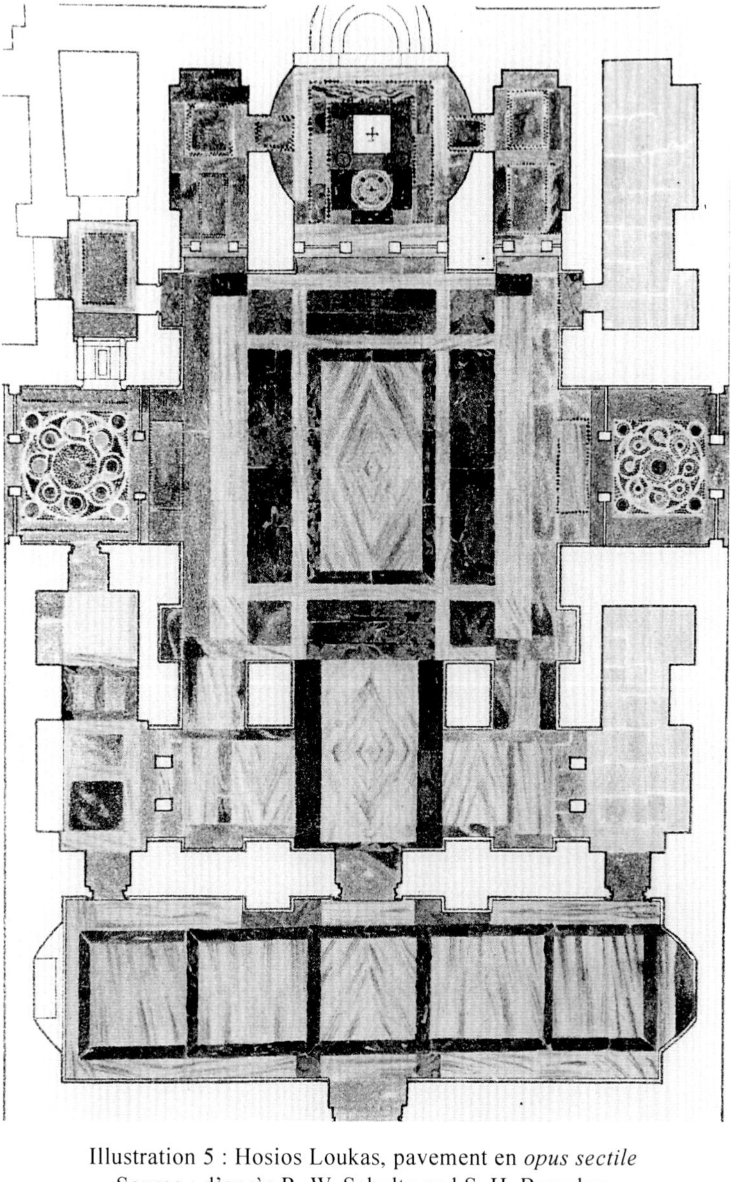

Illustration 5 : Hosios Loukas, pavement en *opus sectile*
Source : d'après R. W. Schultz and S. H. Barnsley,
The Monastery of St. Luke of Stiris in Phocis, London, 1901, pl. 30.

Illustration 6 : Daphni, église du monastère, mosaïque.
L'Annonciation à la Vierge. Source : Josephine Powell.

Illustration 7 : Istanbul, Kariye Camii (Monastère de *Chôra*), mosaïque.
L'Annonciation à sainte Anne.
Source : Dumbarton Oaks, Archives de photos et de documents byzantins.

Illustration 8 : Istanbul, Kariye Camii (Monastère de *Chôra*), mosaïque. Paon. Source : Dumbarton Oaks, Archives de photos et de documents byzantins .

Illustration 9 : Daphni, église du monastère, mosaïque. L'Annonciation à sainte Anne. Source : Josephine Powell.

Illustration 10 : Istanbul, Kariye Camii (Monastère de *Chôra*), mosaïque. L'Annonciation à la Vierge près du puits.
Source : Dumbarton Oaks, Archives de photos et de documents byzantins.

Illustration 11 : Budapest, Musée National Hongrois, couronne d'or avec émaux. Constantin IX Monomaque, Zoé et Théodora.
Source : The Metropolitan Museum of Art, New York.

Illustration 12 : Sinaï, Monastère Saint-Catherine, MS. Gr. 364, fol. 3.
Constantin IX Monomaque, Zoé et Théodora.
Source : Library of Congress.

AVERROÈS CRITIQUE DES TRADITIONS NON PHILOSOPHIQUES DE LA RHÉTORIQUE

Maroun AOUAD

À Dimitri Gutas

Lorsque Averroès (520-595/1126-1198) rédige ses traités de rhétorique, il a déjà derrière lui deux longues traditions d'études dans ce domaine. L'une est surtout représentée dans l'œuvre des *falāsifa*, philosophes de langue arabe et de tradition grecque[1]. La source de cette

1. Pour un état de la recherche sur la tradition arabe de la *Rhétorique* d'Aristote, voir Maroun Aouad « La *Rhétorique*. Tradition syriaque et arabe », dans Richard Goulet (éd.), *Dictionnaire des philosophes antiques*, Paris, CNRS Éditions, 1989, vol. I, p. 455-472 ; *id.*, « La *Rhétorique*. Tradition arabe (compléments) », Supplément préparé par Richard Goulet avec la collaboration de Jean-Marie Flamand et Maroun Aouad, Paris, CNRS Éditions, 2003, p. 219-223. À ces états de la recherche, il faudra ajouter des travaux parus récemment comme : Maroun Aouad, « Does Averroes have a philosophy of history? », dans Emma Gannagé, Patricia Crone, Maroun Aouad, Dimitri Gutas, Eckart Schütrumpf (ed.), *The Greek Strand in Islamic Political Thought*, Proceedings of the Conference held at the Institute for Advanced Study, Princeton, 16-27 juin 2003, dans *Mélanges de l'Université Saint-Joseph* 57, 2004, p. 411-441 ; Maroun Aouad, *Le Livre de la Rhétorique* du philosophe et médecin Ibn Ṭumlūs (Alhagiag bin Thalmus), éd. critique du texte arabe et traduction française, Paris, Vrin, coll. «Textes et Traditions », 2006 ; *id.*, « Les lois selon les *Didascalia in 'Rethoricam' (sic) Aristotelis ex glosa Alpharabii* », dans Maroun Aouad (éd.), Actes du Colloque International « Les doctrines de la loi dans la philosophie de langue arabe et leurs contextes grecs et musulmans » organisé par le Centre Jean Pépin (CNRS) à Villejuif les 12 et 13 juin 2007, *Mélanges de l'Université Saint-Joseph* 61, 2008, p. 453-470 ; *id.*, « Rhétorique aristotélicienne (*rethorica*) et faculté oratoire (*oratoria/balāgha*) selon les *Didascalia in "Rethoricam (sic !)" Aristotelis ex glosa Alpharabii* » dans Béatrice Gruendler et Michael Cooperson (ed.) *Classical Arabic Humanities in their own Terms. Festschrift for Wolfhart Heinrichs on his 65th birthday presented by his students and colleagues*, Leiden, Brill, 2008, p. 40-61; Uwe Vagelpohl, *Aristotle's « Rhetoric » in the East : the Syriac and Arabic Translation and Commentary*

tradition est la *Rhétorique*[1] d'Aristote (désormais citée *Rhét.*), qui a été très tôt traduite en arabe[2], l'*unicum* qui nous en est conservé contenant une version d'un traducteur anonyme qui remonte peut-être au IXe siècle. De cette version, on a jusqu'ici repéré au moins quatorze commentaires, supercommentaires ou résumés conservés. Ainsi, pour n'évoquer que les personnages les plus célèbres, al-Fārābī (m. 339/950), Avicenne (370-428/980-1037) et Averroès, on dispose encore de deux ouvrages de chacun d'eux consacrés à la *Rhétorique*. L'autre tradition, ancrée, elle, dans l'examen du texte coranique, de la poésie et de la prose orales ou écrites de langue arabe, a fini par constituer une abondante littérature qui se présente souvent comme une caractérisation de la *balāġa* [éloquence ou, plus exactement, propos efficace] et dont les spéculations seront au XIIIe siècle systématiquement regroupées dans une science appelée *ʿilm al-balāġa* [science du propos efficace] [3]. J'appellerai, dans la suite, cette tradition « critique littéraire de tradition proprement arabe ».

Les auteurs de la tradition philosophique de la rhétorique ont inévitablement été amenés à prendre position à l'égard de la critique littéraire de tradition proprement arabe. Dans un travail antérieur, j'ai examiné la position d'al-Fārābī[4]. Je voudrais envisager maintenant le cas d'Averroès.

Rappelons que cet auteur a consacré deux traités à la rhétorique : un abrégé et un commentaire moyen. L'abrégé[5] est sans doute antérieur à

Tradition, Leiden, Brill, 2008 ; Maroun Aouad, « Al-Fārābī critique des traditions non aristotéliciennes de la rhétorique », dans Frédérique Woerther (ed.), *Literary and Philosophical Rhetoric in the Greek, Roman, Syriac and Arabic Worlds*, Hildesheim/Zürick/New York, Olms, 2009, p. 155-183.

1. *Aristotelis Opera ex recensione Immanuelis Bekkeri edidit Academia regia Borussica, accedunt Fragmenta Scholia Index Aristotelicus. Editio altera addendis instruxit fragmentorum collectionem retractavit Olof Gigon*, 5 vol., Berolini, W. de Gruyter, 1960-1987, vol. II, col. 1354 a – 1420 b 4 ; Pierre Chiron (traduction), Aristote, *Rhétorique*, Paris, Flammarion, coll. « Garnier Flammarion », 2007.

2. Malcolm Cameron Lyons (éd., comm. et glossaire), *Aristotle's Ars Rhetorica. The Arabic Version*. 2 vol., Cambridge, Pembroke Arabic Texts, 1982 (désormais cité *TAL*).

3. Voir ci-dessous, p. 286 *sq*.

4. Voir M. Aouad, « Al-Fārābī critique des traditions non aristotéliciennes de la rhétorique », art. cit.

5. Cet abrégé appartient à l'*Abrégé de la Logique* par Averroès, qui porte sur toutes les parties de l'*Organon* (au sens large, c'est-à-dire incluant la rhétorique et la poétique), ainsi que sur l'*Isagoge* de Porphyre. Seules les parties sur la dialectique, la rhétorique et la poétique ont été publiées : Charles E. Butterworth (éd. et traduction), *Averroes' Three Short Commentaries on Aristotle's "Topics", "Rhetoric", and "Poetics"*, Albany N.Y., State University of New York Press, 1977. L'édition et la traduction de l'abrégé de la rhétorique, *Al-Qawl fī al-aqāwīl al-ḫaṭābiyya* (*Des arguments rhétoriques*) seront désignées, dans le cours de ce travail, par le sigle *AḪ*. Pour les autres parties de l'ouvrage de C. E. Butterworth (introduction, autres abrégés, plan des différents traités, etc.), j'utilise l'abréviation Butterworth, *Three Short Commentaries*. Pour *AḪ* et Butterworth, *Three*

1159. *Rhét.*, I, chap. 2, en est l'une des principales sources, mais il est systématiquement lu à travers l'abrégé d'al-Fārābī (*Kitāb al-Ḫaṭāba*). Comme dans ce dernier, il s'agit surtout de dégager les principes de la rhétorique, mais Averroès se préoccupe aussi de déterminer le rang de celle-ci par rapport aux autres arts[1]. Cette relative indépendance à l'égard de *Rhét.*, comparée à la plus grande fidélité du *Commentaire moyen à la* Rhétorique[2] (*CmRhét A*), signifie peut-être qu'Averroès était, au moment de la rédaction de l'abrégé, dans le sillage d'al-Fārābī et qu'il n'avait pas encore adopté de projet original, projet qui sera précisément un retour au texte d'Aristote par-delà ses interprètes[3]. Cette hypothèse n'implique toutefois pas qu'Averroès ait renié toutes les doctrines qu'il a d'abord soutenues. Entre l'*Abrégé de la Rhétorique* et le *CmRhét*, il n'y a généralement pas contradiction, mais seulement différence de point de vue : dans un cas, un exposé systématique des principes ultimes de la rhétorique, prenant pour fil directeur *Rhét.*, I, 2 ; dans l'autre, un commentaire continu de l'ensemble de *Rhét.*, à travers une traduction arabe très obscure, commentaire dans lequel les interventions du Commentateur sont limitées par les exigences de l'exégèse[4]. *CmRhét A* est de 1175. Il appartient à une série de commentaires moyens portant sur les traités de l'*Organon* élargi et explique la totalité de *Rhét.*, à l'exception de *Rhét.*, II, 15-17. De tous les commentaires arabes conservés de *Rhét.*, c'est le plus proche de celle-ci. Averroès, lisant ce texte, cherche à en expliquer la signification le mieux possible : pas de *textus*, suivi d'explications (comme dans les grands commentaires), mais l'exposé direct de l'intention d'Aristote. Pour parvenir à cette fin, le Commentateur recourt aux termes mêmes de *TAL*,

Short Commentaries, les références à la traduction anglaise sont accompagnées de « traduction anglaise », celles se rapportant au texte arabe ne le sont pas.

1. Maroun Aouad, « Les fondements de la *Rhétorique* d'Aristote reconsidérés par Averroès dans l'*Abrégé de la rhétorique*, ou le développement du concept de "point de vue immédiat" », dans William W. Fortenbaugh, David C. Mirhady (ed.), *Peripatetic Rhetoric after Aristotle, Rutgers University Studies in Classical Humanities* VI, New Brunswick, Transaction Publishers, 1994, p. 261-313, notamment p. 266-311 *sq*.

2. *Cf.* M. Aouad (texte et traduction), Averroès (Ibn Rušd), *Commentaire moyen à la* Rhétorique *d'Aristote*, Union Académique Internationale, *Corpus Philosophorum Medii Aevi, Averrois Opera, Series A : Averroes Arabicus*, XVII, 3 vol., Paris, Vrin, coll. « Textes et traditions » 5, 2002 (désormais cité *CmRhét A*), vol. I, p. 20-31.

3. *Cf.* Gregor Schoeler, « Averroes' Rückwendung zu Aristoteles. Die "Kurzen" und die "Mittleren" Kommentare zum *Organon* », *Bibliotheca Orientalis* 37, 1980, p. 294-301.

4. Pour une rapide comparaison des deux approches, voir Maroun Aouad, « Manāhiǧ Ibn Rušd fī Al-Qawl fī al-aqāwīl al-ḫaṭabiyya wa- Talḫīṣ al-ḫiṭāba », dans M. ʿArfa Mansia (ed.), *Symposium international. Actualité d'Averroès. Ibn Rušd, faylasūf al-šarq wa-al-ġarb fī al-ḏikra al-mi'awiyya al-ṯāmina li-wafātihi*, 2 vol., Tunis, Dar al-gharb al-Islami, 1999, vol. II, p. 41-55.

quand ils semblent convenir, emploie, pour d'autres termes de *TAL*, des substituts plus ou moins équivalents et mêle à tout cela de brefs ajouts. Si l'ordre d'apparition des propos d'Aristote est respecté, le mélange implique cependant, pour les citations elles-mêmes, de fréquentes modifications stylistiques et de nouveaux découpages. Les passages auxquels les termes de *TAL* ne sont pas étroitement mêlés sont rares. Mais les applications aux problèmes suscités par la civilisation islamique sont fréquentes (injection de concepts, exemples nouveaux, etc.). Étant donné l'obscurité de *TAL*, le commentaire en arrive souvent à proposer des lectures originales. Son interprétation fait système[1].

Malheureusement, à la différence d'al-Fārābī[2], Averroès porte rarement des jugements explicites sur des auteurs autres qu'Aristote ayant traité de la rhétorique et il faudra, pour dégager sa position à l'égard de la tradition proprement arabe de celle-ci, analyser ses remarques indirectes. Je les envisagerai dans les sections suivantes :

I. La critique littéraire de tradition proprement arabe n'aurait pas envisagé systématiquement les principes premiers de la rhétorique ;

II. La critique littéraire de tradition proprement arabe aurait ignoré la doctrine de l'enthymème et donc l'appartenance de la rhétorique à la logique ;

III. La critique littéraire de tradition proprement arabe n'aurait pas eu de doctrine globale des figures de style ;

IV. La critique littéraire de tradition proprement arabe serait une rhétorique nationale et non universelle.

La critique littéraire de tradition proprement arabe n'aurait pas envisagé systématiquement les principes premiers de la rhétorique

Averroès expose ainsi son objectif au tout début du *CmRhét A* (voir texte I, p. 300). L'éloquence [*balāġa*] est pratiquée par tout le monde dans toutes sortes d'activités : la dispute [*al-munāẓara*], l'enseignement [*taʿlīm*], la mise sur la voie [*iršād*], et notamment toutes les affaires particulières qui en relèvent. À cette éloquence, on peut parvenir par hasard, par *habitus*, ou par *habitus* et connaissance de la cause. Cette dernière méthode (*habitus* et connaissance de la cause) est la meilleure.

1. Sur la méthode du *CmRhét.*, voir *CmRhét A*, vol. I, p. 10-20. Sur ses principales caractéristiques doctrinales, voir *CmRhét A*, vol. I, p. 51-188.

2. *Cf.* M. Aouad, « Al-Fārābī critique des traditions non aristotéliciennes de la rhétorique », art. cit.

Or la connaissance des causes, pour être bien établie, doit être consignée dans un livre. En d'autres termes, l'ouvrage écrit par Averroès a pour but d'étudier systématiquement les principes de l'éloquence, à laquelle on peut avoir par ailleurs accès de manière fortuite, empirique ou incomplète.

On aura relevé les termes – sans équivalents exacts dans *Rhét.* – qu'utilise Averroès pour dessiner le champ de l'art oratoire qui va être étudié systématiquement dans son ouvrage. La *balāġa* [discours efficace, éloquence], la *munāẓara* [dispute], le *taʿlīm* [enseignement], l'*iršād* [mise sur la voie] sont des concepts et des activités très connus du grand public et des lettrés arabes et examinés par ailleurs dans des travaux bien moins ancrés dans la tradition aristotélicienne que celui d'Averroès.

Si le terme de *munāẓara* est, du point de vue de son acception générale [« dispute, controverse[1] »], assez proche de ses correspondants dans *Rhét.*, I, 1354 a 5 (ἐξετάζειν : examiner, interroger) et *TAL*, I, 1, 8 (*al-faḥṣ* : l'examen), il a aussi, du fait de ses applications particulières en Islam, certaines résonances qui lui sont propres. *Munāẓara* y désigne soit la dispute scientifique, en particulier théologique et juridique, soit un genre littéraire où sont mis en scène des êtres animés ou inanimés (la rose contre le narcisse, une cité contre une autre) discutant de celui qui a les meilleures qualités. Le premier type de *munāẓara* se déroulait, au moyen de questions et de réponses, en présence d'une autorité, du calife ou d'un vizir par exemple, et se terminait par l'obligation du perdant de se rallier au point de vue du vainqueur ou par son châtiment. En théologie, il s'agissait d'aboutir au point de vue vrai, en droit au point de vue le plus probable. Des ouvrages théoriques sont venus consacrer cette pratique. Ils ont nom *ādāb al-ǧadal* ou *ādāb al-baḥṯ*[2].

Par les notions de *taʿlīm* [enseignement] et d'*iršād* [que je rends par « mise sur la voie », en suivant une suggestion de R. Brague], Averroès essaie, sans doute, d'interpréter le mystérieux *taqlīd al-kalām* [imitation des propos], qui correspond, dans *TAL*, I, 1, 8, à ὑπέχειν [rendre comp-

1. Albin de Biberstein Kazimirski, *Dictionnaire arabe-français*, 2 vol., Paris, Maisonneuve et Cie éditeurs, 1860, réimpr. Beyrouth, Libraire du Liban, s.d. vol. II, p. 1290.

2. Pour plus de détails doctrinaux et bibliographiques, on se reportera à Ewald Wagner, « *Munāẓara* », dans Peri J. Bearman, Thierry Bianquis, Clifford Edmund Bosworth, Emeri van Donzel et Wolfhart P. Heinrichs, *Encyclopédie de l'Islam*. Nouvelle édition, Leiden/Paris, Brill et Maisonneuve Larose, 1960-2009 [*EI* ²], vol. VII, p. 566-569. La technique de la question et de la réponse, étudiée dans *CmRhét A*, vol. II, § 3.18.1 - 3.18.11, est manifestement rattachée à la dispute par Averroès, comme l'atteste l'exemple avancé dans *CmRhét A*, vol. II, § 3.18.4 (voir mon comm. de ce paragraphe dans *CmRhét A*, vol. III).

te, soutenir] de *Rhét.*, I, 1354 a 5. Le même couple remplacera ailleurs le concept de harangue[1]. *Iršād* évoque non seulement le terme coranique, *muršid*, de même racine[2], mais aussi *wa'ẓ* [l'exhortation], auquel *iršād* est parfois identifié[3], ainsi qu'un mot particulièrement significatif pour les contemporains d'Averroès. *Muršida* est en effet le nom par lequel est désigné l'un des textes d'Ibn Tūmart (né entre 471-474/1078-1081 et mort en 524/1130), le fondateur du mouvement almohade au pouvoir du temps d'Averroès. Dans ce petit ouvrage, Ibn Tūmart semble avoir transcrit sa doctrine en langage populaire, à des fins d'exhortation à la conversion[4].

Quant à la *balāġa*, il s'agit d'un « n. abstrait, de *balîgh* "efficace, éloquent" (du verbe *balagha* "atteindre quelque chose"), qui, en conséquence, a le sens d'éloquence. Elle [...] requiert la connaissance des liaisons et des séparations correctes de la phrase, la clarté et la propriété des termes[5] ». La *balāġa* est donc un discours dont la fin est d'exercer le meilleur impact possible sur les personnes auxquelles il s'adresse. Comme telle, elle concerne aussi bien la prose que la poésie, l'élite que le commun du peuple, la valeur esthétique du discours que tous les autres facteurs concourant à son meilleur impact possible, notamment sa vérité ou sa vraisemblance. Et c'est pour cela qu'Averroès la mentionne aussi bien dans la partie du *CmRhét A* concernant l'argumentation que dans celle concernant l'expression, les mots. Quant au *'ilm al-balāġa* [science de l'éloquence], excellemment caractérisé par W. Heinrichs[6], il a essentiellement traité de la syntaxe en matière de style, de la théorie de l'image et des figures de rhétorique[7]. Les considérations sur la vérité et la vraisemblance du discours y sont assez rares et si un auteur comme Ibn Wahb (après 335/946-947) exige

1. Voir, dans *CmRhét A*, vol. III, mon commentaire du *CmRhét A*, vol. II, § 1.1.9.

2. Coran, XVIII, 16/17.

3. Voir, dans *CmRhét A*, vol. III, mon commentaire du *CmRhét A*, vol. II, § 1.6.19 - 1.6.21.

4. Références et analyses dans I. Goldziher, « Die Bekenntnissformeln der Almohaden », *Zeitschrift der Deutschen Morgenländischen Gesellschaft* 44, 1890, p. 168-171, et Dominique Urvoy, « La Pensée d'Ibn Tūmart », *Bulletin d'études orientales* 27, 1974, p. 19-44, notamment p. 30 *sq*.

5. A. Shaade-[Gustave E. von Grunebaum], « *Balāgha* », dans *EI*^{2}, *op. cit.*, vol. I, p. 1012 *sq*.

6. Wolfhart Heinrichs, « Rhetoric and Poetics », dans Julie Scott Meisami, Paul Starkey (ed.), *Encyclopedia of Arabic Literature*, vol. II, London/New York, Routledge, 1998, p. 651-656.

7. « The "science of eloquence" (*'ilm al-balāgha*) which comprises the three fields of syntactical stylistics, theory of imagery and rhetorical figures » (W. Heinrichs, « Rhetoric and poetics », art. cit., p. 651).

un certain usage de la théorie du syllogisme et de la logique[1], ni lui, ni aucun des auteurs du *ʿilm al-balāġa* antérieurs à Averroès n'ont, à ma connaissance, évoqué la doctrine de l'enthymème (le syllogisme proprement rhétorique selon Aristote et les *falāsifa*).

Les philosophes arabes qui ont commenté *Rhét.* désignent habituellement la discipline dont traite celle-ci par le mot de *ḫiṭāba* ou *ḫaṭāba*[2]. Toutefois, pour déterminer son objectif dans le passage traduit ci-après dans le texte I, p. 300, Averroès emploie le terme de *balāġa*, et non celui de *ḫiṭāba*, bien qu'ils couvrent *grosso modo* le même champ. Cela vient sans doute de ce que notre auteur souhaite nous avertir d'emblée qu'il entend s'immiscer dans un champ déjà occupé – d'où ses fréquents emprunts, dans le *CmRhét A*, à la littérature arabe et à ses théoriciens, à la parénétique et au droit musulmans, emprunts qui sont examinés tout au long de mes commentaires dans *CmRhét A*, vol. III. Il suffit ici de noter que, si *Rhét.* et *CmRhét A* sont les livres qui exposent systématiquement les principes de la *balāġa*, cela implique que les autres spéculations sur celle-ci, c'est-à-dire avant tout la critique littéraire de tradition proprement arabe, n'ont pas réalisé cet objectif : elles ont dû se limiter à des observations empiriques et à l'énoncé de quelques principes et non à la consignation systématique de tous ceux-ci.

Quels sont les principes que cette tradition a ignorés ? D'autres remarques d'Averroès permettent heureusement de les déterminer.

LA CRITIQUE LITTÉRAIRE PROPREMENT ARABE AURAIT IGNORÉ LA DOCTRINE DE L'ENTHYMÈME ET DONC L'APPARTENANCE DE LA RHÉTORIQUE À LA LOGIQUE

Dans *CmRhét A*, vol. II, 1.1.3 - 1.1.12, Averroès établit que la conviction rhétorique s'obtient essentiellement par l'enthymème, que l'enthymème est un syllogisme et que, pour cette raison, la rhétorique

1. Abū al-Ḥusayn Isḥāq b. Ibrāhīm b. Sulaymān b. Wahb al-kātib, *Al-Burhān fī wuǧūh al-bayān*, éd. Aḥmad Maṭlūb et Ḫadīǧa al-Ḥadīṯī, Maṭbaʿat al-ʿĀnī, Bagdad, 1387/1967, p. 73-117 ; 169 ; 185 ; 224 *sq.* ; 243-245. « Ibn Wahb, [...], rejeton d'une vieille et distinguée famille de secrétaires et auteur d'un remarquable ouvrage shiʿite sur la rhétorique arabe, le style et l'art du secrétaire, le *Kitāb al-Burhān fī wudjūh al-bayān* [...] vivait dans la première moitié du IVᵉ/Xᵉ siècle, et il doit avoir écrit son livre après 335/946-7 [...]. Le *Burhān* représente un essai intéressant d'application des doctrines grecques, muʿazilites et imāmites à la rhétorique arabe » (Pessah Shinar, « Ibn Wahb », dans *EI*², Supplément 1-6, livraison 5-6, p. 402).

2. Sur ce terme et sur son emploi par Averroès et les *falāsifa*, voir *CmRhét A*, vol. III, p. 1-5.

appartient ou totalement ou partiellement (si l'on prend en considération ses relations avec la politique ou l'éthique) à la logique. Je n'exposerai pas ici tout le raisonnement fondant cette thèse et ce qu'elle doit à Aristote[1]. Je me contenterai de souligner deux points. Aristote n'a pas la conséquence ultime que tire Averroès, à savoir l'appartenance à la logique. Par ailleurs, ce dernier identifie en cours de route la conviction rhétorique à « la conviction qui provient de l'éloquence [*al-taṣdīq al-balāġī*] [2] », ce qui montre qu'il se situe bien dans le domaine même que prétend couvrir la critique littéraire de tradition proprement arabe.

Plus importante pour nous est la remarque qui suit (*CmRhét A*, vol. II, 1.1.13 : voir texte II, p. 300). Alors qu'Aristote se contente de remarquer[3] que l'on voit maintenant que les auteurs de techniques se sont bornés aux choses extérieures et pourquoi ils ont préféré les plaidoyers, Averroès, qui garde pour l'essentiel cette conclusion, lui donne une autre orientation. Certes, il est question, dans les deux cas, de la déficience des prédécesseurs, en tant qu'ils ont ignoré le pilier de la rhétorique, à savoir l'enthymème, mais Averroès rattache cette déficience à leur ignorance de la logique, ce que ne faisait pas Aristote, et surtout redessine le champ d'étude de ces prédécesseurs en le rapportant à la *balāġa*. Les prédécesseurs qui n'ont pas traité de l'enthymème ne sont donc pas seulement les technologues qu'évoque Aristote, mais ceux des auteurs et praticiens de la *balāġa* qui ont passé sous silence ce type de raisonnement. Il ne peut s'agir bien évidemment des *falāsifa*, mais des auteurs de la critique littéraire de tradition proprement arabe.

En bref, ce qui a manqué à ces derniers, c'est le concept d'enthymème. Par enthymème, il ne faut toutefois pas entendre un vague raisonnement à trois termes, mais un corps de doctrines dont le concept d'enthymème est la résultante, exposé par Aristote et repensé de manière originale par les *falāsifa* qui, d'ailleurs, ont parfois divergé entre eux sur tel ou tel point. Il ne saurait être question d'exposer en détail ici ce corps de doctrines que j'ai analysé dans plusieurs publications[4]. Mais j'en fournirai un bref résumé pour donner une idée de l'importance de ce qui a manqué aux auteurs de la critique littéraire de tradition proprement arabe. Averroès considère l'enthymème comme un syllogisme selon le point de vue et immédiat (voir texte VI, p. 302). Cela signifie que ce syllogisme apparaît à l'auditeur comme admis avant

1. Voir à ce sujet mon commentaire de ces paragraphes dans *CmRhét A*, vol. III, et, en résumé, dans *CmRhét A*, vol. I, p. 55-59.

2. *CmRhét A*, vol. II, 1.1.12.

3. *Rhét.*, I, 1355 a 18-20.

4. Notamment dans *CmRhét A*, vol. I, p. 51-126.

tout examen un tant soit peu approfondi (voir les textes IV et V, p. 301 *sq.*)[1]. Les auditeurs qui s'en satisfont sont des gens du « peuple » ou des personnes qui, en raison des circonstances, se comportent en gens du peuple (voir texte III, p. 301, et VIII, p. 303). Ce lien avec le point de vue immédiat » a des conséquences matérielles et formelles (voir texte VII, p. 302 *sq.*). D'un point de vue matériel, il implique que les prémisses rhétoriques ne sont pas forcément vraies, mais que ce sont des proposi-tions que l'on admet sans les soumettre à un examen (voir texte V, p. 302). D'un point de vue formel, l'enthymème n'obéit pas à des exigences rigoureuses quant à sa structure (voir texte VIII, p. 303). Souvent, une prémisse est omise pour cacher une faiblesse, notamment la fausseté de la majeure (voir texte IX, p. 303) et souvent aussi la combinaison des trois termes ne respecte pas les règles des syllogismes réellement concluants. Une structuration incorrecte du syllogisme peut être tout à fait légitime en rhétorique, par exemple un syllogisme où le moyen terme serait attribut dans deux prémisses affirmatives (par exemple, le fiévreux respire d'une manière haletante, Socrate respire d'une manière haletante, Socrate est donc fiévreux) (voir texte X, p. 303). Les *falāsifa* semblent même considérer que ce syllogisme incorrect de la deuxième figure occupe une place privilégiée en rhétorique. Par ailleurs, les prémisses rhétoriques sont à subsumer sous un certain nombre d'« espèces ». Prémisses et structures de l'enthymème sont enfin régies par des procédés abstraits nommés des « lieux ». À cet exposé extrêmement sommaire, on devrait ajouter l'étude des maximes (énoncé d'une proposition de l'enthymème dont on omet les raisonnements qui la fondent ou/et en découlent), des exemples (raisonnements paradigmatiques qu'Averroès réduit à l'enthymème), des enthymèmes pathétiques ou éthiques (procédés discursifs qui conduisent à une passion ou à l'actualisation d'un trait de caractère et qui ressemblent à l'enthymème, mais s'en distinguent aussi).

Averroès est-il fondé à dire que les auteurs de la critique littéraire proprement arabe qui l'ont précédé ont ignoré la doctrine de l'enthymème et le rattachement de la rhétorique à la logique ? En fait, seul le premier de ses reproches est entièrement justifié, comme l'atteste le cas d'Ibn Wahb[2].

1. Sur la question de savoir si le point de vue immédiat peut être celui d'un individu ou s'il est nécessairement celui de la généralité des gens, en d'autres termes sur la question du rapport entre le point de vue immédiat et la notoriété, *CmRhét* et *AḪ* ont des positions différentes : voir *CmRhét A*, vol. I, p. 10-19 ; 90-92, et M. Aouad, « Les fondements de la *Rhétorique* d'Aristote reconsidérés par Averroès dans l'*Abrégé de la rhétorique* », *op. cit.*, p. 280-285 et p. 311 n. 94.

2. Voir ci-dessus, p. 286 *sq.*

LA CRITIQUE LITTÉRAIRE PROPREMENT ARABE N'AURAIT PAS EU DE DOCTRINE GLOBALE DES FIGURES DE STYLE

Averroès soutient à la fin de son *Commentaire moyen à la « Poétique »*, où il est grandement question du choix des mots, que les principes exposés dans la *Rhétorique* et la *Poétique* d'Aristote doivent servir de normes permettant de juger les principes de la critique littéraire de tradition proprement arabe et que ces derniers non seulement sont réductibles au principes aristotéliciens mais couvrent bien moins de procédés (voir texte XI, p. 304).

De fait, tout au long de son examen du choix des mots dans le livre III du *CmRhét A*, Averroès invoque des exemples tirés de la littérature arabe, de la poésie, du Coran, de la Tradition prophétique (*Ḥadīṯ*), etc. et ces exemples sont souvent empruntés à la critique littéraire de tradition proprement arabe où ils sont utilisés à des fins analogues. Bien plus, Averroès opère assez fréquemment des rapprochements avec des types de figures de style analysés par cette critique. Ces emprunts et rapprochements indiquent que les spéculations de la critique littéraire de tradition proprement arabe sur les choix des mots ne sont pas à rejeter. Au contraire, ils permettent à Averroès de renvoyer, sur plusieurs points, aux analyses et aux acquis de cette critique et de se dispenser ainsi de les reprendre dans le *CmRhét A*.

Toutefois, ces types de figures de style et ces exemples sont situés dans un cadre plus général qui, lui, ne vient pas d'elle : la théorie du « changement [*taġyīr*] » des mots que je voudrais maintenant résumer pour montrer la manière dont Averroès articule la majeure partie des spéculations de la critique littéraire de tradition proprement arabe sur le choix des mots à sa propre doctrine.

Cette théorie du changement des mots a pour première fonction de dégager, de la manière suivante, une explication unifiée de ce qu'est le bon style.

Averroès soutient que « les propos éloquents [*al-aqāwīl al-balāġiyya*] persuadent d'une manière plus achevée et les poétiques font imaginer d'une manière plus achevée[1] » lorsqu'ils sont composés de mots qui font imaginer quelque chose de « supplémentaire » par rapport au sens habituel du mot : élévation, vilenie, étrangeté, etc (voir texte XII, p. 304 *sq.*).

Pourquoi ce supplément de sens est-il si utile à la persuasion et quel est le procédé qui le procure ?

1. *CmRhét A*, vol. II, 3.1.13.

C'est ce qui nous apparaîtra à l'examen de la thèse selon laquelle l'excellence du propos rhétorique et poétique s'obtient par le changement (voir texte XIII, p. 305). Ce terme, quand il est employé à propos de la doctrine du style, peut avoir trois sens suivant le contexte : large (tout écart par rapport à l'usage courant) ; restreint (la métaphore et la comparaison) ; très restreint (la seule métaphore). Dans *CmRhét A*, vol. II, 3.2.1 (texte XIII, p. 305), il s'agit du sens large : « J'entends ici, par le changement, l'utilisation des sept sortes de noms et de verbes[1]. Ne sont exceptés que [les noms et verbes] courants. En effet, dans chacune des [sortes de mots], à l'exception de cette sorte, il y a un certain changement ». Averroès justifie sa thèse en faisant intervenir le principe suivant : le propos doit accroître les connaissances. Or cela ne peut se faire, en ce qui concerne l'expression, que si un excédent de signification est apporté par l'imagination grâce au procédé du changement des mots. De ce principe découlent deux conditions : il ne faut pas que les mots soient banals au point de ne rien faire imaginer (ou presque), ni tels qu'ils fassent trop imaginer ou qu'ils soient incompréhensibles. Averroès reconnaît toutefois que les mots courants peuvent être utilisés en rhétorique et en poétique, mais c'est alors la composition de ces mots, la phrase, qui doit s'accorder avec le cours naturel des idées dans l'âme et, donc, sans doute, avec un certain changement (voir texte XIV, p. 306). L'excédent de signification et l'imagination qui l'apporte sont en rapport avec le degré d'étrangeté (voir texte XV, p. 306). Celui-ci devra être plus élevé dans la poétique que dans la rhétorique. Mais il devra aussi varier suivant les situations (voir texte XVI, p. 306 *sq.*).

CmRhét A, vol. II, 3.10.2 - 3.10.5 (voir les textes XVII-XX, p. 307-309), qui traite du principe de la beauté des propos, étudié en lui-même et dans un parallèle avec les beaux enthymèmes et les beaux exemples, confirme et complète, sur certains points, la thèse de *CmRhét A*, vol. II, 3.1.13 et de *CmRhét A*, vol. II, 3.2.1 - 3.2.4. Alors que celle-ci stipule que l'excellence des mots s'obtient en rhétorique et en poétique si, à ce que désigne habituellement le mot, s'ajoute un supplément de signification, supplément qui accroît d'une certaine façon la connaissance, mais qui est néanmoins apporté par l'imagination, nous apprenons maintenant que ce supplément est à double volets : bien faire comprendre et plaire, ce qui signifie qu'un mot peut désigner sans bien

1. Les sept sortes de noms et de verbes sont « les mots changés [au sens restreint : métaphore et comparaison], les mots étranges, les mots importés, les mots ornés, les mots composés, les mots conduisant à un lapsus et les mots institués » (*CmRhét A*, vol. II, 3.1.16). Pour plus d'explications sur ces sept sortes, voir dans *CmRhét A*, vol. III, mon commentaire de *CmRhét A*, vol. II, 3.1.16-3.1.27.

faire comprendre. Seulement, il apparaît aussi que, si le mot qui ne fait pas bien comprendre ne peut pas être agréable, il ne suffit pas pour autant de bien faire comprendre pour être agréable (voir texte XVII, p. 307 *sq*.). La comparaison avec l'enthymème et l'exemple qui suit est instructive quant à ce qui doit produire ce plaisir (voir les textes XVIII-XX, p. 308 *sq*). De fait, pour l'enthymème et l'exemple, il ne suffit pas non plus de bien faire comprendre. Pour plaire, ils ne doivent pas traiter de choses déjà évidentes, mais apprendre, faire connaître quelque chose. De même, les mots doivent d'abord égarer quelque peu l'auditeur, puis révéler leur signification et ce processus est rapporté, dans leur cas, à l'imagination.

En somme, l'excellence des mots et la beauté des propos s'obtiennent si l'on s'exprime de manière à bien se faire comprendre et que, néanmoins, on n'utilise pas les locutions courantes, mais des locutions qui apportent un supplément de connaissance, qui déroutent quelque peu et étonnent, qui font plaisir et qui ne sont, en tout cas, que de l'ordre de l'imagination. Les locutions qui remplissent ces conditions sont les mots changés, c'est-à-dire s'écartant de l'usage courant. Comment entendre l'effet d'imagination porteur du supplément de signification ? Il est difficile de voir, dans toutes les sortes de mots changés, un phénomène qui se limiterait à un rapprochement d'images d'origine sensible. La fonction de l'imagination semble ici consister à mettre en relation une signification principale que l'on veut bien faire comprendre avec d'autres, sans que ce rapport soit pleinement connu et déterminé. L'imagination dans les mots changés établit des rapports indéterminés entre les significations.

C'est sans doute pour cette raison que, dans *CmRhét A*, vol. 2, 3.1.10 (voir texte XXI, p. 309), Averroès caractérise le changement des mots par l'imitation, y décèle une certaine tromperie et légitime son usage par la fin même de la rhétorique : le triomphe de l'opinion. Celle-ci est d'ailleurs mise en parallèle avec la fin de la poétique, qui est d'induire un acte de l'imagination, sans plus.

Pour illustrer le supplément de sens que suggère la métaphore, on pourrait citer cette analyse d'Abū Hilāl al-ʿAskarī (m. après 400/1010), célèbre auteur appartenant au courant de la rhétorique de tradition plus proprement arabe, à propos d'un verset coranique rapportant la colère de Moïse lorsqu'il vit son peuple adorer le veau d'or.

> Ce propos du Très-Haut, « lorsque se tut la colère de Moïse [Coran, VII 153/154] », signifie que la colère a quitté Moïse. Mais « se tut » est plus

> éloquent, car il y a en ce mot une indication de la possibilité d'un retour de la colère [...] de même qu'on s'attend à ce que celui qui se tait parle[1].

Cet exemple n'est pas dans *CmRhét A*.

Cette théorie du « changement » excellent n'apparaît pas telle quelle dans *Rhét.*, III. Certes Aristote soutient que la qualité du style vient de ce qu'il étonne et instruit, qu'en cela il ressemble à l'enthymème et que le processus par lequel il instruit s'opère grâce à l'imagination. Toutefois, le Stagirite n'a pas le concept de changement au sens large de tout écart par rapport à l'usage courant et, de ce fait, sa doctrine reste moins prégnante. De plus, un chaînon essentiel n'est pas expressément formulé par le Maître : celui de supplément par rapport à la désignation courante, subdivisé lui-même en supplément procurant une meilleure compréhension et supplément procurant une nouvelle signification. Enfin, l'idée selon laquelle le changement comporte imitation et tromperie n'est pas dans *Rhét.* : elle se situe néanmoins sur l'une des lignes de force de l'interprétation rušdienne de la rhétorique, à savoir que la rhétorique n'exclut pas le recourt à la tromperie[2]. Bref, ce qui n'est encore qu'indications ponctuelles dans *Rhét.* devient une théorie du style dans *CmRhét A*.

La deuxième fonction de la doctrine du changement des mots est qu'elle fournit les subdivisions les plus générales du bon style.

Parmi les sept sortes de mots changés (au sens large), « les mots changés » (au sens restreint) « sont les plus notoires et les plus utiles dans les deux arts [rhétorique et poétique] » [3]. Ces mots changés sont déterminés de la manière suivante dans *CmRhét A*, vol. II, 3.1.17 - 3.1.20 : « La signification du changement est qu'à la place d'un certain mot désignant l'objet de l'intention, on utilise un autre mot ». Il y en aurait deux sortes. La comparaison ou exemplification « consiste à utiliser le mot du semblable de la chose avec le mot de la chose lui-même et à lui ajouter la particule désignant, dans la langue en question, la comparaison ». Quant à la substitution, elle « consiste à substituer au mot de la chose le mot de son semblable ou le mot de ce qui lui est lié, sans avancer, avec ce mot, le mot de la chose lui-même ».

D'autres distinctions sont applicables à l'une et l'autre de ces sortes. Ainsi, le mode de la liaison est, en chacune de celles-ci, soit évident, notoire, dès le début, soit non évident. Il n'est non évident que pour ces

1. ʿA. M. al-Bijāwī et M. Abū al-Faḍl Ibrāhīm (ed.), Al-ʿAskarī, Abū Hilāl al-Ḥasan b. ʿAbd Allāh b. Sahl, *Kitāb al-Ṣināʿatayn, al-kitāba wa-al-šiʿr*, Le Caire, ʿĪsā al-Bābī al-Ḥalabī, 1971[2], p. 272.

2. Voir *CmRhét A*, vol. I, p. 61-63 ; p. 102-105.

3. *Ibid.*, vol. II, 3.1.17.

deux raisons : ou bien parce qu'il est non évident en soi, pour tous, ou bien parce qu'il l'est pour de nombreuses nations. Par ailleurs, le changement peut être simple ou composé. Dans ce dernier cas, un certain nombre d'intermédiaires séparent le mot utilisé à la place d'un autre de ce dernier. *CmRhét A*, vol. II, 3.2.10 donne une définition du changement composé : « Le composé est qu'on substitue à la chose une certaine chose, que le semblable de cette chose lui soit substitué, qu'on prenne après cela ce qui est lié à ce semblable à la place de ce semblable, puis qu'on prenne l'accident de ce qui est lié à la place de ce qui est lié ».

Entendant ailleurs le changement au sens (très restreint) de la métaphore, Averroès présente ainsi les rapports de ce changement avec l'exemple[1] : d'un certain point de vue, le changement englobe l'exemple, mais, d'un autre point de vue, il lui est extérieur. Ce qui les distinguerait, c'est que, dans l'exemple, on recourt aux particules de comparaison.

Les définitions dans *CmRhét* de la métaphore et de la comparaison sont proches de celles que propose *Rhét*. Celle-ci ne leur applique cependant pas les subdivisions que je viens de passer en revue.

Comment distinguer le procédé appelé *maṯal* [exemple, paradigme], qui nous est présenté dès le début du *CmRhét* comme constituant avec l'enthymème l'un des deux procédés objectifs principaux de la rhétorique, du procédé relevant du changement des mots appelé aussi *maṯal* ? Dans *CmRhét A*, vol. II, 3.11.18 - 3.11.20, Averroès nous avertit qu'il y a deux sortes d'exemples [*amṯāl*]. La première est l'exemple [*maṯal*, *miṯāl*] entendu au sens de comparaison [*tašbīh*]. La seconde concerne les semblables dans le domaine du bien et du mal advenant à l'homme. Elle est constituée du transfert de l'attribut d'une chose particulière à de nombreuses autres en raison d'une similitude. Averroès semble vouloir ainsi distinguer l'exemple comme procédé agissant sur l'imagination traité dans le livre III, de l'exemple comme procédé de preuve examiné surtout dans les livres I et II. Cela est confirmé par le fait que, des quatre illustrations de la seconde catégorie (toutes empruntées à la culture arabe), trois avaient déjà servi à illustrer la doctrine de l'exemple exposée dans le livre II. J'ai montré ailleurs[2] que la structure syllogistique de ces deux procédés n'est pas la même : un certain syllogisme incorrect de la deuxième figure quand il s'agit du procédé de style ; un passage d'un particulier à l'autre par la médiation d'un universel dans le cas du procédé de preuve, passage que sous-

1. *CmRhét A*, vol. II, § 3.4.1.
2. *Ibid.*, vol. I, p. 100 *sq*. et p. 117 *sq*.

tendent implicitement deux inférences ressemblant, l'une, à un syllogisme incorrect de la troisième figure et, l'autre, à un syllogisme correct de la première. Aristote ne traite pas de la distinction entre ces deux types d'exemple.

Voilà donc les grandes lignes de la doctrine du changement : elle propose une explication unifiée de ce qui fait le bon style, ainsi que ses subdivisions les plus générales. C'est seulement au niveau des subdivisions de ces subdivisions générales qu'apparaissent les figures traitées par la critique littéraire de tradition proprement arabe. Averroès ne les reprend pas systématiquement, mais de fréquentes remarques de sa part montrent que c'est bien ainsi qu'il envisage l'articulation de sa doctrine du style à celle de cette critique littéraire. Ainsi, par exemple, à propos de la deuxième sorte de changement restreint, la substitution, Averroès rappelle que les théoriciens de la littérature arabe ont employé le mot *istiʿāra* en deux sens : la métaphore entendue comme substitution, n'importe quelle substitution ; la métaphore comme substitution de l'un des termes d'une analogie de proportion à un autre de ses termes. Ce faisant, Averroès renvoie, pour des analyses de cette figure, à la critique littéraire de tradition proprement arabe[1].

Ainsi, de même qu'il manque à la critique littéraire de tradition proprement arabe une théorie de l'enthymème, de même lui fait défaut une théorie du changement et du « supplément ».

Une autre limite semble tenir au fait que cette critique n'a pas le caractère supranational de la *falsafa* qu'Averroès et ses prédécesseurs philosophes de langue arabe et de tradition grecque aiment à souligner.

LA CRITIQUE LITTÉRAIRE DE TRADITION PROPREMENT ARABE SERAIT UNE RHÉTORIQUE NATIONALE ET NON UNIVERSELLE

Dans *CmRhét A*, vol. II, 3.1.3-3.1.4 (voir texte XXII, p. 310), Averroès annonce l'examen du bon choix des mots, identifie celui-ci à la *faṣāḥa* (éloquence verbale), qu'il rapporte au « peuple », et distingue, à cette occasion, les compétences du logicien de celles du rhéteur nommé dans chaque nation, en tant que le premier en traite d'un point de vue supranational et le second du point de vue d'une nation particulière. Il y a donc deux sortes de rhétorique complémentaires, l'une logique, universelle, et l'autre nationale, particulière.

1. Voir dans *CmRhét A*, vol. III, mon commentaire de *CmRhét A*, vol. II, 3.1.17 - 3.1.20 ; 3.10.13.

De quel « peuple » s'agit-il ici ? Certainement pas du peuple grec ou du peuple en général. En effet, dans *Rhét.*, III, 1403 b 15-20 (*TAL*, I, 171, 13-20), que commente en cet endroit Averroès, Aristote n'opère, bien entendu, ni le rapprochement avec la *faṣāḥa*, ni la distinction entre le travail du logicien et celui du rhéteur nommé dans chaque nation. D'ailleurs, ce qu'écrit Averroès sur le sens du mot *faṣāḥa* s'accorde parfaitement avec ce qu'on peut lire à son sujet dans la longue notice qui lui est consacrée dans l'*Encyclopédie de l'Islam* et dont les sources sont les auteurs de la tradition proprement arabe de la rhétorique[1]. Quoique bornée quelquefois à l'euphonie et à la pureté de la langue, la *faṣāḥa* signifie habituellement la clarté et la qualité des mots. De ce fait, elle concerne le rapport de l'expression aux idées et non le choix des idées (abstraction faite des mots qui les rendent), alors que celui-ci entre dans le champ de la *balāġa*. Le système complexe et complet d'al-Ḫafāǧī (m. 465/1073), *Sirr al- faṣāḥa* [*Le Secret de la faṣāḥa*] (terminé en 454/1062), passé en revue par von Grunebaum, est particulièrement significatif : il pose les conditions concernant les mots d'une part, la composition des mots entre eux [*al-alfāẓ al-mu'allafa*] d'autre part, l'euphonie apparaissant dans ces deux subdivisions majeures, les métaphores appropriées dans la seconde seulement.

Par le « peuple », Averroès vise donc l'usage des arabophones et des auteurs de la critique littéraire de tradition proprement arabe qui ont réfléchi sur cet usage.

La distinction dans ce contexte entre rhétorique supranationale et rhétorique nationale doit être comprise à la lumière de cette explication. En effet, l'évocation de la *faṣāḥa* devait immanquablement conduire le lecteur d'Averroès à se poser la question suivante : si le champ qu'étudie Aristote à propos du choix des mots est celui de la *faṣāḥa* et comme ce dernier a été déjà exploré par la critique de tradition proprement arabe, qu'ajoute à celle-ci l'examen entrepris à partir d'un point de vue aristotélicien ? Averroès ne formule pas expressément cette question, mais il lui était difficile de l'ignorer. Dès lors, on est tout à fait en droit de penser que le passage qui suit immédiatement sur la distinction des deux rhétoriques répond à cette question. La rhétorique de tradition aristotélicienne apporte le point de vue universel, la critique littéraire proprement arabe le point de vue national. Cette interprétation se trouve confirmée par le fait que la critique littéraire de tradition proprement arabe s'est souvent focalisée sur des problèmes liés à la

1. Gustave E. von Grunebaum, « Faṣāḥa » dans *EI* ², vol. II, p. 843-846.

littérature arabe et sur des exemples empruntés à celle-ci sans analyser ce qu'ils avaient d'universel.

Finalement, ce dernier jugement d'Averroès rejoint, comme les précédents, le premier. Ce qui a manqué à la critique littéraire de tradition proprement arabe, c'est une connaissance parfaite des principes ultimes de l'éloquence. Dans le domaine argumentatif et dans celui des figures de style, elle a ignoré les doctrines de l'enthymème et du changement qui lui auraient fourni un corps de principes auquel elle aurait pu intégrer ses observations sur tel ou tel argument ou telle ou telle figure. Et, de même, son orientation « nationale » l'a souvent empêché de s'élever au niveau de principes explicatifs universels.

TEXTES

I. Averroès, *Commentaire moyen à la* Rhétorique *d'Aristote* (*CmRhét*), *A*, vol. II, 1. 1. 2

Chaque homme utilise l'un quelconque des aspects de l'éloquence et parvient jusqu'à un certain niveau de celle-ci, cela dans les deux sortes de propos dont l'une est la dispute et l'autre, l'enseignement et la mise sur la voie, et, dans la plupart des cas, dans les sujets propres à cet art, comme l'accusation, la défense et tous les autres propos concernant les affaires particulières. Beaucoup de ces gens atteignent ce à quoi ils tendent par cet acte, car certaines gens font cela par hasard et d'autres le font par habitude et *habitus* stable. Or on sait que celui qui produit cet art par un *habitus* stable est supérieur à celui qui le produit par hasard. Puisqu'il en est ainsi, celui qui le produit par *habitus* stable et science de la raison par laquelle il produit son acte parvient à plus d'achèvement et est supérieur. C'est une chose que le peuple connaît et, à plus forte raison, l'élite. C'est pourquoi, il était nécessaire d'établir les parties de cet art dans un livre et de ne pas se borner à ce qui existe à ce sujet par nature seulement ou par habitude, comme c'est le cas dans de nombreux arts syllogistiques[1].

II. Averroès, *CmRhét A*, vol. II, 1. 1. 13

Puisqu'il en est ainsi, il est donc évident que la déficience de ces prédécesseurs, dans ce qu'ils ont dit de la rhétorique, ne provenait que de ce qu'il n'y avait pas chez eux de science de la logique et il est aussi évident que tous ceux qui ont parlé de la rhétorique, ainsi que tous ceux qui utilisent les propos rhétoriques seulement sans connaître auparavant ces choses, qui sont le pilier de l'éloquence, ne parlent que de choses se comportant, par rapport à l'éloquence, comme l'ornement et le fard, qui se produisent au niveau de l'apparence de la chose et de sa surface, et non des choses qui, par rapport à l'éloquence, ont le rang de ce par quoi la chose subsiste et existe, bien que l'on ait parfois l'opinion, à propos de ce que ces gens ont fait à cet égard, qu'ils ont atteint le plus haut

1. M. Aouad (texte et traduction), Averroès (Ibn Rušd), *Commentaire moyen à la* Rhétorique *d'Aristote*, Union Académique Internationale, *Corpus Philosophorum Medii Aevi*, *Averrois Opera*, *Series A : Averroes Arabicus*, XVII, 3 vol., Paris, Vrin, coll. « Textes et traditions » 5, 2002 (désormais cité *CmRhét A*). Le début de ce paragraphe correspond à Aristote, *Rhétorique* (désormais cité *Rhét.*)., I, 1354 a 4, et Malcolm Cameron Lyons (éd., comm. et glossaire), *Aristotle's Ars Rhetorica. The Arabic Version*. 2 vol., Cambridge, Pembroke Arabic Texts, 1982 (désormais cité *TAL*), I, 1, 7. Les traductions données ici sont personnelles.

degré des propos persuasifs et qu'ils ont en cela suivi la méthode qui vise juste et qui est juste[1].

III. AVERROÈS, *DES ARGUMENTS RHÉTORIQUES* [*AḪ*], 197, 10-199, 2 ; *TR.* 77, 33-78, 19

Quant à Aristote, lorsque le rang [*martaba*] des choses persuasives quant à la conviction lui eut apparu avec évidence et qu'il eut vu que l'utilité de ces convictions n'est que dans l'utilisation qu'en font les gens du peuple [*al-ǧumhūr*] entre eux pour les choses particulières d'ordre volontaire que les juges déterminent comme biens ou maux, puisque <en outre> certaines des choses volontaires que les juges déterminent comme biens ou maux appartiennent à l'homme dans son essence et dans le temps présent, choses qui sont les excellences et les vices, que d'autres sont dans le temps présent et dans autrui, ce qui constitue le juste et l'injuste, que d'autres appartiennent à l'homme dans le futur, choses qui sont les choses utiles et nocives – le premier cas est appelée le discours relatif à la lutte de jactance [*al-muḫāṭaba al-munāfiriyya*], le second, le discours de la controverse et le troisième le discours de la délibération – puisque <enfin> l'homme, en tant qu'il vit en communauté et qu'il est politique, utilise nécessairement les propos rhétoriques dans ces trois genres, Aristote, donc, commença à donner les règles et les choses par lesquelles l'homme peut persuader dans chacune des choses relevant de ces genres de la manière la plus complète [*atamm*] possible dans celles-ci. C'est pour cela qu'Aristote a défini cette discipline comme la méthode par laquelle l'homme peut produire la persuasion dans chacune des choses particulières de la manière la plus achevée possible dans cette chose, suivant une certaine discipline[2].

IV. AVERROÈS, *AḪ*, 170, 11-12 ; *TR.* 64, 1-3

Le point de vue immédiat se produisant en premier est le point de vue qui est tel que, lorsqu'il surprend l'homme, il advient à celui-ci une

1. Le début de ce paragraphe correspond à Aristote, *Rhét.*, I, 1355 a 18 ; *TAL*, I, 5, 6.

2. L'édition et la traduction de l'abrégé de la rhétorique, *Al-Qawl fī al-aqāwīl al-ḫaṭābiyya* [*Des arguments rhétoriques*], sont ici citées *AḪ* (voir p. 282 n. 5).

AḪ 199, 2, a *ṣinā'a* [discipline]. Dans son compte rendu, 'A. Badawī dans *Revista del Instituto egipcio de estudios islámicos en Madrid* 20, 1979-1980, p. 183-186, à la p. 186, propose *ṭibā'* [nature]. Peut-être s'agit-il de *ṭibā'ihi* [la nature de cette chose].

certaine opinion qui prend le dessus [*ḍann mā ġālib*] et un repos de l'âme [*sukūn nafs*] sur ce point de vue, avant que l'homme examine celui-ci.

V. Averroès, *CMRhét A*, vol. II, 2. 23. 19

Il faut que les prémisses utilisées ici proviennent des choses relevant de l'opinion et admises selon le point de vue immédiat, non des choses dont on n'est pas convaincu, à moins que ces prémisses ne proviennent de choses qu'il est possible d'admettre et dont il est possible d'être persuadé peu de temps après [leur mention] et facilement. En effet, les choses dont on se laisse ici convaincre sont de deux sortes : l'une des deux est ce dont l'homme est convaincu et qu'il admet de lui-même quand il l'entend et l'autre est ce qu'il admet quand il l'entend parce que c'est notoire et loué par tous. Or l'homme ne se laisse convaincre de la première sorte que parce qu'il a l'opinion qu'elle fait partie de la seconde, je veux dire de celle qui est notoire. Ainsi, les prémisses relevant de l'opinion deviennent de deux sortes : une sorte dont on est convaincu du fait qu'elle est notoire et une sorte dont on est convaincu parce qu'on a l'opinion qu'elle fait partie des choses notoires. C'est que les convictions sont de trois sortes, soit certaine, soit notoire en vérité, soit selon le point de vue immédiat, de sorte que, lorsque le propos rhétorique est dépouillé de ces deux sortes et qu'il n'est pas de ce dont on va être convaincu peu de temps après <sa mention>, il ne faut pas l'utiliser dans cet art[1].

VI. Averroès, *AḪ*, 170, 10-11 ; 63, 30-64, 1

Nous disons que l'enthymème est un syllogisme concluant selon le point de vue immédiat se produisant en premier, pour tous ou pour la plupart des gens.

VII. Averroès, *AḪ*, 170, 13-15 ; *tr.* 64, 3-8.

Les syllogismes ne deviennent concluant suivant le point de vue immédiat se produisant en premier que du fait de leur forme ou du fait

1. Le début de ce paragraphe correspond à *Rhét.*, II, 1400 a 5 ; *TAL*, I, 157, 13.

de leur matière – du fait de leur forme, quand ils sont concluants selon le point de vue immédiat ; du fait de leur matière, quand leurs prémisses sont aussi vraies selon le point de vue immédiat.

VIII. AVERROÈS, *CMRHÉT A*, VOL. II, 1.2.21

Puisqu'il en est ainsi, ce par quoi le syllogisme, utilisé dans l'art de la dialectique et dans l'art de la démonstration, se distingue de l'enthymème, utilisé dans cet art rhétorique, c'est que le syllogisme est ordonné selon l'ordre par lequel le propos produit nécessairement une conclusion, alors que les prémisses de l'enthymème sont ordonnées selon l'ordre admis habituellement dans le peuple [*al-ğumhūr*] et cela à la différence de l'ordre technique[1].

IX. AVERROÈS, *CMRHÉT A*, VOL. II, 1.2.23

En outre, puisque les enthymèmes sont produits techniquement, dans la plupart des cas, dans les questions possibles – cela est évident dans les questions délibératives, car nul ne conseille à quelqu'un une chose dont l'existence est nécessaire ni une chose dont l'existence est impossible – et que la majeure, dans de pareilles matières, est en partie fausse, le peuple ne la déclare donc pas expressément dans les syllogismes qu'il utilise dans cet art rhétorique de peur que l'on en comprenne la fausseté[2].

X. AVERROÈS, *CMRHÉT A*, VOL. II, 1.2.31

Quant à ce qui est plus général que les deux extrêmes, il se compose dans la deuxième figure, mais il ne conclut que selon le point de vue immédiat. L'exemple de cela dans la matière possible dans la plupart des cas est de dire : « Socrate respire d'une manière haletante ; or, le fiévreux respire d'une manière haletante ; Socrate est donc fiévreux ». Ces deux prémisses sont vraies alors que la conclusion est parfois fausse puisqu'il est possible que Socrate respire d'une manière haletante parce qu'il a couru.

1. Le début de ce paragraphe correspond à *Rhét.*, I, 1356 b 35 ; *TAL*, I, 11, 10.
2. Le début de ce paragraphe correspond à *Rhét.*, I, 1357 a 4 ; *TAL*, I, 11, 16.

XI. AVERROÈS, COMMENTAIRE MOYEN À LA *POÉTIQUE*

Quand tu prends connaissance de ce que nous avons écrit ici, tu comprends clairement que ce que les gens de notre langue ont perçu des règles de la poésie est, en comparaison avec ce qu'il y a dans ce livre d'Aristote [*scil. Poétique*] et dans le *Livre de la Rhétorique*, infime et petit, comme le dit Abū Naṣr [= al-Fārābī] [1]. Ne te sont pas non plus cachés les points suivants : la manière dont ces règles-là se rapportent à celles-ci, ainsi que la distinction entre ce qu'ils ont traité, à ce sujet, avec justesse et ce qu'ils ont traité sans justesse[2].

XII. AVERROÈS, *CMRHÉT* A, VOL. II, 3. 1. 13

[...] Les mots et les sons ne produisent, dans ces deux arts [*scil.* rhétorique et poétique], cet acte que parce qu'ils font imaginer, dans la signification, de l'élévation ou de la vilenie et, en général, quelque chose de supplémentaire par rapport à l'acception du mot. Ainsi, l'étrangeté du mot fait imaginer l'étrangeté de la signification et, de même, son éminence fait imaginer l'éminence de la signification. De même, les intonations donnent aussi à la signification une telle signification. Il est évident que cela est naturellement recherché par celui qui parle selon la méthode de ces deux arts. Mais nul ne recherche

1. Selon *Averrois Cordubensis Commentarium medium in Aristotelis « De arte poetica » liber, textum arabicum recensuit et adnotationibus illustravit C.E. Butterworth adjuvante A.A. Haridi*, Cairo, Al-Hay'a al-miṣriyya al-ʿāmma li-l-Kitāb bi-al-taʿāwun maʿa Markaz al-buḥūṯ al-amrīkī bi-Miṣr, 1986, p. 132 n. 43 ; *Averroes' Middle Commentary on Aristotle's « Poetics »*, traduction C.E. Butterworth, Princeton, Princeton University Press, 1986, p. 142 n. 79, il s'agirait d'un passage d'al-Fārābī, *Risāla fī qawānīn ṣināʿat al-šuʿarā'* (*Arisṭūṭālīs, Fann al-ši'r ma'a al-tarǧama al-'arabīya al-qadīma wa-šurūḥ al-Fārābī wa-Ibn Sīnā wa-Ibn Rušd*, Le Caire, éd. ʿA. Badawī, Maktabat al-Nahḍa al-Missṛiyya, 1953, p. 152, 8-14). En fait, ces dernières lignes évoquent le soin qu'ont pris les Grecs de réserver à chaque type de poésie (louange, satire, etc.) une sorte de rythme, ce que les autres nations n'ont pas fait. Le renvoi à Abū Naṣr dans le passage ici annoté concerne peut-être son *Grand commentaire à la* « Rhétorique » (voir *CmRhét A*, 2002, vol. I, p. 119 n. 1). Ce témoignage n'est pas signalé dans M. Aouad, « La doctrine rhétorique d'Ibn Riḍwān et la Didascalia in Rhetoricam Aristotelis ex glosa Alpharabii », *Arabic Sciences and Philosophy. A Historical Journal* 7, 1997, p. 163-245, à la p. 164-172, section intitulée « La question du *Grand commentaire à la* "Rhétorique" ».

2. *Arisṭūṭālīs, Fann al-ši'r ma'a al-tarǧama al-'arabīya al-qadīma wa-šurūḥ al-Fārābī wa-Ibn Sīnā wa-Ibn Rušd*, Badawī, p. 250, 19-22 ; *Averrois Cordubensis Commentarium medium in Aristotelis « De arte poetica » liber*, Butterworth, p. 132, 13-133, 2 ; Averroes' Middle Commentary on Aristotle's « Poetics », *op. cit.*, p. 141 *sq.*

cela quand il parle selon la méthode de la géométrie ou la méthode de l'arithmétique[1].

XIII. AVERROÈS, *CMRHÉT* A, VOL. II, 3. 2. 1

Nous disons donc : [Aristote] dit que l'excellence des propos rhétoriques ou poétiques et leur meilleur niveau ne s'obtiennent que par le changement. J'entends ici, par le changement, l'utilisation des sept sortes de noms et de verbes. Ne sont exceptés que <les noms et verbes> courants. En effet, dans chacune des <sortes de mots>, à l'exception de cette sorte, il y a un certain changement. L'excellence du propos dans ces deux arts est dans le changement pour cette seule raison que le propos n'est que l'indice de la connaissance d'une chose qui n'était pas connue du tout ou qui n'était pas connue d'une manière achevée. Le propos n'a cette qualification que lorsqu'il donne à la signification désignée quelque chose qui n'était pas encore dans l'auditeur ou qui, au cas où il était déjà en lui, n'y était pas d'une manière achevée. Et cela est l'état du propos constitué de mots changés. En effet, le propos composé de mots courants ne donne pas de signification excédant ce qui était déjà dans l'auditeur. Un propos ne donne cette signification supplémentaire que lorsqu'il est changé par l'imagination que donnent les mots changés. Cette signification n'existe dans un propos qu'à deux conditions. L'une des deux est que les mots ne soient pas plats. Il s'agit en général des mots banals qui ne font pas imaginer, dans la signification, quelque chose excédant ce qui est déjà chez l'auditeur ou qui font peu imaginer ou qui font imaginer, dans la chose, une certaine vilenie ou dont la composition est incorrecte. La deuxième condition est que les mots ne dépassent pas la quantité qu'il faut selon la signification dont on cherche à persuader. Cela se réalise quand les mots ne font pas imaginer, à propos de cette signification, une signification plus grande que ce que tolère la signification qu'on cherche à mettre en évidence ou quand le changement de ces mots n'est pas non évident quant à la liaison. En effet, quand, avec le changement, les propos rhétoriques ou poétiques réunissent ces deux conditions, leur acte devient achevé, cela est leur excellence et c'est le beau propos. Qu'un tel acte appartienne aux propos changés est attesté par les propos poétiques puisque ceux-ci ne deviennent agréables que pour ce qu'il y a en eux d'imagination et de rythme, ce qui, dans les deux cas, est un changement[2].

1. Le début de ce paragraphe correspond à *Rhét.*, III, 1404 a 8 ; *TAL*, I, 173, 6.
2. Le début de ce paragraphe correspond à *Rhét.*, III, 1404 b 1 ; *TAL*, I, 174, 23.

XIV. Averroès, *CmRhét* A, vol. II, 3.2.2

Quant aux mots courants, ils donnent au propos une solide évidence et ne font pas imaginer en lui de signification supplémentaire – aussi ces mots conviennent-ils mieux à la démonstration qu'aux autres arts. Mais quand ils sont utilisés dans ces arts, il faut que leur composition s'accorde avec la composition des significations dans l'âme, je veux dire la composition que celles-ci ont quand elles suivent leur cours naturel. Et, d'une façon générale, il faut que ces mots courants soient, relativement aux conditions de la composition, soumis aux conditions dont on parlera plus tard[1]. Quand ils ont une telle qualification, ils sont, comme dit Aristote, brillants nobles et sans platitude. Telle est, en général, la différence entre l'acte des noms courants et celui des noms changés dans les propos rhétoriques et poétiques[2].

XV. Averroès, *CmRhét* A, vol. II, 3.2.3

Les mots changés ne donnent à la signification quelque chose de supplémentaire qu'à cause de leur étrangeté. En effet, il en est des mots étranges parvenant aux oreilles comme des habitants de la cité auxquels il arrive de s'étonner des étrangers qui viennent à eux et de les révérer. Il faut donc que celui qui veut bien parler dans ces deux arts rende son propos étrange[3].

XVI. Averroès, *CmRhét* A, vol. II, 3.2.4

Les mots changés font plus ou moins imaginer de l'élévation et de la vilenie dans une seule et même signification suivant qu'ils sont plus ou moins étranges. L'art poétique utilise, dans ce domaine, ce qui fait plus imaginer. Quant à l'art de la rhétorique, il ne se sert, dans ce domaine, que de ce qui fait moins imaginer et selon la quantité qui lui convient. C'est la quantité qui sert à persuader de la chose dont on parle. En effet, cette quantité est aussi plus ou moins importante dans l'art de la rhétorique suivant les différents thèmes dont on parle. Ainsi, par

1. *CmRhét* A, vol. II, 3.5.1 - 3.12.4.
2. Le début de ce paragraphe correspond à *Rhét.*, III, 1404 b 5 ; *TAL*, I, 175, 3.
3. Le début de ce paragraphe correspond à *Rhét.*, III, 1404 b 8 ; *TAL*, I, 175, 7.

exemple, on raconte qu'al-Manṣūr a vu, quand il est entré à la Ka'ba[1], un homme qui l'y avait précédé. Or il avait ordonné de n'y introduire aucune personne du commun avant lui. Il dit donc à cet homme : « N'as-tu pas entendu la proclamation ? » Et l'autre de répondre : « Oui ». Al-Manṣūr : « Ou bien ne me connais-tu pas ? » L'autre : « Je te connais ». Al-Manṣūr : « Comment donc as-tu osé ? » L'homme : « Pourquoi ne l'oserais-je pas contre toi ? N'as-tu pas été, au début de ta vie, une goutte de sperme sale, et rien de plus, et ne seras-tu pas, à la fin, un cadavre malpropre, et rien de plus, alors qu'entre les deux, tu portes des excréments ? Al-Manṣūr a laissé partir cet homme sans l'inquiéter, car son âme s'est trouvée ainsi diminuée à ses propres yeux, je veux dire l'âme d'al-Manṣūr. L'homme aurait pu utiliser, avec al-Manṣūr, des changements moins humiliants que ceux dont il a usé, comme de lui dire : « N'es-tu pas un roi parmi les rois, et rien de plus ? » ou : « N'es-tu pas un homme parmi les hommes, et rien de plus ? » ou : « N'es-tu pas un serviteur de Dieu parmi d'autres, et rien de plus ? ». Tous ces changements sont plus ou moins bons pour ce qui est de diminuer quelqu'un. Mais il semble que cet homme ne pouvait échapper à la colère d'al-Manṣūr qu'en le diminuant de la façon dont il l'a fait. C'était, en effet, un propos très avilissant[2].

XVII. AVERROÈS, *CMRHÉT* A, VOL. II, 3. 10. 2

Nous disons donc : le principe de cela est que les mots utilisés dans cet art fassent très bien comprendre et plaisent à tout un chacun. Les mots désignent quelque chose et ceux d'entre eux qui, en plus de la désignation, font très bien comprendre et plaisent sont ceux qui persuadent très bien. Ne conviennent pas à cet acte les noms qui relèvent des mots étrangers parce qu'ils sont ignorés et qu'ils ne font pas très bien comprendre. Ne conviennent pas non plus à cet acte les noms banals, notoires parce que, bien que faisant très bien comprendre, ils ne sont pas agréables. Donc, toute substitution et tout changement ne conviennent pas à cet art et ne lui conviennent que les changements dans

1. Située à peu près au centre de la grande mosquée de La Mecque, la Ka'ba est un sanctuaire cubique dans la paroi duquel se trouve la Pierre noire. C'est, pour les musulmans, le point le plus sacré de la terre. S'y rendre en pèlerinage est l'un de devoirs fondamentaux du croyant. Abū Ǧa'far al-Manṣūr est le deuxième calife 'abbāsside (136-158/754-775), fondateur de Bagdad et véritable organisateur de l'empire de la nouvelle dynastie. Pour plus de détails sur cette anecdote et sur ces sources, voir mon commentaire de ce paragraphe dans *CmRhét A*, vol. III.

2. Le début de ce paragraphe correspond à *Rhét.*, III, 1404 b 12, et *TAL*, I, 175, 12.

lesquels ce supplément existe, je veux dire faire très bien comprendre et faire plaisir. Ce changement, c'est comme de dire « la vieillesse est l'agent des biens », au lieu de « le vieillard est l'agent des biens ». C'est, en effet, un changement, mais il fait comprendre, parce qu'il provient du genre et que le vieillard n'est agent des biens que du fait de la vieillesse[1].

XVIII. AVERROÈS, *CMRHÉT* A, VOL. II, 3. 10. 3

[Aristote] a dit : L'acte du mot est, à cet égard, semblable à l'acte de l'exemple et de l'enthymème. Je veux dire que, parfois, ce qui fait très bien comprendre et qui plaît existe dans ces deux et que, parfois aussi, ce qui fait comprendre sans être accompagné de plaisir existe en eux. En raison de cela également [à savoir de cette ressemblance], les changements dans lesquels la métaphore est composée, lointaine, font moins plaisir que d'autres parce qu'ils sont longs et faux, je veux dire faisant peu comprendre. En effet, ce qui arrive dans ce domaine est semblable à ce qui arrive dans l'exemple composé et lointain, car de même que l'âme n'appète pas que l'exemplification se fasse par un tel exemple et n'y prend pas plaisir, de même il lui arrive de ne pas prendre plaisir aux métaphores lointaines et composées. Puisqu'il en est ainsi, il est donc nécessaire que les mots très beaux utilisés dans cet art et les argumentations très belles réunissent les deux choses à la fois, je veux dire le fait de prendre plaisir et de très bien comprendre[2].

XIX. AVERROÈS, *CMRHÉT* A, VOL. II, 3. 10. 4

[Aristote] a dit : Pour cela, ne réussit pas dans cet art l'acte de ceux qui y font les enthymèmes et les exemples de choses très évidentes, dévoilées à tout un chacun, que personne n'a besoin d'examiner, et de pareils enthymèmes et exemples sont comptés parmi les signes qui sont faibles. De même, il ne faut pas que la signification soit de ce qui, lorsqu'il est dit, n'est pas compris ou est difficile à comprendre, comme il ne faut pas que la signification soit, lorsqu'elle est dite, connue sur-le-champ, ni qu'elle soit de ce qui doit avoir nécessairement lieu, mais il faut qu'elle soit de ce qui égare quelque peu la pensée discursive, je veux dire qu'il faut que l'on comprenne cette signification après l'avoir

1. Le début de ce paragraphe correspond à *Rhét.*, III, 1410 b 9 ; *TAL*, I, 198, 23.
2. Le début de ce paragraphe correspond à *Rhét.*, III, 1410 b 15 ; *TAL*, I, 199, 6.

considérée avec un peu d'attention. En effet, il se peut bien qu'un syllogisme provienne de la chose évidente sur-le-champ, mais il n'est pas agréable, de même que les mots pris en leur sens propre, je veux dire ceux qui ne sont pas métaphoriques, font comprendre mais sans être agréables[1].

XX. AVERROÈS, *CMRHÉT* A, VOL. II, 3. 10. 5

On a mis en évidence, par là, que les enthymèmes et les exemples qui réussissent dans cet art ne sont que ceux qui sont composés de pareilles significations et que les mots qui réussissent sont ceux qui sont changés – je veux parler des mots métaphoriques – de façon à produire le plaisir et l'imagination. Il en est ainsi, par exemple, du changement qui provient du contraire, je veux dire que la chose soit appelée du nom de son contraire sur le mode de l'embellissement, comme d'appeler la guerre, paix. Et de même que l'on doit éviter le changement qui provient des noms étrangers, de même il faut éviter le changement qui provient des mots homonymes, car il est difficile de comprendre le mot homonyme, bien qu'il n'y ait en lui rien qui fasse imaginer[2].

XXI. AVERROÈS, *CMRHÉT* A, VOL. II, 3. 1. 10

[...] Ces actes [à savoir le recours à certaines intonations et certains gestes] ne sont devenus des auxiliaires de la persuasion que parce qu'il y a en eux une sorte de changement et de substitution de mot, comme on le dira en traitant de la cause de cela plus tard. Cet acte est une sorte d'adultération et de tromperie, mais il est utile dans ces deux arts, je veux dire poétique et rhétorique, puisque, par la rhétorique, on ne cherche qu'à obtenir la victoire d'une opinion et, par la poétique, l'acte d'imaginer lui-même. C'est pourquoi l'art de la poétique utilise comme gestes et comme intonations dans la recherche de l'imitation ce qui, s'il était utilisé en rhétorique, reviendrait à sortir du domaine de l'obligatoire[3].

1. Le début de ce paragraphe correspond à *Rhét.*, III, 1410 b 21 ; *TAL*, I, 199, 13.
2. Le début de ce paragraphe correspond à *Rhét.*, III, 1410 b 27 ; *TAL*, I, 199, 20.
3. Le début de ce paragraphe correspond à *Rhét.*, III, 1403 b 32 ; *TAL*, I, 172, 14.

XXII. AVERROÈS, *CMRHÉT* A, VOL. II, 3. 1. 3. - 3. 1. 4

Il reste ici à parler des deux parties restantes. En effet, puisque la persuasion n'arrive ni par n'importe quelles significations au hasard, ni par n'importe quels états usant par hasard de ces significations, mais par des significations propres, des états propres et des dispositions propres à des buts propres, les mots aussi, par lesquels on exprime ces significations, ont pour nature cette nature. Je veux dire que la bonne expression de ces significations se fait au moyen de mots propres, pris en des états propres à chacun des buts des propos rhétoriques. C'est ce que le peuple exprime par le nom d'éloquence verbale. En effet, ce nom est donné, dans le peuple, à trois états des mots. L'un d'eux – c'est celui qui est le plus approprié à cette signification – est que les mots soient bons à faire comprendre les significations et à les montrer avec évidence. Le deuxième est que les mots soient agréables à entendre. Le troisième est que les mots donnent à la signification de l'élévation ou de la vilenie.

C'est pourquoi il est nécessaire que le logicien examine les mots rhétoriques, mais il n'examine pas, relativement à ces derniers, les états propres à chaque nation et n'examine, à cet égard, que les états communs à toutes les nations. L'examen de ces mots est, par conséquent, une partie de l'art de la logique. Quant à l'examen de ce qui est, dans ce domaine, propre à chaque nation, il est naturel que le rhéteur nommé dans chaque nation s'en occupe[1].

1. Le début de ce paragraphe correspond à *Rhét.*, III, 1403 b 15-20 ; *TAL*, I, 171, 15-22.

RHÉTORIQUE ET DIALECTIQUE DANS LES *RHETORICORUM LIBRI V* DE GEORGES DE TRÉBIZONDE

Lucia CALBOLI MONTEFUSCO

Georges de Trébizonde, né en Crète en 1395, n'avait pas encore quarante ans quand il publia à Venise ses *Rhetoricorum libri quinque* (désormais cités *RLV*). Son intention, comme on le lit dans la préface au lecteur, était de renouveler l'intérêt pour l'*oratoria facultas*, qui lui paraissait alors plus *abiecta* et *contempta* que tout autre *bona ars*[1]. Georges, en effet, attribuait à la perversion de son époque [*his perditis temporibus nostris*] l'absence presque totale de manuels de rhétorique, et se proposa de pallier à ce vide avec d'autant plus de soin que ces études avaient été longtemps négligées[2]. Dans ses cinq livres de préceptes, on trouvera donc non seulement ce qu'il a apprécié chez les autres technographes, mais aussi ce qu'il a pu cueillir lui-même en lisant les discours de Cicéron.

Même s'il serait intéressant de retracer les différentes étapes de son enseignement pour mieux comprendre la particularité de son ouvrage, je ne m'arrêterai ici que sur quelques aspects de son exposé sur l'argumentation. Presque tout le troisième livre est dédié à cette

1. Publié à la fin du 1433 ou au début du 1434, cet ouvrage était le premier manuel de rhétorique de cette période ; voir à ce propos John Monfasani, *Georg of Trebizond. A Biography and a Study of his Rhetoric and Logic*, Leiden, 1976, p. 261. L'édition que j'ai employée : Georgius Trapezuntius, *Rhetoricorum libri quinque*, Herausgegeben und eingeleitet von Luc Deitz, Hildesheim/Zürich/New York, Georg Olms Verlag, 2006 (désormais cité *RLV*), est une reproduction de celle, parisienne, de 1538 publiée par la *officina Christiani Wecheli*.

2. *RLV*, p. 4 : *Huius ergo tam praeclarae rerum publicarum tutricis studia tanto nobis ardentiore animo suscipienda illustrandaque videntur, quanto diutius iacuerunt.*

question, si difficile, d'après lui, que les technographes latins ou grecs en avaient à peine traité jusqu'alors, et que tous, à son époque, ignoraient presque complètement[1]. Toutefois, il prévient ses lecteurs qu'en raison de la difficulté de la matière, son exposé ne prétend pas être exhaustif, mais se propose seulement d'ouvrir au moins une voie pour ceux qui ont l'intention de poursuivre dans cette recherche. Pour ce faire, Georges se sert de plusieurs sources qui, mêlées très habilement, donnent lieu à un résultat tout à fait particulier. D'abord, il dénombre dix formes logiques d'argumentation différentes[2], ce qui nous frappe naturellement, étant donné qu'Aristote avait clairement affirmé que l'on ne pouvait raisonner que par induction et déduction[3]. Ensuite, il s'occupe longuement de la topique[4], et conclut son exposé par une présentation très détaillée des différentes formes de réfutation[5]. Comparée aux anciennes doctrines de l'argumentation, la présentation de Georges de Trébizonde montre toute son originalité et sa richesse. Ses emprunts aux sources grecques et latines sont élaborés d'une façon absolument remarquable et personnelle. Remarquable, par ailleurs, est aussi le fait qu'il s'en sert presque toujours sans les nommer.

Par exemple, dans son exposé des formes argumentatives, Georges parvient à en compter dix parce que, non content de mettre sur le même plan ce qui avait été considéré selon des points de vue différents (induction ou déduction, nécessité ou probabilité), il puise aussi à la doctrine des figures. En effet, si la présentation de la *complexio*, de l'*enumeratio* et de la *simplex conclusio* se réfère surtout à la tripartition de l'*argumentatio necessaria* faite par Cicéron dans le *De inventione* (1, 44 *sq.*) – Georges puise aussi dans la *Rhetorique à Herennius* et dans le Περὶ εὑρέσεως attribué à Hermogène –, celle de la *subiectio* et de la *summissio* renvoie à deux figures de pensée traitées dans le quatrième livre de la *Rhétorique à Herennius* (4, 33-34 ; 4, 23-24)[6]. Il est aussi redevable à Hermogène (173, 2 *sqq.* ; 138, 15 *sqq.* Rabe) de sa conception de l'*oppositio* et de la *violatio*. Enfin, pour ce qui concerne les raisonnements inductif et déductif, il s'agit sans doute de l'élaboration de préceptes que Georges de Trébizonde pouvait lire dans

1. *RLV*, p. 206.

2. *Ibid.*, p. 207-235.

3. Aristote, *Rhétorique*, I, 1, 1356 b 6 *sqq.* ; *id.*, *Topiques*, I, 12, 105 a 10 *sqq.* ; *id.*, *Premiers Analytiques*, II, 23, 68 b 13 *sqq.* ; *id.*, *Seconds Analytiques*, I, 1, 71 a 5 *sqq.*

4. *RLV*, p. 235-294.

5. *Ibid.*, p. 294-320.

6. *Cf.* Gualtiero Calboli (a cura di), *Cornifici Rhetorica ad C. Herennium*, Introduzione, Edizione Critica e Commento, Bologna, R. Patron, 1969. Seconda Edizione 1993, p. 323 *sq.*, et p. 346 *sq.*

le *De inventione* (1, 51 *sqq.*) de Cicéron et dans la *Rhétorique à Herennius* (2, 28-30).

J'ai déjà eu l'occasion d'analyser toutes ces formes d'argumentation[1], mais l'analyse du raisonnement déductif mérite, à mon avis, encore un peu d'attention, parce que c'est à cette forme logique que Georges rapporte l'emploi de la topique. On y trouve, en outre, une réponse géniale, même si toujours discutable, à une question dont les savants modernes ont cherché en vain la solution. Il s'agit de comprendre jusqu'à quel point on peut considérer comme semblables les discours sur la déduction tenus par Cicéron dans son *De inventione*[2], et par l'auteur de la *Rhétorique à Herennius*[3]. La difficulté consiste dans le fait que les rapports entre les deux textes ne sont pas clairs et qu'une tentative de ramener les deux ouvrages à une seule source n'aboutit à aucun résultat satisfaisant[4].

Pour comprendre l'originalité de la pensée de Georges de Trébizonde, il faut donc examiner tout d'abord la doctrine présentée par les deux auteurs latins. Au deuxième livre de la *Rhétorique à Herennius*, son auteur prend en considération les différentes *inventiones* aptes à faire argument pour chaque *constitutio*[5] et, après les avoir indiquées (*Rhet. Her.*, 2, 3-26), il décrit comment conduire *ornate et absolute* les argumentations elles-mêmes. Sans donner aucun nom particulier, ni aucune définition du procédé logique en question, il dit que

1. Lucia Calboli Montefusco, « Les formes d'argumentation dans les *Rhetoricorum libri V* de Georges de Trébizonde », dans M. Baratin, C. Lévy, R. Utard et A. Videau (éds.), Stylus : *la parole dans ses formes. Mélanges en l'honneur de Jacqueline Dangel*, Paris, Classiques Garnier, 2010, p. 263-275.

2. Cicéron, *De inventione* (désormais cité Cic. *inv.*), 1, 57-76.

3. Anonyme, *Rhétorique à Herennius* (désormais cité *Rhet. Her.*) 2, 28-30.

4. Il suffit, par exemple, de mentionner les différences entre les deux manuels pour ce qui concerne la doctrine des *constitutiones* (*Rhet. Her.*, 1,18-25 ; Cic. *inv.* 1, 10-17), celle de l'*insinuatio* (*Rhet. Her.*, 1, 9-10 ; Cic. *inv.*, 1, 23-25) ou celle des *genera causarum* (*Rhet. Her.*, 1, 5 ; Cic. *inv.*, 1, 20).

5. *Constitutio* est le nom que l'auteur de la *Rhétorique à Herennius*, comme Cicéron dans son *De inventione*, emploie pour se référer au mot grec στάσις. Le mot plus fréquent chez les auteurs latin, toutefois, est *status*. En ce qui concerne cette doctrine, je renvoie à ma présentation (Lucia Calboli Montefusco, *La dottrina degli « status » nella retorica greca e romana*, Hildesheim/Zürich/New York, Olms/Weidmann, 1986) et, parmi les études plus récentes, au moins à Antoine C. Braet, « Variationen zur Statuslehere von Hermagoras bei Cicero », *Rhetorica* 7, 1989, p. 239-259 ; « *The Classical Doctrine of Status and the Rhetorical Theory of Argumentation* », *Philosophy and Rhetoric* 20, 1987, p. 79-93) et à Malcolm Heath : « Zeno the Rhetor and the thirteen *staseis* », *Eranos* 92, 1994, p. 17-22 ; *id.*, « The substructure of *stasis*. From Hermagoras to Hermogenes », *Classical Quarterly* 44, 1994, p. 114-129 ; *id., Hermogenes, On Issues, Stategies of Argument in Later Greek Rhetoric*, Clarendon Press, Oxford 1995 ; *id.*, « Invention », dans S.E. Porter, *Handbook of Classical Rhetoric in Hellenistic Period 330 B.C-A.D. 400*, Leiden/New York/Köln, Brill, 1997, p. 89-119.

l'argumentation la plus complète et la plus parfaite (*argumentatio absolutissima et perfectissima*) se compose de cinq parties : la *propositio*, au moyen de laquelle « nous indiquons sommairement ce que nous voulons prouver » ; la *ratio*, qui sert à montrer « sous forme d'une brève exposition » la raison pour laquelle ce que nous soutenons est vrai ; la *rationis confirmatio*, qui fortifie par plusieurs arguments la *ratio* qui a été brièvement exposée ; l'*exornatio*, que l'on emploie « pour donner éclat et ampleur à la cause » après la confirmation ; enfin la *complexio*, qui « conclut succinctement en reprenant les différentes parties de l'argumentation ». Cette présentation théorique est suivie par l'exemple du meurtre d'Ajax par Ulysse (*Rhet. Her.*, 2, 28-30) :

1. *Propositio :* « Nous allons montrer qu'Ulysse avait un motif de tuer Ajax [*Causam ostendemus Vlixi fuisse, quare interfecerit Aiacen*] ».

2. *Ratio* : « Il voulait en effet supprimer un terrible ennemi de la part de qui il redoutait – non sans raison – le pire danger [*Inimicum enim acerrimum de medio tollere volebat, a quo sibi non iniuria summum periculum metuebat*] ».

3. *Rationis confirmatio :* « Il voyait que, tant qu'Ajax serait en vie, sa propre vie serait en péril. En le tuant il espérait assurer sa propre sécurité. Il avait l'habitude, quand il ne pouvait le faire par des moyens légitimes, de perpétrer la mort de son ennemi par n'importe quel procédé illégal, comme le prouve la mort imméritée de Palamède. Donc, d'une part la crainte du danger le portait à éliminer un homme dont il redoutait la vengeance, d'autre part l'habitude du crime lui enlevait toute hésitation à entreprendre ce forfait [*Videbat illo incolumi se incolumen non futurum ; sperabat illius morte se salutem sibi comparare ; consueverat, si iure non potuerat, iniuria quavis inimico exitium machinari : cui rei mors indigna Palamedi testimonium dat. Ergo et metus periculi hortabatur eum interimere, a quo supplicium verebatur ; et consuetudo hortabatur peccandi maleficii suscipiendi removebat dubitationem*] ».

4. *Exornatio* : « En effet si tous les hommes ont un motif pour commettre les fautes les plus vénielles, ils attendent plus encore un avantage réel quand ils entreprennent les crimes les plus grands qui soient. Si l'espoir de gagner de l'argent en a poussé beaucoup à mal faire, si un très grand nombre se sont souillés d'un crime par passion du pouvoir, si beaucoup ont acheté un mince profit par un très grand forfait, qui s'étonnera que cet homme, en proie à la peur la plus vive, ne se soit pas privé de commettre ce crime ?... [*Omnes enim cum minima peccata cum causa suscipiunt, tum vero illa, quae multo maxima sunt maleficia, aliquo certo emolumento inducti suscipere conantur. Si multos induxit in*

peccatum pecuniae spes, si complures scelere se contaminarunt imperii cupiditate, si multi leve compendium fraude maxima commutarunt, cui mirum videbitur, istum a maleficio propter acerrimam formidinem non temperasse ?...] ».

5. *Temperasse complexio* : « Si j'ai donc promis de vous dévoiler le motif qui a poussé Ulysse à commettre le crime et si j'ai démontré que l'inimitié et la crainte du danger ont puissamment joué, on reconnaîtra sûrement qu'il a eu une raison pour tuer [*Si ergo pollicitus sum me daturum causam, qua inductus Vlixes accesserit ad maleficium, et si inimicitiarum acerrimam rationem et periculi metum intercessisse demonstravi, non est dubium quin confiteatur causam malefici fuisse*] [1] ».

Parfois – continue l'auteur – au lieu de se servir de toutes ces parties, on peut en employer seulement quatre ou trois : dans ces cas l'*argumentatio* sera *mediocris* ou *brevissima* (*Rhet. Her.*, 2, 30).

Georges donne à cette argumentation le nom de *collectio*[2] et la définit de la façon suivante : « La *collectio* est une argumentation plus parfaite [par rapport, évidemment, à toutes les autres qu'il avait déjà exposées], qui se conclut par des *rationes* et une *expolitio :* elle se compose de cinq parties, une *propositio*, une *rationes*, une *rationis confirmatio*, une *expolitio* et une *conclusio*[3] ». Après avoir donné de ces parties les mêmes définitions qu'avait données l'auteur de la *Rhétorique à Herennius*, il se sert, lui aussi, de l'exemple du meurtre d'Ajax, mais encore une fois il réussit à rendre son exposé original.

Si l'on compare les deux textes, on s'aperçoit d'une différence très fine : dans la *Rhétorique à Herennius*, on veut démontrer qu'Ulysse

1. La traduction française du texte est celle de Guy Achard (texte et traduction), *Rhétorique à Herennius*, Paris, Les Belles Lettres, « Collection des Universités de France », 1989.

2. Il s'agit d'un mot qui, dans la terminologie rhétorique et logique latine, avait été employé, en alternative avec *ratiocinatio*, pour traduire le mot grec συλλογισμός. Référé à l'argumentation, il renvoie, comme d'autre part le verbe *colligere*, au procédé logique du raisonnement déductif sans être, toutefois, la dénomination particulière pour aucune de ses formes. On le rencontre, en revanche, à l'intérieur de la doctrine des états de cause, pour indiquer la quatrième controverse relative à l'interprétation de la loi : *cf.*, par exemple, Julius Victor 15, 28 *sqq.* dans Maria Silvana Celentano, Remo Giomini (ed.), *C. Iulii Victoris Ars rhetorica*, Leipzig, B.G. Teubner, 1980 (désormais cité Giom.-Celent.) : *Sunt autem legales status, sicut supra dictum est, quattuor: ambiguitas, quam Graeci* ἀμφιβολίαν *vocant ; collectio, quam Graeci* συλλογισμόν *vocant ; contrariae leges, quem Graeci* ἀντινομίαν *vocant ; scriptum et voluntas, quem Graeci* ῥητὸν καὶ διάνοιαν *vocant.*

3. *RLV*, p. 223 : *Collectio est argumentatio perfectior, quae rationibus et expolitione † expositione † absolvitur : haec in quinque partibus distributa est, propositionem, rationem, rationis confirmationem, expolitionem, et conclusionem.*

avait eu un motif pour tuer Ajax ; Georges, au contraire, donne le motif du meurtre pour acquis et veut prouver qu'Ulysse avait eu la possibilité de l'accomplir. L'argumentation se déroule donc selon les cinq parties qu'il avait annoncées : après une *propositio* dans laquelle il annonce qu'il montrera qu'Ulysse a eu la possibilité d'accomplir aisément ce qu'il voulait accomplir, Georges fait suivre une longue *ratio* qui doit montrer que la situation lui était particulièrement favorable parce qu'Ajax se trouvait tout seul dans un lieu où les nombreux arbres auraient permis à Ulysse de rester caché jusqu'au moment d'asséner un coup d'épée à son ennemi. Dans la *confirmatio rationis*, Georges se sert de l'exemple de la *indigna mors* de Palamède, qu'il avait tué *dolo ac insidiis suis confisus*, comme témoignage de l'audace et de la méchanceté d'Ulysse ; dans l'*expolitio*, il amplifie les raisons qu'il a apportées ; et, finalement, dans la *conclusio*, il invite les juges à n'avoir aucune doute à propos de la possibilité de ce meurtre[1]. Georges fait suivre cette argumentation par une observation qui mérite notre attention : si nous étions dans la nécessité de formuler une *propositio* différente, nous devrions y accommoder toutes les autres parties du raisonnement. Ensuite, comme dans sa source, Georges reconnaît aussi que l'on peut parfois se passer de *confirmatio rationis* ou d'*expolitio* ou des deux[2].

Le texte de Cicéron est tout à fait différent. Le raisonnement déductif a un nom, *ratiocinatio*, et il a une définition qu'Achard a traduit de la façon suivante : la *ratiocinatio* « est un raisonnement qui tire de la chose elle-même une proposition plausible qui, une fois exposée et connue en elle-même, se confirme par sa propre force et sa propre justification[3] » ; même si les traductions de Bornecque et de Hubbel étaient peu différentes[4], on a de la peine à en comprendre bien le sens. Il s'agit

1. *RLV*, p. 224 *sq*.

2. *Ibid*., p. 225.

3. Cic. *inv*., 1, 57 dans G. Achard (texte et traduction), *Cicéron, De l'invention*, Paris, Les Belles Lettres, « Collection des universités de France », 1994, p. 107 : *Ratiocinatio est oratio ex ipsa re probabile aliquid eliciens, quod expositum et per se cognitum sua se vi et ratione confirmet*.

4. Henri Bornecque (texte, trad., introduction et notes), Cicéron, *De l'invention (De inventione)*, Paris, Garnier, 1932, p. 77 : « La déduction est un raisonnement qui tire du fait même une proposition plausible qui, exposée et examinée en elle-même, trouve sa confirmation dans son essence et sa valeur propres » ; Harry Mortimer Hubbell (traduction), *Cicero. De inventione. De optimo genere oratorum. Topica*, Loeb Classical Library, Cambridge, Mass./London, Harvard University Press, 1949, réimpr. 1976 : « *Deduction or syllogistic reasoning is a form of argument which draws a probable conclusion from the fact under consideration itself; when this probable conclusion is set forth and recognized by itself it proves itself by its own import and reasoning* ».

d'une question très complexe que je ne discuterai pas ici[1]. Cicéron, en tout cas, est pour nous le témoin d'une polémique entre ceux qui défendent une structure en cinq parties, auxquels il s'associe, et ceux qui la voulaient en trois parties (Cic. *inv*., 1, 57-61). Les cinq parties sont : *propositio*, « qui indique brièvement la source d'où doit découler toute la force de la déduction[2] » ; *approbatio*, « qui grâce à des arguments, confirme et rend plus plausible et plus clair ce qui vient d'être rapidement indiqué[3] » ; *assumptio*, « qui tire de la proposition ce qui sert à la démonstration[4] » ; *assumptionis approbatio*, « qui étaie par des arguments ce qui a été tiré de la proposition[5] » ; enfin, *complexio*, « qui indique brièvement ce qui se déduit de toute l'argumentation[6] ». Plusieurs exemples visent ensuite à illustrer les raisonnements en cinq parties, en quatre, en trois ou en deux seulement.

Georges de Trébizonde stipule, lui aussi, une *ratiocinatio*, mais – et il serait bien intéressant de savoir pourquoi – il donne de ce raisonnement une définition différente : « La *ratiocinatio* est l'argumentation la plus parfaite, qui tire une conclusion ayant adapté une *assumptio* à ce qui a été dit dans la *propositio*[7] ». Puis, se référant à la polémique dont avait parlé Cicéron, il en soutient la forme tripartite parce que « tant la *propositio* que l'*assumptio*, si elles ne sont pas claires, ne doivent pas être considérées comme des parties[8] ». Pour des raisons didactiques, toutefois, il prend en considération les mêmes cinq parties mentionnées par Cicéron dans le *De inventione* et il en donne les mêmes définitions.

C'est alors que Georges fait une observation frappante ; préoccupé que l'on puisse se méprendre à cause de la présence dans la *collectio* et dans la *ratiocinatio* de parties avec le même nom (*propositio* et *complexio*), il en montre la différence : il s'agit – dit-il – de la différence

1. J'en ai traité il y a longtemps : « *Omnis autem argumentatio ... aut probabilis aut necessaria esse debebit* » (Cic. *inv*., 1, 44, *Rhetorica* 16, 1998, p. 1-24 ; *cf.* dans le même numéro de *Rhetorica* (p. 22-46) l'article sur le même sujet de William W. Fortenbaugh, « Cicero, *On Invention* 1. 55-77. Hypothetical Syllogystic and the Early Peripatetics ».

2. Cic. *inv*., 1, 67 « *per quam locus is breviter exponitur, ex quo vis omnis oportet emanet ratiocinationis* ».

3. *Loc. cit.* (comme pour les trois notes qui suivent) : « *per quam id, quod breviter expositum est, rationibus adfirmatum probabilius et apertius fit* ».

4. « *per quam id, quod ex propositione ad ostendendum pertinet, assumitur* ».

5. « *per quam id, quod assumptum est, rationibus firmatur* ».

6. « *per quam id, quod conficitur ex omni argumentatione, breviter exponitur* ».

7. *RLV*, p. 226 : « *Ratiocinatio, est argumentatio perfectissima, quae accommodatione assumptionis, ad id quod propositum est, elicit conclusionem* ».

8. *Loc. cit.* : « *tam propositio, quam assumptio, si dubiae sint, propositio et assumptio putandae non sunt* ».

formelle entre le raisonnement de la *collectio*, par lequel on conclut ce que l'on a annoncé dans la *propositio*, et le raisonnement de la *ratiocinatio*, par lequel on conclut ce qui sort de l'ensemble de la *propositio* et de l'*assumptio*[1]. On reconstruit ces difficultés dans la description du premier, le syllogisme hypothétique, où la conclusion est contenue dans la prémisse majeure, et dans la description du second, le syllogisme catégorique, où la conclusion se tire des deux prémisses[2].

Pour confirmer ses dires, Georges se sert du schéma du syllogisme de la première figure et formule d'abord l'exemple du meurtre de Ajax selon la *ratiocinatio tripartita*[3] :

1. « Tous ceux qui ont un motif pour entreprendre un forfait, si leur vie ne déteste pas ce genre d'actions, ont l'habitude d'entreprendre le forfait avec joie » [*Omnes qui causam habent, ad suscipiendum facinus, si vita eorum a maleficio non abhorret, libenter maleficium suscipere solent*] ;
2. « Ulysse avait un motif pour tuer et l'homicide n'était pas quelque chose d'étranger à sa vie » [*At Vlixes interficiendi causam habuit, nec ab eius vita homicidium alienum est*] ;
3. « Ulysse donc a entrepris le forfait de l'homicide » [*Vlixes ergo Aiacis interficiendi maleficium sumpsit*].

Après avoir énoncé cet exemple, Georges répète : « Ici on ne conclut pas, comme dans la *collectio*, la *propositio*, mais ce qui paraît descendre de l'ensemble de la *propositio* et de l'*assumptio*[4] ». Tout de suite après, y ajoutant deux longs discours qui constituent les *rationes* de la *propositio* et de *l'assumptio*, il reformule le même exemple selon les cinq parties de la *ratiocinatio quinquepertita*[5].

Pour revenir à l'exemple employé pour illustrer la *complexio*, on pourrait imaginer un raisonnement qui, en accord avec la description qu'en donne Georges, se formulerait à peu près ainsi :

1. Si les circonstances étaient favorables, Ulysse a eu la possibilité de tuer Ajax ;
2. Les circonstances étaient favorables ;
3. Donc Ulysse a eu la possibilité de tuer Ajax.

1. *Ibid.*, p. 227 : « *in collectione id ipsum quod proponitur in conclusione infertur : hic autem concludimus id, quod ex propositione, ac assumptione simul conficitur* ».

2. Voir, à propos des différentes structures et des différentes figures des syllogismes, les manuels de logique, par exemple Carl Prantl, *Geschichte der Logik im Abendlande*, I, Leipzig, Buchhandlung G. Fock G.M.B.H., 1927 ; William Kneale, Martha Kneale, *The Development of Logic*, Oxford, Clarendon Press, 1964 ; William T. Parry, Edward A. Hacker, *Aristotelian Logic*, Albany, State University of New York Press, 1991.

3. *RLV*, p. 227.

4. *Loc. cit.* : « *Nam hic non ut in collectione propositionem : sed quod ex propositione ac assumptione sequi videbatur, concludimus* ».

5. *Ibid.*, p. 227-229.

Même si l'on a de quoi rester fort perplexe, l'interprétation de Georges est très séduisante parce qu'elle représente une solution intéressante à la difficile question des rapports entre l'*argumentatio absolutissima et perfectissima* traitée dans la *Rhétorique à Herennius* et la *ratiocinatio* cicéronienne, sans recourir aux tentatives désespérées de faire coïncider les parties de l'une avec les parties de l'autre[1]. Ce qui, malheureusement, rend les choses bien moins simples est le fait que maints exemples de *ratiocinatio* donnés par Cicéron ont été formulés selon le schéma du syllogisme hypothétique stoïcien. Il suffit, par exemple, de mentionner celui qu'on lit au § 63 : « Si, le jour où le meurtre dont tu parles a été commis à Rome, ce jour-là je me trouvais à Athènes, je n'ai pu prendre part à ce meurtre » ; « or, ce jour là je me trouvais à Athènes » ; [« je n'ai pu donc prendre part à ce meurtre »] [2] ; ou au § 66 : « S'il faut ardemment rechercher la sagesse, il faut de la même façon éviter la sottise » ; « or il faut ardemment rechercher la sagesse » ; « donc il faut de la même façon éviter la sottise » [3] ; ou, encore, au § 73 : « Si elle a eu un enfant, c'est qu'elle a eu commerce avec un homme » ; « elle a eu un enfant » ; « elle a donc eu commerce avec un homme » [4].
La définition même de la *ratiocinatio* donnée par Cicéron, à dire vrai, comme je l'ai déjà souligné, est plus proche de cette forme de raisonnement que de celle du syllogisme catégorique.

Mais Georges n'a pas fini de nous surprendre : en dépit de ce qu'il avait pu lire dans la *Rhétorique à Herennius*, à savoir qu'il s'agissait là d'une *argumentatio absolutissima et perfectissima*, il avait défini – on l'a vu – comme *argumentatio perfectior* la *collectio*, et comme *argumentatio perfectissima* la *ratiocinatio*. Il dit, en effet, que tout le monde doit savoir que toutes les formes argumentatives qu'il vient d'exposer, exception faite de la *violatio*, peuvent faire partie de la *collectio* et que toutes les autres, y compris la *collectio*, peuvent faire

1. À ce propos, *cf.* Dieter Matthes, « Hermagoras von Temnos 1904-1955 », *Lustrum* 3, 1958, 58-214, p. 206.

2. Cic. *inv.*, I, 63 : « *Si, quo die ista caedes Romae facta est, ego Athenis eo die fui, in caede interesse non potui (propositio) ; fui autem Athenis eo die (assumptio) ;* [*in caede interesse non potui*] *(complexio)* ».

3. *Ibid.*, I, 66 : « *Si summopere sapientia petenda est, summo opere stultitia vitanda est (propositio) ; summo autem opere sapientia petenda est (assumptio) ; summo igitur opere stultitia vitanda est (complexio)* ».

4. *Ibid.*, I, 73 : « *Si peperit, cum viro concubuit (propositio) ; peperit autem (assumptio) ; concubuit igitur cum viro (complexio)* ».

partie de la *ratiocinatio*[1]. La raison – poursuit-il – en est évidente : si la *propositio* et l'*assumptio* de la *ratiocinatio* ont besoin d'être confirmées, on peut aisément le faire en employant n'importe quelle autre argumentation, même au moyen d'une *collectio*. Toutes les autres, en revanche, ne peuvent contenir ni la *collectio* ni la *ratiocinatio* parce qu'elles ne contiennent pas de *rationes*.

Pour montrer que ce qu'il vient de dire est vrai, Georges renvoie d'abord à la *ratiocinatio quinquepartita* qu'il avait illustrée par le meurtre d'Ajax, puis, se fondant sur l'autorité de Cicéron lui-même, il analyse l'exemple qu'il pouvait lire dans sa *Rhetorica vetus* (le *De inventione*, au § 68 du premier livre) et en met en évidence la séquence argumentative[2]. Il s'agit de la défense d'Épaminondas qui est accusé parce que, pour le bien de sa patrie, il a interprété la loi au lieu d'en appliquer les mots. Dans la *propositio*, l'orateur s'adresse aux juges et affirme que toute loi a été écrite pour le bien de l'état et donc doit toujours être interprétée dans ce but. Pour prouver la vérité de cette affirmation, l'orateur se sert d'une *ratio* construite sur les attributs de la *persona* : les ancêtres, en hommes sages, savaient bien qu'il faut écrire les lois pour le bien de l'état. Ils l'ont fait, et ils auraient refusé tout ce qu'ils auraient par hasard écrit, qui serait contraire à ce principe. Pour cette raison, il faut observer les lois et les interpréter de façon à ce qu'elles soient toujours au service de l'état. Après la *propositio* et la *ratio*, on s'attendrait, conformément au schéma de la *ratiocinatio*, que vienne l'*assumptio* ; mais Georges, dans son analyse de l'exemple cicéronien, y reconnaît une *confirmatio rationis* qui repose sur une comparaison : comme, de la médecine, on ne s'attend qu'à ce qui vise la santé des corps, de la même manière, on attend des lois qu'elles soient utiles à l'état. La conclusion que l'on peut tirer de cette séquence (*propositio*, *ratio*, *confirmatio rationis*) est donc qu'il faut interpréter la loi aussi dans cette occasion.

Au lieu de continuer, Georges s'attarde et insère l'importante considération qu'à ce point *iam quadripartita collectio conclusa est*[3]. Puis il exprime son intention de montrer les autres parties de la *ratiocinatio* (*nunc assumptionem huius ratiocinationis et reliqua prosequamur*) ; mais ce qui suit n'est pas, comme on aurait pu prévoir, l'*assumptio*, mais plutôt l'*assumptionis ratio* parce que Cicéron – dit-il –

1. *RLV*, p. 231 : « *Praeterea neminem ignorare uolumus, omnes quas superius enumerauerimus argumentationes, violatione semper exempta, collectionem ingredi posse : ac rursus caeteras omnes, ac ipsam collectionem in ratiocinationem adhiberi* ».

2. *RLV*, p. 232-234.

3. *Ibid.*, p. 233.

avait omis l'*assumptio* donné, que le fait était déjà connu qu'Épaminondas avait été utile à sa patrie. Dans l'*assumptionis ratio*, donc, l'orateur soutient, au moyen d'une série de questions, qu'il n'y avait rien de plus utile pour les Thébains que de voir Sparte écrasée et que ce souci était pour Épaminondas, général des Thébains, sa plus grande préoccupation ; il ajoute que pour atteindre ce but, au lieu de s'appuyer sur le texte de la loi, Épaminondas devait considérer l'intention de celui qui l'avait rédigée ; après avoir rappelé qu'il a déjà montré que les lois sont toujours rédigées dans l'intérêt de la république, l'orateur conclut en disant que, par conséquent, Épaminondas considérait comme une extrême folie le fait de ne pas interpréter, pour le bien de la république, ce qui avait été écrit pour son utilité. Cette conclusion – commente Georges – est la conclusion de la *collectio tripartita* sur laquelle repose l'*assumptionis ratio*. C'est seulement à ce point, selon son analyse, que la *conclusio* de toute la *ratiocinatio* peut être formulée : s'il faut référer toutes les lois à l'utilité de la république, et si Épaminondas a été utile à la république, il ne l'a pu faire que dans le respect de la loi.

Pour rendre plus compréhensible la longue analyse de Georges, on pourrait donc formuler ainsi la séquence des trois raisonnements :

(Première *collectio*)

- Si toutes les lois ont été écrites pour l'utilité de la République, il faut les interpréter en fonction de ce but
- Les lois des ancêtres ont été écrites pour l'utilité de la République
- Il faut donc interpréter cette loi aussi en fonction de ce but

(Deuxième *collectio*)

- Si l'utilité de la République consistait dans la ruine de Sparte, Épaminondas devait interpréter la loi en fonction de ce but
- Ruiner Sparte était l'utilité de la République
- Épaminondas considérait nécessaire d'interpréter la loi en fonction de ce but

(*ratiocinatio*)

- L'utilité pour la République est le but des lois

[Épaminondas a été utile à la République]

- Épaminondas a agi dans le respect du but de la loi

Ce qui, dans cette intéressante analyse du raisonnement déductif, mérite encore un peu d'attention, est le fait que ce dernier syllogisme, qui exploite la force probatoire des deux *collectiones* pour confirmer la *propositio* et l'*assumptio*, obéit en réalité au critère énoncé par Aristote

(*Rh.*, 1357 a 18) selon lequel, dans l'enthymème, ce qui est déjà connu peut être omis[1].

C'est alors que Georges passe à sa présentation compliquée de la topique. John Monfasani, qui, dans sa biographie de Georges de Trébizonde, donne un bref aperçu de cette partie, conclut par l'observation que « *After these complexities, the Isagoge dialectica is a relief*[2] ». Georges, toutefois, ne considère son exposé que comme l'illustration des *principia* et des *radices* du plus difficile des aspects de l'éloquence[3] : il s'agit de la *divisio*, διαίρεσις, des lieux qui servent à construire les différentes parties du raisonnement déductif. Il se plaint, en fait, que ses préceptes, dans la maîtrise desquels on dit que consiste l'*omnis vis*, ont été à peine touchés pendant la présentation des *loci constitutionum*[4]. Georges en avait déjà brièvement parlé quand, au début de sa discussion de l'argumentation, il avait distingué deux catégories de lieux : d'un côté ceux qui, nommés *loci principales* ou κεφάλαια, représentent la topique d'où l'on tire les *propositiones* pour l'argumentation des questions propres à chacun des états de cause [*status*, *constitutiones*] [5], de l'autre côté ceux qui, nommés *loci secun-*

1. C'est à cause de cela que l'enthymème à été parfois considéré comme un syllogisme incomplet : *cf.* par exemple Quintilien, *Institutio Oratoria* (désormais cité Quint. *Inst.*), 5, 10, 3 : *imperfectus syllogismus* ; Fortunatianus, *Ars rhetorica* 136, 4 dans Lucia Calboli Montefusco (introduction, éd. critique, commentaire et trad. en italien), *Consulti Fortunatiani Ars rhetorica*, Bologna, Patron, 1979 (désormais cité Calb. Mont.) : *syllogismus plenus est omnibus partibus probationis, enthymema non omnibus* ; Boèce, *De differentiis topicis libris*, 2, p. 1184 B (*Patrologia Latina* 64) : *Enthymema quippe est imperfectus syllogismus, id est oratio in qua non omnibus antea propositionibus constitutis infertur festinata conclusio* ; Démétrios de Phalère, *De elocutione*, 32 : συλλογισμὸς ἀτελής. Aristote, au contraire, considère l'omission d'une des prémisses au sens de la question plus complexe qui est la force persuasive de la brièveté ; à ce propos, *cf.* L. Calboli Montefusco, « Enthymemes, maxims, metaphors : the persuasive power of brevity in Aristotle's *Rhetoric* », dans *id.* (ed.), *Papers on Rhetoric VI*, Roma, Herder, p. 39-54.

2. John Monfasani, *Georges of Trebizond. A Biography and a Study of His Rhetoric and Logic*, Leiden, Brill, 1976, p. 276.

3. *RLV*, p. 235

4. *Loc. cit.* La topique a toujours été un objet d'intérêt pour les auteurs des manuels rhétoriques, mais selon des critères différents. Ici Georges se réfère à la διαίρεσις τῶν στάσεων que l'on trouve traitée par Hermogène, 43, 15 - 92, 11 dans Hugo Rabe (ed.), *Hermogenis Opera*, Leipzig, B.G. Teubner, 1913 (désormais cité Rabe) et qui a influencé les technographes latins de l'Empire, comme, par exemple, Fortunatianus (2, 5 p. 112, 1 - 118, 4 Calb. Mont.) et Julius Victor (21, 1 - 31, 26 Giom.-Celent.).

5. *Ibid.*, p. 207 : « *Locus principalis est propositionis sedes, vel unde ad propositam causam conveniens trahitur propositio* ».

darii ou *approbativi*, sont la source des arguments appropriés aux différentes *propositiones* des raisonnements[1].

À présent, Georges répète cette distinction en ajoutant quelques mots d'explication : à propos des *loci principales*, il mentionne, comme exemple pour une cause *coniecturalis*, la *petitio testium*, la *voluntas* et la *potestas ;* quant aux *loci secundarii*, en revanche, il rappelle plus explicitement qu'ils servent à « trouver » les *rationes*, les *confirmationes* et les *expolitiones*[2]. Georges, en d'autres termes, réussit à combiner ensemble la doctrine hermogénienne de la διαίρεσις τῶν στάσεων avec celle d'origine philosophique, transmise par les manuels rhétoriques plus anciens, d'une argumentation qui se focalise sur le procédé logique[3].

On pourrait se demander pourquoi Georges a choisi la *collectio* pour exemplifier l'emploi de la topique. À mon avis, cela n'est pas dû au hasard. Il ne faut pas oublier en effet que Georges, non seulement était un Grec, mais qu'il était un Grec cultivé qui connaissait très bien les manuels grecs de rhétorique, méconnus dans l'Occident latin. Il a donc pu exploiter une série de préceptes qu'il a trouvés dans le Περὶ εὑρέσεως attribué à Hermogène, et les adapter aux parties de la *collectio* qui s'y prêtaient mieux que celles de la *ratiocinatio*. Si en effet l'exposé hermogénien du κεφάλαιον (« le point », 132, 1 *sqq*. Rabe) est très clairement la source de ce que Georges nous dit de la fonction des *loci principales* pour l'individuation des *propositiones*, on peut voir également que le chapitre qui traite des ἐπιχειρήματα (« les arguments », 140, 9 *sqq*. Rabe) lui a fourni le matériel pour illustrer la topique des *rationes* ; le chapitre qui traite de l'ἐργασία ἐπιχειρημάτων (« le développement des arguments », 148, 16 *sqq*. Rabe) a servi pour la topique relative aux *confirmationes rationis* ; enfin les chapitres qui traitent de l'ἐνθύμημα (« enthymème », 150, 16 *sqq*. Rabe) et du lieu περὶ τῶν ἀπ' ἀρχῆς ἄχρι τέλος (« l'examen des faits », 154, 9 *sqq*. Rabe) celle de l'*expolitio*.

Il vaut la peine, toutefois, de revenir un moment à la définition des *loci principales* pour mieux comprendre ce qui peut paraître un jeu de mots : il s'agit – dit Georges – de la *propositionum sedes* […] *vel unde ad propositam causam conveniens trahitur propositio* (*RLV*, 236). Par les mots *proposita causa*, Georges, en fait, se réfère ici à ce qu'il avait exposé auparavant quand il avait traité de la *propositio*, c'est-à-dire de la

1. *Loc. cit.* : « *Locus approbativus est argumenti sedes, vel unde ad inventam propositionem conveniens trahitur argumentum* ».

2. *RLV*, p. 236.

3. *Cf.* Cic. *inv.*, 1, 51 *sqq.* ; *Rhet. Her.* 2, 28 *sqq.* ; Quint. *Inst.* 5, 10, 1 *sqq.*

partie du discours qui suit souvent la narration et qui est ainsi nommée parce qu'elle « propose » ce que l'on va avoir à argumenter : la *propositio* n'est rien d'autre qu'une brève présentation de tout ce dont on doit discuter et, pour plus de clarté, il avait ajouté cet exemple : « Je vous montrerai donc facilement, ô juges, non seulement que le parricide n'a pas été accompli par moi, mais que j'y n'avais même pas pensé[1] ». Bien conscient que l'homonymie peut créer une confusion, Georges avait, en outre, ajouté ce que l'on va vérifier seulement maintenant : entre ce genre de *propositio* et la *propositio* qui représente le début du raisonnement déductif, il y a la différence suivante : là (c'est-à-dire dans la *propositio* qui représente le début du raisonnement déductif), on « propose » le lieu argumentatif, ici (c'est-à-dire dans la *propositio* qui est une partie du discours) on « propose » toute la question à discuter ; d'où vient que celle-là se conclut par une seule argumentation, celle-ci, au contraire, contient souvent plusieurs argumentations et plusieurs lieux[2].

Dans la définition des *loci principales*, on trouve donc mentionnées les deux *propositiones :* ils sont la source des *propositiones*, voire des prémisses du raisonnement déductif, qui servent à argumenter ce que l'on a annoncé dans la *propositio*. Georges, qui, se référant à une *causa coniecturalis*, les avait – comme j'ai déjà dit – exemplifiés par la mention de la *petitio testium*, de la *voluntas* et de la *potestas*, montre maintenant comment on peut les employer. Le défenseur qui se sert de la *petitio testium* fera – dit-il – ce genre de *propositiones* : « Tu dois prouver cette chose par des témoins et montrer qui l'a vue, où on l'a vue, quand on l'a vue », étant donné que, d'un seul des *loci principales*, on peut tirer plusieurs *propositiones*. Son adversaire, au contraire, dira qu'il ne faut pas produire des témoins pour n'importe quoi, la plupart des choses étant accomplies en cachette ; ou bien, au lieu de témoins, il offrira des arguments et des signes qui ne peuvent pas être corrompus aisément[3]. À ces *propositiones*, fondées sur le *locus principalis* de la *petitio testium*, il faudra ensuite adapter la *ratio* et les autres parties du raisonnement que l'on va tirer, cette fois, des *loci secundarii* ou *approbativi*. Dans une cause *negotialis*, dont les *loci principales* sont différents, la *lex* ou la *consuetudo* peuvent, par exemple, fournir une *propositio* de ce type : « Il ne faut pas innover contre la loi et contre ce

1. *RLV*, p. 90 « *Propositio* […] *nihil aliud est, nisi totius rei, qua de agitur, brevis demonstratio, ut* […] *Facile igitur vobis ostendam iudices non modo non patratum, sed ne cogitatum quidem mihi parricidium* ».

2. *Loc. cit.*

3. *Ibid.*, p. 236 *sq.*

qu'ont établi nos ancêtres » ; ou, au contraire : « Pendant la guerre il faut innover[1] ».

Pas encore satisfait, Georges prend en considération le cas dans lequel il faut invalider ce qui a déjà été proposé par l'adversaire. On aura alors une séquence de quatre parties : une *propositio*, qui annonce la *propositio* de l'adversaire, une *sublatio*, qui est sa *propositio*, une *opposita propositio*, qui annonce notre *propositio*, et finalement une *solutio* qui représente ce que nous voulons argumenter : « J'ai entendu qu'il allait dire (*propositio*) – qu'il ne faut pas innover (*sublatio*) – il n'est pas difficile d'invalider cela (*opposita propositio*) – en effet, existe-t-il quelqu'un qui n'a pas vu que pendant la guerre il faut innover ? (*solutio*) ». À ce bref exemple, Georges en ajoute d'autres pris dans les discours de Cicéron[2].

Si maintenant on jette un coup d'œil sur le Περὶ εὑρέσεως d'Hermogène, on aura la preuve de l'habileté de Georges de Trébizonde ; il y trouve en effet une séquence qui s'adapte à la perfection au schéma de la *collectio*. Hermogène, qui dans son Περὶ στάσεων avait longuement traité des κεφάλαια de chaque état de cause[3], met ici en relief leur importance et se propose de montrer « comment [...] prendre en charge chacun des points [« point » est la traduction de κεφάλαιον donnée par Patillon] et le confirmer[4] ». Il donne ensuite des exemples pour une cause *coniecturalis* et pour une cause *negotialis* (les mêmes que ceux mentionnées par Georges) et, enfin, annonce à ses lecteurs qu'il va « essayer de différencier le plus clairement possible ce qu'est l'invention de l'argument qui confirme le point ou sa réfutation [ἐπιχείρημα], ce qu'est l'invention du développement qui confirme l'argument [ἐργασία], et ce qu'est l'invention de l'enthymème qui confirme le développement[5] » [ἐνθύμημα]. Il n'est pas difficile, je crois, d'y reconnaître la séquence *ratio*, *confirmatio rationis*, *expolitio*. Mais Hermogène s'arrête longuement, tout de suite après, pour illustrer le cas d'un κεφάλαιον posé et introduit par l'adversaire : « Il faut alors organiser le point avec une *protase*, une *hypophore*, une *contre-protase* et une réfutation que l'on appelle aussi *contre-hypophore* [...] la protase est l'annonce de l'hypophore, l'hypophore est le propos de l'adversaire, la contre-protase est l'annonce de la réfutation, enfin la réfutation, au traitement de

1. *RLV*, p. 237.
2. *Ibid.*, p. 238 *sq*.
3. Hermogène, Περὶ στάσεων, 43, 15 - 92, 11 Rabe.
4. *Id.*, Περὶ εὑρέσεως, 132, 5 *sqq*. Rabe.
5. *Ibid.*, 133, 17 *sqq*. Rabe.

laquelle nous employons la confirmation par les arguments[1] ». C'est exactement ce dont Georges a traité quand il a parlé de la séquence *propositio*, *sublatio*, *opposita propositio*, *solutio*. La seule différence est le fait qu'il tire ses exemples des discours de Cicéron, tandis qu'Hermogène les tire des discours de Démosthène.

Après avoir répété plusieurs fois que les *propositiones* se tirent des *loci principales*, Georges passe[2] à la présentation des *loci secundarii* ou *approbativi* sur lesquels se fondent la *ratio* quand la *propositio* en a besoin pour être démontrée, la *confirmatio rationis,* et l'*expolitio*. L'analyse que Georges en fait aboutit à un résultat intéressant : les *rationes* se fondent surtout sur les lieux que l'on peut nommer « rhétoriques », les *confirmationes rationis* seulement sur les lieux que Georges lui-même nomme « dialectiques » [3]. Puisant au texte d'Hermogène qui, d'une façon un peu polémique, avait critiqué ceux qui avaient voulu considérer ces derniers lieux comme source pour les ἐπιχειρήματα[4], Georges insiste sur la distinction et préfère considérer comme *confirmationes* aussi les *rationes* qui, par hasard, ont été construites à partir des lieux dialectiques[5].

Quels sont donc les lieux rhétoriques ? Les « circonstances » [*circumstantiae*]. À la différence de la plupart des auteurs de manuels, Georges en considère seulement six, *persona*, *res*, *causa*, *locus*, *tempus*, *modus*, parce qu'il considère la septième, *quibus auxiliis*, comme annexe à chacune des autres[6]. Il en montre aussitôt l'usage[7] : soit, par exemple, la question à démontrer « Tu es un traître à la patrie, Catilina [*Proditor patriae Catilina es*] » ; Catilina, dans sa défense, peut se servir du lieu principal *a petitione testium* pour formuler la *propositio* de son raisonnement : « S'il ne produit pas de témoins, il ne doit pas être écouté, juges [*Nisi testes huius rei produxerit, non est audiendus*

1. Hermogène, Περὶ εὑρέσεως, 133, 24 - 134, 6 Rabe.

2. *RLV*, p. 240 *sqq*.

3. À propos de cette distinction *cf.* Boèce, *De differentiis Topicis libris*, 4 p. 1212 *sqq*. (*Patrologia Latina* 64).

4. Hermogène, Περὶ εὑρέσεως, 148, 22 ; 149, 23 *sq*. Rabe.

5. *RLV*, p. 244 *sq*.

6. *Cf.*, par exemple, Fortunatianus, 107, 6 *sq*. Calb. Mont. ; Augustinus, 141, 15 *sqq*. Halm ; Victorinus 213, 43 *sqq*. Halm ; Julius Victor 3, 17 *sq*. ; 73, 5 *sq*. Giom.-Celent. Le rôle des *circumstantiae* ou περιστάσεις était très important parce que, sur la base de leur présence ou de leur absence, on distinguait les questions particulières [*hypotheseis*] des questions générales [*theseis*]. Déjà bien connues par les philosophes, elles avaient été prises en considération par les rhéteurs à l'intérieur de la doctrine des στάσεις et de leur argumentation (*cf.* Cic. *inv.*, 1, 34 *sqq*.) ou comme critère de la probabilité de la narration (*cf.* Cic. *inv.*, 1, 29).

7. *RLV*, p. 240 *sq*.

iudices] » ; la *ratio* de cette *propositio* peut se fonder sur sa *persona* : « Je suis né si noble, avec de tels ancêtres que s'il n'y a pas de témoins, vous ne devez pas me soupçonner [*Ea enim nobilitate, hisque maioribus natus sum, ut sine testibus id de me suspicari non debeatis*] » ; sur la *persona* de l'adversaire : « Et à plus forte raison Cicéron doit être chassé, du moment qu'il dit ces choses sans témoins, lui qui a toujours nourri une aversion envers moi [*Atque ideo magis expellendus Marcus Cicero, quum haec sine testibus dicat, qui mihi semper inimicus fuerit*] » ; ou bien sur toutes les deux : « Il ne faut pas croire un *homo novus*, corrompu par l'ambition, qui sans témoins, par envie envers les hommes les plus nobles, suscite de terribles soupçons [*Homini enim novo ambitione corrupto, sine testibus invidia in nobilissimos viros atroces suspiciones incitanti, credendum non est*] » ; la *ratio* peut encore se fonder sur la *res :* « Dans un procès, juges, il ne faut rien croire sans témoins [*Nihil enim iudices sine testibus in iudicio credendum est*] », ou : « En effet, d'un si grand forfait, sans témoins, vous ne devez pas approuver le soupçon [*Non enim tanti sceleris sine testibus suspicionem approbare debetis*] » ; ou sur le lieu : « Dans une république, où nous tous vivons en liberté, tu ne dois pas être écouté, si tu n'as auparavant prouvé par des témoins [ton accusation] [*Neque in republica ubi omnes libere vivimus, nisi testibus probaveris, audiendus es*] » ; ou sur la raison : « Et à plus forte raison il doit être chassé, pour que, s'il y a la possibilité d'employer des arguments inventés, ces *homines novi* ne chercheront pas à chasser beaucoup de nôtres [*Ac ideo magis expellendus, ne, si fictis argumentis locus dabitur, multos nostrorum hi novi homines depellere conentur*] », ou sur le temps : « En ce moment surtout, où, à cause des rivalités, il n'est personne qui n'invente de faux forfaits [*In hoc tempore maxime, in quo propter simultates, nullus est, qui crimina falsa non excogitet*] ». Il va de soi – dit Georges – que le même procédé peut être employé pour donner plusieurs *rationes* à n'importe quelle *propositio* et que, souvent, une seule *circumstantia* peut fournir plus d'une *ratio*. Si à présent l'on compare cet exposé de Georges avec celui qu'Hermogène fait de l'ἐπιχείρημα[1], on peut encore une fois en remarquer les ressem-blances : la mention, par exemple, des six circonstances comme lieux argumentatifs, l'exclusion de la septième et les raisons de cette exclusion, l'exemple de la trahison de Périclès que Georges transforme dans la trahison de Catilina, l'affirmation que d'une seule *circumstantia* on peut tirer plusieurs *rationes* etc.

1. Hermogène, Περὶ εὑρέσεως, 140, 10 *sqq*. Rabe.

L'étape suivante est l'analyse de la topique de la *rationis confirmatio*. C'est ici que les lieux dialectiques jouent leur rôle. Georges nous dit que toute *rationis confirmatio* se fonde sur les lieux *a similitudine*, *ab exemplo*, *a minore, a maiore, ab æquali*, *a contrario* (*RLV* p. 244 s.), mais c'est l'exemple qui nous aide à comprendre ; étant donnée la *propositio* « Il faut en temps de guerre, pour l'avantage de la cité, faire aussi des innovations[1] », on peut l'argumenter par une *ratio* tirée de la *persona* : « Et cela est permis surtout à nous Romains, qui avons toujours l'habitude d'inventer quelque chose de nouveau pour l'utilité de la république[2] ». Cette *ratio*, à son tour, peut être renforcée par des *confirmationes rationis* tirées, chacune, d'un des lieux dialectiques que Georges a mentionnés ; ainsi, « Nos ancêtres en effet, pour l'utilité de la république ont chassé les rois et n'ont pas toléré que les *Decemviri* poursuivissent leur pouvoir et ont établi la puissance sacrée de tribuns et ont créé consul Scipion avant le temps dû[3] » ; *a minore :* « Si tu dis que les Romains doivent innover parce qu'aussi un *paterfamilias* ne craint pas d'innover en ce qui regarde ses affaires[4] » ; *ex contrario :* « Si en temps de paix nous n'avons pas l'habitude d'innover, en temps de guerre, quand la situation le requiert, il faut innover[5] ». À nouveau, la source hermogénienne est très évidente : les six lieux dialectiques mentionnés sont les mêmes que ceux sur lesquels se fonde l'ἐργασία [le développement] [6], et l'exemple employé par Georges n'est qu'une romanisation de l'exemple grec construit sur le comportement des Athéniens.

Plus complexe est l'exposé de la dernière partie du chapitre que Trébizonde dédie à la *divisio*. On n'y trouve pas seulement ce que l'on s'attend à y trouver, c'est-à-dire l'indication de la manière d'élaborer l'*expolitio*, mais aussi la mention et la présentation de la *comprehensio*, qui, apparemment, n'a rien à faire ici. Il s'agit, en effet, d'un des *loci principales* des causes de nature conjecturale dont Georges avait déjà illustré les caractéristiques quand il avait traité de la topique propre à

1. *RLV*, p. 245 : « *Oportet tempore belli ad civitatis emolumentum aliquid etiam innovari* ».

2. *Loc. cit.* : « *Et maxime hoc nobis Romanis licet, qui semper ad utilitatem reipublicae aliquid novi excogitare solemus* ».

3. *Ibid.*, p. 245 : « *Maiores enim nostri ex commodo reipublicae, Reges expulerunt, et Decemviros continuare imperium, passi non sunt, et tribunos plebis sacrosanctos constituerunt, Scipionem ante tempus consulem crearunt* ».

4. *Ibid.*, p. 246 : « *Si dices innovandum esse Romanis, quoniam et paterfamilias ex re sua multa innovare non veretur* ».

5. *Loc. cit.* : « *Si tempore pacis nihil innovare solemus, tempore belli, quum res postulat, innovandum est* ».

6. Hermogène, Περὶ εὑρέσεως, 148, 17 *sqq.* Rabe.

cette *constitutio*[1]. Pourquoi y revient-il ici ? Simplement, je crois, parce que, dans l'utilisation de sa source, il se trompe. Pour s'en convaincre toutefois, il faut d'abord voir brièvement ce qu'il dit à propos des lieux dont on peut tirer l'*expolitio*. La fonction de l'*expolitio*, selon le schéma de la *collectio*, est de renforcer la *confirmatio* et de l'amplifier. Georges en distingue deux formes : l'une, qu'il nomme *commentitia* ou *enthymematica*, et qui se fonde, elle aussi, sur l'emploi des *circumstantia* [2] ; l'autre, qu'il nomme *fictoria*, et qui exploite l'effet produit par l'énonciation d'une situation seulement supposée[3]. Dans le premier cas, à l'aide des *circumstantiæ*, on établit un parallèle avec ce que l'on a dit dans la *confirmatio rationis* : par exemple, une *ratio* telle que « il faut que Scipion conserve son commandement militaire, même si cela est contre la loi[4] » peut avoir une *confirmatio rationis* fondée sur l'exemple, comme « En effet aussi nos ancêtres pour l'utilité de la république ont toléré que les *Decemviri* conservassent leur pouvoir[5] » ; à ce point, donc, l'on peut établir un parallèle avec cette *confirmatio rationis* y ajoutant une *expolitio enthymematica* tirée du *tempus* « Et pourtant alors ils le faisaient en temps de paix, nous serons obligés de le faire en temps de guerre[6] » ; on pourrait la tirer de la *causa* « et ils le faisaient pour orner par des lois la république, nous le ferons pour défendre la liberté[7] » ou encore de la *res* ou de la *persona*[8]. Si, après tout cela, on voulait employer encore une *addita enthymemati acuta excogitatio* – dit Georges – l'on pourrait alors avoir ce qu'il appelle *epenthymema*[9]. Il suffit de lire ce qu'Hermogène dit à propos de l'ἐνθύμημα dans son Περὶ εὑρέσεως[10] pour voir comment Georges suit ce texte : l'ἐνθύμημα, qui doit ajouter du mordant à ce qui a été dit dans l'ἐργασία (le développement), donc le correspondant de l'*expolitio* qui doit renforcer ce qui a été dit dans la *confirmatio rationis*,

1. *RLV*, p. 110 *sqq.* ; Pour la série de ces *loci*, *cf. RLV*, p. 96 : « *Constitutionis coniecturalis ratio his locis comprobari solet, recusatione, nonnunquam testium petitione (cui loco etiam quaestiones, praeiudicia, rumores, tabulas, iusiurandum, quoniam testimoniorum vim habent, jure inferimus), voluntate, potestate, comprehensione, absolutione, repulsione, transpositione, inversione, qualitate communi* ».

2. *RLV*, p. 247 *sqq.*

3. *Ibid.*, p. 250.

4. *Ibid.*, p. 247 : « *Continuare Scipionem imperium, vel contra legem oportet* ».

5. *Loc. cit.* : « *Nam et maiores nostri ex utilitate reipublicæ Decemviros facile continuare imperium passi sunt* ».

6. *Loc. cit.* : « *Atqui tunc illi in pace, nos coacti bello faciemus* ».

7. *Loc. cit.* : « *Et illi ad ornandam legibus rempublicam, nos ad defendendam libertatem hoc faciemus* ».

8. *Loc. cit.*

9. *Ibid.*, p. 249.

10. Hermogène, Περὶ εὑρέσεως,150, 17 *sqq.* Rabe.

sera cherché – dit Hermogène – « dans les mêmes circonstances où l'on aura cherché les arguments du point » ; ou encore « les enthymèmes inventés pour chaque développement ont la figure d'un parallèle et leur invention réside dans le parallèle d'après le lieu, le temps, la manière, la personne, la cause ou l'acte[1] ». Tout de suite après l'on trouve, ici aussi, la mention de l'ἐπενθύμημα et l'indication de sa fonction.

Quant à l'*expolitio fictoria* mentionnée par Georges, il faut, en revanche, en chercher la source ailleurs, à savoir dans le chapitre suivant, qu'Hermogène consacre à l'exposé de « l'examen des faits [du début jusqu'à la fin] [περὶ τῶν ἀπ' ἀρχῆς ἄχρι τέλος] [2] », un des κεφάλαια qui dans le traité Περὶ στάσεων avaient été considérés comme spécifiques pour argumenter le στοχασμός [conjecture] [3]. Comme Patillon l'a écrit dans une note à sa traduction du texte d'Hermogène[4], l'exposé général d'Hermogène sur l'argumentation s'est achevé par l'illustration de l'enthymème et, en effet, ce que l'on trouve dans ce chapitre ne fait plus partie des préceptes relatifs à la séquence que j'ai considérée comme analogue à la séquence argumentative de la *collectio*. Ce qui est pris en considération ici, c'est un κεφάλαιον particulier qui – dit Hermogène – « n'a pas la même confirmation par les arguments que les autres[5] ». En effet, l'on ne peut pas employer ici les circonstances, mais il faut exploiter un lieu qui lui est propre, appelé « subdivision » [ὑποδιαίρεσις]. Or, cette « subdivision » est réalisée grâce à des fictions tirées du semblable, du plus important, du moins important etc. ; par exemple, « si quelqu'un a tué ses trois fils selon la loi des actes non soumis à jugement », on pourra dire : « quand bien même il n'en aurait tué qu'un », ou « quand bien même il les aurait vendus », etc. Hermogène, qui considère ce κεφάλαιον comme très important, donne plusieurs exemples de la manière de réaliser cette « subdivision », puis il conclut le chapitre[6] par l'exposé de ce qu'il présente comme un πλαστὸν ἐπιχείρημα, c'est-à-dire un argument fictif, que l'on rattache au κεφάλαιον de l'examen des faits [περὶ τῶν ἀπ' ἀρχῆς ἄχρι τέλος], mais qui peut se trouver aussi dans les développements [ἐργασίαι] par l'exemple. On peut en inventer des

1. Hermogène, Περὶ εὑρέσεως, 151, 21 - 152, 6 Rabe.

2. *Ibid.*, 154, 10 *sqq.* Rabe.

3. Hermogène, Περὶ στάσεων, 43, 17 *sqq.* Rabe.

4. Michel Patillon (première traduction française intégrale, introduction et notes), *Hermogène, L'art rhétorique : Exercices préparatoires, États de cause, Invention, Catégories stylistiques, Méthode de l'habileté*, Paris, L'Age d'Homme/Les Belles Lettres, « Collection des Universités de France », 1997, p. 261 n. 2.

5. Hermogène, Περὶ εὑρέσεως, 154, 10 *sqq.* Rabe.

6. *Ibid.*, 158, 19 *sqq.* Rabe.

milliers – dit-il – si on cherche à les imaginer d'après le contraire, comme, par exemple, « Si ce qu'il a fait en mal, il l'avait fait en bien, il aurait été récompensé ; et il ne sera pas puni d'avoir mal agi ? » ; ou encore, pour un tyrannicide : « Si je n'avais pas réussi et que je me fusse fait prendre, que me serait-il arrivé ? ».

Georges connaissait bien ce texte. Frappé par l'affirmation que l'argument fictif peut se trouver aussi dans les développements par l'exemple et que son efficace est plus grande s'il est imaginé d'après le contraire, il en a donc déplacé l'illustration, mais au lieu de le considérer comme argument à l'intérieur de son exposé de la *confirmatio rationis* – ce qui correspondrait au développement hermogénien – il en a fait un genre d'*expolitio*. Étant donné qu'il s'agissait d'un argument fictif, rien n'était plus simple, alors, que de l'appeler *expolitio fictoria*. L'exemple qu'il en donne témoigne de cette séquence : pour confirmer une *ratio* telle que : « Contre Mithridate il faut confier un commandement militaire sans limites temporelles à Pompeius », on peut dire que : « les ancêtres aussi avaient voulu que, en Espagne comme en Afrique, ce fût toujours Scipion qui fasse la guerre ». À cette *confirmatio rationis* fondée sur l'exemple, on peut maintenant ajouter l'*expolitio fictoria* (qu'ici Georges, employant le mot grec, appelle *fictorium enthymema*) : « Si en ce temps-là quelqu'un avait persuadé les ancêtres d'établir une limite temporelle au commandement militaire et si quelqu'un d'autre que Scipion avait été envoyé en Afrique, le peuple romain n'aurait certainement pas gagné une gloire si grande, pour avoir pris et détruit Carthage[1] ».

Ce déplacement, toutefois, a engendré une certaine confusion dans le texte de Trébizonde. Georges n'a pas réussi à extraire l'argument fictif du contexte dans lequel il avait été pris en considération par Hermogène, c'est-à-dire de « l'examen des faits ». Il fait donc ici une première allusion à la *comprehensio*, mot par lequel il traduit la locution grecque περὶ τῶν ἀπ' ἀρχῆς ἄχρι τέλος, et se sert d'un exemple construit sur le moule du premier des exemples employés dans le Περὶ εὑρέσεως pour illustrer le πλαστὸν ἐπιχείρημα[2]. Ensuite, après avoir souligné que la maîtrise de l'élaboration des *propositiones*, des *rationes*, des *confirmationes*, des deux genres d'*expolitiones* permettra à l'orateur

1. *RLV*, p. 250 : « *ut si confirmares contra Mithridatem Pompeio continuum imperium deferendum, quoniam maiores eundem Scipionem, tam in Hispania, quam in Africa gerere bellum voluerunt.* [...] *Quod si tunc maioribus aliquis modum imperio statuere persuasisset, ac alius quam Scipio in Africam missus esset, profecto tantam nunc gloriam, capta atque destructa Carthagine, populus Romanus non haberet* ».

2. Hermogène, Περὶ εὑρέσεως, 159, 4 *sqq*. Rabe.

d'acquérir une *singularis quaedam et admirabilis dicendi copia*, et que cela sera possible pour qui suit ses préceptes, il revient à la *comprehensio*, lieu dont il fait remarquer la singularité en disant qu'il « jaillit des circonstances mais qu'il n'est pas confirmé comme les autres par les circonstances[1] ». Il en donne une série d'exemples, tous empruntés à sa source, y ajoute des réflexions de nature stylistique visant à la *varietas*[2] du discours et conclut ce chapitre par l'annonce du nouveau sujet qu'il se propose de traiter tout de suite après, les *loci dialectici*.

Cela fera l'objet d'une autre étude, mais on peut dès à présent se demander pourquoi Georges a insisté de manière si détaillée, à propos de si nombreuses formes d'argumentation, sur leur parties et sur leur différentes topiques. Si l'on accepte le jugement que John Monfasani donne de cet énorme ouvrage[3], on devrait répondre que l'intérêt de Georges était simplement celui de fournir à l'homme politique le plus grand nombre de stratégies pour obtenir le succès. Dans l'éternelle compétition entre rhétorique et philosophie, il aurait donc considéré que la première était plus utile pour lui que la seconde. D'où le focus sur la cause et sur les *circumstantiae* qui la déterminent. On peut en grande partie partager ce jugement, mais il ne faut pas oublier que Georges, pour rendre son aperçu de l'argumentation le plus complet possible, ne s'est pas contenté de puiser ses préceptes dans les manuels rhétoriques, mais qu'il s'est servi aussi de ceux des logiciens et des dialecticiens. Encore une fois, donc, il a utilisé ses sources avec la maîtrise de celui qui peut se permettre de choisir ce qu'il lui faut et de l'adapter à son contexte.

1. *RLV*, p. 252 *sqq*.

2. Déjà recommandé dans la *Rhétorique à Herennius* (4, 16), l'emploi de la *varietas* était considéré par Cicéron comme fondamental pour atteindre le pouvoir presque divin et la vertu du vrai orateur (Cicéron, *De oratore*, 1, 59 ; 2, 120). Il doit en fait *variare orationem* (Cic. *inv.* 1, 76 ; *De oratore*, 2, 36), par exemple, pour ce qui regarde son contenu (Cic. *inv.* 1, 27; *Brutus*, 306 ; *De oratore*, 3, 121 ; 3, 126 ; *Orator*, 14), les tons de sa voix (*De oratore*, 1, 18 ; 3, 227; *Orator* 57 ; *Partitiones oratoriae* 25), les *clausulae* et les *numeri* (*De oratore*, 3, 176 ; 3, 186 ; 3, 191 ; *Orator* 226), les figures (*De oratore*, 2, 36) et les styles (*De oratore*, 3, 177 ; *Orator* 70) ; la *varietas* a toujours été le remède à la *satietas* des auditeurs : *cf.* encore, par exemple, Cicéron, *De oratore*, 2, 177 ; 3, 33 ; 3, 193 ; *Orator*, 174 ; 219. Cette question a été traitée en détail par Elaine Fantham, « *Varietas* and *satietas*; *De Oratore* 3.96-103 and the limits of the ornatus », *Rhetorica* 6, 1988, p. 275-290.

3. J. Monfasani, *Georg of Trebizond. A Biography and a Study…*, *op. cit.*, p. 294 *sqq*.

INDEX DES AUTEURS
DE L'ANTIQUITÉ À LA RENAISSANCE

INDEX DES AUTEURS MODERNES ET CONTEMPORAINS

TABLE DES MATIÈRES

Achevé d'imprimer en août 2015 par

ISI PRINT
15 rue Francis de Pressensé
93210 La Plaine Saint-Denis

N° d'impression : 114393

Imprimé en France